JN214421

森岡清美著

華族社会の「家」戦略

吉川弘文館

はしがき

『華族社会の「家」戦略』と題するこの書物で、再び従来の私の守備範囲を逸脱した感なしとしないが、本書の関心もまた視角も、実は、三九年前に公刊した拙著『真宗教団と「家」制度』（創文社）に起源するのである。手許の『雲上明覧』を繙けば、宮家のつぎに宮門跡、摂家門跡、准門跡と並んでいるが、末尾の准門跡とは真宗本山住職家のことであって、各本山住職は特定摂家の猶子の資格で宮中に参内するのが近世の例であった。このように、真宗教団がその絶頂部分において貴族社会に深く参入していた事実、とくに族制の点で常民の家にはみられない局相にふれたことは、教団構造の社会学的分析に熱中した著者にやがて貴族社会への関心を胚胎させることになる。それ以来、華族に関する文献が刊行されると購入したり、興味ある情報に接すればメモしてきたが、研究の名に値する本格的な作業にとりかかる暇もなく、徒らに三〇余年が過ぎていった。

かつて成城大学在職中に、『華族家庭録』という戸別に構成員の属性を一覧にした昭和戦前期の印刷物を古書目録で見付け、華族の家族構成に関する統計的研究の基礎資料にと、大学の公費で購入してもらった。しかし、その集計作業の着手は遷延を重ね、定年退職を機に就任した淑徳大学で漸く始めることができた。これを初仕事として、華族の族制の社会学的研究に専念することになったが、全く経験外の世界のことなので、研究は試行錯誤を重ねた。漸く意味ある研究テーマに辿り着いてからの足跡を、一応の成果として提示したのが本書である。

冒頭に掲げた旧著は、標題から推測されるように、有賀喜左衛門先生の『日本小作制度と家族制度』〔1943〕の糵のようなもので、先生から学んだ「家」研究の基本的な見方を真宗教団に適用することによって成立した。本書の基本的な見方も有賀流に発するという意味で、研究視角また旧著に起源することを自認するものである。ただ、旧著の流儀に従えば『華族社会と「家」制度』と題すべきかもしれないのに、あえて「家」戦略の語を用いたのにはそれなりの理由があった。

旧著を準備していた頃、教団は一定の内在プログラムによって法則的運動を展開するものと予想し、教団の歴史と現実のなかからこのプログラムを探り出そうとした。当時プログラムの語はこのような意味で用いられず、私たちは制度と言っていたのである。制度を捜し出す作業は社会構造の理解のために必要であるが、ややもすれば制度のままに人が行動するかのように考え、人間不在の静態的な研究となりかねない。プログラムは創られ伝えられ、準則として尊重されるにせよ、プログラムどおりで家の存続と安泰を克ちとれるかどうか。むしろ長期短期の見通しのもとに、その家の動員可能な資源を活用して、危機や変動期に立ち向かっていく能動的な側面に注目するほうが生産的ではないか。そう考えて「家」戦略の語と発想を採用したのである。制度に忠実に従う人間から、制度を創り、あるいは既成の制度を弾力的に運用する人間への、想定する人間類型の展開といえるかもしれない。

本書では有賀理論を発展させて大イエ・巨大イエ・小イエなる概念を鋳造した。武家の大イエでは家祖の男系の血統を正当に承け継ぐ一族の男子から養嗣子を選んだが、宮廷貴族の華である摂(関)家では横並びの同輩摂家から優先的にこれを求めた。もし制度の観点に立てば、武家のイエの男系血統主義に高格公家のウジの遺習を対置させて論じたかもしれないが、戦略の視点に立てば、大きな政治的経済的資源に支えられて大イエを構築できた武家と、政治的経済的資源の乏しさのゆえに大イエを形成できなかった公家との、戦略の相違として説明することができる。ともあれ、「家」戦略の概念による分析の企てが果たして稔り多いものとなっているかどうか、読者各位の忌憚のないご批判を偏に冀うものである。

本書は焦点を明治期の華族に置いたため、面接調査はほぼ断念して文書・文献資料の博捜を期した。この作業を遂行するに当たり、宮内庁書陵部、国立国会図書館憲政資料室、国立公文書館、総務省統計局図書室、外務省外交史料館等の所蔵文書を利用させていただき、淑徳大学図書館、成城大学図書館を始めとして、学習院大学図書館および史料館、立教大学図書館新座保存書庫（大久保利謙文庫）、国学院大学図書館、早稲田大学図書館特別資料室、法政大学大原社会問題研究所、一橋大学経済研究所資料室、東京大学史料編纂所図書室、東京大学経済学部図書館、福岡市立総合図書館、福岡県立博物館、島根県立図書館、鳥取県立博物館等でたいへんお世話になった。また、我妻建治・岩井忠熊・小森正明・松浦章・安岡重明・原武史・小田部雄次らの諸氏から資料のご提供あるいはご教示をいただいた。録して深謝の意を表したい。

折々の華族研究の成果はそれぞれ長篇の論文となって、勤務校・淑徳大学社会学部の研究紀要および大学院の研究紀要に連年掲載していただいた。その論文名・掲載紀要号数等は巻末の初出一覧に譲る。執筆規定違反の破格の長篇を受理してくださったそれぞれの編集委員会のご厚意に、あらためて厚くお礼を申しあげる。

最後に、本書の刊行にあたり、直接出版費の一部として日本学術振興会平成一三年度科学研究費補助金（研究成果公開促進費）の交付を受け、また、書肆吉川弘文館編集部の親切なご配慮をいただいたことを銘記し、併せて深甚なる謝意を表するものである。

二〇〇一年一〇月二八日

森岡清美

目次

序論　華族社会の「家」戦略

華族社会の「家」戦略を研究するにあたり、まず華族社会とは何か、戦略とは、「家」戦略とは何を意味するのかを説明し、つぎに研究の目的と意義、および研究の方法について述べておかなければならない。

華族社会

華族社会とは、日本の近代において、国民の族籍中最上の、華族という栄誉ある身分を天皇から与えられた家々が形成した社会である。華族社会の単位は華族の族籍をもつ家であった。彼らは華族令（一八八四年）によって特権的身分を保証されるとともに規律され、家の存続を確実にするために世襲財産設定権を華族世襲財産法（一八八六年）によって与えられ、宮内省の管轄に属して保護とともに監督を受け、学習院という特権的な学校で子女を教育することができ、華族会館に拠って交流し、少なくとも社会的威信において皇族に次ぐ国民最上層を構成した。

華族の族籍をもつ家々には、一八六九（明二）年六月の「自今公卿諸侯之称被廃改テ華族ト可称」との行政官達によって華族となったいわゆる公卿華族・大名華族のほかに、後に華族に列せられた旧准門跡、大社世襲神職、臣籍降下華族、高爵華族の分家・一門、万石以上の武家、勲功華族・財閥（実業）華族などがある。このうち真に伝統貴族ということができるのは、公卿華族と大名華族、および僧家華族（旧准門跡）、それも後年の華族令で公・侯・伯の爵位を授けられた家々であって、これらが華族社会の中核をなしたといって過言ではないだろう。

華族社会を支えた制度、つまり華族制度の設置・展開・終焉については、第一部第一章で説述する。

戦略

戦略とは目標達成の方策のことである。この場合、目標は大局的展望に立って設定された行動目標であり、方策は目標達成に効果的な手順をめぐる行動様式である。戦略には戦略主体があって、主体の価値観が目標の設定を規定し、手順およびタイミングの選択には効果についての主体の判断が作用し、目標達成を志向して主体の行動が展開される。行為主体があれば、常に戦略があるというわけではない。目標達成の見込みがないとして目標達成を志向しない場合、また、逆に方策を巡らさずとも目標達成に失敗する危惧がないと楽観する場合、戦略は問題にならない。目標の達成が可能であるが、失敗のリスクもあり、失敗した場合蒙る損失が大きく、成功すれば受ける報酬が小さくない場合、人は戦略を立てる状況に置かれる。

戦略を立てて事態に対応するべき状況に置かれたからといって、人は常に戦略を立てるとは限らない。例えば、明確な大局的展望をもちえない場合、あるいは希望的観測に流されて対応手順の成否についての見通しが甘いなど、手順選択の合理的判断ができない場合、また手順を意志的に実行できない場合、これらは相互に関連するのであるが、戦略を立てることができないだろう。ここで明らかにしておくべきことは、見通しを欠いたその場その場の対応では、戦略の語に値しないということである。

さて、行為主体の目標設定、目標達成のための手順の選択、目標達成に向けての行動を制約する要因は、規範と資源である。規範には価値規範と資源規範があり、前者は目標設定を規定し、後者は他の形態の資源とともに、目標達成のための手順の選択や行動を制約する。

本書が課題とする領域についての価値規範は家族形成規則であって、夫婦家族型・直系家族型・複合家族型の三つがあり〔森岡 1967：10〕、多様性を認める現代社会の以前では、そのうち特定の規則（型）が価値ありとされた。価値ありとされる規則を制度という。近世から近代の日本社会における家族形成の制度は直系家族制であって、直系家族制に立脚する家族を直系制家族という。日本の直系制家族が家である。

「家」戦略

家と呼ばれる直系制家族は、家長（戸主）とその親族を主な成員とする生活共同体であるが、当主一代で始まりかつ終わる集団ではなく、家を担った代々の先祖を背負うとともに、家を担うべき子孫を予期して、家長からその子へと世代を超えて直系的に自己を再生産してゆくところに特色がある。そこでは、超世代的直系的な、かつ安泰な家の存続が追求するべき自明の価値である。この価値は、結婚→子女の誕生→子育て→嗣子選定→継承を世代的に繰り返すことにより、時間の経過に従っていわば自動的に実現されていくのではなく、しばしば、それぞれの発達段階でつぎの段階への移行を阻む事態を克服することによって達成されている。そこで、家はこの価値実現のための戦略、「家」戦略をもつ。その目標は自らの安泰な超世代的直系的存続という価値の実現であり、その方策の枠組は婚姻・子弟教育・嗣子選定（養子縁組・分家を含む）・継承・家政運営・隠居など、発達段階を画する家の下位制度ごとに示されている。

婚姻・子弟教育・嗣子選定・継承・家政運営などの下位制度は、「家」戦略の標準的方策を含む資源制度である。しかしこれらを準則として、各種の家資源をタイミングよく投入すれば、家の超世代的存続を達成することができる。しかし、単に子孫相続というだけの存続では不十分であって、家の社会的地位を保持しつつ子孫がこれを継承するのでなければ、安泰な存続にはならない。嗣子がない場合のほか、当主・嗣子の早世あるいは不行跡、相続をめぐる争い、家政破綻、災難による資源の減損枯渇に直面した場合など、準則どおりには行動できなかったり、準則どおり行動したのでは家の安泰な存続という目的を達成しえないことがある。そのような危機において、「家」戦略が意識的に再構築され、戦略性が露わになる。

下位制度のうち婚姻・養子縁組・継承などは、家永続のために世代と世代を繋ぐ正規の方策を含むが、この繋ぎ目に危機が潜んでいる。その意味では、順調に世代継承が行われている場合でも、婚姻・養子縁組・継承は潜在的な正規の危機（normative crises）といってよく、これに対して、当主や嗣子の早世・欠落・不行跡、継承をめぐる争い、家政破綻・災難による資源の減損枯渇などは、非正規的危機（non-normative crises）である。婚姻・養子縁組・継承などは、いずれも正規の出来事としてその接近をあらかじめ想定しうるゆえに、長期的な見通しに立った行動計画を組み立てることが可能であるものの、潜在的危機ゆえに、しばしば「家」戦略が意識化される。本書が「家」戦略の概念のもとに継承と婚姻に焦点を置く理由はここにある。

では、家は果たして安泰な存続を世代を超えてかち取ってきたのだろうか。安泰とは必ずしもいえないにせよ、数世紀にわたる存続を達成した公卿華族・神職華族・僧家華族の例は枚挙に暇ないが、庶民の間にあってはどうであろうか。戸田貞三（1887〜1995）が一九二二（大一一）年に島根県と愛知県の田舎で寺の過去帳によって家の代数を調査したところ、四代か五代で絶える家が多く、長くともせいぜい一五代どまりであった。予想外に早く絶える最も有力な原因は、百年内外の間に経済的浮沈があり、貧窮に陥って「伝来の力」を失ってしまうことであろうと論じている［戸田 1926：268〜275］。そのような田舎在住の庶民は、危機に直面してのとっさの対応とか、短期的な対応ができても、生活に追われて戦略の語に値するような長期的な見通しをもった方策の構築などとは無縁なのであろう。他方、「社会的特権や資産を与えられて居る人々は、此等の特権や資産に結びついて伝えられて居る（長い）家系を尊重し」、家系の存続に配慮した［戸田 1926：276～277］。そのように考えるとき、華族という栄称を授与された家々こそ、家運の保全を期して「家」戦略を追求した主体を代表するもの、ということができよう。

江戸初期に遡るが、佐賀藩主鍋島家二代の光茂が「三家格式」を定めるにあたり、小城鍋島・蓮池鍋島・鹿島鍋島の支藩三家に下命した文章のなかで、「互ニ家連続之所を本意ニ存」「家連続之心遣」を諭した［藤野 1981：293］。家連続を本意としてそのための心遣いをするのが「家」戦略であり、「家」戦略を立ててこれを意志的に実行したればこそ、超世代的で安泰な家の存続をかちとることができたのである。下って一八七六（明九）年九月、華族督部長・岩倉具視（1825～83）が華族を招集して秩禄処分の最終段階への対応について訓示し、「今般御布令ノ禄券制ハ各家其分ニ応シ巨大ノ減少ニ付該戸主タル者家政ヲ自ラ責任シ細トナク大トナク内外注意無之テハ不相叶萬一不注意ヨリ活計資本ノ恩賜ヲ失フ時ハ朝廷ヘ対シ申訳無之ハ勿論上祖先ノ祭祀ヲ絶チ下子孫ノ飢餓ヲ来ス其関係實ニ重大ナリトス」といい、「弥以発奮勉励自ラ家事ヲ判理シ令扶ニ委託スル慣習ヲ除去シ家政整粛候様致度候事」［霞会館 1986a：180～181］と戒めたのは、秩禄処分という未曾有の「非正規的」家政危機に直面して、漫然と旧慣に身を委ねることなく、「家」戦略を立てて臨むべきことを諭したものである。

戦略の発想は、長期的な展望に立って目標を設定し、目標達成のための方策を合理的に選択し、これを意志的に実行する人間をモデルとして前提する。また、華族のように、日本歴史に記録された栄誉ある家名と社会的特権と資産をもつ人々の間では、家存続の実質的および象徴的価値が並はずれて大きいだけに、家の安泰な存続のための「家」戦略が彼らの行動を理解するキーワードであろうと想定することができる。この前提や想定に反して、浪費や非行により家の存続を危殆に瀕せしめた華族の事例は少なくないが、そうした事例を含めて、華族社会について「家」戦略を論じることは、当をえたことと言わなければならない。

本研究の目的と意義

本研究の目的は、継承（養嗣子縁組を含む）と婚姻（娶妾を含む）という属性面を中心として、華族の「家」戦略とその変化を考察することである。まず、「家」戦略を継承・婚姻要員の調達と供給の側面から観察し、大名家大イエの解体前と解体後とを比較して、明治維新期における大イエの解体が要員の調達・供給の相を変化させたことを明らかにする。つぎに、士民の家と比べて華族の家に顕著なことは、妾腹の子による継承例の頻発と婚姻における妾の補完的役割の重要性であることに注目して、華族社会における娶妾習俗を考察し、娶妾習俗が近世貴族層大イエの「家」戦略の中核に位置することをつきとめ、大イエの解体が娶妾習俗を崩壊に導く基本的な条件であったことを明らかにする。なお副次的目的として、「家」戦略の業績面の柱である子弟教育と家政運営の考察を志すものの、力及ばす言及に止まることだろう。取り上げる時代は近世末期から近代全般にわたるが、華族は明治期に形成された身分階層であるから、明治期における伝統貴族諸家中心の歴史社会学的研究となっている。

本研究の意義は、何よりも、華族という国民最高の身分階層における家の研究であることにある。従来の家の研究といえば、何らかの恒産に基づいて家業的生産に携わるという意味での、「常民」の家の研究がほとんどすべてであった。家は世代を超えた連続性を予想させるので、そうした連続性が期待できない階層、すなわち直接生産労働に携わっていても恒産も一定の収入もない階層、とりわけ都市下層のいわゆる細民については、所帯、世帯の調査はあっても家の研究がなかったのは怪しむに足りない。他方、経済的に「常民」の域を超える資本家や財閥の家については、家憲や家業経営の面からの研究［例えば米村 1999］がなされてきたが、多いとはいえず、さらに華族の家については、日系の文化人類学者タキエ・リブラ（Takie S. Lebra）の研究［1993］等若干を挙げうるのみである。

華族の家の研究が乏しいのは、研究の重要性が小さいからではない。研究資料はしばしば深く蔵されて接近を拒み、利用可能なものが存外に少ないからである。とりわけ、社会学的研究に不可欠な問題発掘的な面接調査の実施がきわめてむずかしい。調査対象が比較的少数でしかも接近が困難であるということに加えて、本書が取り上げた明治期の華族について語りうる人はすでに生存しない。これらが研究を阻んだ事情である。

華族という身分が設定された一八六九年には四二七家、新たな授爵によって戸数が増加して最大に達した一九二九（昭四）年でも九五五家で、全国総人口に占める華族人口の割合は〇・〇一％にすぎなかった。したがって、量的には無視しうる少数である。しかし、「皇室の藩屏」と位置づけられ、皇室・皇族の家族制度を護持すべき立場にあったから、華族の家はその立場によって士民の家を規定する潜在力をもった。第二次大戦直後華族の制度は廃止され、身分階層としての華族は解体したが、その断片は非公式な形で生き残り、とりわけ「心の習慣」の局面で現代にも根強く存続している。それゆえ、華族の家の研究は日本の家族制度の研究において重要な地位を占め、量的には圧倒的に多い「常民」の家の研究と並んで重視されてしかるべきであったのである。本研究がその欠を補うことになれば幸いである。(1)

本研究の方法

前記リブラの画期的な研究は、旧華族女性に対する広範な面接調査に特色がある。彼女は主に一九八〇年代前半、学習院大学卒業生の縁故を手づるとして、すでに高齢に達した旧華族の生存者に対して面接調査を行い、兼ねて華族に関する既刊文献を広く調査することにより、先祖、相続、婚姻、社会化、ライフスタイル、地位経歴に注目しつつ、旧華族の地位文化（status culture）を解明した。他方、一五年遅れて一九九〇年代後半に、主として家族社会学的視点から華族研究を開始した著者には、面接調査の手づるは皆無に等しかった。そこで、関心の的であった明治期については、面接資料によってする復元は不正確な成果しか挙げえないことを確認していたこともあって、むしろ基本的な(未刊)文書資料の発掘によって復元するに如かずと見きわめをつけた。かくて、宮内庁書陵部、国立国会図書館憲政資料室および国立公文書館等の所蔵文書のなかから関係資料を発掘することに努め、併せて東京では入手困難な既刊文献を旧城下町都市の県立および市立図書館で捜索することに努力した。その結果、面接調査ではリブラの足元にも及ばない代わりに、彼女が接近できなかった文書および文献資料の確保に本研究の血路を求めることができた。もちろん、旧華族の面接調査を全く行わなかったわけではないが、これによって得た資料はほとんど用いていない。むしろ、旧大名家墓地の実地観察など、造形物資料のほうが文書資料を補うにあたり役に立った。文書資料を補うものとして、旧華族の日記・伝記・家譜・面接記録、藩史・県史のほか、日本近代史家による華族研究など、既刊文献の収集に努め、これについて各地での図書館作業が有益であったことは前記のとおりである。

本書の構成

本書は序論、第一部　華族制度の展開と大イエの解体、第二部　伝統貴族の家の継承と婚姻、第三部　華族社会と娶妾習俗、第四部　伝統貴族の子弟教育と家政運営、結語、から構成されている。

序論では、ここに述べたとおり、本研究のキーワード、研究の目的と意義、研究の方法、を解説する。

第一部では、第二部・第三部への導入として、本書で考察する対象の背景を制度史と家族史の両面から説述する。まず第一章では、華族制度の設置・展開・終焉を華族戸数の増加状況に注目しながら跡づける。第二章では、華族のなかでも貴族の実質をもつ旧有力大名について、大名が新制度のもとで華族として定位されたことに大名家大イエの解体が伴ったことを重視し、明治維新の政治的革命は大名家大イエが解体して小イエの時代に転換する家族史上の大変革であったことを明らかにする。旧高格公卿の中イエ・小イエもこのさい解体もしくは再編成されたとみている。

第二部と第三部は本書の本論に相当する。第二部第一章では、継承・婚姻要員の調達と供給における旧天皇家大イエ構成諸家と旧将軍家巨大イエ構成諸家との差異を統計的に明らかにし、大名家大イエの解体後、天皇家巨大イエの形成過程で要員の調達・供給パターンに起きた変化を統計的に検証する。第二章では、大名家大イエ時代の家訓と小イエとなった華族諸家の家憲を比較し、継承戦略の変化を考察する。

第三部第一章では、明治初期における娶妾関連法制の変化を論じ、第二章では明治初期の娶妾の実態を統計的に明らかにする。第三章では、僧家華族における娶妾の実例と新華族におけるそれを二例づつ紹介して、実態の理解に肉づけする。第四章では、華族社会における娶妾習俗崩壊の底流を近世的大イエの崩壊に見出す一方、崩壊の直接的契機を明治期の宮廷における側室制度の廃止に求めて、その過程と要因および帰結を観察する。

第四部第一章では、伝統貴族における学校制度の「家」戦略的利用と職業経歴にみる貴族の特色を論じ、第二章では、家政における「家」戦略の成否を大局的に観察した後、公卿華族岩倉家と三条家の事例を点検する。かくて、継承・婚姻の属性面のみならず、子弟教育と家政運営という業績面でも、華族の「家」戦略は巨大イエ天皇家の「家」戦略とかかわって成立したことを指摘する。

最後に、華族社会の「家」戦略の変化を論じ、「家」戦略のコストと報酬に言及して、結語とする。

なお、本書では西暦を用い、必要に応じて和暦を括弧内で示す。ただし、一八七二(明五)年までの月日は陰暦のまま掲出する。引用文献は本文該当箇所では略記号で表示し、巻末に関係文献情報を一括掲載する。また、註は原則として各章末にまとめた。

註

（1）衰退期の伝統産業で働いた職工たちのライフコースを研究し、京都西陣織の研究でも成果を挙げたハレーブン〔Hareven, 2001〕は、過去の普通人（ordinary people）の経験を彼らの目の高さで再構成することに努めたという〔Hareven 2000：XV〕。本書は普通人ではなく貴族を対象にしているが、彼らの普通人的側面に光を当てている。また、ハレーブンは家族と産業化過程との関係に注目したのに対して、本書はむしろ家族と政治変動との関連に留意している。これは貴族を研究対象とした場合に浮かび上がる重要な側面といえよう。

第一部　華族制度の展開と大イエの解体

第一章　華族制度の設置・展開・終焉

一　華族制度史への「人口学的」アプローチ

華族・士族・平民と三層に区分される近代日本の社会的身分の最上層をなした華族の制度は、一八六九（明二）年六月に設置されてから、一九四七（昭二二）年五月に廃止されるまで、七八年間存続した。その間、制度の性格に質的転換があったことに注目して、大久保利謙（1900〜96）はこれを三期に分ける。第一期は一八六九年の設置から七一年七月の廃藩までの二年間、第二期は以後八四（明一七）年七月の華族令制定までの一三年間、第三期はそれから廃止に至るまでの六三年間である［大久保 1990a：224〜225］。私はこの時代区分に追随するものであるが、第三期は不均衡に長いので、華族令制定から一八八七年末まで三年半の創設期（第三A期）、翌八八年から改正華族令公布の一九〇七（明四〇）年まで二〇年の発展期（第三B期）、翌一九〇八年から四四（昭一九）年まで三七年の守成期（第三C期）、翌一九四五年から四七年五月まで二年半の瓦解期（第三D期）と四期に再区分する。再区分の理由については必要に応じて後段で補説する。

制度の展開は何よりも制度史の問題であって、近代日本の貴族の制度がどのような条件下で整備され、どのような機能を果たしたが問われる。そのさい、この制度のもとで華族に列せられる者が増えてゆく動向を時代環境のなかで探り、他面、華族の身分を失う者にも目くばりして、華族戸数の増減から制度の展開・成熟・崩壊の歩みを考察したい。華族を伝統貴族系と新華族に大別した場合、総数の増加とともに両者の割合がどのように変化していったか。さらに両者を系別に細分した場合、それぞれの実数の増加傾向、比率の増減はどのように推移したか。そうした変化は華族制度の社会的・政治的機能のいかなる展開を反映するものであるか。こうした諸点を問うことを主眼とする第一章は、制度史へのいわば人口学的アプローチの試みといえよう。

華族に次ぐ社会的身分である士族は、一八七四（明七）年末には全国総人口の五・六％に過ぎないのに、中央・府県の官員合計の七八・九％、うち高等官の実に九二・四％を占める一大勢力であった〔『明治史要附表』〕。しかし、官途にない一般の士族は、当初認められた数々の経済的社会的法的特権を明治初期のうちにつぎつぎと奪われ、わずかに戸籍と諸願届の肩書きに「士族」の族称を存するのみとなっていく。参事院議官補尾崎三良（1842～1918）が、一八八一（明一四）年の政変後の政情不安を鎮静させるために提示された、士族の互選による世論代表機関を設置する案に極力反対した理由は、「士族は今将に追々平民の方に没入せんとしつつある情況」であったことだという〔尾崎 1976：345〕。他方、平民エリートの階層的上昇によって、士族の名義は社会的威信を減じてゆき、大正後期には正式の場合の肩書きとしても用いられなくなる。その間、士族のごく一部の者は上昇して華族に列せられる一方、残りの圧倒的大部分は階層分化が生じた平民のなかに溶解していった。

華族は明治初年において全国総人口のわずか〇・〇一％にも達しない絶対的な少数派であったが、「皇室の藩屏」としての地位と特権を与えられ、社会の最上層としての威信を保持して近代日本とともに生き続けた。近代日本の社会的身分は、実質的には皇族・華族・平民の三層からなると考えるのが妥当であるとすれば、序論で述べたように、華族の研究はその人口比では測りえない大きな意義を持ちうることが理解されるだろう。

華族制度史に関する代表的業績として、宮内省宗秩寮爵位課長を勤めた酒巻芳男（1890～1967）〔1987a，1987b〕と日本近代史家・大久保利謙［1993ほか］の一連の研究を挙げなければならない。その他、岩井忠熊・佐々木克ら京都の日本近代史家たちの研究成果も注目に値する。本章はこれらの先行研究に負うところ大である。

二　華族制度の設置

華族の制度は、戊辰戦争が終結して鳥羽伏見の戦以降の軍功に対する論功行賞があった直後、一八六九年六月一七日公布の「官武一途上下協同之思食ヲ以テ自今公卿諸侯之称被廃改テ華族ト可称旨被仰出候事」、という行政官達（第五四二）をもって設置された。華族制度の設置といっても、公卿（公）と諸侯（武）の呼称を廃して、両者をともに華族と呼ぶというだけの改正であった。これがどのような政治的意図から出た改正であったかは、同日付けで発せられた版籍奉還の沙汰（第五四三）、および版籍奉還に伴う応急の措置を定めた六月二五日付け行政官達（第五七六）に、窺うことができる。すなわち、諸侯（大名）から版籍（領地・領民）を接収するという封建制解体の大改革の後、領主権を奪われた大名に対する処遇として、旧藩主を旧領の知藩事に任命し（政治的保障）、旧領石高（ただし現石高、年貢収納石高）の一〇分の一をその家録と定める（経済的保障）とともに、公卿と共通の華族の称を用いること（貴族身分の保障）としたのである。このさい、旧大名の家臣については「一門以下平士ニ至ル迄総テ士族ト可称事」と定めることによって、呼称のうえで旧大名の貴族身分を明確にした。しかし、表向き肩書きが変わっただけで、依然旧領地に住み、従前の「殿様」と変わらないように見えたことこそ、何よりの保障であったことだろう。

従来の公卿・諸侯の称に代わる新しい呼称についての三職会議の案は「貴族」であったが、公布の段階で「華族」と改められたという。「貴」とは律令制で五位以上の官人、もしくは三位以上の官人を称した。他方、華族とは公卿社会で五摂家につぐ家柄の九清華家の別称であった。王政復古後、新政府の軍務・行政に職を得なかった高級廷臣は廃官となって朝廷の官職から追われており、有職故実に則って行われる朝儀の要員であった大多数の公家は、失職に近い状態ながら廷臣として京都の生活を継続していた［大久保 1993：78～79，178］。新政府に出仕した者もおおむね「深閨中之婦人同様」で、宮廷関係以外のポストからは早晩脱落する他なかった。彼らを代表する新政府の実力者岩倉具視らは、諸侯の身分保障のさいにあわせて旧公卿の地位を固めておこうとしたのだが、そのためには呼称は貴族でも華族でもよかったはずであって、なぜ華族と決まったかについては大久保の調査でも未詳である［同上：75～76］。ともあれ、このさい華族の新称で呼ばれることになったのは、旧公卿一四二家（うち大政奉還後堂上［公卿］に列せられたもの五家）、旧諸侯二八五家（うち大政奉還後藩屏［諸侯］に列せられたもの一五家）、計四二七家であった。前者を公卿華族、後者を大名華族とよぶ。(1)

華族の制度が新設されてから一年五カ月たった一八七〇（明三）年一一月二〇日、政府は大名華族に東京住居を命じた（太政官布告第八四七）。旧幕時代、大名は参勤交代のために江戸屋敷を与えられ、版籍奉還後は中屋敷か下屋敷を知藩事私邸と認められていた。この新制は本拠を国許から東京に移すことを命じるもので、本拠を東京に移したのでは知藩事の職責を果たすうえで不都合と考えられるが、府藩県三治体制下で中央集権化を推進するため、あえてこの新制が発令されたのである。なお、「尤知事トシテ地方官赴任ノ向願之上妻子召連候儀ハ不苦候事」と、知事として任地へ赴任するさい、妻子を同道することが出願のうえ許容されたので、平戸藩・松江藩など遠方の諸藩から、知藩事在職中は妻子をこのまま藩地に召連れ置きたし、との願書が提出されている［公文録］。

三　華族制度の実体化

1　華族社会の形成

一八七一（明四）年七月一四日、廃藩置県が断行された。この改革は藩を廃して県を置くに止まらず、旧藩主の知藩事を解任して旧領から引き離し、封建制の遺習に止めをさすとともに、藩に依拠した公論体制を脱却して一挙に中央集権体制を確立しようとする、革命にも等しい大事業であった。政府はすでに旧藩主を東京に集めて監視しやすい態勢を取っていた。また、鹿児島・山口・高知三藩から兵力の提供を受けて「御親兵」を創設し、中央政府自体の軍事力を格段に増強したばかりであった。太政官布告（第三五三）をもって「藩ヲ廃シ県ヲ置候事」と発令した廃藩断行の当日、在京の知藩事を召して天皇の詔を奉戴させたばかりでなく、維新に功業があり先に版籍奉還を首唱した鹿児島・山口・佐賀・高知四藩の知藩事と、版籍奉還後郡県立制の必要を建議した熊本・名古屋・徳島・鳥取四藩の知藩事とを、それぞれとくに召見して嘉賞の勅語を下したのは、政府が政策の転換ともいうべき一大飛躍を隠蔽しようとする演出だったといわれる［勝田 2000：120〜158］。

公卿華族は、新政府の職に留まりえた者や天皇家の内事に仕える者を除き、版籍奉還直後の「百官」廃止により名目的な地位すら剝奪され、あるいは新政府でえたポストから脱落して、多くは失職状態にあり、他方、知藩事以外の官職にない大名華族は廃藩置県によって悉く失職して、両者の区別は家禄の高のみとなった。もちろん家禄高の差異は大きかったが、廃藩以前と比べるなら、両者はともに伝統的特権から追放された貴族という点で共通していた。それに、大名華族はすでに東京居住を命ぜられており、京都にいた公卿華族も漸次東京移住を促されたため、両者は新首都東京で顔を合わせることとなった(2)。かくて、廃藩を契機として第二章で詳述するように旧大名家大イエの解体が促進され、両種の華族が交流して一つの社会を形成する可能性が生じたのである。

政府は、政治的特権を剝奪された大名華族に向かうべき方向を示す必要を認め、一八七一年一〇月旧知藩事に勅旨を下し、ついで東京在住の公卿華族にも同じ趣旨の勅旨を伝達した。ところがその月のうちに、公・武の別なく全華族の戸主を召し、さきの勅旨を親切に説いた勅諭を下した。ここに始まった全華族を一体として扱う政府の姿勢が、公家風・武家風と慣習も異なる華族の間にある種の同族意識を芽生えさせ、華族が実質的な一つの社会的身分となる気運を育むものであった。

この勅諭のなかの、「特ニ華族ハ国民中貴重ノ地位ニ居リ」との文言は、同年四月制定の戸籍法（太政官布告第一七〇）第一則で族籍中最高位に位置づけられた華族を、ここに改めて最上層の身分として公的に定義するものであった。さらに、国民の最上層たる者の責務として、率先して海外に留学あるいは周遊し、そのさい妻あるいは姉妹を同行して見学せしめよ、と説いているのが注目されよう。勅諭が発せられてから一月ならずして横浜を出帆した岩倉使節団の一行に、四二名の留学生が同行したうち一三名は華族留学生（官費五名、私費八名）であった。石附実の調査によれば、一八六八年から七〇年までの間に出発した華族留学生は二〇名（一般一七一名十）、七一年から七四年まで四八名（一般二八二名十）、計六八名、出発年が判明している留学生総数の一二％を占め、七一年以降加速されて、華族の海外留学は一種のブームとなったことが知られよう［田中 1991：78～83］。初期ブームのピークに相当する一八七四（明七）年二月現在で、欧米在留華族留学生は英国の一二名を筆頭に、独・米それぞれ六名、周遊八名等を含めて全部で三六名に上った［大久保 1993：161～162］。

華族の同族意識は、旧大イエの解体を受けて、公卿・大名両系統の華族が相互に交流するなかで自ずから醸成されたというよりは、社会の最上層ながら政治権力から疎外された決定的少数派が同一族として結集することにより、圧倒的多数の士族・平民に対抗する立場を築こうとする政治的意図に先導されたものである[3]［大久保 1993：178〜179］。すなわち、海外に留学した若手華族のうち、イギリスの貴族が上院議員として活躍していることに感銘を受けて帰国した小大名・低格公卿華族が中心となって、一八七三（明六）年一二月、「華族仲間の明六社」ともいうべき通款社が結成される。その背後には、五年間の英国留学から帰朝した尾崎三良の周旋があった。他方、閑職に退いていた年輩の有力大名・高格公卿華族は、将来、上院は華族をもって組織せらるべしとの尾崎の持論に賛成した木戸孝允（1833〜77）の画策により、翌七四年一月、麝香間祗候会議を発足させた。岩倉はこのような華族の間に渦巻く結集の動きを自己流に誘導して、同年六月、華族会館の創立を実現させ、これを華族同族化の拠点とした［尾崎 1976：144〜149］。

岩倉は、全華族を宗族ごとに結集させ、協同会社を興して各家保持の計を立てさせるべく、一八七六年五月にまず「宗族条約」の雛型を示し、七八年一〇月には宗族単位の結集を促進するため「華族類別録」を編製して華族に頒布した。これは、古代の族制を秩序づけた「新撰姓氏録」に倣って、全華族を旧公卿・大名の別なくまず皇別・神別・外別に大別し、さらに七六の類に編成したものである。この類別は旧公卿の間で認められていた系図上の一流に旧大名を新たに加えて編成し、五摂家のおのおのを頂いて形成されていた公家社会の「御家礼門流」の旧制を撤廃するとともに、旧大名家を加えた系図上の一流を一つの宗族と見たてるものであった。全華族はこの類別に従って宗族を構成し、宗族ごとに条約を作って、宗族長のもとに一定の自治単位として機能することになった。

「華族類別録」では、旧徳川将軍家は三家・三卿および三家の分家等とともに計一三家で第二五類（皇別・源朝臣）

に一括され、旧五摂家は分家・庶流の公卿・大名・僧家とともに計一三家で第四二類（神別・藤原朝臣）に一括された。第二五類は旧将軍家を頂点に求心力をもつ旧徳川大イエの中心部であり、第四二類は横並びの五摂家によって繋がるもので、この二つには家つきあいの旧慣が反映しているが、全体として、遠祖が同じと伝承する家の本末に着目した、家つきあいの慣行からは無理が伴う集団化であった。岩倉はこのような人為的な線引きをあえてしてでも、旧公卿と旧大名を宗族の枠で同族化させ、皇室中心の古代族制に倣うことで皇室との関係を強めてその藩屏とし、士族・平民に優越する新しい特権層として再編成しようとした。しかし、一八八二（明一五）年一一月、彼の独裁的な華族会館運営に対する有力大名華族の不満が爆発して岩倉は失脚し、さらにその死後、岩倉の守旧的な華族制度確立策は藩閥政府の最高実力者伊藤博文（1841〜1909）によって覆されることとなるのである［大久保 1990b：80〜81］。

類のなかには、第五三類（神別・藤原朝臣）のように同族化に無理の少ないものもあった。それは藤原公季を初祖とし、四代後の分流西園寺系（第五四類）と徳大寺家（第五五類）を除いた、嫡流実行の系統旧公卿一五・旧大名六、計二一家の三条一族である。三条一族の嫡家三条家は一族唯一の清華家であった上に、当主実美（1837〜91）は太政大臣として政府最高位の官職にあったから、宗族結集の焦点が確固としていた。三条一族は第五三類として宗族会を設置し、「細則」まで定めており［日付欠、三条家文書］、今日でもこの二一家は三条家一族会を維持して初祖の命日一二月一日には一族が集まり、宗族条約が励行を定めた太祖祭を営んでいる。他方、前記の旧五摂家を中核とする第四二類は解体した。ただ、旧五摂家と三条系旧清華三家（三条・西園寺・徳大寺）の藤原八家による始祖藤原鎌足の祭典は、毎年一一月一七日多武峰の談山神社で行われている。これらは「華族類別録」以前からの宗族結集の旧慣を推測させるものといえよう［長峰 1990：68〜73］。

全華族結集の拠点となったのは華族会館であり、旧大イエの境を超え、旧公卿・大名の境を超えた縁組関係網の発達が同族意識を強めていった。さらに、一八七七（明一〇）年一〇月学習院が開校され、華族の大部分の子女が中等学科修了を目標としてここに学んだことこそ、華族の同族意識の形成に重要な役割を果したといえよう［岩井 1989：82］。また、そこに学ぶ華族子女の間に培われた交流を地盤として、学習院は華族を一つの身分に融合する原動力となった。リブラが認めた華族の身分文化も、学習院で学んだ華族の子女の間の交流に支えられて出現したものであった［Lebra 1993：338，榊原 1996：194〜195］。

2　華族戸数の増加

岩倉が華族会館に拠って華族の同族化・特権身分化を推進していた一八七〇年代末頃のことである。維新の元勲木戸孝允・大久保利通（1830〜78）があいついで死亡した後、長州派の参議伊藤博文・井上馨（1836〜1915）らと肥前派の参議大隈重信（1838〜1922）らとの対立が深まっていた。折柄、自由民権派の国会開設請願運動の高まりに対して、政府は弾圧に努めるとともに、憲法を制定して国会を開設する必要に迫られた。この最重要政治課題について、伊藤・井上らは漸進的意見であったが、大隈らは即時開設という民権派よりの急進的な意見であった。大隈が一八八一年天皇の東北巡幸を機として、伊藤らに諮ることなく急進的意見を上奏したことから、薩長派との対立が頂点に達し、民権派の運動に油を注いだ開拓使官有物払下事件の処理と関連して、「明治十四年の政変」とよばれるクーデターとなり、大隈とその与党は職を免ぜられた［尾崎 1976：344〜345］。政権を独占した薩長派は、九〇年を期して国会を開設する旨の勅諭を発し、民権派の攻撃封じ込めを企てた。

一八九〇（明二三）年に公約どおり国会を開設すれば、自由民権派の流れを汲む野党が下院（衆議院）で多数を占める可能性が危惧された。そこで、これに対して政府や皇室の防波堤となる上院（貴族院）の設置が不可欠であるが、そのような上院の議員として旧公卿・旧大名の華族だけでは心もとないので、現行の華族の制度を作り直して維新革命の勲功がある有能練達の士族を華族に列する案が正式に浮上した。政府はこれを契機としてヨーロッパの貴族制度をも調査し、一八八四（明一七）年七月七日奉勅華族令を公表した。華族令というものの実は五爵の制を定めた叙爵令というべきものであって、ここに伝統貴族主体の華族の時代は終わり、家柄の上下に勲功の大小軽重を勘案した、あるいは勲功の大小軽重のみによる五等の爵本位の時代に入ってゆく［大久保 1990b：82〜83］。第三期の新制華族は、この意味で第二期までの旧制華族とは異なる近代日本の貴族制度として創出されたのである。

次節で華族令の考察に入る前に、旧制下の華族戸数の増加を概観しておく。一八六九年六月、公卿・諸侯計四二七家が華族の新称で呼ばれることになった後、一八八四年五月までの一五年間に新たに華族に列せられたのは、表1に示したとおり、公家系三五、武家系一五、僧家六、神職一四、以上伝統貴族系計七〇家、ほかに勲功による新華族六家、合計七六家であった。(4)

まず公家系三五家のうち二六家は、興福寺の門跡（二）院家（四）学侶（二〇）であった公卿（二二家まで藤原氏）の子弟が還俗し、生家の庶流として華族に列せられたいわゆる奈良華族、他の九家は維新の功績を認められた公卿の分家であるか公卿に準ずる廷臣である。武家系一五家は徳川宗家や旧有力大名の分家一一・徳川家門の付家老一、および琉球王家とその分家二である。僧家六はいずれも子孫相続の真宗本山住職家で、代々摂家の猶子として准門跡の家格を保持した。神職一四は、出雲大社・住吉神社・伊勢神宮・熱田神宮・阿蘇神社・宇佐神宮・日前国懸神宮等古代から神名顕著な大社一二の、国造等地方豪族の末裔と伝える世襲神職家である。(5) 公家系・武家系だけでなく、最高格の世襲僧家・神職という、旧公卿・大名と姻戚関係などで歴史的に関係の深い超地方的名家を華族に列することにより、伝統貴族をほぼ網羅的に取りこんだことになっている。

族戸数の推移

新華族															合計			備考*
建武功臣末裔			「文武諸臣」			学芸			実業			計						
新授	返上	現在	新授	返上	現在	親授	返上	現在	新授	返上	現在	新授	返上	現在	新授	返上	現在	
															427		427	
															4	1	430	
															3		433	
															4	1	436	459
															13		449	485
															2		451	486
																	451	478
															23		474	470
																	474	
																	474	
			2		2							2		2	2		476	464
			1		3							1		3	9		485	489
					3									3	3		488	484
					3									3	1		489	487
					3									3	4		493	500
3		3			3							3		6	6		499	496
		3			3									6	2		501	
		3	29		32							29		35	29			521
		3			32									35				525
		3			32									35				533
		3	51		83							51		86	51	2		588
		3	1		84							1		87	5	1		591
		3	1		85							1		88	8			593
		3	1		86							1		89	2			589
		3	1		87							1		90	4			598
		3			87									90	8			600
		3	1		88							1		91	3			599
		3	1		89							1		92	1	1		607
		3	40		129							40		132	42			644
		3	31		160				3		3	34		166	42	2		681
2		5	4		164	2		2			3	8		174	21	1		695
		5	5		169			2			3	5		179	8	1	717	706
		5	2		171			2			3	2		181	4	3	718	
		5	23		194	1		3	1		4	25		206	60		778	
		5	1		195			3			4	1		207	1	1	778	
		5	7		202	1		4			4	8		215	12	1	789	
		5			202			4			4			215			789	784
		5			202			4			4			215			789	
		5	2		204			4			4	2		217	3	1	791	
		5	2	1	205			4			4	2	1	218	15	2	804	
		5	98		303	1		5			4	99		317	99		903	

表1　系統別華

年次＼系統	伝統貴族系																	
	宮家系			公家系			武家系			僧　家			神　職			計		
	新授	返上	現在	新授	返上	現在	新授	返上	現在	新授	返上	現在	新授	返上	現在	新授	返上	現在
1869年6月				142		142	285		285							427		427
12月				4		146		1	284							4	1	430
70(明3)				2		148	1		285							3		433
71						148	1	1	285				3		3	4	1	436
72						148	1		286	6		6	6		9	13		449
73						148			286			6	2		11	2		451
74						148			286			6			11			451
75(明8)				22		170			286			6	1		12	23		474
76						170			286			6			12			474
77						170			286			6			12			474
78						170			286			6			12			474
79				1		171	7		293			6			12	8		482
80(明13)				1		172	2		295			6			12	3		485
81						172	1		296			6			12	1		486
82				2		174	1		297			6	1		13	4		490
83				2		176			297			6	1		14	3		493
84年5月				1		177	1		298			6			14	2		495
84年7月															14			
85(明18)															14			
86															14			
87					1			1							14		2	
88	1		1		1		3								14	4	1	
89			1	2			5								14	7		
90(明23)			1										1		15	1		
91			1				3		308						15	3		
92			1	1			7		315						15	8		
93			1				2		317						15	2		
94			1					1	316						15		1	
95(明28)			1	1			1		317						15	2		
96			1	1	2		7		324						15	8	2	
97	2		3	1	1		10		334			6			15	13	1	
98			3	2	1	179	1		335			6			15	3	1	538
99			3	1	1	179	1	2	334			6			15	2	3	537
1900(明33)			3			179	35		369			6			15	35		572
1			3		1	178			369			6			15		1	571
2			3	3		181	1	1	369			6			15	4	1	574
3			3			181			369			6			15			574
4			3			181			369			6			15			574
5(明38)			3	1	1	181			369			6			15	1	1	574
6			3		1	180	13		382			6			15	13	1	586
7			3			180			382			6			15			586

		5	3		306			5			4	3		320	4	1	906	
		5	1		307			5			4	1		321	4		910	
		5	1		308			5			4	1		322	2		912	
		5	2		310			5	5		9	7		329	7		919	
		5		1	309			5			9		1	328		2	917	
		5			309			5			9			328	2	1	918	
		5	1		310			5			9	1		329	1	1	918	
		5	3		313	2		7	4		13	9		338	10		928	
		5	5		318			7			13	5		343	5		933	
		5	2		320	1		8			13	3		346	3		936	
		5	1		321			8	2		15	3		349	3		939	
		5	1	2	320	1		9			15	2	2	349	4	4	939	
		5	7		327			9	2		17	9		358	10	2	947	
		5	3	1	329		1	8			17	3	2	359	3	2	948	
		5	1	1	329			8			17	1	1	359	1	2	947	
		5	1	1	329			8			17	1	1	359	2	1	948	
		5	1	1	329	1		9			17	2	1	360	2	2	948	
		5	1		330			9			17	1		361	1		949	
		5	2	1	331	1		10			17	3	1	363	4	1	952	
		5		1	330			10			17		1	362		1	951	
		5	1	3	328	1		11	1		18	3	3	362	6	3	954	
		5	1		329			11			18	1		363	2	1	955	
		5		2	327			11			18		2	361		2	953	
		5	1	1	327		1	10			18	1	2	360	2	2	953	
		5	1		328			10			18	1		361	1		954	
		5	3	2	329			10			18	3	2	362	3	2	955	
		5		5	324			10		1	17		6	356		7	948	
		5	3	1	326			10			17	3	1	358	3	1	950	
		5	1	1	326			10			17	1	1	358	3	2	951	
		5		2	324			10			17		2	356		3	948	
		5			324			10			17			356			948	
		5		1	323	1		11			17	1	1	356	1	1	948	
		5	1	1	323			11			17	1	1	356	2	3	947	
		5		2	321	1		12			17	1	2	355	1	3	945	
		5		1	320			12			17		1	354	1	2	944	
		5		3	317	1	1	12			17	1	4	351	2	8	938	
		5	1	3	315			12			17	1	3	349	1	10	929	
		5		5	310			12		1	16		6	343		12	917	
		5		8	302			12		2	14		10	333		19	898	
		5		3	299			12			14		3	330		9	889	

＊1871～75年は「全国戸籍表」、1878年以降は『日本帝国統計年鑑』による戸数。

1908			3	1		181		1	381			6			15	1	1	586
9			3	1		182	2		383			6			15	3		589
10(明43)	1		4			182			383			6			15	1		590
11			4			182			383			6			15			590
12			4		1	181			383			6			15		1	589
13			4	1	1	181	1		384			6			15	2	1	590
14			4			181		1	383			6			15		1	589
15(大4)			4			181	1		384			6			15	1		590
16			4			181			384			6			15			590
17			4			181			384			6			15			590
18			4			181			384			6			15			590
19			4	1	2	180	1		385			6			15	2	2	590
20(大9)	1		5			180		2	383			6			15	1	2	589
21			5			180			383			6			15			589
22			5		1	179			383			6			15		1	588
23	1		6			179			383			6			15	1		589
24			6		1	178			383			6			15		1	588
25(大14)			6			178			383			6			15			588
26	1		7			178			383			6			15	1		589
27			7			178			383			6			15			589
28	2		9			178	1		384			6			15	3		592
29	1		10			178		1	383			6			15	1	1	592
30(昭5)			10			178			383			6			15			592
31	1		11			178			383			6			15	1		593
32			11			178			383			6			15			593
33			11			178			383			6			15			593
34			11			178		1	382			6			15		1	592
35(昭10)			11			178			382			6			15			592
36	2		13			178			382			6		1	14	2	1	593
37			13			178		1	381			6			14		1	592
38			13			178			381			6			14			592
39			13			178			381			6			14			592
40(昭15)	1		14		1	177		1	380			6			14	1	2	591
41			14			177		1	379			6			14		1	590
42	1		15			177		1	378			6			14	1	1	590
43	1		16		1	176		3	375			6			14	1	4	587
44		1	15		4	172		2	373			6			14		7	580
45(昭20)			15		2	170		4	369			6			14		6	574
46			15		3	167		6	363			6			14		9	565
47年5月			15		1	166		5	358			6			14		6	559

註：(旧) 華族令発令後，無爵(未叙爵)の華族が存在した期間については、該当する系統の現在戸数を記入していない。月を記載した年次以外は年末の数値である。

ここに興味深いのは、勲功ある者の子孫六家が勲功のみによって華族に列せられたことである。（旧公卿・大名の分家の華族取立も、家柄のほか本家の勲功が併せて考慮されたと理解すべきであろう。）そのうち三家は維新の偉勲が評価された大久保利通・木戸孝允・廣澤真臣（1834〜71）の嗣子で一八七八〜七九年に列華族、残りは建武中興の功臣新田・菊池・名和の末裔三家で一八八三年の列華族であった。そのさい評価された勲功は、政権の直接の源である維新回天の大業におけるもの、および維新の精神的源流である建武中興の軍功に限られたにせよ、華族には伝統貴族しかないはずの第二期において、すでに新華族が登場している異例に注目したい。華族に列せられたのは勲功ある者の嗣子・末裔であったが、遠からず、勲功者本人が生存中に華族に列せられるための地均しの効果をもったことは、見落としてはならないだろう。すでに一八八二（明一五）年段階で、「近日廟堂の御評議ありて、維新の功臣たる人々を選み、生存中に華族に御取立あるべきやの噂あり」と新聞が伝えたのは［『東京朝日』1882.1.14］、地均し効果が挙がりつつあることを推測させるものである。

四　華族令の制定——近代日本の貴族制度の創出

1　華族令による叙爵

一口に華族といっても、旧公卿にもまた旧大名にも大きな家格差があった。それゆえ、華族に等級を付すべしとの意見は華族制度の制定当時から根強く存した。ここに鑑み、先にふれた華族令において、政府は中国の古制に因んだ公侯伯子男の五爵を定め、これをもって制度改編の眼目とした。勲功ある士族を華族に列して伝統貴族に伍せしめる華族令の主旨からいっても、爵という媒介項を創設することが必要であった。

すでに華族に列せられていた伝統貴族の各家について爵位を査定するにあたり、既存の二つの家格原則、すなわち先途とする官職による公家社会の格づけと、石高を柱とする武家社会の格づけの、どちらをも満足させる基準に拠らなければならない。そのような課題を担って設定されたのが「叙爵内規」である。(6) 政府は叙爵内規により華族各戸の家柄と勲功を勘案して叙爵するとともに、勲功についての格づけに基づき、「文武諸臣中興ノ偉業ヲ翼賛シ国ニ大労アル者」(授爵式の詔勅)を新たに華族に列して、これに爵を授けた。(7)

華族令が公表された一八八四年七月中に、三度授爵があった。まず七日には旧摂家と徳川宗家に公爵、旧清華家・徳川旧三家・旧大藩知事(現米一五万石以上)に侯爵、旧大臣家・大納言まで直任の例多き旧堂上・徳川旧三卿・旧中藩知事(現米五万石以上)に伯爵が授けられ、翌八日にはその他の旧堂上および旧小藩知事(維新前旧諸侯たりし現米五万石未満の者)に子爵、維新後華族に列せられた者(公卿・大名の分家庶流、徳川旧三家等付家老、旧交代寄合、世襲神職家、建武中興功臣の末裔等)に男爵が授けられた。

以上はいずれも家柄に因る授爵であるが、偉勲・勲功のある者には家柄について叙爵内規が定めた位を超える爵が授けられた。その最も顕著な例は、維新後華族に列せられた者ゆえ男爵であるところ偉勲により四級上の公爵を授けられた島津宗家分家久光、同じく男爵のところ父の偉勲によって三級上の侯爵を授けられた木戸孝允および大久保利通の嗣子、二級上の伯爵を授けられた廣澤真臣嗣子(いずれも七日授爵)、旧堂上ゆえ子爵であるところを父の偉勲によって三級上の公爵を授けられた岩倉具視嗣子(八日授爵)である。具視嗣子への授爵が三条實美が偉勲によって一級上の公爵を授けられた初日の七日でなく、翌日の、並の旧堂上が子爵を授けられた八日であったところに、家格と偉勲による総合的格づけの微妙な格差が窺われる。

これらすでに華族であった者の他に、初日の七日には本人の勲功のみによって伊藤博文ほか一一名の士族が伯爵、一二名の士族が子爵を、家柄により公・侯・伯の爵位を授けられる伝統高格貴族に先立って授爵された。さらに同月一七日、詮考に異議があったため授爵が遅れた副島種臣（1828～1905）ほか二名の士族が伯爵、二名の士族が子爵を、いずれも本人の勲功のみによって授けられた。こうして、計二九名の士族が華族に列せられ、伯爵・子爵を授けられて衆人の目を驚かせたが、同年末に至ってこれら新伯爵に各三万五千円、新子爵に各二万円の賜金が家門永続資金として帝室費の内から下附され、ますます朝野に物議をかもした［尾崎 1977a：45～46；同 1991a：391～392］。

一八八四年受爵の士族計二九名の出身藩内訳は、鹿児島一三名、山口八名、高知四名、佐賀三名、柳川一名となり、薩長二藩のウエイトは圧倒的である。伯爵一五名のうち一四名まで参議の経験者であり(8)、当時生存の参議経験者一九名のうち伯子授爵は一五名、全く授爵のなかったのは四名にすぎなかった。それは、一八七三（明六）年の征韓論で辞任下野後民権派の頭首となった土佐出身の板垣退助（1837～1919）と後藤象二郎（1838～97）、七四年の台湾出兵に不満で辞任し以後野にありつづけた旧幕臣の勝安芳（1823～99）、八一年の政変で免官となった佐賀出身の大隈重信の四名である。維新革命の勲功者でも、新国家形成の途上政権から弾き出されて反政府・政府批判、あるいは政権から距離を置く立場に回った者には、授爵の沙汰がなかっ

新華族										合計	
建武功臣末裔		「文武諸臣」		学芸		実業		計			
新授	返上	新授	返上	新授	返上	新授	返上	新授	返上	新授	返上
3		3						6		503	2
		80						80		80	2
2		221	1	5		4		232	1	338	14
		38	12	7	1	14		59	13	76	24
		11	25	3	2		1	14	28	20	46
			16				3		19		40
2		350	54	15	3	18	4	385	61	514	126
5		353	54	15	3	18	4	391	61	1017	128

は一致しない。

表2　時期別・系統別、新授・返上別華族戸数

時期		期間	伝統貴族系 宮家系 新授	宮家系 返上	公家系 新授	公家系 返上	武家系 新授	武家系 返上	僧家 新授	僧家 返上	神職 新授	神職 返上	計 新授	計 返上
I・II		1869〜1884.5			177		300	2	6		14		497	2
III	A創設期	1884.7〜1887年				1		1						2
	B発展期	1888年〜1907年	3		13	9	89	4			1		106	13
	C守成期	1908年〜1929年	7		4	6	6	5					17	11
		1930年〜1944年	6	1		6		10				1	16	18
	D瓦解期	1945〜1947.5				6		15						21
	計	1884.7〜1947.5	16	1	17	28	95	35			1	1	129	65
合計			16	1	194	28	395	37	6		15	1	626	67

註：表1にもとづいて作製。未授爵の華族が存在した期間、本表の新授華族戸数と本文の新授爵戸数と

たのである。

　一八九〇（明二三）年の国会開設を控えて、八七年五月に再び士族の大量授爵があった。五月中二度の授爵合わせて伯子男五一名にのぼり、このうち伯爵四名は元参議で八四年七月の大量授爵に漏れた前記四名、あとは子爵二九名と男爵一八名であった。これら新華族に八四年の例によりそれぞれ賜金が下附された〔『朝野新聞』1887.7.8〕。

　八四年七月と八七年五月の合わせて四度の士族大量授爵の結果、計八〇家が華族令以前に華族に列せられていた四九九家（未叙爵一四家を含み除族四家を除く、八七年末現在）に加わって、世襲の貴族身分を構成することになった。八〇家の爵別内訳は伯爵一九、子爵四三、男爵一八と子爵が過半に達する。出身藩別にいえば鹿児島二八、山口二〇、高知一〇、佐賀六、大村二、福井二、その他諸藩七、旧幕臣五で、薩長が六〇%を占める。薩長の占有率を爵別に計算すると、伯六三%、子六〇%、男五六%と、僅かながら上位ほど高いことは注意すべき点である。国会開設前年の一八八九年に彼ら新華族が達すべき年齢を調べると、最年少四一歳（山口出身の子爵）最年長七二歳（旧幕臣の子爵）で、四〇歳代三三名、五〇歳代三〇名、六〇歳以上一七名（ただし六〇歳と六一歳とで計九名）となる。四〇歳代早々の若い子男爵は、薩長

に偏る傾向のあることも看過できない。総じて、新華族が薩長土肥、とくに薩長に偏した。かような不均衡は政府高官が旧薩長藩士出身に偏することに因るのはいうまでもないが、同じ条件でも薩長出身者が有利に取り扱われる傾きがあったため、この点を指弾する「藩閥論」が世上に囂々と沸き上がった［『東京日々』1888.5.6，1888.9.18］。

一八八七（明二〇）年末までの第三Ａ期の受爵者は全部で五六五家、士族受爵者八〇家はその一四％、華族令以前に父や祖先の勲功によって華族に列せられた六家を含めても八六家、一五％でしかない。これを爵別にみると、公爵一一家のうち一家もなし、侯爵二五家のうち二家、八％、伯爵八一家のうち二〇家、二五％、子爵三五五家のうち四三家、一二％、男爵九三家のうち二一家、二三％、伯子男爵計五二九家中八四家、一六％となる［霞会館 1985：292］。この程度のシェアーで、果たして貴族院議員の人材プールを補強したことになるのであろうか。

一八八九年二月発令の貴族院令（勅令）は、公侯爵は満二五歳に達すれば議員となり（第二条）、伯子男爵は満二五歳に達して同爵者により選出された者が任期七年の議員となる（第三条）、と定めている。その人数を各爵総数の五分の一以内と定めたのに照準して、翌九〇年二月の詔書は、同年の選挙期には伯爵一五人、子爵七〇人、男爵二〇人を選挙せよと下命した。互選議員一〇五名中当選した新華族は二八名（二七％）、世襲議員と互選議員を合して華族議員総数は一三六名、うち新華族は三〇名（二二％）であった［岩井 1980a：16］。有爵者総数における新華族のシェアーと比べればかなり高く、やはり貴族院補強の効果があったと評しえないわけでないが、むしろ一二五名という、華族議員より僅かに少ない人数の勅選議員こそ、補強の役割を直接担うものであったことは否定すべくもない。

勲功者を華族に列して爵を授けることの意義は、貴族院の補強よりはむしろ行政・外交・軍事等の分野において発揮された。士族出身の新華族は政府高官かその経験者、あるいは戊辰戦争・佐賀の乱・西南戦争・征台等の軍事行動で活躍した将官たちであった［岩井 1980b：17〜18］。政府は授爵により彼らに世襲の貴族身分を公認して、維新以来の論功行賞の仕上げをする（そのために六〇歳以上の老人が含まれる）とともに、行政・外交・軍事の現場で現に国の命運を左右している高官・将官を、伝統貴族がもつ権威の後光で飾ろうとした。そのことは、新華族の経歴、および彼らの八割近くを四〇代・五〇代の働き盛りが占めることから推論しうるが、さらに一八八九（明二二）年二月、大日本帝国憲法公布の勅語に副署した黒田清隆首相・伊藤博文枢密院議長・閣僚八名はことごとく新華族であって、八名が伯爵、残る二名は子爵の肩書でものものしく権威をつけたことを見れば、直ちに分明となることである［大久保 1993：465］。

2　華族戸数の増加

一八八八（明二一）年から一九〇七年に至る第三B期二〇年間の華族戸数の増加を跡づけておこう。戸数の増加は、新たな列華族による増加と爵位返上による減少との差に他ならない。新たな列華族は授爵によって実現されるが、華族令以前に華族であった者が叙爵されても華族はふえない。

華族令発令当時、たまたま女戸主等のために叙爵の資格を満たさなかった公家華族四、大名華族五、合わせて九家が、八五（明一八）年から九八年までの間に、入夫・嗣子相続・先代再相続により資格を満たして授爵された。資格を充足していたにもかかわらず、華族令発令の八四年に叙爵されなかった琉球の尚家は翌八五年に、同じくその分家二戸は九〇年にそれぞれ授爵された。いずれも有爵者の増加であるが、華族の増加ではないから表1には示されていない。

これら以外の伝統貴族で長く無爵のままに残されたのは、准門跡たりし真宗本山住職六家である。これについては、僧族に叙爵することの可否が華族だからということでクリアされたものの、公武本位の叙爵内規を適用しにくいため、爵をどう定めるかが困難な問題となった。結局のところ、本願寺両大谷家は大僧正に昇るのを例とし、大僧正は大納言に准じて待遇されたから、両家を公卿の連綿大納言家と同格とみ、連綿大納言家はみな伯爵を授けられたのを基準として、本願寺両大谷家を伯爵とした。その他四家も同じく准門跡であるが、本願寺の分派であるうえに、せいぜい非連続の大僧正家であって連綿大僧正の家とは大差があるとして、維新後新たに華族に列せられた者は公武ともそれ以前の家格に拘らずすべて男爵を授けられた先例により、男爵とし、九六（明二九）年六家に授爵した［授爵録］。四家のなかでは本願寺に近い格の専修寺は、本願寺とは別個に宗祖に遡る発祥縁起を寺門の誇としていたから、この裁定には最も不満だったことだろう。政治力抜群の本願寺が、自分の思いどおりの裁定をかちとったという他ない。

このような無爵華族への叙爵ではなく、非華族への授爵こそ八八年以降の華族戸数の増加に直結するものであった。それには伝統貴族系（宮家系・公家系・武家系・神職）の増加と新華族の増加があり、前節では伝統貴族系を公家系・武家系・僧家・神職に分けたが、この段階になると宮家系を加える必要がある。

宮家系、つまり皇族の臣籍降下による列華族については、まず従来の慣行を概観しておかなければならない。この点を初めて明文をもって定めた一八六八（明元）年閏四月の第三〇九号は、伏見宮・有栖川宮・閑院宮の三宮家はこれまでどおり世襲の宮家として嫡子に親王宣下があること、賀陽宮（久邇宮と改称）・山階宮・聖護院宮（末尾の照高院宮がこれを嗣ぐ）・仁和寺宮（東伏見宮、ついで小松宮と改称）・華頂宮・梶井宮（梨本宮と改称）・照高院宮（北白川宮と改称）の七宮は、すでに宮門跡として親王宣下を受けているゆえその身一代はこれまでのとおりでよいが、次代は嫡子を始めとして賜姓のうえ臣籍に列することを令達した［外岡 1967a：11］。これは、宮門跡が還俗して、三宮家以外に何人もの親王が存在することに鑑み、世襲宮家を桂宮を含めて四宮家に限る近世の慣行を確認するものであった。

同じ趣旨のことが、つまり世襲宮家以外の還俗親王は二代目から賜姓のうえ華族に列すべきことが、七〇（明三）

年一二月の太政官布告（第九〇六）によって再確認される［外岡 1967a：66〜67］。これは、公卿・諸侯の称を廃して華族と呼び、公卿・諸侯の家来についてはすべて士族または卒と呼ぶことになった六九年の新制を受けて、臣籍に列するとは華族に列することであることを、明言しておく必要があったからである。しかし、華族制度の第二期には皇籍を離れて華族に列せられた例を一例も見ず、かえって七六（明九）年四月に華頂宮が二代皇族、八一年二月に東伏見宮（小松宮）が世襲皇族、山階宮が二代皇族、同年一〇月に梨本宮が二代皇族、さらに八三年四月華頂宮が三代皇族、同年七月には久邇宮が二代皇族に、それぞれ維新の勲功や個々の事情を考慮して「特旨」により格上げされ、一代皇族の制がなし崩しに崩れていった［宮内庁 1969b：592〜593：同 1971a：272，557：同 1971b：81］。八九（明二二）年の皇室典範は「皇族ハ養子ヲナスコトヲ得ス」と定めて実系によらぬ継承を禁止したが、皇族女子が臣籍に降嫁することを認める一方、皇族男子についてはこれを認めていないから、実系（男子）による継承を前提として、世襲宮家・新設宮家の別なく永世皇族の原則が成立したとみることができる（第二部第一章註(11)参照）。ここにみられる皇族男子の身分に関する方針転換は、皇子が一人しかいない状況での皇位継承者プールの保持を狙ったものであり、また貴族院の皇族議員確保に備えたものであろう［高久 1981c：410，428］。

このような前史を受けて、格別の事情に因ってではあるが、第三B期には宮家が増設されさえした。まず、先代の跡を次男が嗣ぐことになった久邇宮家では、長男が父の旧称賀陽宮の称号を許されて一九〇〇（明三三）年新たに宮家を創立した。これには、中川宮と呼ばれた父の幕末維新のさいの勲功が考慮されたもののようである。一九〇三年には小松宮の養嗣子が旧称を再興して東伏見宮家を創立した。さらに一九〇六年には一挙に三宮家が創立された。北白川宮家からの竹田宮、久邇宮家からの朝香宮と東久邇宮である。そのうち少なくとも一宮家は明治天皇皇女の婚嫁先として予定されており、他の二宮家もつぎつぎに皇女を妃として迎えた［霞会館 1996a：32，40，24，42：高久 1981c：

432〜433］。これらは広義には直宮による宮家創立に準じた事例と言えなくもない［高久 1981a：177〜178］。

宮家が増設されたこの時代、皇族の臣籍降下による叙爵は三例あったが、いずれもストレートな臣籍降下ではなく、それぞれ特殊な事情があって、臣籍→（皇籍）→臣籍という経過を辿った。第一は、伏見宮邦家の男子で山階宮・北白川宮・久邇宮・東伏見宮・華頂宮それぞれの初代の弟・家教の例である。彼は幼にして真宗本山仏光寺の養子となり、他の真宗本山住職家と同様一八七二（明五）年に華族に列せられて渋谷の家号を称したが、八八年六月、家女房に産ませた男子を仏光寺の嗣に残して、一旦伏見宮家に復帰することを許され、ただちに清棲の家名を賜わって華族に列せられ伯爵を授けられた。兄たちのように、宮門跡還俗の例によって待遇されることを望んだ家教の願いは果たされなかったが、もし仏光寺に留まっておれば、男爵を授けられるためにすら九六年まで待たねばならなかったのと比べれば、目先の利く身の処し方をしたことになる。

第二は、民籍にあった北白川宮能久の「密子」二人の例である（第三部第四章註（5）参照）。宮没後の九七（明三〇）年七月、枢密院に諮問のうえ両人は宮の実子であることが認許され、一旦民籍から除いたが皇籍に入れることなく再び民籍に収めて家名を賜わり、特旨をもって華族に列せられ、伯爵と家門永続の資として一時金三万五千円を授けられた。公的な北白川宮系譜にも載せられている二荒伯爵と上野伯爵である［酒巻 1987a：163］。（三九七ページ参照）

公家系では、この二〇年間に新たに一三家に授爵された。華族令は女戸主による襲爵を認めていないので、女戸主の期間爵位を返上することになるが、男子が相続すれば請願により再び元の爵を授けられる。返上と再授爵が同一年内であれば統計の便宜上不断の継続とみなし、年を越えた再授爵のみ新授爵に合算した。そのような再授爵（侯）が一件表1の一三家に含まれているので、これを除いた一二家を調べてみると、いずれも伯爵以上の家の分家もしくはこれらの家からの絶家再興であって、父あるいは戸主、もしくは本人の勲功が併せて考慮されている。とくに公爵については、さらなる陞爵の余地がないためか分家は一人だけ授爵可、勲功がある場合は二人まで授爵可、という内規があった。授けられた爵は本家の爵位のいかんを問わず男爵であった。

つぎに武家系では、八九家がこの間に新たに授爵された。公家系の七倍と断然数が多いばかりでなく、一八九七（明三〇）年、一九〇〇年、一九〇六年のように、授爵一〇家以上の年があるのが特色である。再授爵（子爵）一件を除く八八家は、①公侯伯子爵の分家二一家（うち一件は絶家再興）、②これらの一門家老六六家、③その他一家となる。

まず、①大名華族の分家への授爵は一八八八（明二一）年に始まった。授爵の対象は、華族戸主の戸籍から分家する子弟や前戸主であって、事情があって相続できない長男か養嗣子、それに前戸主など、分家させて平民と伍せしめるに忍びない事情のある場合が多かった。二一家のうち一件は、徳川宗家から前将軍が分家したもので、宗家と同じく公爵を授けられた。二家は侯爵家（水戸徳川・福井松平）からの、ともに父の隠居後に生まれたため父の後嗣になれなかった長男による分家であって、父の勲功が考慮されてとくに子爵を授けられた。残り一七件と絶家再興一件には、本家の爵のいかんにかかわらずみな男爵が授けられている。琉球・尚家の分家の場合を除いて、常に本家当主や先代の勲功が問われ、武家系についても勲功ある公爵の分家はとくに二人まで授爵可、とされた(9)。

②華族令発令以前から噂された〔『東京日々』1883.1.17〕旧大名一門家老への授爵は、一八八九（明二二）年に始まった。六六家という件数からいってもこの期の特色をなし、武家系の授爵件数が多い前記三年次の②の数は、それぞれ九、三五、一一、計五五件を数え、②が集中したためこの三年次の件数がとくに多かったことが判明する。また、②は公家系にはないことで、武家系のみにみる特色である。この類の授爵は、大名華族戸主あるいは前戸主・前々戸主の実弟であるにせよ、一門としてすでに士族身分にある者を華族に列するところから始まった。それ自体、授爵範囲拡大の第一歩であったが、つぎつぎと授爵基準を緩めて、かつて噂されたように家老を含む六六家を華族に列するに

至るまでの、授爵範囲拡大の軌跡を遺している。

旧大名一門ですでに士族身分にある者を華族に列した最初の例は、公爵島津忠義実弟・島津珍彦（旧高一万石余、一門の上班）と、侯爵山内豊景大叔父・山内豊積（豊信実弟、旧高千五百石）への八九年三月の授爵である。それぞれの宗家からの授爵請願に対し、「華族戸主ノ血族ノ親ニアラサル一門ノ比ニアラス、マタ維新前後ノ功労ナキ一門ノ比ニアラス、豊カナ財産ヲ有シ薄産又ハ貧困ナル一門ノ比ニアラス」、と三点を按じて授爵に決した。『授爵録』は、「両人ノ例ニ拠リ願出ルモノアルモ左ノ三項全備シタルモノニアラサレハ採用セラレサルコトトセハ聊差支無之様存候」と断って、「一、華族戸主ノ血属ノ親（門地）、二、維新前後功労アリシモノ（功労）、三、華族ノ資格ヲ維持スルニ足ル財産アルモノ（財産）」の授爵詮議三標準を掲載し、これにより今回の授爵範囲の拡大がさらなる拡大を招くことに有効な歯止めがかかるとみたことを窺わせる。

ところが翌九〇年一二月の日付で、公爵島津忠義から出願があった支族島津久家（旧高三万九千余石、一門）授爵の件は、三標準に照らして血統・功労の点で不足ゆえ、沙汰に及ばれなかった、と『授爵録』に記録されている。もし三標準をもって歯止めとする方針なら却下するべきところ、却下しなかったことは将来に含みを残した。果たして翌九一年一二月、久家は男爵を授けられ、八七年七月請願を却下された侯爵池田章政の支族池田政和（旧高三万石、家老）も条件が同じということで、同日に男爵を授けられた。『授爵録』はこの間の方針の修正を、「以前ハ、華族ノ戸主ニ対シ最近ノ血縁薄シト謂フニアリ、今日ノ議ハ、維新ノ勲功ヲ以テ主眼トス」と説明している。政和は本人自身の、久家は父の勲功を認められ、爵記も珍彦・豊積の「授男爵」に対して、政和には「依勲功特授男爵」、久家には「依父久寛勲功特授男爵」と依勲功の三文字があった。三標準のうち積極的基準である門地と功労について、華族戸主との最近の血縁の親よりも維新前後の勲功に重きを置くことにより、授爵範囲拡大の第二歩が印せられたのである。当局は、「右ノ二例ニ準ズル旧家老ノ家ハ鹿児島・山口・佐賀ニアルニスギズ、他日出願アレバ恩典ヲ与エラルベシ」〔授爵録〕と楽観的であった。

翌九二年一〇月、旧熊本藩家老二家（旧高五万石と一万五千石）と仙台伊達家支流二家が男爵を授けられた時、詮議三標準がさらに緩和された。旧熊本藩家老二家においては、積極的基準の一つである華族戸主との最近の血縁の親が全く問われず、仙台伊達家支流二家は血縁の親が薄いのに加えて、消極的基準の財産にも欠陥があった。その代わり、もう一つの積極的基準である功労（前者では維新前後あるいは西南の役の功労、後者では北海道開拓の功労）が強調された。授爵範囲拡大の第三歩である。

先に島津久家への授爵のさいに予想された鹿児島・山口・佐賀からの出願に対して、「血属ノ親」条項はもはや問われなくなっていたが、功労と財産の二点にも問題のある家があったため、授爵は遅れて一八九七（明三〇）年一〇月に至って実現する。島津家一門三家（旧高一万七千石、一万石、一万八千石）、毛利家一門一家（旧高一万七千石）、鍋島家一門一家（旧高二万石）と佐賀藩家老三家（旧高二万一千余石、二万二千余石、一万石）がそれであり、細川家一門一家（旧高一万石）も同時に授爵された。授爵理由に家格を按じ旧功を録して男爵を授けるとだけ言い、詮議三標準はほとんど空文に帰している。

その頃、「旧諸侯ノ老臣萬石以上ノ者ニシテ維新ノ大業ヲ翼賛シタル者及ヒ明治七年佐賀ノ役同十年西南ノ役ニ於ケル功労者ヲ優班ニ列スル議」〔授爵録〕が提言され、一九〇〇（明三三）年五月九日、三五家にたいする大量授爵が皇太子成婚祝いとして実現した。三五家のうち一〇家は、維新あるいは西南の役で勲功があった旧藩主一門または家老であるが、万石以上は島津家一門の一家だけで、残り九家は万石未満であった。他の二五家は、旧藩主の一門または家老で万石以上の俸禄を受けた門閥である。旧幕時代、将軍家直属ではなかったから諸侯でなかったものの、石高からいえば「門地ハ以テ小諸侯ニ譲ラス」〔授爵録〕、その資産また門地を維持するに足る、といわれた。したがって、前者一〇家では門地と勲功が詮議標準となっていて財産はとくに重視されず、後者二五家では門地と財産が詮議標準になっていて、かつて門地条件を緩めるために強調された勲功は今や全く問われていない。実はその門地も、華族戸主との最近の血縁の親ではなく、旧藩主一門あるいは家老で万石以上を食んだことに内容がすりかわっている。また、財産について、（金利年五分として）五百円以上の年収を生ずべき一万円以上の財本と明示されたのは、直接には世襲財産設定の最低限を基準とするものであったと想定される。ここにおいて、授爵範囲の拡大は窮まった感がある。

一九〇〇年現在、一万石以上の旧藩主一門あるいは家老で未授爵の家が四八家あった。そのうち、五百円以上の年収を生ずべき財本を有することが確実と判定された前記二五家に授爵されたのである。残り二三家のうち一〇家が、一九〇六（明三九）年九月、五百円以上の年収を確保するに至ったとして、維新の勲功ある旧藩家老一家とともに男爵を授けられ、これをもって門地を大部分あるいは一部の理由とする士族六六家への授爵が終わった。

③その他一件とは、旧上総請西一万石の林家にたいする授爵である。『授爵録』と家譜を参照すると、先代忠崇は戊辰戦争のとき「官軍」に抗し、房総・相模・伊豆・甲斐方面に転戦して敗れ、仙台で降伏、所領は没収され、身は永禁錮に処せられた。一八六九（明二）年、許されて甥の忠弘が家名を相続したが、大名の身分から高三百石の士族に落とされた〔酒巻 1987a：156：霞会館 1996b：378：中村 2000〕。それより二四年をへて漸く華族に列せられたが、授けられたのは旧小藩知事相当の子爵ではなく、士族から列華族の場合の男爵であった。士族からの列華族と見れば恩典であるが、旧小大名の爵位を一ランク落とされたという点では処分の確認にほかならず、維新前後の功労が授爵にあたって考慮されたことの半面である。

伝統貴族系第四の神職としては、天見通命を遠祖とする伊勢神宮内宮の世襲禰宜職・荒木田姓の中心沢田家だけである。沢田家が荒木田姓の宗家であること、および血統・家格・財産を考慮して、諸家のなかから選んで男爵が授けられたという［酒巻 1987a：154］。天児屋根命の後裔と伝える伊勢神宮世襲大宮司家・川辺家は一八七二（明五）年に華族に列せられ、大若子命の後裔と伝承する外宮の世襲禰宜職・渡会姓の宗家松木家も八三年二月には華族に列せられて、翌八四年七月にいずれも男爵を授けられた。これに対して、沢田家（のち荒木田と改姓）の授爵が九〇年まで遅れたのは、内宮の荒木田姓諸家の間には外宮の渡会姓諸家どころでない栄爵を巡る競合があって、容易には収拾がつかなかったためである。

第三B期に新たに華族に列せられて爵を授けられた伝統貴族系は、二件の再授爵を含めて以上四種の合計一〇六家、爵別内訳は公一、侯一（ただし再）、伯三、子三（うち一は再）、男九八となる。男爵が九割を超えることは、伝統貴族が今回根こそぎ授爵の対象になったことを示唆している。

さて、つぎは新華族の増加である。第三B期二〇年間に勲功によって新たに華族に列せられ、爵を授けられた者が二三二名の多数に上った。伝統貴族系の増加一〇六家の二・二倍に相当する数である。伝統貴族系の増加においても、華族戸主の家族が分家を契機として授爵される場合、父や祖父の勲功に言及され、また旧藩主の一門や家老といった門閥士族が授爵される場合、門地に加えて勲功が積極的な詮議基準となったことは、すでに述べたとおりである。このようにして授爵された場合、伝統貴族系の家柄華族でさえ爵記に「依勲功」の三文字が付いており、その点では新華族と異ならなかった。

新華族の爵記に記されている勲功を、祖先の勲功、父や祖父の勲功、本人の勲功に分けると、それぞれ二家（一%）、一六家（七%）、二一四家（九二%）となり、やはり本人の勲功によるものが圧倒的に多い。爵別にみると、侯一、伯二、子一〇、男一一九と、ほとんどが男爵であった。侯爵は一九〇二（明三五）年西郷隆盛（1828~77）の嗣子に授けられたもの。西郷の賊名は除かれていたが、ここに至って生前の勲功が認知され、木戸や大久保の嗣子に対するのと同じ爵が授けられた。伯爵二のうち一件は、一八九六（明二九）年鹿児島藩家老小松帯刀の孫に対し祖父の勲功によって、あと一件は東郷平八郎（1848〜1934）に対して日露戦争の勲功により授けられたものである。

授爵の年次別分布をみると、一八九五（明二八）・一八九六・一九〇〇（明三三）・一九〇七年、以上四年次に大量授爵があったことが分かる。九五・九六両年は日清戦争の、一九〇七年は日露戦争の勝利により、東郷を始めとする陸海軍将官・政府高官・外交官ら多数が華族に列せられて爵を授けられ、一九〇〇年は皇太子成婚祝いとして、維新前後もしくはその後に功労があって授爵に漏れていた者が対象となった。父の勲功による授爵も、一九〇七年には日清・日露の戦争における勲功が多数を占めている。

第三B期の新華族の増加にみる特色の第一は、右に略述した軍功を始めとする対外戦争での勲功に対する大量授爵であるが、もう一つは、学界や実業界のリーダーへの授爵が始まったことである。一八九一（明二四）年頃から華族令改正の議が起こり、文武の勲功ある者、勲功ありし名家の子孫のほか、学芸もしくは農工商業によって国家の公益を起こした者に授爵の範囲を拡大すべきことが提案された［酒巻 1987a：203］。漸く日清戦争後の一八九六年に至ってまず岩崎久彌・岩崎彌之助および三井八郎右衛門、ついで一九〇〇年渋澤榮一、つまり財閥の総帥および実業界の指導者に男爵が授けられ、また一八九七年以降西周・箕作麟祥・加藤弘之・菊池大麓・濱尾新の五人、すなわち東京帝国大学総長あるいはこれに準ずる人々に順次男爵が授けられた。しかし、第二期と第三A・B期の新華族合計三一八家のうち合わせて僅かに九家、しかも最下級の男爵にすぎなかった。

学界のリーダーも実は政府高官であった。したがって、民間人である財閥の総帥に対する授爵こそ新華族の範囲拡大の名に値するものであるが、彼らへの授爵には根強い反対があった。富豪の国家に対する功労なるものは奉公心から生じたものでなく、自己の利益を求める営業の結果がたまたま国家に役立ったにすぎない。そのような功労は授爵に値しない、というのが反対論の骨子であった。一八九六年の最初の授爵にさいして、両岩崎と三井の三人を功績者と呼んで勲功者と呼ぶことを避け、功績調書に「営利的ノ事業家ニシテ其私ヲ捨テ公ニ奉スルハ人情ノ難シトスル所然ルヲ能ク甘シテ之ヲ為ス……人民ノ模範タルヘキ者ト謂ツヘシ」〔授爵録〕と述べているのは、こうした反対論を念頭においてのことであろう。(10)

伝統貴族系における家柄による叙爵は、旧幕時代の家柄を基準とするものであるから、彼らには陞爵ということは通常起らぬことであった。ところが勲功による授爵の場合、後日新たな勲功が加わるか勲功のより高い査定があれば、陞爵の可能性が生じる。華族令施行当初の第三A期にはまだ陞爵の例がなかったが、授爵二三二家を数える第三B期には七三件の陞爵があった。日露戦争後海軍の東郷が伯爵に叙されたのに対比して、陸軍の大山巌（1842～1916）はどう処遇されたか。参議の一人として一八八四（明一七）年の最初の叙爵で伯爵を授けられた大山は、戦争の度毎に陞爵リストに登場するのである。陞爵があっても、華族戸数に変わりがないが、爵別戸数は変化する。

七三件の陞爵は、第三B期の中間時点である一八九八（明三一）年の華族戸数七一七に対して一〇％に相当する。その内訳は、男爵から子爵へ三〇件、子爵から伯爵へ二七件、伯爵から侯爵へ一三件、侯爵から公爵へ三件と、下位ほど多いのは母集団の爵別構成からいって当然のことである。七三件の系統別分布をみると、公家系華族に七件、武家系華族に一一件、新華族に五五件となる。これはそれぞれ、九八年の公家系総数一七九家の四％、武家系総数三三五家の三％、新華族一七九家の三一％に相当する。陞爵の例数が新華族に目立って多いばかりでなく、比率もそこで圧倒的に高い。

公家系と武家系の陞爵は一八八八（明二一）年と九一年に集中し、この両年次の陞爵合計一七件はことごとく伝統貴族系に対するものであった。そのうち一二件まで父または祖父の勲功を云々しているところからみても、八四年の最初の叙爵後、当該戸などからの請願によって勲功度を再検討した上でのいわば修正であって、新たな勲功があり、それが認められた結果とはいえない。

先にふれた一八九一年頃からの華族令改正の議は、また勲功によりとくに陞等せしめることあるべしと提案していた。陞爵発令三度目の九五年に至って新華族への陞爵が現れたのは、これを受けたものであろう。以後、一九〇七（明四〇）年の武家系一件（ただしこれも勲功による陞等）を除いて、陞爵はみな新華族のものであった。授爵件数のとくに多かった四年次のなかの九五年に一一件、一九〇七年に四〇件と新華族の陞爵が集中する。(11) 日清戦争と日露戦争は多数の新授爵者を産出したばかりでなく、陞爵者も相応して多く出したのである。とりわけ多かった一九〇七年には、日露戦争の軍司令官（奥・黒木・乃木）・海軍大臣（山本）・講和条約の首席全権（小村）はいずれも男爵から伯爵に二階級特進して陞等されている。また、一八九五年から一九〇七年の間に二度陞爵の沙汰のあった家が八家、したがって新華族の陞爵総数五五件に対応する家は四七家である。八家とは、男爵から子爵をへて伯爵への佐久間左馬太（山口、陸軍大将）・児玉源太郎（徳山、陸軍大将）と林董（旧幕臣、外務大臣）、子爵から伯爵をへて侯爵への桂太郎（山口、陸軍大将・総理大臣）と野津道貫（鹿児島、陸軍大将）、伯爵から侯爵をへて公爵への伊藤博文（山口、総理大臣）・山縣有朋（山口、元帥陸軍大将・総理大臣）と大山巌（鹿児島、元帥陸軍大将）である。早期の授爵とあいつぐ陞爵によって、伊藤と山県は旧主の毛利公爵家と、大山は旧主の島津公爵家と肩を並べるに至った。

最後に第三A・B期の爵位返上を見ておこう。該当件数は合計一六家（第三B期だけなら一四件）。一八九八年の華族総数の僅か二%という少ない数ではあるが、これを系統別にみれば、公家系一〇家、武家系五家、新華族一家で、それぞれの九八年の戸数に対して六%、二%、一%となり、公家系に比較的多かったことが分かる。また、爵別では侯

一、伯二、子四、男九であるが、返上理由の消滅によって再授爵に至った三件を除けば、伯一、子三、男九の一三件が残るところから、爵位返上は比較的下位の爵で起きる特殊な事態であったといえよう。なお、第三A・B期を次節で述べる華族令追加以前と以後に分けると、年数は一〇年対一三年半と大差がないのに、返上の件数は四対一二となり、追加以後急増したことが判明する。犯罪非行者本人を罰してもその家は子孫に継承させることを本旨とした華族懲戒例（一八七六年制定、九〇年廃止）には返上の規定がなく、また華族令も同様であったが、それでも華族令以後は家道が斉うまで返上させる意味の爵位返上の例が稀にみられた。ところが、華族令追加によって返上命令（褫奪）と自発的返上の箇条が定められたため、返上事例が多くなったのである。

一六件について返上事由を調べると、だいたいつぎの三つに要約される。

①当主の死亡時に嗣子がなかったため襲爵手続きができず、華族令第四条によって返上の扱いとなったもの二件。公家系の侯爵と伯爵に一例づつ、いずれも男子の相続人を得た上で元の爵が再授爵された。

②当主の死亡時に嗣子はいたが襲爵手続きをしなかったもの一件。新華族の男爵没後、一代華族論の立場からの遺言により遺族が襲爵手続きをしなかった［維新史料編纂会 1974：473］。

③当主が生存中に爵を返上したもの一三件。返上一六家の四分の三がこれに該当し、内訳は公家系が子爵一、男爵七、計八家、武家系が伯爵一、子爵三、男爵一、計五家となる。返上といっても、②のような自発的返上ではなく、返上を命ぜられたのであり、有体に言えば爵位褫奪処分であった。一九〇二年七月評議員として処分に関わった尾崎三良が、「元の大溝藩主子爵分部光謙不都合の行為あり、爵位を褫奪すべきや否やに付き評議あり。二回の会議を経て遂に爵位を自ら返上せしむることに決す」［尾崎 1977b：206］と記録しているように、自ら返上する形を取らせることにより、華族としての矜持を保たせたのであろう。返上を命ぜられた主な事由の一つは、家政破綻によって

華族の品位を維持できぬことであった。公家系には、旧堂上のゆえに子爵を授けられ、または維新後華族に列せられたがゆえに男爵を授けられても、華族の体面を維持するに足るだけの収入がない事態に陥ることがあった。とくに公家系の男爵はなべて家の歴史が新しく経済的基礎が薄弱であったが、例えば、奈良華族の男爵長尾顕慎は、家産を浪費し華族の品位を失ったかどで、一八八七（明二〇）年一月華族懲戒例により謹慎一〇日（謹慎のなかでは最も軽い量刑）に処せられ、謹慎中に爵位を返上させられた［霞会館 1986a：605］。他方、武家系の子爵石川重之は一〇歳で相続したが、二〇歳になった八七年四月、貧窮につき相応の資産を回復するまで爵位族籍の返上を仰付けられた［徳大寺実則日記］。（ただし、一二年後に「財政ノ基礎確立シ家庭ノ状況又華族ノ体面ヲ維持スルニ欠点ナキモノト認メラレ」再授爵される［酒巻 1987a：165］。なお、第三部第四章四、A２参照）また、譜代の家老がいなかった旧三卿の伯爵徳川（清水）篤守は、家職の者の奸計によって家計破綻し、裁判でも敗訴する始末であったため、一八九九年四月家政取締り不行届きのゆえをもって、華族令（追加）により爵位を返上させられた［金沢ほか 1968：118］。さきの尾崎の記録はこれも爵位褫奪と報じている［尾崎 1977b：87］。武家系のこれら二つの事例に関する限り、家政破綻の原因は公家系のように経済的基礎の脆弱さに加えて放蕩による浪費であるよりも、むしろ当主が幼少であったり、家政を家職に任せきりにするなど、家政管理における自主性のなさにあったようである。

返上を命じられたもう一つの主な事由は華族当主の犯罪行為である。一八六八（明元）年に諸侯に列せられた一万石以上の旧交代年寄七家のうち、大沢家は一万石に満たないことが発覚して三年後に華族から士族に降格されたが、授爵後類似のケースと疑われるものがもう一家あることが判明し、九四（明二七）年に至って爵位の返上を命ぜられた。また、公家系の男爵北小路俊岳は詐欺行為で有罪となり、一九〇一年三月爵位を返上させられている［千田 2000：88］。

さて、一八八七（明二〇）年末の爵別華族戸数に第三B期二〇年間の爵別授爵数を加え、これを陞爵数によって修正したうえで、爵位返上戸数を差し引けば、一九〇七（明四〇）年末の爵別華族戸数が得られる。華族総数に対する新華族の爵別比率は表3のとおりである。

表3　爵別有爵者数の推移（付、新華族の対華族総数構成比）

			総数	公爵	侯爵	伯爵	子爵	男爵
1884年末（明治17）	総　数		509	11	24	76	324	74
	新華族	実　数	35	—	2	16	14	3
		構成比	6.9	—	8.3	21.1	4.3	4.1
1887年末（明治20）	総　数		565	11	25	81	355	93
	新華族	実　数	86	—	2	20	43	21
		構成比	15.2	—	8.0	24.7	12.1	22.6
1907年末（明治40）	総　数		903	15	36	100	376	376
	新華族	実　数	317	3	8	33	59	214
		構成比	35.1	20.0	22.2	33.0	15.7	56.9
1929年末（昭和4）	総　数		955	19	39	109	379	409
	％		100.0	2.0	4.1	11.4	39.7	42.8
1944年末（昭和19）	総　数		929	19	41	110	362	397
	％		100.0	2.1	4.4	11.8	39.0	42.7
1947年5月（昭和22）	総　数		889	17	38	105	351	378
	％		100.0	1.9	4.3	11.8	39.5	42.5

資料：霞会館 1985：292〜293.

華族総数はこの二〇年間で五六五戸（無爵華族を除く）から九〇三戸へと一・六倍増えたのに対して、新華族数は八六戸から三一七戸へと三・七倍増えた。この爆発的な増加の結果、新華族の華族総数に対する構成比が八七年の一五％から一九〇七年の三五％へ急上昇した。爵別に新華族の構成比を求めると、一八八七年には公、侯、伯、子、男それぞれが、〇％、八％、二五％、一二％、二三％と低い数値に止まったが、一九〇七年には二〇％、二二％、三三％、一六％、五七％と、子爵を除くどの爵でも躍進的な上昇を示している。しかも、貴族の名に値するといわれる公侯伯爵合計における新華族の構成比は、一八八七年段階では一九％に過ぎなかったのが、一九〇七年には二九%に上昇している。

第三B期に、国民の多くは日清・日露戦争の勝利に酔い、条約改正の成功や日英同盟の締結にみる国際的地位の向上に欣喜した。対外戦争や対外交渉の英雄たちが重ね重ね陞爵の恩典に浴し、あるいは二階級特進して高位の爵を授けられることに、彼らは歓呼の声で応じたに違いない。華族が最大戸数に達したのは一九二九（昭四）年の九五五家であるから、一九〇七年の九〇三戸というのはすでにその九五%を達成していたことになる。今や新華族がそのなかの三分の一強を占め、華々しい活躍によって国民の眼に映る近代日本の貴族像を規定する存在となっていた。これこそが、一八八四年の華族令が国内的国際的政治環境のなかで達成した成果に他ならないのである。

五　華族制度の整備

1　華族令追加

華族令は伝統貴族と勲功者をともに律して栄誉を与える法令であったことから、華族令にいう華族とは家の族籍であるのか有爵者個人を主体とするのか、肝心の華族とは何かが分明ではなく、また終身戸主制（第七条）のように在来の隠居慣行と整合しない箇条もあった。そこで、一八九〇（明二三）年の憲法発布に伴い、その条項と矛盾するところのある七六年制定の華族懲戒例が廃止されたことを契機として、九一年六月宮内省に爵位規程取調委員会が設置され、華族令更改の審議が正式に始まった。比較的貴種性が低い伯子男爵については世襲または一代とすることを手がかりとして、家の族籍としての華族と有爵者個人を主体とする華族を分けて併存させる案や、隠居の制度を導入する案なども議題に上ったが［井上 1968：493］、懲戒令廃止に対する応急の対策として、華族たるの体面を汚辱する失行があった者には爵位族籍を剝奪し、情状の軽い者には礼遇を停止する手順が決まり、九四（明二七）年七月、従来の華族令一〇カ条への追加八カ条が華族に令達された。

この八カ条の冒頭に、相続および家政上の関係について家範を制定する箇条が置かれたのは、華族の非行に対して制裁の備えを設けるだけでなく、「華族ノ職位ヲ全フセシメント欲セハ（中略）家範設定ニ関スル条項ヲ加ヘ内之ヲ抑制シ、内外相竢テ其ノ目的ヲ達セン」［酒巻 1987a：215］との趣意に出るものであった。また、子弟に相当の教育を受けさせる義務（第一〇条）を充たさぬ者、および華族の品位を保つことのできぬ者などには礼遇を停止すると定め（第一五条）、さらに華族の品位を保つことのできぬ者は栄典を辞退（爵位を返上）することができると定めた箇条（第一六条）を含むのが、注目される。

この華族令追加案は一八九四年五月貴族院に諮詢され、合わせて四回に及ぶ全院秘密会議と特別委員会秘密会において審議された。政府委員の説明と答弁、議員の質問と陳述から、追加箇条の趣旨もしくは背景が明らかになっていったが、華族とは何か、という根本問題は容易には決着がつかなかった。

華族令の「華族ノ戸籍及身分」（第八条）あるいは「華族ノ戸主」（第一三、一五条）なる文言では、華族とは有爵者の家についていうものと解釈され、他方、「華族及華族ノ子弟」（第九条）なる文言では、華族とは有爵者本人をさすと解釈される。そのため、議論は何度も「華族」の語義にたち戻らざるをえない。最終日の全院秘密会議で答弁に立った政府委員の末松謙澄法制局長官（翌九五年列華族授男爵、1855〜1920）が、「其問題ニナリマスト随分是ハ……一体華族ト云フコトノ定義如何ト云フ事マデ論ジ及バナケレバナラヌヤウナ訳ニナリマス、併シナガラ是迄段々説ノアル中ニ、一ハ曰ク華族ト云フノハ家主ダケノモノデアル、故ニ其家族ハ実ニ尽ク平民デアルト云フ見解ト、又一ツハサウハ行カヌ即チ華族ノ一戸籍内ニアル者ハ一般ニ之ヲ華族ト唱ヘ来ッテ居ルト云フ見解ヲ執ルノガ適当デアルト云フ説トアリマス」と二説に整理し、つづいて「此処マデ深ク論究シタナラバ、随分国法上困難ナ問題ガ出ルデアラウト思ヒマス、委員会ニ於テモ華族ノ戸籍内ニアル者ハマー華族ト見做シテ取調ベルト云フ方針ヲ取ラレタヤウニ思ヒマス」と討議の方向を示唆した［参議院事務局 1995：125］。しかしこれで収拾されるわけでなかった。なおもそれぞれの立場の意見が延々と主張されたので、議長の侯爵蜂須賀茂韶（1846〜1918）が「如何デゴザイマスカ、大抵モウ……御解釈ヲ必ズ同ジクスルト云フコトハムツカシイコトデアラウト思ヒマスカラ……［子爵岡部長職君発言ノ許可ヲ求ム］暫ク御待チ下サイ〔平田東助君「モウ一ツ残ッテ居リマスカラ御尋ネシタイ」ト述ブ〕如何デゴザイマスカ、解釈ヲ同クスルト云フコトハムヅカシイコトデゴザイマスカラ、御止メニナッテハ如何デゴザイマスカ」、と制止して討議の打ち切りを図る始末であった［同上：149］。

かくて、華族令における華族の概念について合意に達することを断念し、処置を政府にあるいは他日に委ねて審議を終えたのである。しかし、統一的解釈を確立するためには、一定の華族概念から華族令の条項そのものを書き改めるより他に方法がなかった。華族令を取り巻く環境が、伝統貴族に勲功ある者を割り込ませる施行当時の段階から、新華族が激増して勲功ある者を主体に華族の概念を構築できる段階へと推移してゆけば、これが可能となることであろう。一八九四年から一九〇七年までの一三年間にこの条件が成熟していったことは、前節ですでに説いたとおりである。

2　改正華族令

華族令は相続・隠居などの点で民法と密接な関連をもっていた。そこで、一八九七（明三〇）年末民法第四・第五編の法案が成り、翌九八年五月の臨時議会に提出される運びとなると、民法に抵触する懼れのある箇所の修正を課題として華族令の改正案づくりが本格化する。では、華族の定義にどのような決着が図られたのだろうか。

改正案が貴族院に諮詢された九九年二月、宮内省は伊藤博文の「華族の称は家に属す、爵は人に属せず家に属す」〔酒巻 1987a：231〕との意見に従って、全院秘密会議での説明のさい「華族ノ戸主ノ下ニ居ル家族ハ（次三男まで）皆華族デアル」「（爵は）ドコマデモ家ニ属シテ居リマス」〔参議院事務局 1995：186~187〕との立場を取った。伊藤の婿である末松がかつて政府委員として示唆した方向である。しかるに、それより八年をへた一九〇七年五月に皇室令第二号として公布された改正華族令では、「凡ソ有爵者ヲ華族トス　有爵者ノ家族ハ華族ノ族称ヲ享ク」（第一条）と規定された。伊藤を総裁とする帝室制度調査局の調査を経たうえでの改正であるのに、伊藤の先年の意見は放棄され、華族の語義を狭く解釈する爵本位の立場に立っている。その立場での、華族である有爵者本人と、有爵者の家族（同一戸籍内の親族）であるがゆえに華族の族称を享ける者との関係は、華族を狭義に解する立場を取っていた宮内省の一八九四年五月段階の説明を借用すれば、「例令バ此所ニ蠟燭ヲ点ケテ明リ〔有爵者〕ヲ置キマスト、其側ノモノ〔家族〕ハ皆光ッテ居リマスガ、明リヲ吹消スト皆暗クナッテ仕舞フト同ジコトデ、……即チ後トノ者〔家族〕ハ唯戸主ノ余光ヲ以テ光ッテ居ルノデアリマス」〔同上：81~82〕ということになる。伝統貴族を主体とする華族概念と勲功者を主体とする華族概念とが交錯していた状況から、前者を捨てて後者を採用する状況へ推移したのである。

旧華族令のもとでの授爵式では、すでに華族に列せられていた者には直ちに爵記が授けられたが、新たに華族に列せられる者には「特旨ヲ以テ華族ニ被列候事」と記された辞令に付して爵記が授けられた〔酒巻 1987a：126〕。つまり、爵は華族に授けられるという伝統貴族本位の建前に即した手続きで、勲功者にも授爵したのである。したがって、華族の称は個人が叙任される官位と異なり家に属するものと考えられ、伝統貴族では爵は家を代表して戸主が授けられたもの、当然のこととして、爵は授けられた戸主個人に属するのでなく家に属する、という理解が導き出される。これは伊藤自身の意見でもあった。

しかし、個人主義的な法体系のもとでは、家を前提とした法構成は矛盾をはらむので、宮内官僚は早くから有爵者が華族であるという理解に傾いていたようである。それに、新華族本位にみれば、華族が受爵するというよりは、受爵した者が華族であるというほうが実態に即している。一八九五（明二八）年から一九〇七年にかけて勲功による受爵者が激増するに伴い、爵本位の個人主義的な華族概念が受け入れられやすくなり、ついに改正華族令の原則となって第一条に集約された。かくて「此ノ原則既ニ定マル則チ爵ハ華族ニ授ケラルルノ栄典ニ非スシテ」逆に「爵ヲ授ケラレタルニ依リ華族タルノ栄称ヲ有スルモノト為スヘシ」［酒巻 1987b：174］となった。これ以後、「依勲功特授何爵」の爵記一つで自動的に華族の栄称を許されることとなり、「特旨ヲ以テ華族ニ被列候事」の辞令が廃されたのである。

改正華族令で決着をみた懸案のあと一つは民法との調整である。華族令追加案が貴族院で審議された一八九四年五月の段階においてすでに、民法案における女子の家督相続権および隠居の制度との整合が問題となった。（旧）華族令は、男系による皇位継承の制度が女帝冊立を認めないのを範として「女子ハ爵ヲ襲クコトヲ得ス」（第三条）、また皇位に譲位の制のないことを範として「本人生存中相続人ヲシテ爵ヲ襲カシムルヲ得ス」（第七条）、と定めていたからである。

一八九九（明三二）年二月諮詢せられた華族令改正案を審議し、民法案との調整に関連して貴族院が修正を加えた主要な点は、①華族の女戸主を認許すること、②華族の隠居を民法の許す限り認許すること、の二つであった。まず①については、相続開始のさい法定相続人が女子である場合、従来のように「一朝ニシテ栄典ヲ失ハシムルハ情ニ於テ忍ヒサル所」［酒巻 1987a：237］であるから、襲爵できずとも華族の栄典が保持できるようにしたい、と提案する。

この審議のなかで「中御門ナドハ即チ跡ガ女デアッタ故ニ華族ノ栄典ヲ失ッテ誠ニ残念ナ次第デアリマス〔参議院事務局 1995：183〕と言及された中御門侯爵家では、九八年一二月当主が死亡した時には妾所生の九歳の女子しかなく、これが法定相続人として女戸主となったため、自動的に華族の栄典を失い、公家華族の間では同情の的となっていた。翌九九年一〇月、先に分家して男爵家を創立していた弟の次男（本家故侯爵の甥）を養嗣子とすることで再授爵されたが、ゆくゆく妾所生の家付き娘と結婚させようとした思惑が外れて養嗣子は財閥の娘を娶り、結局家付き娘は婚出を余儀なくされて、侯爵家は分家した弟の血統に全く占有されることになったのである。（なお第二部第二章三、3参照）

つぎに②については、諮詢案が「精神若ハ身体不治ノ重患ニ因ルニ非サレハ隠居ヲ為スコトヲ得ス」としたのを、隠居に関することは一切民法の規定に従い、それ以外の制限を撤廃すべしと提案する。宮内省の爵位規程取調委員会は貴族院の改正案修正を調査し、二点とも実施して差し支えなしと報告したが〔酒巻 1987a：236〜239〕、宮内大臣田中光顕（高知・子爵、1843〜1939）の判断で修正改正案の実施が見送られ、華族令に関する事項の調査を所管する九九年八月設置の帝室制度調査局（総裁伊藤博文）に回付された。

帝室制度調査局は、②隠居についての修正は、「既ニ民法ニ於テ隠居ヲ為スニ付テノ制限〔満六〇年以上等〕ヲ設ケタル以上既往ニ於ケルカ如ク所謂押込隠居等ヲ為サシムルコトヲ得サルカ故ニ為ニ一家紛擾ヲ生スルノ恐ナキノミナラス、或ハ本人ノ衰憊ニ依リ其ノ相続人ヲシテ代ハリテ皇室ニ屛翰タルノ実ヲ挙ケシムルコトヲ欲シタル場合ニ於テ、其ノ意ニ任スルヲ便トスルコトアルヘキヲ認メ」て採用したが、①女戸主については、「華族勲冑ヲ特ニ優列ニ陞シ皇室ニ対シテ其ノ忠貞ヲ篤クセシメラレタルノ本旨ヲ情実ノ為ニ紛更スルモノニシテ、此ノ本旨ニ背キ男系ニ依ル皇位継承ノ本義ニ則リテ世襲ノ美ヲ済サシメラルル根本ノ観念ヲ邈視シ、加フルニ華族ニ無爵ノモノアルコトヲ原則上ニ認ムルノ結果ヲ生ス、断シテ明治十七年七月七日ノ詔〔栄爵ヲ設クルノ詔〕旨ニ戻レルモノト謂ハサルヘカラス」と強い口調で拒否し、さらに「皇室ノ屛翰タル華族ノ家ニ女戸主ヲ認ムルカ如キハ、華族制度ノ基礎ヲ破ルモノタルヲ疑ハズ」とまで云う〔酒巻 1987a：244〜245〕。かくて、一九〇七年五月の改正華族令では、民法の術語を用いて「爵ハ男子ノ家督相続人ヲシテ之ヲ襲カシム」（第九条）と定められた。

貴族院で大多数の賛成をもって成立した女戸主を認許すべしとの修正には、華族の家の存続を確かなものにしたいという伝統貴族系華族の願望と「家」戦略がこめられていたが、上述のように、かえって華族制度の基礎を破壊するものとして斥けられた。帝室制度調査局の見解では、華族制度の基礎とは皇室の藩屛たる意義にあり、相続については「男系ニ依ル皇位継承ノ本義ニ則」ることであった。民法の規定に従って隠居をすることができるとした（したがって隠居について特別の規定を設けない）のも、「相続人ヲシテ代ハリテ皇室ニ屛翰タルノ実ヲ挙ケシムル」ためであった。貴族院での政治勢力として政治的に皇室の藩屛たるの実を挙げたとはいいがたいけれども、族制については皇室の藩屛たりうるように最大限の立法措置が講ぜられたのであった。

帝室制度調査局は爵位規程取調委員会と異なり、皇室典範の補則および細則の制定を目ざして調査する職責上、その観点から華族令を点検した。華族令の改正が審議されていた頃、皇太子に皇孫がつぎつぎと誕生し、皇族経費削減のために永世皇族制を改めて臣籍降下の道を講ずる時機が熟したことを背景に、「五世以下ノ皇族男子ヲ臣籍ニ列スルノ制」が審議された。その結論が一九〇七年改正華族令公布の数カ月前に皇室典範増補として集約され、「王ハ勅旨又ハ情願ニ依リ家名ヲ賜ヒ華族ニ列セシムルコトアルヘシ」（第一条）と定められた。皇族と華族との族制上の関連としては、（旧）華族令の四年半後に制定された一八八九（明二二）年二月の皇室典範で、「皇族ノ婚嫁ハ同族又ハ勅旨ニ由リ特ニ認許セラレタル華族ニ限ル」（第三九条）と指定されて、皇族男子が華族の女子と結婚し、皇族女子が華族に降嫁することができる慣行[12]が公式に認められたが、今や皇族男子が臣籍に下って華族に列せられることが正常な事態として生じうることとなった。したがって帝室制度調査局は、あくまでも皇室の貴種性を護持する藩屏たるの地位にふさわしく、華族の族制を定めようとしたのである［鈴木 1993：68〜71］。

男子襲爵と隠居の件のほか注目すべき華族の族制に関する箇条としては、改正華族令第一九条で初めて条文化された養子選定法がある。宮内省が養子選定の内規を前々から用意していたことは、華族令追加条項が審議された一八九四（明二七）年五月、貴族院特別委員会の秘密会で説明委員が家範制定に関連して、「嫡子モナク二男モナイト云フ場合ニハ養子ヲシナケレバナリマセヌ、其養子ヲ致シマスルトキニ先ヅドッカラ取ッテ来ルカト云フト、唯今ノ華族ニ関スル規定ノ範囲内ニ依ルト先ヅ親族（血族）カラ取ッテ来マス、第二ニハ一族カラ取リ、第三ニハ広ク華族中カラ取ルノデアッテ、ソレヨリ外カラ取ッテ来ルコトハ出来マセヌ」［参議院事務局 1995：65］と答弁していることから推測することができる。この立場が九九年二月貴族院に諮詢された華族令改正案では条文として整えられ、一、六親等内ノ血族、二、血統アル分家ノ戸主、三、血統アル本家若ハ分家ノ家族、四、華族ノ籍内ニアル者、と明示されたが、この番号は優先順位を示すものでなく、四項のうち一つに該当すればよい、という含みの条文であった。なお、男子の相続人がない場合、女子相続を許さず、同族もしくは血統の親族でなければ継嗣養子となることを許さないとの規定は民法にはないけれど、「華族ノ光栄」を維持するうえで変更のできぬ要件である。一般国民としての家督相続は民法に依るが、いやしくも襲爵については華族令の規定によらなければならぬ、と説明されたことを付言しておこう［酒巻 1987a：223，226］。

養嗣子の要件に関する前記四項を一九〇七年五月公布の改正華族令第一九条と比較すると、第二項と第三項は「本家又ハ同家ノ家族若ハ分家ノ戸主又ハ家族」と統合され、そのさい血統の語を削除し同家を付け加えて実情に合うように文言が修正されている。第四項は他の条項に照らして必要な修正が文言に加えられた結果、「華族ノ族称ヲ享クル者」と改められているが、基本的には原案を踏襲したといってよいだろう。ところが第一項は、「養父又ハ被相続人ノ男系ノ六親等内ノ血族、但シ他家ヨリ入リタル者ノ実方ノ親族ヲ除ク」、ときわめて厳密な表現に書き改められている。

これから推測されるように、貴族院の議論は、一、六親等内ノ血族、に集中した。単に六親等内の血族というのでは、「其〔六親等内の〕母ト云フ者ガ妾ダトカ何ダトカ云フ其素性ノ不慥ナル者ガアルカラ夫レヨリ出タ所ノ血族マデ含ムコトニスレバ非常ニ困ル結果ガ出来ル」と懸念して、委員は血族を男統〔男子の血統〕に限定する修正案を作った。しかしそれだと、「自分ノ伯父ノ子デアレバ継ガセル伯母ノ子デアレバ継ガセナイ」「妹ノ子デアッテモ継ガセナイ、兄ノ子デアレバ継ガセル」「夫ヨリモ斯ウ云フコトガアリマス、即チ己レノ娘ノ子即チ孫デゴザイマスガ是レデモイカヌノデ、……男ノ子デモサウ云フコトニナリマス」。この点への不満に対して委員は、「是ハ已ムヲ得ヌノデアリマス、今迄ノ慣習ニ於テハ少シ相反スルカモ知レマセヌガ、併ナガラ恐レナガラ皇室典範ハサウ云フ風ニ立ッテ居リマスルニ依ッテ委員共ハ夫レデヒドイ不都合ハナイト見テ斯ウ云フコトニ先ヅ書キマシタ」と答弁している。ひどい不都合はないと見たというのは、「娘ガ華族へ嫁入リシテ子供ヲ生ム、サウスレバ〔第四項によって〕其子ヲ以テ養子ニスルト云フコトハ少シモ構ハヌ」からである〔参議院事務局 1995：175～176，182〕。ここで注意したいのは、近親でも女子の血統を外すような徹底した男系主義は華族小イエの「家」戦略にそぐわぬところがあるにもかかわらず、「基ク所ハ皇室典範ト云フモノハ斯ウ云フ様ニ出来テ居ル」〔同上：176〕との論理で、あえてこの男系主義を受容しようとしたことである。

しかし結局のところ、第一項によって不都合な母方の血筋が入りこむ弊害より、姉妹の息子や娘が生んだ男子を養子にできない弊害のほうが大きいとの理由から、貴族院では修正案に反対の意見が大勢を制して、男統の二文字が削られて原案のまま可決された［同上：200］。しかるに、公布された条文には「男系ノ六親等内ノ血族」とあり、修正案が目指した強烈な男系主義が採用されている。

貴族院ではまた、男子の家督相続人でなければ襲爵できないことを前提としてのことであるが、実子たる女子が法定相続人である場合にも華族の栄典は失われない、つまり男子の家督相続人を確保するまでの間、女戸主の無爵華族を特例として認める趣旨の修正を加えたことは、先述のとおりである。これは爵位規程取調委員会も賛意を表した意見であったが、帝室制度調査局によって、男系による皇位継承の本義に反する華族にあるまじき人情論として斥けられた。このように、改正華族令に示された華族の族制は、公家諸法度や武家諸法度で固められた伝統貴族自体の旧慣に基づくものの、小イエとなった彼らの「家」戦略から発する修正の要求が、皇室典範を根拠として斥けられ、皇室の「家」戦略に屈服せしめられる形で成文化されたことに注目したいのである。改正華族令が一般の法律に優先される皇室令として公布されたこと自体、この性格を端的に示している。

3　華族戸数の増加

改正華族令公布の翌年すなわち一九〇八年から、それが日本国憲法の施行によって効力を失う一九四七（昭和二二）年五月までの三九年半の間、華族戸数がどのように増加したか、表1および表2によって点検しよう。

（旧）華族令制定から改正華族令公布に至る二三年半（第三A・B期）の授爵四一八（旧令以前の華族への授爵五〇一家は除く）・爵位返上一六に対して、この三九年半の間（第三C・D期）では授爵九六（再授爵一を含む）・爵位返上一一〇となり、期間の長いわりに授爵数が少なく、他方返上数がきわめて多いことが目を引く。そこで三九年半を、授爵が全くなく逆に返上が集中する一九四五（昭二〇）年から四七年五月までの二年半（第三D期）と、それ以前の三七年（第三C

期）に分けて比較すると、第三C期の授爵九六・返上七〇に対して、第三D期は授爵〇・返上四〇となり、大差が歴然となる。華族総数でいえば、一九二九年と三三年に最多の九五五家に達するので、かりに九四五家以上であった期間を取ると、一九二〇（大九）年から四一（昭一六）年の二二年間が該当する。二二年にわたるピークを含むものの、授爵と返上のバランスをみるとき、第三C期は華族制度の創設発展期（第三A・B期）につづく守成期といわざるをえず、後続の第三D期は瓦解期つまり終焉の時期である。

守成期の初頭にあたる一九一〇（明四三）年八月、韓国併合により韓国皇帝を昌徳宮李王、その近親二家を李堈公・李埈公とよび、これら王族・公族に皇族の待遇［衆議院事務局 1996：174～177］を与えるとともに、朝鮮貴族令を定めて、同年一〇月、朝鮮貴族六家に侯爵、三家に伯爵、二二家に子爵、四五家に男爵を授けた。このさい政府は宮内省の官制を改正し、華族に関する事務を統括してきた爵位寮を宗秩寮と改称して皇族の事務をそこに移管するとともに、新たに王族・公族および朝鮮貴族に関する事務をも統括させた。以後、『日本帝国統計年鑑』は有爵人員について朝鮮貴族有爵人員の爵別統計を掲げ、一九二七（昭2）年以降は両者を合算して有爵人員の統計を作製している。しかし、本章では朝鮮貴族にふれる用意はなく、表1および表2の一九一〇年以降の数値にも朝鮮貴族の戸数は含まれていない。

さて、守成期の授爵九六件の年次別分布をみると、創設発展期にみたような顕著な突出を示す年はなく、凹凸の少ないむしろ平坦な展開を示し、多い年でも一〇件を超えることはない。そのなかで比較的多い一九一五（大四）年は大正天皇の即位記念、二〇年は欧州大戦の終結に伴う論功行賞を反映するものである。二八（昭三）年の件数は賜姓降下の二件を除けば多くはないが、なお昭和天皇即位記念の意味が与えられている。

つぎに授爵九六件を伝統貴族系と新華族に分けて観察してみよう。まず前者二三家・後者七三家と、前者が少ないばかりでなく、授爵総数に対する前者の比率が、発展期の三一％に対し守成期では二四％と低い。にもかかわらず、宮家系が二三家のうち一三家という多数を占めることが注目される。これは先にふれた一九〇七年の皇室典範増補により、王（五世以下の皇族男子）には家名を賜わって華族に列する道が開かれた効果である。

かくて、皇室典範増補の制定後間もなく結婚した久邇宮邦彦の弟多嘉が皇籍に留まった他は、継嗣以外の宮家王子は成人の後すべて臣籍に降下した［宮内庁 1986：193］。すなわち、北白川宮家から小松侯爵（能久四男・一九一〇、小松宮の祭祀を継承）、山階宮家から山階侯爵（菊麿次男・一九二〇）筑波侯爵（菊麿三男・一九二八）鹿島伯爵（菊麿四男・一九二八）葛城伯爵（菊麿五男・一九二九）、久邇宮家から久邇侯爵（邦彦次男・一九二三）東伏見伯爵（邦彦三男・一九三一、東伏見宮の祭祀を継承）、宇治伯爵（多嘉次男・一九四二）竜田伯爵（多嘉三男・一九四三）、伏見宮家から華頂侯爵（博恭三男・一九二六、華頂宮の祭祀を継承）伏見伯爵（博恭四男・一九三六）、朝香宮家から音羽侯爵（鳩彦次男・一九三六）、東久邇宮家から粟田侯爵（稔彦三男・一九四〇）がつぎつぎと成立する。宮家嫡系の次男もしくはそれに相当する男子は侯爵、それ以外は伯爵を授けられ、一八八四年の叙爵内規が「親王諸王ヨリ臣位ニ列セラルル者」は公爵、と示した公爵に叙された者はない。おそらく公爵は、容易なことでは臣籍に列すべきでないとされた親王（皇子から皇玄孫まで）が、万一臣籍に降下したときの備えに留保されたのであろう［尾崎三良文書「皇室法典」］。ともあれ、授爵が行われた最終段階まで皇族男子の臣籍降下・列華族がつづき、華族はあふれ出す皇族人口の受け皿の役割を果たしたことが窺われる。華族の族制はそうした役割にふさわしく、皇族の族制と整合的でなければならなかった。

残りの授爵一〇家（公家系四・武家系六）のうち、一件は家督相続人をえて再授爵（伯）されたもの、一件は返上（伯）のまま再授爵の申請をせず、家督相続人の航空界への功績によって改めて男爵を授けられたもの、残り八件は公（四）・侯（一）・伯（二）・子（一）爵家の分家である。公爵家の分家の授爵はほとんど無条件であるが、侯・伯爵家の分家には父等の勲功が言及された。子爵家の分家は廃絶に任せるに忍びずとして旧家臣の家（伯）を再興した特例であって、ために物議をかもした〔衆議院事務局 1996：111〜112〕。発展期に多数を占めた旧藩家老等への授爵は一例もない。再授爵と絶家再興の計二例は元のとおり伯爵、公家公爵家の分家一例のみとくに祖父の勲功に言及があって子爵、あとはみな男爵である。

新華族の授爵七三件はことごとく男爵であって、発展期に見られた初叙爵が伯子爵という例は一件もない。授爵の事例数が少なかっただけでなく、爵位も最低であった。それでも勲功による授爵の中心は、功績ある政府高官・外交官・陸海軍将官への四九件である。この時代を彩った欧州大戦・平和会議・軍縮会議・朝鮮統治・満州事変および上海事変における勲功によるものであるが、発展期の授爵の五分の一強の少数に止まった。それは、幾度かの対外戦争が日清日露のような戦勝の形で終結しなかったからである。軍功による授爵の最後は、満州事変のさいの関東軍司令官二名と陸軍大臣、上海事変のさいの上海派遣軍司令官と海軍大臣、以上五名に対する一九三三〜三五（昭和八〜一〇）年の授爵であった。このような侵略戦争に対する功績を授爵の対象にしたことが、一五年戦争の泥沼に日本が落ち込んでいった要因の一つであるといわれる〔金沢ほか 1968：154〕。なお、新華族系公爵家の分家二件をここに含めた。勲功によって発展期に公爵に陞った家の分家が、それぞれ一戸だけにせよ男爵を授けられるという伝統貴族の公爵なみの扱いを受けたのは、維新の偉勲四家以外の有功者に関する一八九五年の内規によるものであった。

残りは学界のリーダー一〇人と実業界のリーダー一四人である。相対的にみて官・軍以外の功労者への叙爵が軌道に乗ったというべきかもしれない。しかし、これら学界あるいは実業界のリーダーのなかに、官界であるいは軍部に対して重要な役割を果たした者が何人もいることに注意したい。学界・実業界への授爵例が少ない明治の発展期でも同様であった。彼らが軍・官に対して直接間接に果たした役割がとくに評価されたのであろう。

つぎに第三C期の陞爵を点検しておく。三七年間に陞爵が四一件あった。この時代の授爵九六にたいして陞爵四一というのは多いようにみえるが、一九二九（昭四）年の華族戸数九五五に対していえば四％にすぎず、明治の発展期のような陞等の勢いはない。その内訳は男爵から子爵へ二〇件（うち一件武家系）、子爵から伯爵へ一二件、伯爵から侯爵へ四件、侯爵から公爵へ五件（うち二件公家系、一件武家系）である。三七件（九〇％）が新華族であり、残り四件の伝統貴族系の陞等も勲功に由るものであった。新華族のなかに学界リーダーと実業界リーダーが各一件含まれていることに注意しておこう。なお、この期間に二度陞等され、男爵から子爵をへて伯爵に上った者が六名いる（したがって四一件に対応する家は三五家である）。その六名とは内田康哉（熊本、外務大臣）・珍田捨巳（弘前、駐独・駐米・駐英大使）・平田東助（米沢、農商務・内務・内大臣）・牧野伸顕（大久保利通二男、文部・農商務・外務・宮内・内大臣）・加藤高明（名古屋、駐英大使・外務・総理大臣）・後藤新平（仙台、台湾総督府長官・逓信・内務・外務大臣・鉄道院総裁・帝都復興院総裁）である。珍田と平田は旧藩主と同等の伯爵に陞った。しかし、陞爵も伯爵どまり、多様な旧藩出身、文官のみの三点で、発展期の二度陞等組には公侯爵まで上った薩長出身の最高級軍人が多かったことと好対照をなしている。なお、第三B期から第三C期にかけての二度陞爵は七名、男→子→伯四名（渡邊千秋［高島、宮内大臣］、長谷川好道［岩国、陸軍元帥］、伊東巳代治［長崎、農商務大臣］、金子堅太郎［福岡、農商務・司法大臣］）、男→伯→侯一名（小村壽太郎［飫肥、外務大臣］）、伯→侯→公二名（桂太郎［山口、陸軍大将・陸軍・内務・総理大臣］、松方正義［鹿児島、大蔵・総理大臣］）と、B期からC期への過渡期の様相を呈している。

最後に爵位返上を見よう。第三C期の三七年間に合計七〇件の返上があったことは、すでに言及したとおりである。華族戸数が最大に達する一九二九（昭四）年の総数の七％、第三B期の倍近い長さの期間であることを考慮に入れても、返上が格段に増加していることは否定できない。これを系統別にみれば、宮家系一、公家系一二、武家系一五、神職一、新華族四一であり、一九二九年のそれぞれの総数に対して、一〇%、七%、四%、七%、一二%となる。第三B期には爵位返上が稀有であった新華族に、今やその例が多数みられることが注目されよう。また、爵別にみると、公一、侯一、伯六、子二一、男四一であって、男爵がほぼ六割を占め、子爵と合すると九割近くになる。伝統貴族系では子爵が多く、新華族では男爵が多いのは、母集団の爵別分布の差異を反映するものである。

事例として注目されるのは、公侯爵という最高級爵位の返上二件である。なぜ最高級爵位でさえ返上が起きたのか。この点の理解のためにも、返上事由を類別して観察することが必要である。事由は第三A・B期と同様に三つに分類されるが、第三C期には本家継承のための廃家という事由が追加されるので、これを①とし、あとは番号を一つづつ繰り下げて掲出する。(13) 改正華族令が初めて、死刑または懲役の宣告を受けその裁判が確定した有爵者は爵を失うとの、文字通り褫奪の規定を設けたが、この例はなかったという［酒巻 1987a：400］。

①有爵の分家当主が本家の家督相続人に指定されて本家に入る場合（改正華族令第一九条第二項）、分家を廃家にせざるをえないため爵位を返上したもの二件。二件とも、男爵である分家当主は本家（公・侯）の実子であり、本家前戸主の弟であった。

②当主の死亡時に嗣子がなかったため六カ月の期限内に襲爵手続きができず、爵位返上となったもの三七件。うち戦死（いずれも一九四三年一〇月以後）が六件。臣籍降下によって成立した音羽侯爵家は当主の戦死によって絶家となったが、それ以外は爵を嗣ぎうる家督相続人がいなかっただけで、絶家に追込まれたわけではない。

③当主の死亡もしくは隠居時に嗣子はいたが襲爵手続きをしなかったもの一四件。勲功伯爵板垣退助の嗣子が父の没後（一九一九年）その一代華族論［『東京朝日』1907.5.20～21］に従って襲爵手続きをせず、勲功男爵黒田久孝の嫡孫も「新人会」の運動に参加した思想的立場のゆえか父の隠居後（一九二八年）襲爵手続きをせず［浅見 1991：72］、また、

勲功伯爵井上良馨の遺志によりその孫（一九三四年）が襲爵手続きをしなかった。一方、勲功伯爵後藤象二郎の嫡子と嫡孫が放蕩と浪費で資産を喪失し、一九三七（昭一二）年の嫡孫死去後、その嗣子が襲爵手続きをしなかった例もある［千田 2000：92］。以上四例が示唆するところは、③のケースは伝統貴族系よりも士族から立身した新華族に多いこと、そのさい一代華族論的な考え方が第一次的にか、少なくとも陰に作用したとみられることである。

④当主が生存中に爵位を返上したもの一六件。このうち自発的返上の珍しい例は、金融恐慌における第十五銀行の巨額損失の社会的責任をとった公爵松方巌である。一九二七（昭二）年の全国的な取付け騒ぎのなかで第十五銀行は四月二一日に休業に追込まれた。松方は頭取を辞めていたが、一族が関与する企業への不良貸付が破綻の重要な要因であったことから、爵位を返上し、邸宅・農場・書画骨董まで処分し私財を投げ出して世間に詫びた。とりわけ、大株主であった旧主島津家に詫びたもの、と忖度されている［千田 2000：91］。[14]

その他はおおむね返上を命ぜられたものである。第三C期の初め一九〇八年に、武家系子爵松平信安は放蕩によって家産を傾けて爵位を返上させられ、公家系子爵桑原孝長はかねて札付きの素行不良者であったが、一九一九年に人妻殺しのかどで爵位返上を命ぜられた［千田 2000：91, 89］。これらの事由は第三A・B期に返上を命ぜられた事由と異ならないが、C期も一九二〇年代後半以降はこれまでにない事由で返上が命ぜられている。その早い例が、京都学連事件で検挙投獄されて一九二六年に爵位を返上した勲功男爵石田英吉嫡孫である［浅見 1991：73］。さらに、左翼運動に対する官憲の弾圧が強まった三三年、日本プロレタリア演劇同盟を代表して、妻子とともにひそかにソ連に渡り、第一回ソ同盟作家大会で小林多喜二の虐殺について演説したかどなどで、三四年九月爵位を剥奪された勲功伯爵土方久元嫡孫のケースは、華族社会を震撼させるに足る大事件であった［土方 1976：209, 231］。なお、三三年に共産党シンパとして検挙された華族の子弟が十数人おり、うち二人は勲功男爵家と武家系男爵家の当主であったが、起訴留保処分を受けて釈放されたため、爵位の返上に至らなかった［浅見 1991：136〜138］。

第三C期の三七年間に起きた授爵・陞爵・爵位返上の結果、華族の戸数と系統別および爵別構成にどのような変化が生じたか。第三B期末の一九〇七年との比較の時点として、華族戸数が最大になった一九二九（昭四）年とこの期末の一九四四年をとることとしよう（表3参照）。華族の戸数は一九〇七年、二九年、四四年でそれぞれ九〇三、九五五、九二九となり、一九〇七年を一〇〇とすれば一〇六、一〇三と、上昇についで下降を示す。まず授爵による増が返上による減を上回り、ついでこの関係が逆転したためである。伝統貴族系と新華族の比は、それぞれ六五対三五、六二対三八、六二対三八となり、増加段階では新貴族の増が上回り、減少段階ではほぼ同じペースで減少したことが分かる。爵位別では一九〇七年の構成がほぼ維持されており、一八八七年と一九〇七年との間でみたような変化はない。変化を把握しやすくするために公侯伯と子男に二大別すると、前者は一七％から一八％への微増、後者は八三％から八二％への微減に止まる。前者の増は宮家系の増加に負うところが大きく、後者の減は新授爵による男爵の純増にもかかわらず、この層での返上が増加を上回った結果である。

六　華族制度の終焉

すでにふれたように、昭和初期には華族当主および子弟のなかに左翼運動に加わって検挙される者があいついだ。皇室の藩屛たる身分にあるまじき行為として、賭博・乱倫等の非行とともに新聞が好んで報道したため、華族男女の失行に世人の指弾が集まり、大正期後半に始まる華族制度の改革論議に新たな油が注がれた［『東京朝日』1924.5.8］(15)。しかし、満州事変・上海事変・日中戦争・太平洋戦争とつづく時局の急展開のなかで問題への取組みが先送りされ、西園寺公一が『貴族の退場』[1951]で記録した少数エリート華族の政治的活躍の一方で、武田泰淳が『貴族の階段』[1959]で描こうとした腐れかけた果物のような貴族社会の退廃と、太宰治が『斜陽』[1947]に描いたような華族多数の無気力化を伴いつつ、全体として華族制度の地盤沈下を結果して敗戦を迎えた。

一九四五(昭二〇)年に始まる瓦解期(第三D期)は華族制度終焉の時期に他ならず、その特色はまず授爵が一件もないところに現れている。日中戦争および太平洋戦争に関連した勲功に対する一般授爵方針は検討されていた。しかし、結局のところ総て戦争終結後に持ち越されたのが、敗戦で戦いが終わったため、授爵は一九四四年をもってうち切られたこととなった[酒巻 1987a:277]。かくて、瓦解期は爵位返上一色で彩られた。これが第二の特色であって、四三年以降太平洋戦争の戦局が日増しに不利になるとともに出現した当主没後の襲爵手続きを見合わす風潮が、四五年八月の敗戦を契機として一気に本格化し、当主生前の爵位返上がこれを追って増加した。

当主生前の爵位返上については、敗戦の責任をとって爵位を返上できるよう、辞爵の途を広くすべしとの議論が華族の間から持ち上がった。その結果、四五年一二月の皇室令第五五号をもって、改正華族令第二六条の「品位ヲ保ツコト能ハサルトキハ爵ヲ辞スルコトヲ得」が、「特別ノ事情アル場合ニ於テハ爵ヲ辞スルコトヲ得」と改められ、辞爵の途が格段に拡げられた[酒巻 1987a:413]。

かくて二年足らずの間に返上が四〇件に上った。守成期同様の区分により、その類別分布を示せばつぎのとおりである(ただし①は該当なし)。

②当主の死亡時に嗣子がなかったため襲爵の手続きができなかった、と判定されるもの三件。

③当主の死亡もしくは隠居時に嗣子がいたが襲爵の手続きをしなかった、と判定されるもの二四件。例えば、近衛公爵家では当主文麿(1891~1945)自決後相続人は宮内大臣に相続届を提出しないことを決めた[酒巻 1987a:413]。

④当主が生存中に爵位を返上したもの一三件。うち一二件は改正華族令第二六条改正後の辞爵であった。
守成期には、①と②の計、換言すれば選択の余地の少ない事由による返上が過半を占めたが、瓦解期には③と④の計、すなわち多かれ少なかれ選択の結果として返上したものが圧倒的多数を占める。これが特色の第三であって、華族制度の末期的様相がここに端的に示されている。なお参考までに付言すれば、発展期には③は稀で④が多く、その④もおおむね返上を命ぜられており、返上のほぼすべてが選択の余地の乏しいものであった。

四〇件の返上によって、日本国憲法が施行される直前の華族戸数は八八九、ピーク期の九三％に減じていた。発展期の末年を基準とすれば九八％である。その系統別構成比は伝統華族系六三％・新華族三七％、爵位別構成比は公侯伯子男の順に、二％、四％、一二％、四〇％、四二％で、四四年とほとんど変わっていない（表3）。しかし、華族身分の社会的威信は崩壊し、身分文化も崩壊の危機にさらされていた。

新憲法の貴族制度の条項に関するマッカーサー草案は、現に爵位をもつ者に限りこれを称号として用いることができる、という趣旨のものであったが〔ゴードン 1995：132〕、この線を一歩進めた「華族その他の貴族の制度は、これを認めない」との条項を含む日本国憲法が、四七（昭二二）年五月三日に施行され、華族制度は設置以来七八年の歴史を閉じた。(16) 新憲法発布の勅語に副署した内閣総理大臣以下各省大臣計一五名のうち、有爵者は男爵がただ一人（一九二〇年授爵）にすぎず、しかも大多数が六〇歳代の東大出身の高級官僚であったことを、大日本帝国憲法発布の勅語に副署した総理以下各省大臣および枢密院議長の計一〇名が、伯爵八名・子爵二名で、おおむね四五～五四歳、維新の戦乱をくぐったかつての志士であったことと対比するとき、華族制度の政治的意義の明示的なものがすでに失われていることを痛感させられる。

その年の五月一五日、皇居に伺候した在京および近県居住の華族二〇四名に対し、天皇のお言葉があった。華族制度の廃止に当たって、この非公式な行事以外に特別の儀式を行うことを政府はさし控えたのである［酒巻 1987a：418〜424］。

七　総　括

以上の考察によってえた知見を箇条書にしてむすびに代えたい。

(1) 華族の制度は維新政権が国民最上層の地位を伝統貴族に保証することによって彼らを懐柔しようとしたことに発し、やがて彼らを積極的に皇室の藩屛と位置づける。伝統貴族系華族は帝国議会の貴族院に拠って政治的に皇室の藩屛として重きをなすには力不足であったが、皇室・皇族と婚姻関係を取り結び、皇族の臣籍降下の受け皿となる関係上、族制のうえで藩屛の機能を果たすよう華族令で方向づけられ、藩屛としての社会的機能を発揮した。

(2) 政府は一八八四年の華族令によって五爵の制を導入し、伝統貴族をこの体系に定位するとともに、勲功ある士族（および平民）にも授爵して伝統貴族に伍せしめ、行政・外交・軍事の要路にある勲功者を伝統貴族の権威と光彩で飾って、位階勲等による論功行賞の仕上げをした。

(3) 対外戦争に勝利するごとに勲功ある多数の政府高官・将軍提督・高級外交官が授爵・陞爵されて華族制度は発展したが、対外戦争の勝利が歴然たる形でもたらされなくなると、勲功による授爵は少なくなり、華族制度は停滞した。それとともに、新華族を伝統貴族の光彩で飾ることによって、その政治的威信を高める機能は減退した。

(4) 新華族が増えることによって、伝統貴族を主体とした家本位の華族概念から、新華族を主体とした受爵者本位の華族概念に変わっていったことは、ほぼ必然的な成り行きであったが、そのこと自体、華族制度の基礎を崩し機能を弱めるものであったと考えられる。

以上のように、日本近代の貴族制度、すなわち華族制度を特色あるものにしたのは勲功による新華族であるが、新華族は伝統貴族が存在することによって意味を与えられたことを思うなら、やはり伝統貴族に注目しなければならない。真に貴族の名に値するのは伝統貴族、とりわけに旧有力大名と旧高格公卿である。したがって、本書でも以下、有力・高格の伝統貴族を中心に華族を分析することにしよう。

註

（1）　このうち近代日本の貴族階級を構成したのは、大政奉還後堂上あるいは藩屏に列せられた二〇家を除く四〇七家（華族令による最初の授爵で子爵以上を授けられた家）であったことを、皇室典範下での皇族の娶嫁相手先華族が公侯伯爵、下がっても子爵の公卿華族・大名華族に限られたことから推知することができる。なお、文献では武家華族の称もしばしば用いられるが、後に華族に列せられる旧大名の一門・家老も武家華族であるから、そのうち諸侯について本書では大名華族の語を用いる。

（2）　一八七八（明一一）年末現在で、大名華族二八六家（表1参照）のことごとくが東京市域に居住しており、芝・神田・麻布・麴町、本所・下谷・浅草の諸区を中心に旧市域に九六％が集中した。他方、公家華族（旧公卿の庶流で華族に列せられた者を含む）一七〇家のうち六二家（三七％）がまだ京都にいたが、一〇五家（六二％）は東京旧市域に移転しており、とくに麴町・神田の両区に集中した［鈴木 1880］。なお、僧家および神職華族は後者の一戸を除いて本拠地から移動していない。

（3）　一八七四年末で華族は中央・地方の高等官合計の一・七％、宮内省関係を除けば〇・七％を占めるに過ぎない［『明治史要附表』］。

（4）　「全国戸籍表」が掲げる一八七一〜七五（明四〜八）年の華族戸数は、なぜか表1の数値よりも五〜八％多い。『日本帝国統計年鑑』が掲げる一八七八年以降の華族戸数と表1の数値との差は、一％ほどに縮小している。

（5）　一八八二（明一五）年六月、太宰府神社宮司西高辻家を華族に列した理由を、『明治天皇紀』は「近時阿蘇・宇佐及び英彦山神社諸宮司の華族に列せらるゝありしを以て、恩寵を等しからしめんがために、其の家系を証徴し、特に此の栄典を賜ふ」と説明している［宮内庁 1971a：724〜725］。阿蘇・宇佐両社世襲神職家の列華族は順当としても、一八七三年に英彦山神社の高千穂家まで華族に列せられると、ともに前身は高名の寺で今はともに国幣小社であるばかりか、官幣小社への昇格の可能性さえみえてきた同じ北九州の太宰府神社世襲神職家では、それなら当然こちらもと運動を始め、それが成功して高千穂家の九年後に華族になることができた。

現に華族である家と類似の家格を有すると主張する家から、事由を具して列華族の請願があっても、宮内当局はなるべくこれを却下しようとしたことを『授爵録』から窺うことができる［浅見 1999：24～33］。しかし、事由と加えられる圧力によっては、「恩寵を等しからしめんがため」栄典に与らせる他ないことがあった。そのさい、しばしば、恩寵を等しからしめるレベルに抑えこむことが至難で、少しづつではあるが、授爵の範囲を拡大することになったのである。ここではたまたま伝統貴族の一例を挙げたが、新華族の場合も勲功の査定を巡って同じことが起きた。後述する第三B期の授爵の歩みは、請願対処の紆余曲折を底流とするものであった。

(6) 幕末に老中格を勤め、明治政府では元老院議官を勤めた旧龍岡藩主大給（松平）恆は、「旧武家家格高下旧幕府取扱取調」なる報告書をまとめ、徳川宗家の第一格から一万石以上の旧大名の第五格まで、旧幕府における格づけを整理して五格に区分けしたのは、このさい武家を五等に分けるための検討資料として作成したものであろう。「叙爵内規」の原案を作成した柳原前光は、「旧堂上ハ家格ヲ以テ叙シ旧武家ハ家禄ヲ以テ次ス」との大方針のもとに、武家については大給報告とは別箇に、一八七〇（明三）年九月に藩を分けて大中小の三等としたのに依拠して知藩事の侯伯子三等を定めたが、三家三卿は別格として大藩・中藩の基準に達せずとも侯伯とし（水戸徳川家は伯爵相当の現石五万石余に過ぎず、三卿はいずれも子爵相当の五万石未満であった）、これが最終案となった［三条家文書「爵制備考」「族称令案」］。

(7) 参議在職者・経験者は大納言相当とみてか原則として伯爵、参議在職者・経験者でない陸海軍中将（当時大将は欠員）を子爵とし、それぞれを文勲・武功を量る基準として侯伯子男を査定したようである［三条家文書「授爵人名及評議表」］。

(8) あと一名は元鹿児島藩士、一等侍補の吉井友實。参議経験者でないのに伯爵を授けられたのは、伊藤博文が「宮中」勢力の懐柔を策したためという［坂本 1997：10］。授爵がこれを左右しうる権力者の隠れた政治的意図のために用いられた一例かもしれない。いずれにせよ、吉井が伊地知正治（伯）らとともにとくに高禄の賞典千石を与えられた戊辰の戦功が、おそらく授爵の公的な理由とされたことであろう。

参議経験者が揃って伯爵を授けられたなかで、元高知藩士で復古功臣賞典四百石の福岡孝弟のみ子爵であった。征韓論政変後辞官したことが経歴の瑕疵とされたのであろうか。同じ元高知藩士でもこの時政府側に留まった参議佐々木高行は、賞典禄に与っていないのに伯爵に叙せられている。

(9)　一八九二（明二五）年二月には公爵三条公美実弟が分家にあたり父実美の勲功によって華族に列せられ、これで実美の男子二人が授爵の恩典に浴したことになる。同年三月には公爵毛利元徳五男が分家にあたり父の勲功によって華族に列せられ、元徳の男子もこれで二人受爵したことになり、「勲功公爵家分籍者列華族ヲ二人迄御許之儀」［授爵録］が確認された。この後、島津家では忠義五男と六男が、先に具視養嗣子嫡男が列華族受爵の岩倉家ではさらに四男が授爵した。「勲功公爵家」とは三条・岩倉・島津・毛利の四家を指し［徳大寺実則日記 1895.9.7］、後に九条家もこれに準じて待遇された。

(10)　一九〇七（明四〇）年の大量授爵にもかかわらず、この時実業家に一人の授爵もなかったのは、授爵に傾いていた政府要路者に対し、某有力者から反対の説が出たためと報ぜられた。反対論の趣旨は、「元来富豪の国家に対して功労ありと目すべき者は敢て直接其奉公心より出でたるに非ずして寧ろ其擁する資産並に営業に附随したる間接の結果に過ぎず」というにある［『夕刊報知新聞』1907.10.10］。陸海軍の御用商人が戦争に乗じて巨富を築いたこと、それには後に八大財閥の一つにのし上がった大倉喜八郎（一九一五年授男爵）が、日清戦争にさいして軍糧の牛缶に小石をまぜてぼろ儲けをしたと噂されるなど、さまざまな不法行為があったらしいこと［大橋 1971：33］への世間の非難が、この反対論を支えたのであろう。

(11)　日露戦争の勲功による一九〇七年九月二一日と二三日の新授爵者各人に対して、伯爵（一名）に三万五千円、子爵（一名）に二万円、男爵（八二名）に一万円の特別賜金が授与され、また両日の陞爵者三六名に対しては、侯爵から公爵へ（三名）五万円、伯爵から侯爵へ（四名）三万円、子爵から伯爵へ（五名）二万五千円、男爵から伯爵へ（五名）三万五千円、男爵から子爵へ（一九名）一万五千円という、潤沢な特別賜金が授与されたほか、後者にはそれぞれ加給金が与えられた［伊藤公雑纂二　坤　三三二］。賜金という以上は天皇の手許金であって、新華族は前記金額の家門永続資金を特別に天皇の手許金から授与されるのが、華族令施行以来の慣例であった。

(12)　皇族相互および皇族と華族との婚姻を、倫理上不都合でない限り認める宮内省の方針が、皇室典範の制定以前に一種の内規として成立していた［外岡 1967b：512］。

(13)　美濃部達吉は華族たる身分の消滅原因を、失爵、除爵、辞爵、襲爵不能の四つに分けた。本文の四分類のうち①は失爵に相当し、②と③は襲爵不能に含まれ、④は除爵と辞爵を含む［美濃部 1935：39〜42］。

(14)　明治政府は秩禄処分によって不安定化した華族の経済的基礎を確固たるものにするため、秩禄公債を元資として第十五国立銀行を創業させた。資本金一千八百万円、株主を華族に限る当時最大の銀行がこうして出現する。株券は宮内省が管理して、華族個々の気ままな運用による損失を未然に防いだ。同行の経営は順調に展開し、華族が「皇室の藩屏」としての体面を維持する上で大きな役割を演じたが、昭和初年の金融恐慌で破綻し、伝統貴族に大きな経済的打撃を与えた［岩井 2000：31, 35］。なお、第四部第二章末尾参照。

(15) 華族に対する世間の批判を受けて、宮内省では華族制度の改革が切実な課題となっていたことを、一九二一（大一〇）年から二五年まで宮内大臣を勤めた牧野伸顕の「華族制度改善管見」によって知ることができる。改善意見は、第一、襲爵の資格を法定の推定家督相続人たる実系（養系は不可）嫡出（庶出は不可）の男子に限ること、第二、世襲財産を設定していない華族には爵を辞させること、第三、将来新たに授爵された華族は一代限りとすること、の三点である［牧野伸顕文書］。嫡出男子のみ襲爵可能、世襲財産の設定が必須条件、および一代華族制の三方針によって華族の世襲を抑制することが構想されたが、実現に至らなかった。

(16) 日本国憲法の草案が議会で審議中であった時も、昭和天皇はせめて公家華族だけは残すわけにはいかないだろうかと、発言していたという［岩井 2000：35］。これが事実とすれば、天皇は伝統貴族のなかでも公家華族こそ貴族の名に値する存在と考えていたことになる。大名華族を凌駕する貴族としての来歴、すなわち何世紀にもわたる皇室の譜代家臣的地位、とりわけ外戚関係からみて理解できる認識である。

第二章　旧大名家大イエの解体

一　課題と資料

伝統貴族系の爵位新授にみる特色は、高爵華族の戸籍に属していた家族員が、本人や父祖の勲功に言及してであれ、分家設立にあたり爵を授けられたこと、大名華族の場合、それに加えて彼らの一門・旧家老も一定の基準を充足することを条件として士族身分から華族に列せられたことである。これはとりわけ旧有力大名に顕著であって、彼らを冠とする大イエが明治維新の政治的大変動期に解体し、そこに含まれていた一門・旧家老の小イエが析出されたことの、華族令のもとでの発現形態に他ならない。一門や旧家老の小イエが宗家・旧主家と、家格の上下はあるにせよ、並立する事態をもたらした明治維新期における旧大名家大イエの解体とは、いかなる出来事であったか。本章ではその過程を追跡して家族史における維新革命の意義を明確にしたい。

玉城肇著『家族論』［1936］を始めとして、明治維新期の家族を身分階層に着目して論じた文献は、主に農民家族を取り上げてその変化を考察している。(1) しかし、維新期に大きな変化を経験したのは農工商三民よりも武士の家であった。武士の家を近世大名等領主の家とその家臣の家に大別すれば、前者に起きた変化が後者を巻き込んで封建支配層の崩壊をもたらした。前者は華族として再編成され、近代貴族層の中核を構成してゆく。後者は士族として包括されたものの、時運に乗りえた少数の成功者以外は、金禄公債交付に至る明治初年の秩禄処分を転機として雪崩をうつように崩壊していった［山中 1973］。

規模の大きな族縁共同体をさすために、ここでは家族あるいは家よりも、イエの語を使用する。家族は夫婦・親子の霊長類的関係を基礎とする生活共同の親族集団一般をさし、そのうち日本の直系制家族を家という。家相互の結合型にタテの主従結合、ナナメの与力結合、ヨコの組結合の三つがあるが［森岡 1959：344～346］、近世社会において大規模なイエを実現させたのは主従結合型であった。すなわち、イエは複数の直系制家族がオヤコ（実親子と契約上のオヤコの両者を含む）および主従のタテ関係を基軸として結合し、オヤ＝主人の直系制家族を頭首として世代を超えて存続することを期した、日本の伝統的な族縁共同体である。イエの構成単位である直系制家族を小イエと呼ぶなら、近世大名のイエは多数の家臣の小イエを重層的に傘下におさめる大イエであった。大イエは大名のイエだけでなく、武家の名族、准門跡家あるいは豪農富商等にも見られたが、一般に大名の大イエは規模が大きく、しかも全国至る所に聳え立って近世の政治組織を構成していた点で、とくに注目に値する。小イエでは実親子関係が主体をなすのに対し、大イエでは契約上のオヤコ関係と主従関係が卓越するために規模が大きくなった(2)。結論を先取りして言えば、明治維新期に旧大名の大イエが解体し縮小して中核の小イエが残り、大イエの枠外に放出された旧家臣の小イエと並立することになった。近世は大イエで特色づけられる時代というのなら、近代は大イエが解体し大イエの枠がとれて個別に成立した小イエ、つまり家の時代といえよう。一八七一（明四）年の戸籍法が「臣民一般」についてとらえようとしたのは小イエであり、八四年の華族令がとらえた華族の家も、九八年の明治民法がモデルとした一般国民の家も、小イエであった。

本章は近世大名の大イエがどのように解体したか、その過程をなるだけ具体的に考察しようとするものである。この過程は版籍奉還から廃藩置県に至る政治的大変革の過程（1869.6～1871.7）と重なるため、従来、専ら政治史の観点から考察され、家族史の観点からの点検は皆無に等しかった。したがって、本章は明治維新の改革を家族史の観点からとらえ直そうとするもの、といってもよいだろう。

　主な研究資料は文献資料であるが、幕末・明治維新関係の文献はおおむね政治史の資料であって、家族史を解明しうるような資料をそこから発掘することは容易ではない。そこで、旧大名家の史料に注目し、とりあえず、維新の政治的大変革期を藩主および知藩事の立場で経験した人々の伝記を資料源として重要視する。これら藩主の伝記は、その藩の幕末維新史つまり藩の廃絶史と重なるため、旧藩関係者の叡知を結集して編纂され、いかに新政府に忠勤を励んだかを強調する部分を別とすれば、資料的にも信憑性が高いと判断されるばかりでなく、藩史や県史が刊行されている場合、これらと照合することによって点検し、豊富な関係史料を追加しうると見込まれるからである。研究の現段階ではとりあえず藩主の伝記・藩史・県史といった二次資料による他ないが、他日、旧大名家の一次資料に接近する手だてとなれば幸いである。

　利用しえたのは左記五名の旧藩主の伝記である。生年順に並べればつぎの通りとなる。

藩	姓名	生年	家督	退隠	没年	伝記刊行年
①佐賀藩	鍋島直正	一八一四（文化一一）	一八三〇	一八六一	一八七一（明治　四）	一九二〇、二一
②松江藩	松平定安	一八三五（天保　六）	一八五三	一八七一	一八八二（明治一五）	一九三四
③鳥取藩	池田慶徳	一八三七（天保　八）	一八五〇	一八七一	一八七七（明治一〇）	一九六九、九〇
④平戸藩	松浦　詮	一八四〇（天保一一）	一八五八	―	一九〇八（明治四一）	一九二七、三〇
⑤弘前藩	津軽承昭	一八四一（天保一二）	一八五九	―	一九一六（大正　五）	一九一七

　このうち、①は幕末・維新期には退隠していたが、維新の政治的変革に大きな足跡を遺し、かつ本章が取りあげる

期間は存命していたから、適格といえる。他の四名は①とはコーホートを異にし、彼らで同一コーホートを形成する。

二　巨大イエ徳川将軍家の解体

1　巨大イエ解体の開始

版籍奉還に先立つ政治的大変革、つまり大政奉還〜王政復古の宣言（1867.10〜12）で始まり、戊辰戦争によって実質的に達成された江戸幕府の解体に、まずもって注目することが必要である。なぜなら、江戸幕府とは徳川将軍家のオモテ、つまり徳川家が掌握した全国的統一政権の統治機構であって、諸大名の大イエを服属させて巨大イエを構成し、その崩壊は大イエ解体の先触れとなったからである。

大政（全国統治権）を朝廷（天皇）に返還することは、これまで徳川家が諸大名に対して行使してきた支配権を放棄することであり、これによって大名は天皇に直属して朝臣となる端緒が開かれた。かつて大名の大イエを覆って聳え立っていた将軍家の巨大イエは、すでに大政奉還以前、長州再征を名義不分明な将軍権力の発動と批判する有力外様大名の離反によって、崩壊を始めていた［日本史籍協会 1974：252〜253］。一連の急迫した政権抗争の結果、天皇家のもとに諸大名の大イエが移動し、伝統的権威としては比類がないものの一個の大イエでしかなかった天皇家を押し上げて、巨大イエたらしめる方向に動いていった。天皇家のもとに徳川家を主座とする雄藩連合の形成が企図されたのは、この動向への公議政体派の対応であった。

将軍家の巨大イエに統合された大イエには、巨大大名としての将軍家の大イエ部分から分岐して創出された家門・

譜代大名と、この巨大大名の威力制圧によって服属させられた外様大名との二類が存した。大政奉還の直後（王政復古宣言以前）、譜代大名たちはつぎつぎと連署して幕府に書を呈し、官位を朝廷に返還してその召命を辞し、もって「亡恩の王臣」たらんよりは「全義の陪臣」たらんことを請うた［『復古記』巻三、巻五、巻六］。幕府は政治状況に鑑みてこの請願を却下したが、かりに実現したとするならば、外様大名の大イエを削ぎ落とし、徳川家門および譜代大名の大イエだけを包括した、準巨大イエともいうべき抜きん出て大きい大イエとして、徳川家は残ることになる。その頃、万石以上の大名は朝臣になるけれど、それ以下は徳川家の家臣となると決定した由の風説が流れ、交代寄合（参勤交代して大名並の待遇を受けた万石以下三千石以上の無役の旗本）の間では、朝臣になった上で徳川家の付属になる話が進められたが、交代寄合のなかで圧倒的に多い外様大名の一族には、それでは本家の大イエから全く分離してやがて徳川家の家臣同様になってしまうと、危惧する者もあったという［鳥取県立博 1989：283〜284］。これまた、巨大イエでなくなっても大イエとして残った場合の徳川家の規模にかかわるごく早い時期の憶測として興味深い。

雄藩連合は、大名の統治権はもちろん徳川家支配の温存に繋がる方策であったから、討幕派は「幼冲ノ天子」を擁して王政復古宣言のクーデターを決行し、一五代将軍徳川慶喜（1837〜1913）に辞官・納地を迫った。これに対抗して「討薩表」を掲げる慶喜の京都進軍を好機として、討幕の軍事行動を起こし、鳥羽・伏見の戦いに勝利するや慶喜追討令を発して諸大名の向背を問うた。かくて、戊辰戦争（1868.1〜1869.5）と呼ばれる内戦に突入する。

2　松平の称号廃止

この頃密かに流布された言説に、「今般衆諸侯をして徳川氏を討たしむ。其一、二を挙れば、因州備前の如きは徳川内府の弟なり。井伊の如きは徳川の臣なり。其他三百年来、徳川家へ臣従する者なり。而して弟をして兄を討たしめ、臣をして君を弑せしむ。天下後世是を何とか云ん」というのがあり、さらに「官軍は不義なり。皇国天子の至尊なるも、王政正しければなり。今不義を以て義を討ば、人倫滅却す」「仮令真勅より出るとも、奉命すべからず」、とさえ言うものがあった〔『復古記』巻七五〕。そこには、維新政府に反抗して戊辰戦争を戦った旧幕臣や、会津・桑名および奥羽越列藩の抗戦意欲を支えた大義・不義に関する理念が吐露されていた〔白石市史 1971「奥羽盛衰見聞誌」〕。その根幹は幕藩体制を支える名分論であった〔原口 1962 : 8〕。

これに対して新政府は、慶喜は大政を奉還し征夷大将軍の職を辞して一旦は恭順の姿勢を示したが、ついに正体を現して政府に叛旗を翻した「朝敵」であると主張し、「大義滅親」の論理を駁したが、幕藩体制の時代を生きた人々にとって幕藩体制的名分論ほどの説得力を欠いた。そこで、錦旗を奉じて武力で「朝敵」を討伐し屈服せしめる他なかった。新政府が一八六八（慶応四）年一月二七日、つまり戊辰戦争の緒戦段階で発したつぎの指令（第五八）は、先年の長州征伐のさい、幕府が藩主父子の官位とともに松平姓と将軍の偏諱を剝奪した手法〔井戸田 1986 : 44〕を踏襲したものであり、幕藩体制的名分論を支える土着の規範意識を逆手に取ったもの、ということができよう。

徳川慶喜反逆ニ付テハ、松平之苗字ヲ称シ居候族ハ、向後ハ大小名共、速ニ各本姓ニ復シ候様御沙汰候事

〔『復古記』巻二六〕

徳川氏の三河時代の旧姓・松平を名乗ることを許された大名は、毛利（三七万石）のほか、前田（一〇二万石）島津（七七万石）仙台伊達（六二万石）黒田（五二万石）浅野（四二万石）鍋島（三五万石）鳥取池田（三二万石）岡山池田（三一万石）蜂須賀（二五万石）山内（二四万石）ら、おおむね外様の国持ち大名であった。入嗣婚嫁などを契機に本来一族でない従者に松平の名乗りを許すことは、威力制圧と面従腹背のきびしい権力関係を一族の情誼で偽装する意図に出たものであるが、名乗りを許された側が「名字拝領」を光栄としたのは、「御家安泰」を図るうえで有利と見込んだから

である。したがって、松平の称を棄てて本姓に復することを命じたこの指令は、関係諸大名に徳川家との一族並の間柄を破棄させることによって、「宗家」に弓を引くことへの非難から彼らを免れさせ、慶喜追討の軍に参加することを促すものであった。将軍家から準家門として待遇され、当主が慶喜の兄弟であった鳥取池田家の正式記録は、この出来事をつぎのように記している。

正月、朝廷、徳川慶喜追討の令を発せらるゝ後、幕府より松平の称号を許されたる者に、其本姓に復すべき令あり。二十七日、太政官代より〔京都〕御留守居を呼び、其達ありたれば、〔二月〕朔日、参与御役所に出でゝ、左の如く届く。

従前松平氏相唱候得共、今度一族申談之上、遠祖忠継旧氏ニ復し、池田氏ニ相改、末家共儀も同様為相改申候。此段宜御執奏希入奉存候。

因幡中将〔池田慶徳〕

この日〔二月五日〕、右の旨を家中に布達し、若殿・夫人・宝隆院様〔先代夫人〕・両分知家〔東館・西館の二家〕にも申し入れらる。両分知家よりも、亦復姓を届けたる旨申達あり。〔鳥取県立博 1989：424〕

引用文中の遠祖忠継とは岡山池田家の元祖輝政の次男であるから、岡山池田家〔当主は水戸徳川家の出で慶徳実弟〕と協議の上での復姓に相違ない。大名の列にある両分知家も同一歩調をとった。この沙汰によって、松平の苗字を許されていた有力外様大名は、好機到来とばかり挙って本姓に復した〔仙台伊達家については白石市史 1971：509、徳島蜂須賀家については鹿児島県維新史料 1978：415、鹿児島島津家については同 1978：414、他家については後掲〕。のみならず、徳川氏の家臣から立身した譜代大名で主家の旧姓を拝領する殊遇を蒙った者のなかにも、松平をやめて本姓に復する者があいついだ。久松姓三家、大河内姓二家、戸田姓・本荘姓・松井姓・柳沢姓各一家などはこれであって、(3)「外様は謀反すべし、譜代は謀反すべからず」〔田岡 1909〕との伝統的規範に反する行動をあえてとったのである。

上記の沙汰が発せられてから一〇日ほどして、徳川氏に臣従する以前から松平を名乗る家々には、この沙汰が適用されない旨、改めて指令された。それらの家々は先祖が拠った地名により、どこそこの松平と呼んで相互に識別したのだが、彼らのなかにも松平を棄てて冠とする地名に姓を改めた家があった。滝脇松平氏が滝脇に、桜井松平氏が桜井に、大給松平氏のうち二家が大給に、いずれも一八六八年三月一四日までに改姓したのはこれである。もともと松平族党であった三河出身の大名たちまで本姓を棄てて地名を姓としたのは、一見、この沙汰への過剰同調ではないかと思われるが、新政府への向背を問われた尼崎松平家が、恭順の意を表すため本貫の地名に因って桜井姓に改めたように［木村ほか 1989a：234］、新政府側に有利に戊辰戦争が展開するなかで、徳川家支持＝反政府の嫌疑を免れて自家の存続をかちとるための、苦渋に満ちた選択であったとしなければならないだろう。そのようにみるとき、この沙汰が徳川氏との一族並の間柄から該当諸大名を解放する効果のみならず、新政府に対する彼らの向背をテストする踏絵の効果をもったことに想到せざるをえない。

名字拝領と関連するのは一字拝領（主人の諱の一字を与えられること）である。本来一族の嫡子に対する待遇であった一字贈与が、有力な従者との絆を強化するために適用され、従者の元服あるいは家督相続のさいに行われて、猶父子（オヤブンコブン）関係が設定された。一字拝領は主家から子分として遇せられる家門の誉れを示すものであった。先の松平の名乗りは家名であるゆえに永代の拝領であるが、この一族並の関係が家督相続のさいの一字拝領によって世代ごとに確認されたのである。したがって、名字拝領と一字拝領の家格を併せもつ有力大名の場合、家として将軍家の一族並であるばかりでなく、当主個人としても将軍のコブンであった。このような慣行を背景として、三家を始めとする徳川氏家門の有力大名のほか、外様の有力大名は元服のさい将軍の諱の一字を与えられるのを嘉例とした。ところが、この頃西南雄藩の藩主のなかに拝領した名を改める者があいついだ。つぎのような例を確認することができる。

猶父たる将軍	一一代家斉	一二代家慶	一三代家定	一四代家茂
鹿児島島津家（松平称号）				茂久→忠義
熊本　細川家（松平称号なし）		慶順→韶邦		
佐賀　鍋島家（松平称号）	齊正→直正			茂実→直大
久留米有馬家（松平称号なし）		慶頼→頼咸		
福岡　黒田家（松平称号）	齊溥→長溥	慶賛→長知		
山口　毛利家（松平称号）		慶親→敬親	定広→広封（のち元徳）	
広島　浅野家（松平称号）				茂長→長訓、茂勲→長勲

これらの改名の時期については、毛利家は一八六四（元治元）年七月に始まる長州征伐にさいし幕府によって剝奪されたのであり、島津家では六八（慶応四）年一月一六日、「朝廷ニ対シ徳川家ノ諱ヲ唱フルヲ憚リ、家系ノ通字忠ナルヲ以テ忠義ト改メ」〔鹿児島県維新史料 1977：875〕、浅野家では同年一月二七日松平の称号を廃して氏を浅野に復した時〔華族系譜、三田村 1997a：52〕、黒田家もその頃改名〔『黒田家譜』390〕、鍋島家では同年一月本氏に復した後、同年三月一四日に改名〔華族系譜、中野 1921：208〜209〕、細川家では同年四月二三日に改名したという〔木村ほか 1988a：285〕。毛利家では松平称号停止令に三年半も先立ち、島津家ではその直前に、後の四家ではそれによる松平の称号廃止を契機として改名した。改名して将軍の諱の一字を棄てることは、常民の慣行でいえばオヤブンコブンの盃を返すことに他ならない。忠誠を将軍から天皇に移すことに苦悩する必要の少なかった外様の有力大名においても、もし胸中にいささかでも葛藤が潜む場合はこれを断ち切って、心機一転、慶喜追討の軍勢に加わることができたのであろう。

松平称号廃止令のように、一字拝領の廃止が令されたわけでなかった。ただ、六八年一月七日、一七歳の知恩院宮入道尊秀親王（伏見宮邦家子、孝明天皇養子）が還俗を命ぜられ、あわせて知恩院門跡の嘉例であった徳川家猶子身分の停止が指令されている〔『復古記』巻一七〕。また同年閏四月一五日、朝廷においては伏見・有栖川・閑院の三宮家の嫡子を天皇の猶子として皇兄弟・皇子に準じて親王宣下がある先例を廃し、養子として親王宣下を行うことに改めた〔『復古記』巻七四〕。もしこれを天皇家における養子の再定義、従来の猶子制度の廃止と解釈することができれば、崩壊が始まっていた将軍家をめぐる猶子制度の解体を支援したに違いない(4)。

3　在江戸諸大名家族家臣の国元帰住

徳川将軍家が諸大名の地方割拠を制約して中央集権の実を挙げ、巨大イエの体制を保持するうえで、大名の参勤交代制および夫人・嫡子の江戸定府制が絶大な効果をもっていた。加えて、この制度は江戸・国元間の移動および二重生活による経済的負担を大名たちに強い、とくに遠隔地の外様大名の負担は大きかった。幕末に至って将軍家の大名統制が弱化すると、内外情勢の緊迫化のもと、参勤交代制が緩和される。すなわち、一八六二（文久二）年閏八月、大名は三年に一年もしくは一〇〇日の在府、夫人・嫡子は在府在国自由となったのである。仙台伊達家、米沢上杉家、鳥取池田家、松江松平家、山口毛利家、対馬宗家、平戸松浦家、佐賀鍋島家、佐土原島津家、高知山内家など、遠隔の大中藩およびその支藩は、これを好機として江戸定府の家族を国元に引きとった。大名家の家族でなお江戸に居残る者が多かったけれども、参勤交代制の緩和によって巨大イエの箍の緩みがあらわになったことには変わりがない。

王政一新後、徳川慶喜追討軍が江戸をめざして発進した六八年二月以降、諸藩の江戸屋敷では国元移転作業が慌ただしく進められた。江戸開城の交渉が成立したにせよ、なお攻防戦の可能性もあるという政治状況のなかで、新政府は四月七日に至り、江戸残留の家族および家臣を封地に移すよう諸大名に指令した。江戸城周辺の武家地制圧に支障がないようにし、かつ必要に応じて藩邸を東征軍屯所に利用するためであろう。この指令を待たずに引き取った藩に対しては、「帰順之道相立、……尤ノ次第ニ候」と評価し、「御一新後引払又ハ只今居残リ等委細之儀、来ル十二日迄ニ内国事務局へ申出候様」「但、十二日以後引払之向ハ、其節々更ニ可届出候事」と細かく指示している。徳川家の巨大イエ体制覆滅を目指す新政府にとって、大名の妻子・家臣の江戸退去が江戸開城のための軍事的意義からいっても是非とも解決しておかねばならぬ課題であった。妻子・家臣の江戸残留が新政府への帰順を拒む政治姿勢の表明と解釈される危険性のあったことがうかがわれる。

前段の指令を掲げた『復古記』巻五八は、戊辰戦争で罪をえた諸藩を除く二四〇藩の上申書と一七藩の家記抜粋を掲載しており、本章で藩主伝記を用いた五藩のうち四藩については上申書、一藩には家記抜粋が掲げられている。諸大名の家族・家臣の国元帰住の具体相に接近するために、前者のなかの鳥取池田家の場合を例示する。まず『復古記』所収の上申書を紹介し、文中(1)(2)(3)の記号を付した事項に説明を加えることとしよう。

……中将（慶徳）(1)家族共儀ハ、先年不残帰国仕、(2)家来共儀ハ御一新後早々引払之儀申遣、去（三）月迄ニ不残為引払申候、尤（周旋方）千葉重太郎竝軽卒壱人、彼地廟所守、藩邸守トシテ残留為致置、外ニ先達中、右藩邸取片付之為、（周旋方）宮原大輔外ニ両人為致東下置候処、未相済不申趣ニテ、帰京不仕候、猶罷帰次第御届可申上候、右之外彼地藩邸へ残留之者無御座候、此段御届申上候、且(3)分知末家之儀別紙申上候、以上。

四月十二日　因幡中将内　（京都御目付）河瀬万吉郎

別紙

弊藩分知　池田摂津守（徳澄）

同　　　池田相模守（徳定）

右、御一新後、家来共不残引払、当時居残リ候者無御座候、

右、御届申上候、以上。

(1)　について『鳥取藩史』第一巻は、「夫人伝」のなかで「文久二年壬戌十一月十日、（慶徳夫人寛子）江戸本邸を発し、京都を経て、十二月十四日、鳥取城に着く。君夫人の領国に入るは、実に之を始めとす。領国人民奉迎太だ盛んなり」［鳥取県 1969：168］と記している。鳥取池田家では藩主家族の帰国が許可されるや直ちに帰国の準備を始め、降雪で行路が阻まれないうちに国元に帰ったのである。

(2)　『池田慶徳公御傳記』一八六八（慶応四）年三月一一日の条に、「江戸御留守居洞龍之輔、同地御屋敷を引払ひて帰着す」との見出しのもとに撤退状況がつぎのように報じられている。すなわち、去る二月一二日慶喜が江戸城から上野寛永寺に入って謹慎したことを受け、在京家老荒尾駿河が書を江戸留守居役に送って、「形勢弥切迫に付き、もはや勤仕に及ばず、在留者末々まで引払ふべく、手間取りて道路杜絶せば引揚げ困難に付き、万事大見切にして、如何様にも処理すべく、もし時あらば、記録類は便船にて大坂に廻し、定詰の面々は各自の随意にすべし」と指令した。これにより、諸道具類は後日の便で大坂回漕とし、廟所の牛嶋弘福寺ほか藩主・夫人等の位牌安置の寺々へは一年分の御供料を下げ渡す一方、位牌はとりまとめてすべて国元に送ることとし、江戸詰めの家臣たちは二月二八日江戸を発し、三月一一日鳥取に帰着した。江戸惣位牌は三月一日江戸を発して二四日帰着、鳥取興禅寺の霊屋に安置された。同月二一日江戸留守居は廃止されたが、千葉重太郎は廟所守衛のため暫時滞留することになった［鳥取県立博 1989：492～493］。

(3)　藩祖池田光仲の第二子（本腹）が二万五千石（後五千石加増）、第五子（妾腹）が一万五千石（後五千石加増）を本家

から分知されて、後にそれぞれ東館・西館と通称される支藩主に取り立てられたのが、前記の上申書別紙にみる二軒の分知末家である。一般に分知末家は内分としての分付末家とは異なり、公的には大名家として、つまり将軍家巨大イエの構成員たる大イエとして待遇された。しかし、本家所領の分与分についての領知朱印状が将軍家から直接交付されず、本家あて領知判物のなかに内分記載されるに止まったため、本家からの完全な独立はありえなかった。しかも、鳥取藩両分知家はその所要経費を本家からの蔵米支給によってまかなう廩米の家であったから、実態において分付末家に相当し、本家への従属性がきわめて強かった［鳥取県 1981：40〜41］。本家の大イエに並ぶというよりは、その一翼を構成するものであり、本家の京都目付が別紙であわせて上申したのは、この両分知家の地位を示すものであった。

4　将軍家の判物・朱印状回収

松平称号廃止令の一七日前に発せられた旧幕領を朝廷の直管とするとの布告は、徳川氏の巨大イエはおろかその大イエをも認めないという新政府の強い姿勢を示すものであった。他方、大政返還の実を挙げるための行政措置として、同（慶応四）年閏四月一九日、新政府は徳川氏が領主に発行した判物・朱印状を回収する指令を発した。対象は大名だけでなく、宮・公卿のほか神社・寺院等領地を幕府によって安堵された領主すべてであった［『復古記』巻七五］。この指令に対応して、鳥取池田家では家定・家茂二代の判物を提出することとし、同年五月二九日これを守護して鳥取から上京させ、六月一三日に太政官弁事局へ提出した［鳥取県立博 1989：623］。平戸松浦家では、同年六月一七日将軍家下付の朱印状を新政府に提出している［松浦伯爵家 1930a：578］。提出する側では、かつて徳川氏によって旧領が安堵されたように新政府から改めて判物あるいは朱印状が交付されるものと期待したらしい。再交付されれば大イエは堅固に維持されたことであろう。だが、新政府の政策決定を左右したのが大名やその一門でなかったために、結局再交付のことなく、大イエ解体の伏線となるのである。

5　巨大イエ中核の解体

徳川氏に対する処遇が確定したのは、上野山に立て籠もった彰義隊が敗走して、新政府軍が江戸および近傍を制圧確保した六八（慶応四）年五月二四日のことであった。さきに徳川家家名の相続を許された田安亀之助が、この日駿河国府中で七〇万石を与えられて、徳川家は巨大イエとしては解体させられたが、大イエとして存続しうることになった。将軍の家族として取り扱われてきた三卿と呼ばれる分付末家については、同日をもって田安と一橋が独立の家と認められ、藩屏（大名）に列せられた。これは田安・一橋両家の石高が宗家の七〇万石以外に設定されることを予告した優遇措置といえるが、むしろ大イエ徳川家の中核を分断して、それぞれ直接に新政府に服属させる意図に出たものと考えられよう。

新政府はかねてから徳川家の家門および親族に出京を督促しており、田安・一橋両家が列藩屏の礼のために上京する頃には、徳川親族はほぼ残らず出京し、慶喜の兄弟たる諸大名も出京の誓約をすませていた。病気のため出京が遅れていた鳥取の池田慶徳（慶喜実兄）は、三条実美から「此模様ニては、行々藩屏之任難尽と、何やら底に針の有様な申方」をされたので、「譬途中迄出道中ニて倒れ、前後進退致兼候節は夫れ迄之儀」と腹をきめ、「勤王之実績無異心次第も明白顕然と相成候」よう、断然上京の途に就く［鳥取県立博 1989：696］。上京して参内することは、天皇の掌握下に入ることの何よりの身の証であったが、同時に、巨大イエ将軍家が崩壊した後、その中核部分を構成していた家門あるいは親族の大イエが、形成途上の天皇家巨大イエの傘下に入ったことを天下に示すものであった。

同じ頃和歌山徳川家では、以後御三家様と唱えてはならぬ、すべて諸大名なみと心得るよう家中に達している［和歌山県 1978：14］。その根拠となった政府の指令を特定するに至っていないが、徳川家を中心とする社会構成の観念、いいかえれば巨大イエの秩序観念を払拭しようとする新政権の意志が発動したことは疑う余地がない。新政府は徳川家を大イエとして復興させると同時に、巨大イエ中核部分の残骸を一つ一つ潰していったのである。

なお三家について付言しておきたいことは、徳川宗家からの付家老五家、つまり名古屋徳川家の成瀬家（三万五千石）・竹腰家（三万石）、和歌山徳川家の安藤家（三万八千八百石）・水野家（三万五千石）、水戸徳川家の中山家（二万五千石）が、いち早く八六年一月二四日藩屛に列せられたことである［『復古記』巻二四］。これは万石以上の大身であるのに大名と認められていなかった名族を藩屛に列した嚆矢であって、大イエ分裂の先駆をなした。戊辰戦争緒戦段階の、徳川家門や譜代諸藩の向背が問われていた政治状況のなかで、徳川宗家と直属三家の双方の封臣であった付家老家の宿願に応ずる体裁のもとに、徳川宗家にもっとも近い最有力の大イエの勢力を殺ぎ朝廷の威令の浸透を図った挙と解せられる［木村ほか 1989a：302、浅見 1999：37］。

三　大イエ大名家の解体

1　大イエ大名家の特色

前述のように、大政奉還とそれに続く戊辰戦争によって将軍家の巨大イエは解体した。しかし、家名の相続を許され、朝廷から駿河七〇万石に封じられて、大イエ徳川家として存続することとなり、将軍家の軛を脱して天皇家の傘下に入った諸大名の大イエと並立することとなった。では、大名家の大イエとはどのようものであったか。

大名家は将軍によって保証された石高表示の領地をもち、領地に繋がれた領民を統治し、統治機構のスタッフとして家臣を抱えたほか、しばしば小藩主クラスの分知末家や分付末家を周辺に配置した。大名家を冠とも頭首ともして、その末家と家臣団（家中）を傘下に収めた直系制家族（小イエ）複合が、大名家の大イエである。大名家には大イエとしての大名家と、大イエの冠あるいは頭首としての小イエ大名家の二義がある。本節表題の大名家は前者であり、本段落冒頭の大名家は後者である。一八六九（明二）年四月鳥取藩提出の版籍調書における「家中」の「家」は前者、「家内」（使用人を含む）の「家」は後者に対応する［鳥取県立博 1990：142〜143］。英語ならさしずめ大文字・小文字で区別されることだろう。ここでは、区別を明確にする必要があるときには、大イエ大名家、小イエ大名家と表記することとする。(5)

大イエ大名家は世代を超えた存続を期するが、世代を超えた存続を達成するためにつぎの二つの特色を帯びることになる。

①小イエ大名家優先

大イエ大名家の超世代的存続は小イエ大名家の超世代的存続によって実現されるので、後者の存続あるいは世代的継承を危うくする事態が発生した場合、これを克服するために、大イエ大名家傘下の重だった他の小イエを身代わりにすることを厭わない。
(1) 小イエ大名家の家督相続においてもっとも重視された基準は、相続者が大名の実子あるいは実兄弟かその子弟（甥）、少なくとも藩祖の男系の血統を承けた男子であることであった。適格者のプールを枯渇させないために娶妾の習俗が発達したほか、枯渇に備えて、近世皇室の四親王家、将軍家の三家のように、(小)藩主クラスの分知末家あるいは分付末家を周囲に配置した例が少なくない。本家に嗣子がない場合、分知末家の当主あるいは嫡子を本家に入れて嗣とするためである。藩祖の血統を承けた万石以上の一門一族であるといっても、一旦家臣の列に下った者(分付末家)を主君のレベルに引き上げて後嗣とするよりは、大名の列にある者(分知末家)に本家を嗣がせるほうが、世継ぎ騒動を避けるためにも事態適合的であったのであろう。また、嗣子がない場合、将軍家の子を迎えたり、他の有力大名の子を養子とするよりも、格は低くとも、大名の列にある分知末家から後嗣を入れるのを選好したのは、本段落冒頭に記した基準に合致するからである。そのことは、末家は本家の継承を全うするための控えであって、本家の継承が優先され、末家の継承は二の次にされたことに他ならない。政治的経済的な意味ばかりでなく、この意味でも家としての末家の独立性は不完全なものであった。

このような意味での本家優先の事例にこと欠かないが、幕末の鳥取池田家に起きた事件によって例示しよう。徳川慶喜追討令を契機に挙藩勤王の姿勢をうち出すため、慶喜実兄の藩主に退隠を迫る筆頭家老の強い要請を受けて、有栖川宮(新政府総裁、妃は慶喜実妹)の忠告に添う形で出願し、退隠を聴許された池田慶徳は、嫡子幼弱ゆえ末家年長の者をもって相続させ、嫡子はその順養子にせよ、と太政官代から指示された。そこで、分知二軒のうち年長の西館池田家の当主に家督を譲り、大名並の末家である播磨福本池田家の嫡子を西館にもってゆき、福本へは一門で家来に下がった者から、と治定して、家中へも布告した〔鳥取県立博 1989：475〜476〕。藩主や嫡子の地位への要員補充が、まるで官職のように、大イエを構成する小イエの序列における直近の下級からなされ、そのような形で大名家優先の原則が作動しているのが興味深い。

(2)　大名が政治的去就の責任を問われて死罪に処せられたなら、小イエ大名家は断絶となり、直ちに大イエの断絶に繋がる。そこで、重臣が事件の首謀者として死罪を引受け、その小イエの断絶と引きかえに大イエの存続をかちとろうとした。例えば、幕軍に加わって伏見で政府軍に抗戦した元浜田藩主松平武聡（徳川慶喜実弟）の家臣が、主君の兄弟である鳥取・岡山両池田家当主に謝罪の周旋方を依頼した。そこで両家は、「右近将監（武聡）は大病中、悉く重役之者不取計より斯ニ至り候儀」と事情を陳べ、重役三人隊長一人計四人が謝罪のため屠腹の決心をし、「死後一藩安堵之儀」を嘆願しているので、何卒よろしく、と伺い出た。詮議の結果、重役三人のうち一人のみ屠腹を申しつけられ、上席家老尾関隼人が罪を負って一八六八（慶応四）年閏四月一九日京都本国寺の境内で切腹した。抗戦を指揮した隊長は永禁固に処せられたが、他は一切構いなしとなって、浜田松平家は断絶はもとより削封の危機さえ免れることができた［鳥取県立博 1989：566～570］。戊辰戦争で政府軍に抗した東北諸藩の処分において、重臣を叛逆首謀者として斬に処し、大名家には家名相続を許したことにも、封建社会の小イエ大名家優先の大イエ論理が貫徹している［藤井 1926：237～239］。

(3) 仙台藩のように、中イエというべき分付末家を何家も大イエが包摂していた場合、戊辰戦争後の減禄処分のさい、減禄を分付末家に押しつけてその禄を徹底的に削り、あえてこれらを解体に追込んでも、本家自体の減禄を最小限にくいとめ、大イエ大名家を解体から守ろうとした例も、この文脈で想起に値しよう［白石市史 1971：620，636］。

②一門・重臣の衆議制

前記①の原則にかかわらず、一藩の意思決定は藩主の独裁ではなく、一門・重臣が衆議して決したところを藩主が裁可する形をとった。しかも、衆議決定の上は藩主といえども違背すべからず、という不文律が存したようである［会田ほか 1997：92］。佐賀藩では、藩祖以来一藩の大事は着座以上の三五家の大寄合で議決される慣行が確立していた

［中野 1920b：355］。奥羽越列藩同盟に加わって政府軍に抗していた弘前藩では、六八年七月、京都駐在の用人が朝廷の令書と宗家近衛家の教書を奉じて帰藩するや、藩論は一旦二三に分かれたが、藩主の意思を承った上で決することになり、藩主の真意の告白をうけて朝意遵奉に国是を定めた［津軽承昭公傳 1917：113～118］。この場合、藩主の裁定によって分裂した藩論が統一されたともみられるが、むしろ藩主の真意を汲んだ衆議によって藩論が統一された印象が強い。また、奥羽越列藩同盟の盟主仙台藩が、形勢非なるに及んで六八年九月和戦の態度を決しようとした。しかし、重臣の議は主戦派・降伏派互いに譲らず、藩論の統一が至難となった土壇場で、藩主が降伏と裁定したという［『日新録』45～47］。

衆議がオピニオン・リーダーの強硬な意見によって方向づけられることはあった。岡山藩主池田茂政は、徳川慶喜の実弟であったことから、藩の討幕姿勢を鮮明にするために退隠を迫られ、代わって茂政よりも三歳年長の分知末家鴨方池田家の当主が本家を継いだ。茂政は実兄の鳥取藩主池田慶徳に、「過激之者」が「朝廷を口実と致候て」養父と私を「押込候」と訴えている［鳥取県立博 1990：47～48，81］。「過激之者」に引きずられたにせよ、衆議によって藩主が退隠を強いられることもあったのであり、それが行われたのは、衆議の最終目的が「社稷」すなわち大イエの超世代的存続にあると了解されていたからである。また、衆議が藩論を決定する上で実際には至大の重みをもったからこそ、藩主の代わりに重臣を「首謀者」として処刑することで、藩（大イエ大名家）への処分となしえたといえよう。

右に述べたように、小イエ大名家優先と衆議制とは、大イエ大名家の超世代的存続の一点で折れ合うのが常態であった。ただ、藩論の統一が困難な非常事態においては、このような予定調和的な理解が破綻する局面があったことにふれておきたい。例えば、譜代の出羽山形藩では、藩主父子が勤王誓書を出して入京している間に、中央の情勢に疎い国元の藩士たちが奥羽越列藩同盟に加わって政府軍と戦った。藩主父子の政治行動と藩の衆議による政治行動との背反は、従来一つであった藩の公と藩主の私が内戦の危機的状況のもとで分裂した一例であって、次項で論ずる藩財政と藩主家政との区別もこうした動向に棹さしていた、とする説もある［原口 1962：23］。しかし、一般的公私未分から一般的公私分別へと原則が転換するには、なおもう一つの大改革が必要であった。

2 版籍奉還の効果

戊辰戦争で政府軍に抗した奥羽越の諸大名は、一八六八（慶応四）年五月、城地召上げ・減禄・所替え等の処分を受け、いち早く彼らの大イエの解体が始まった［白石市史 1971：605～615］。さらに、戊辰戦争が終結した翌月（六九年六月一七日）、政府は王土・王民の論理に立って版籍奉還の請願を聴許し、請願せぬ大名には奉還を命じて、領地と領民に対する統治権を接収した（沙汰第五四三）。先に幕府交付の判物・朱印状を太政官に提出させ、いま大名たちから統治権（統治という家業の経営権）を接収したのであるから、理論的には天皇が日本の総統治者になり、天皇家の巨大イエ出現の基礎が据えられたことになる［大久保 1977：21］。他方、統治権を失った大名は同日付けで知藩事に任命され、統治下の旧領民のうち藩民は天皇の民となり、統治機構のスタッフであった藩士は「朝臣」、つまり天皇の政府の職員となった。「幕府廃すれば諸大名も将碁倒しとなる」［中野 1920b：332］と云われたように、将軍家の巨大イエの解体は大名家の大イエの解体に連動したのである。大イエの解体とは、領地・領民の統治を家職とする家業経営体の解体であるから、経営体とそのオウンナー家、つまり藩と知藩事家の関係についてみれば、藩政と知藩事家政の区別が生じたことであり、またオウンナー家当主と家業スタッフ、つまり知藩事と旧藩士との関係でみれば、両者の間に存した主従関係が廃止されてともに朝臣、すなわち統治権を吸い上げた巨大イエのスタッフとなり、そこでの上司下僚の関係となったことである。以下この二項に分けて論述する。

3　藩政と知藩事家政の区別

前述のように藩政・家政の分離は版籍奉還を契機として実施に移されるのであるが、前(明元)年一〇月二八日布告の藩治職制(行政官布告第九〇二)の一カ条にすでに、

一、藩主ノ側ラ従来所置用人等ノ職ヲ廃シ別ニ家知事ヲ置キ敢テ藩屏ノ機務ニ混セシメス専ラ内家ノ事ヲ掌ラシムヘシ　[外岡 1967a：20]

とある。鳥取藩主池田慶徳は、この布告が出た頃新政府の議定所参入を命ぜられて政治の新しい息吹に直接ふれることになったのであるが、同年一一月九日付けの国元家老あての諭告でつぎのように説き、藩治職制の狙いの一つが藩政・家政の分離であると指摘して、時代の動きを的確に予測したのは、けだしこの一カ条に注目してのことであろう。

……今度藩治職制、…眼目、…中古武門己か有となしてより、藩は我私之物となりしより、藩と家と混乱して、家老ハ家宰也、又藩之執政也、兼用る姿となりしを、断然と藩と家と両途ニ分ル様と被仰出と存じ候　[鳥取県立博 1989：828]

さて、版籍奉還の実効ある政策は、知藩事任命から八日へた六九(明二)年六月二五日布告の行政官達(第五七六)によって切り開かれてゆく。とくにその後半四カ条に大胆な改革が盛られていた。

一、現石十分之一ヲ以テ家禄可被相定事
一、支配地人口戸数取調可申出事
一、一門以下平士ニ至ル迄総テ士族ト可称事
一、家禄相応家令家扶家従以下召仕候人員可窺出事　[外岡 1967a：33]

このうち第二はかつての領地は今や知事として預かった支配地であることを含意し、第三は主従関係の廃止を反映して旧藩士を士族と改称することを告げており、それぞれ興味深い。しかし、本項の藩政と家政の分離に関連してとくに注意すべきは第一と第四である。

①知藩事家禄の設定

第一は藩の収納高（現石）から知藩事の家禄を分け、これを前者の十分の一と定めた。収納高は旧草高に五カ年平均の免を乗じ、諸雑税を加えた総額を石高で表示したものである。従来、藩の収納高はそのまま大イエ大名家の収納高であって、そのなかから家臣の俸禄・役給、民政費、軍事費、外交費、参勤交代費、小イエ大名家家政費等を支出し、藩の公用と大名家の私用との区別は更になかった。公私未分こそ大イエ財政の特色であった。ところが、版籍奉還の効果として藩政は天皇の政府の公務に連なるものとなり、それに対して小イエ大名家の家政は知藩事の私事となったため、私事を賄うべき知藩事家禄を別に設定することが必要不可欠となった。そこで、各藩から報告された収納高を政府が査定して現石を定め、その十分の一という豊かな財源を家禄として確保させたのである［大久保 1977：21］。この経済的特典は、知藩事という政治的地位、公卿と同列に与えられた華族という社会的栄誉とともに、領地領民の統治権を奪われた旧大名への懐柔策といえよう。

伝記を用いた知藩事の家禄を参考までに挙げておく（旧草高に対応する現石［省略］は家禄の一〇倍）。

弘前　津軽家	旧草高　一〇万石	家禄	一万四一三五石
鳥取　池田家	旧草高　三二万五千石	家禄	一万八六四四石
松江　松平家	旧草高　一八万六千石	家禄	一万四五三四石

佐賀　鍋島家　旧草高　三五万七千石余　家禄　二万一三七三石
平戸　松浦家　旧草高　六万千七百石　家禄　四六四一石

［大内・土屋 1933：449〜460］

②家職の設置

知藩事の家政を藩政から区別すれば、藩政の諸役人とは別に家政の職員が必要になる。第四はこの点を規定したもので、家職給与ほか必要経費は知藩事家禄のなかから支弁されることとなった。藩政と家政の分離は、前記のようにすでに六八（明元）年一〇月の藩治職制で職員について下達され、鳥取藩では翌六九年五月に至って、藩政を総管する施政局とは別に藩主家の事務を扱わせる家政司を設置したが、「権内ニ帰スレハ外政不振」、つまり藩主側近によって藩政が左右されることの弊害が設置の理由とされるに止まった［鳥取県立博 1990：153，174］。家政藩政分離の徹底はもとより、公私分別による家産官僚制の克服という真の意義の認識も、同年六月の行政官達による知藩事家禄の別立なくしては達成されがたかったのである。この行政官達を契機とする藩職と家職の分離は、岩国吉川家では同年一二月一五日のことだったという［木村ほか 1990：328］。

では、家職の人数はいかほどであったか。六九（明二）年九月二七日付け松江松平家の申告によれば、知事つき四六人、夫人つき一六人、世子つき二五人、他の子女つき二四人、計一一一人、うち家従以上の士族五〇人、計吏以下の卒族六一人であった［松平 1934：384］。同年（日付欠）の鳥取池田家の「家令始人員調」によれば、家令四人、家扶家従二〇人、士二〇人、青士三四人、雇士一一人、雇青士二四人、小者七九人、計一九二人に上った［鳥取県立博 1990：340］。また、弘前津軽家の七一年四月二一日制定の家職人数は、士族三一人、士族以下三六人、計六七人であるが、他に奥女中など雇員六二人、総計一二九人であった〔津軽承昭公傳 1917：298～300〕。計上方式が異なるので総数の比較すら簡単にできないが、上掲の家禄高と対照して、家職を含む小イエ知藩事家の規模についておおよその概念をつかむことができよう。

③藩庁と知藩事私邸との区別

城内に居住していた知藩事一家は、政府の指揮によって城外に移転し、城を全く藩の政庁とすることになったらしい〔鳥取県立博 1990：255〕。久留米藩では、六九年八月一二日、知藩事有馬頼咸（1823～1881、1846家督、1874退隠）が住居を城中本丸から高井郡高良山の旧座主屋敷跡に移して良山御殿と称え、ここから毎日登城して藩政をみた。『久留米市史』はこの転居を家政と藩政とを分離するためと解説しているように〔1985：17〕、知藩事私邸と藩庁との空間的分離こそ、家政と藩政との分離を目に見える形で実現する画期的な出来事であった。

このもっとも早い例が鹿児島藩に見られる。版籍奉還聴許に先立つこと約四カ月の六九年二月二〇日、藩主が本城を退き政庁へ通勤して政務を執ることを布達し、前年一〇月の藩治職制および一カ月前の版籍奉還上奏の趣旨に即応するものであって、公私の別を貫徹し政務と家事とを混淆させないための措置であると説明している。この件については藩主退城のうえで朝裁を仰ぐと言うあたりに、全国に先駆けてモデルを示し、政府の指揮を促すことを意図した例挙であったことが推測される〔鹿児島県維新史料 1979：146～147〕。以下は政府の指揮のもとにこのモデルに追随した例である(6)。

鳥取藩では、他藩と同様、城内居住の知藩事は城外に下屋敷をもたなかったので、知藩事は分知の東館池田邸に入り、東館家は筆頭着座家の屋敷に入るという具合に、ほぼ家格の直近下位へと順々に転住させることに藩庁では決定していた。ところが、余儀ない事情が出てきたので、知藩事は鳥取城の堀を隔てて並ぶ着座家屋敷の一つ執政（元家老）の邸宅に直ちに入ることに変更した。六九（明二）年八月二八日東京から帰藩するや、城中二ノ丸に入らず、その足で執政邸に入ってこれを仮館とし、その日のうちに夫人と世子もそれぞれ二ノ丸・三ノ丸を立ち退いて執政邸に集まった。かつて藩主家の表・中奥・奥の建物群を擁した二ノ丸は表に置かれた藩庁の専用となり、知藩事家は城を藩庁に明け渡して城外に去って、従来区別がつかなかった知藩事家政と藩政とはここに空間的にも全く分離することになった［鳥取県立博 1990：255〜261］。また、知藩事はこれまで認めてきた日記（「御手日記」）をこの日から池田家家主としての日記とし、別に知藩事施政の日記を「藩政御手日記」として記し始めた。公私を区別しようとする知事の意気込みを伝える挿話である［同上：847〜848］。

松江藩では、知藩事が東京から帰藩した後半月ほど城中三ノ丸に居住したが、やはり六九年八月二八日に至って三ノ丸を立ち退き、夫人・世子・子女とともに堀を隔てて東に並ぶ三戸の元家老邸に移った。かくて三ノ丸に残った藩の政庁がその全部を使用することとなり、公私の別が明らかにされた。なお、邸宅を知藩事に譲った元家老たちは、それぞれの別邸に移転した［松平 1934：380〜381］。

佐賀藩でも、同じ頃知藩事一家は本丸・二ノ丸から立ち退いてこれを藩庁に提供し、三ノ丸を住居とした。それ以後、本丸・二ノ丸を御城と呼ぶことをやめて藩庁と称し、三ノ丸を御館と唱えることに改められた［中野 1920b：412〜414］。

弘前藩での藩庁・私邸の分離は後れたが、七〇年五月二六日に至って、知藩事は従来居住していた本城を退き、三ノ丸の別館に移ったと記録されている［津軽承昭公傳 1917：256〜257］。藩庁は以前から本城（本丸と二ノ丸）に置かれていたが、三ノ丸別館を知藩事私邸とすることで、本城が全く藩庁に明け渡されたのである。佐賀鍋島家と同じ形である。

江戸期武家社会の慣習では、城主が罪をえて謹慎する場合城外に出たから、罪なくして城外に居を移すことに関係者は強烈な心理的抵抗を感じたはずである。城中の一郭に留まったり、城外に出ても重職を転居させてその邸宅に移ったりしたことは、この心理的抵抗を緩和稀釈するためと思われる。

なお、城地における公私の空間的分離に関連して、東京にある藩邸を藩の官邸と知藩事の私邸に区分し、かつそれぞれ一カ所に限って、それ以外は上地したことに注意しておこう。この旨を令達した七〇（明三）年七月八日の太政官布告により、例えば松江藩では、同年八月一〇日、赤坂門内の上邸（一万余坪）を官邸と定め、青山の中邸（二千余坪）を知藩事私邸とし、赤坂台の下邸（五千六百余坪）を上納した［松平 1934：451〜454］。弘前藩では、本所二ツ目邸（七千八百余坪）を官邸、本所横川端邸（七千五百余坪）を知藩事私邸とし、大川端の藩控邸（約五百坪）を上地した（のち末家黒石藩知事津軽承叙の私邸として下賜）［津軽承昭公傳 1917：271〜272，286〜287］。これらの私邸は廃藩置県によっても没収されなかった［後藤 1988：84］。

④藩政家政区別の諸相
以上の重要な三局面のほか、たまたま著者の目にふれた二件を掲げておく。これ以外でも藩政家政の区別はさまざまな側面に現れたと思われるが、よし記録されたにせよ、刊本に掲載されて管見に入るに至らないのが多いのではあるまいか。

松江藩では、従来藩の提燈に葵章をつけていたが、六九（明二）年九月二九日、葵章は知藩事家の提燈に限り、藩庁諸部局の提燈からこれを除いて単に局名あるいは部名をつけることに改めた［松平 1934：384］。公用提燈と知藩事家私用の提燈との区別をつけたのである。

佐賀藩では、鍋島家の家事は吉凶とも表向きの触達を停止して、重い事項に限り家職から諸組の重立ちまで文書で申達する程度に改め、また鍋島家菩提所での法事等の執行は藩庁でなく鍋島家家職で取り賄うことに改める旨、六九年九月に発表した［中野 1920b：413］。従来藩の公事とされた鍋島家の吉凶を知藩事家の私事として、藩費と私費の別を明らかにしたのである。

藩政家政区別の大筋は政府の指令で決まっていたのであろうが、実行の細目や徹底度に至っては藩によって一様でなかったに違いない。大体、長年にわたる藩政家政未分の慣行をそう簡単に判別へと転換できるはずもないから、表向きは区別したようでも、実際には公私混淆の状態が続いたと推測される。『津軽承昭公傳』は弘前藩での在りようをつぎのように総括している。

（版籍奉還後も）藩治ハ、尚、細大旧藩主タル知藩事ニ委任シタルナレバ、治権ハ依然旧主ニ存シ、旧慣ニ因テ施治スルモノ多キヲ以テ、目ニ視ル所ハ封建ノ旧時ニ異ナラズ、明治四年廃藩マデハ、実ニ公私曖昧タル治体ナリシ、……公私ノ分際判然セザルモノ少ナカラズ、仮令ハ、知事ノ職権ヲ以テ、士民ニ告示セラル丶書ニ、私家ニ属スル藩祖以来ノ経歴ヲ叙スルアリ、南部家ニ対シ、旧怨ヲ去リ、和親ヲ結ブニ、恰カモ藩職ノ処分ヲ為スガ如クシ、又令室ヲ迎フルニ、家職ヲ以テセズシテ藩職ヲ以テシ、隣藩其他ノ華族家ト私交ヲ修ムルニ、又藩職ヲ使ス……　［津軽承昭公傳 1917：224，309］

先述のように、公私区分の画期となるべき藩庁と知藩事私邸の分離が、弘前藩では他藩に比べて九カ月も後れたため、公私の分際の曖昧な状態が長く続いたとも考えられるが、因果関係の一部は逆だったかもしれない。いずれにせよ、三百年に及ぶ公私未分の状態は一朝にして変革できるものでなかった。

4　主従関係の廃止

大イエ大名家を量的にまた構成的に大イエたらしめたのは、分知末家や一門一族とのオヤコ関係よりは、家中とのオヤコ関係を含む重層的な主従関係であった。したがって、大イエの解体と主従関係の廃止は同一の現象の表と裏と言うことができる。先に版籍奉還の願書を提出しながら封建制を維持すべしと建言し、版籍奉還後は三条右大臣に意見具申して、支配下というだけでは抑えがきかないから、藩内統治のために主従関係を保持すべしと主張した津・藤堂家の例があるように［梅原・西田 1959：417〜421］、主従関係は一朝にして廃止されるべくもなかったが、つぎのようにさまざまな形をとって崩されてゆく。

①家中・家来あるいは藩士の名目を藩中あるいは士族と改称

大イエ大名家の内なる存在であることを表す家中・家来の称を藩中と改め、藩士の称を行政官達第五七六（前掲の第三）にいう士族と改めることが、版籍奉還聴許後の早い時期に各藩で下令されている。藩中とは巧みな新称であるが、廃藩置県後は意味を失い、華族に対する士族の称のほうが公式用語となる。ともあれ、左記平戸藩の諭達に明瞭に表れているように、名称の改正は主従関係廃止の宣言とみなしうるのである。

佐賀藩では、奉還聴許後直ちに東京在留中の知藩事から、「御家中者勿論諸家来共、都而政府御附属被遊、即今已往者御家中家来之名目被相改、更に藩中と相唱候様」示達された。六八（明元）年一〇月布告の藩治職制に対応する佐賀藩の藩政改革案の起草に当たった久米邦武（1839〜1931）は、すでにその時点で、「是迄御家中と称へたる結体を、地方官としての組織に改むれば足る」との見通しをもっていたという［中野 1920b：395，333］。

平戸藩では、六九年八月一六日、知藩事が執政にたいし「此度藩士、士族ト被相改、従来君臣之名義、被相廃候」、ただし「以後馬廻以上、士族ト相心得可申候」と諭達した〔松浦伯爵家 1930b：4〜5〕。

鳥取藩では、六九年一一月一〇日、「従来御家中と称へたるを止め、向後それぞれ士族・徒族と称ふべく」達せられた〔鳥取県立博 1990：309〜310〕。

松江藩では、七〇年三月一七日、知藩事が藩庁書院に士族一同を集め、従前の家中制法を更定して藩中制法を下付した〔松平 1934：391〕。家中の称が藩中、藩士の称が士族に改められていることは、佐賀藩や鳥取藩と同じである。

②従前受領の判物の返上

鳥取藩では、六九（明二）年正月二四日の藩主による版籍奉還奏上に即応して、二月早々藩士一同から従前受領の判物の返上があり、また領内五カ町における着座五家の「自分手政治」（自立的支配）が廃止された〔鳥取県立博 1990：41，52〜53，330〕。同年一二月二日の平戸藩における藩士からの「格禄」返上は、判物返上に相当するものであろう〔松浦伯爵家 1930b：19〕。松江藩では、七〇年一二月五日付けの士族あて布告で寛永以来の判物所持の向きは伝達所に差し出すよう指令し、「従前之判物引上更ニ書付可相渡旨」念をおしている〔松江藩日記〕。さきに版籍奉還を願い出た大名たちの間に、将軍に代わって天皇から所領の再確認を受けるための奉還という、希望的観測に基づく誤解が存したのと同様に、松江藩庁も士族に判物返上を求めるさい同様の誤解をしていたことが判明する。判物が保証する俸禄は主従関係の物的基礎であるから、判物返上は藩主との旧来の主従関係の廃止を従者側から追認することであり、新しい書付が下付されれば、朝臣となった士族たちと天皇との主従関係確認の意味をもつはずである。

③知藩事と藩庁在職の士族とは上司下僚の関係、知藩事と家政職員とは雇用の関係

版籍奉還の前年に布告された藩治職制により、従来の家老等に代わって執政・参政・公議人等の重職が置かれたが、すべて藩主の任命するところであった。しかるに、版籍奉還後に制定された藩制での重役、すなわち大参事・権大参事・少参事等の奏任官は知藩事が奏薦した候補者について政府が任命した。おおむねかつての家老等が藩治職制下の執政等に任命されたように、今度は執政等が大小参事の奏任官に奏薦され、実際には持続面が顕著であったが、職位の性格は全く異なるものとなっている。版籍奉還以前の藩主と藩重役との関係はいうまでもなく主従関係であったのに対し、奉還以後の知藩事と重役との関係は同じ朝臣の間の上司と下僚のそれになったからである［松浦伯爵家 1930 b：14］。

かくて役所の雰囲気が随分変わったことを鳥取藩の公式文書が記録している。「これより藩政は、（六九年）七月布告の府藩県の制に従ひて行はるゝことゝなり、公［池田慶徳］は知事として政務を総攬せらるゝのみにて、其下に奏任の大少参事、判任の大小属ありて、事務を分掌するなれば、以前とは頗る趣を異にせり。」［鳥取県立博 1990：258］という。我々がこの記事を読んでも以前とはどのように趣を異にするのかその具体相が判然しないが、当時の人々にはこの描写で変化の大きさをよく伝え得たのであろう。

知藩事と、政府によって任命された奏任官との関係は上司下僚のそれに改められたが、知藩事が任命する判任官以下の藩職員との関係には旧来の主従関係が尾を引き、とりわけ旧態を引きずりやすい知藩事と家政職員の間では依然として旧来どおりの関係が温存された。鳥取池田家で、七〇（明三）年五月の禄制改革にさいし、「現米百二十五石九斗二升八合、更以廩米充行之条如件」という旧藩時代と変わらぬ文言の判物を家令に交付しているのが、その一つの証拠である［鳥取県立博 1990：487］。ところが同年一一月八日に至って、政府の指導により家政附属の士族・卒をすべ

て藩の管下に移し、君臣の関係を改めて雇傭の法によることとし、判物は改めて藩庁から関係士族に交付されることになった［同上：564〜565］。政府が同年一二月二二日の太政官布告（第九五九）をもって、士族・卒についての拝借願、農商の者についての雇入伺の案文を達示したのは、知藩事と家職との間に残る主従関係を明示的に廃止したことの後始末であった。

以上の経緯からみると、藩政と家政の区別は士族・卒を藩の管下にある者と家政附属の者に分ける効果をもち、主従関係の廃止は前者についてであって後者には適用されない、と当初解釈されたことが判明する。ところが七〇年一一月の改正では、後者もまた藩の管下に移して主従関係を清算し、そのうえで改めて雇傭するということになった。ただし、農商の者の場合は雇入れでよいが、士族・卒は朝廷の職員として禄を給される鳥取藩貫属になるのであるから、旧臣であっても借受けの手続きが必要になり、東京住居を命ぜられて藩地を去ろうとしている知藩事に家職拝借願の提出が求められたのである。

④名字拝領の旧家臣の本姓復帰

旧藩時代、名字拝領により一族並となった旧家臣は、主従関係廃止の後も一族並の家格を保ったのであろうか。家臣に下った者が一門として主家と同じ姓を冒す場合と、家臣であって名字拝領により一族並となった場合とは、同日の談ではない。後者は家臣たるの身分を基礎にして一族の名字を与えられたのであるから、家臣でなくなれば名字拝領は意味を失い、本姓に復するのが妥当ではないか。慶喜追討令発布の後、松平の名字を名乗る諸藩主を本姓に復させた新政府の指令に準じたのでなければ、名字拝領の旧家臣を本姓に復させた藩は、以上のような論理に拠ったものと思料される。以下、若干の事例を挙げる。

鹿児島藩では、六九（明二）年八月一七日、「島津之御称号拝領之面々、御直別れは当分通ニて、其外ハ都て小名又は本姓可相名乗候」と達示した［鹿児島県維新史料 1979：339］。

仙台藩では、六九年一〇月一〇日、伊達の苗字および紋所を与えられて用いてきた旧家臣たちに、本姓に復するよう達示した［『日新録』378］。

平戸藩では、七〇年六月一四日、松浦の姓を与えてこれを名乗らせていた旧家臣はみな本姓に復帰させ、藩主の同族については松浦の称でもそれぞれの旧姓でも勝手次第とした［松浦伯爵家 1930b：53］。

津藩でも、藩主藤堂家の分家のほか、主だった姻戚・功臣には藤堂の名乗りを許していたが、六九年に姻戚一戸が本姓の長谷川に、功臣一戸が本姓の佐々木に復し、同七二年に至り壬申戸籍の編成を機として本姓に復した功臣が三戸、年次不明であるが他に六九年以降の復姓一戸を数える［林 1982：1984］。

⑤主従関係に伴う諸儀礼の廃止

江戸時代の家臣の一般的呼称である家来の語が、中世以前は家礼と書かれたように、特定の家に一定の礼式を致す者との観念が主人に対する従者の身分の根底にあり、主君を敬う家臣の儀礼が主従関係の本質に関わるものとしてこの関係の中核に付随した。のみならず、主人への礼式は俸禄に対応する軍役の儀礼的側面でもあったから、奉平の世において軍役が事実上なきに等しいものとなると、礼式の強調がきわだったのである。また、主君に拝謁を許される順序、単独でか否か、またその場所に、従者身分の序列が表明された。主従関係の廃止はそうした儀礼の廃止に端的に現れたのである。

佐賀藩では、他藩と同様に陰暦の毎月一日と一五日の朝、藩主に拝謁する礼があったが、一八六九年に家中・家来の名目を藩中と改めてより、この朔望の登城を停止した。その他、家中として遵奉してきた諸慣習が俄に撤廃されたので、旧家臣たちは情誼上甚だあきたらぬ思いがした。例えば、版籍奉還後初の正月である七〇（明三）年の元旦から家中の謁見を廃止し、知藩事の居館である旧三ノ丸（御館）の玄関に年賀帳を出して賀を受けたのだが、参賀者は自分で記名するだけで他に何のあしらいもなく、もの足りぬ心地で悄然と立ち去ったという［中野 1920b：413, 487］。

仙台藩では、六九年一〇月、以後朔望の出仕を停止して、正月元日、五節句（人日・上巳・端午・七夕・重陽）、氷室（陰暦六月一日）、八朔（陰暦八月一日）だけ登城することに改め［『日新録』376］、翌七〇年正月からこの新制に切り替えた。

鳥取藩では、七〇年元旦の朝、家職の重立二八名がそろって盃頂戴の年賀の礼を了し、別に藩政の正権大少参事も盃を頂戴したが、士族の面々や政庁出仕の輩は各自年賀に参邸するだけで、これまでのような大がかりな年賀の礼は行われず、従来の礼式は主従関係を温存していた家職についてだけのこととなった。同年三月三日の上巳には藩の大参事以下参賀し、居間・書院の礼が例のとおり行われたが、五節句はこれ以後休暇と達せられ、旧藩主として節句の礼を受ける儀式は停止された。その代わり、この年から年賀は藩庁での儀式が主体となり、五節句にも以後は藩庁で遥拝式が行われている［鳥取県立博 1990：350～351, 402, 479, 514］。

平戸藩での七〇年正月の儀式は、禁中に賀詞を奉呈した他おおむね先例によった。一日は藩庁有職の者に酒饌があり、二日は兵官が知藩事に太刀馬代を献じ、三日は無職の士族が参賀する、という具合だったのである。ところが同年一二月四日に至り、賀式が制定されて藩庁中心の儀式に簡素化され、非役の士族は以後元日・天長節ならびに七節拝賀の他は登城に及ばず、ただし七節（五節句に上元と中元を加えたもの）には知藩事に賀詞を言上すべし、と指令された［松浦伯爵家 1930b：29，87，89〜91］。

弘前藩では諸儀礼の改定も後れた。漸く七〇年一一月一日年始の礼を更訂し、藩主が祝の盃酒を家臣に与える「御流れ」、また家臣から太刀馬代を献上する「進物」など、主従関係を集約的に示す儀式を廃した。かくて、七一年正月元日から一五日にかけて行われた年始・人日（正月七日）・上元（正月一五日）の諸式は、すでに旧君臣の接遇ではなく、知藩事として配下に対する礼に変わっていたが、なお全く旧套を脱したとはいえないものであったという［津軽承昭公傳 1917：287，292］。

知藩事を東京に集住せしめる太政官布告（第八四七）により、七一（明四）年四月二八日、津軽承昭が弘前を出発して上京の途に就いた時の送別の礼を紹介しておく。

当日、大少参事一同ハ藩庁ノ玄関ニ送別シ、其已下判任官已上及教官出仕官ヨリ兵隊ニ至ルマデ、二ノ廊下乗橋前ニ整列シ、又同所南方ニ非役士族一同整列シ、諸門番兵ヲ配置シ、以テ送別ノ礼ヲ行フ。其服装ハ、平服トナリタルノ違アリト雖モ、他ハ恰モ旧時藩臣ノ藩主ニ対セシ、送別礼ニ異ナルナカリシ、又管内通路各町村ノ邸鋪、或ハ屏風ヲ立廻シ、或ハ毛氈ヲ布飾シ、或ハ戸外ニ莚ヲ敷キ跪座拝送スルコト旧藩時ノ観ニ異ナラザリシ。

［津軽承昭公傳 1917：305］。

この記事を掲載した『津軽承昭公傳』は、弘前藩では版籍奉還後も旧時の主従の間柄が保持されたことをつぎの文章で総括している。

曩ニ明治二年六月、公［津軽承昭］ガ版籍ヲ奉還シテ……、津軽ノ土地人民ハ……王土王民ニ変ジタルモノナリト雖モ、……裏面ノ情態ハ、知事ハ士民ヲ旧臣民ノ如ク接遇シテ之ヲ愛撫シ、士民ハ亦知事ヲ旧君家ノ如ク仰視シテ之ヲ敬慕シ、既ニ君臣ノ義絶エテ尚、絶ザルガ如キ情態ナリシ、……田園ヲ分与シテ士族ノ後途ヲ安カラシメントスルガ如キハ、畢竟旧君ノ旧臣ヲ念フ仁義ニ外ナラズ、士民モ亦年始五節ノ式、公ノ発著送迎ノ礼、祭事ノ参拝、皆旧臣ノ旧主家ニ対スルノ義ヲ改メズ、［津軽承昭公傳 1917：308〜309］

主従関係の廃止に伴ってこの関係に根ざした諸儀礼が廃絶に向かったけれど、それは一夜にして撤廃されうるものではなかった。藩によってこの推移に遅速があったことであろうが、藩庁と知藩事私邸との区別が後れたことをも考えあわせると、弘前藩などはけだし儀礼の廃絶がもっとも後れた藩の一つと言ってよいのかもしれない。同じ東北地方に所在する庄内藩（酒井家）でも、知藩事と士民との関係は版籍奉還後も事実上旧藩時代の君臣関係に異ならず、その痕跡は廃藩置県に至るまで全く除却することは不可能であったという［千葉 1932：2］。

旧大名と旧家臣との主従関係は、両者とも旧藩地に止まってこそ維持されやすいのであるが、旧家臣は藩地にあって該藩の貫属士族として止まったのに対し、旧大名のほうは前記のように七〇年一一月東京居住を命ぜられて藩地を去り、翌七一年二月東京府貫属華族となった。さらに同年七月の廃藩置県によって旧大名は知藩事の職を解任され、中央政府任命の県令が貫属士族を直接掌握することになって、版籍奉還の実が顕れ、累代の君臣の情誼も時の流れとともに稀薄になる時代に入ったのである。

大イエ大名家が解体した後、小イエ旧大名家は大イエの冠であった時代の規模を縮小しなければ、大イエの冠でなくなった状況に順応することができない。ここに小イエ旧大名家の縮小が不可避の課題となって登場する。つぎにこの点について考察を試みよう。

四　小イエ旧大名家の縮小

小イエ旧大名家の縮小には、単一の直系制家族としての家政規模の縮小と、かつて大イエ大名家の冠であった時代に包括していた末家の独立との二面がある。一門家老を含む旧家臣たち士族の小イエを切り離しても、内証配分ともをなし、小イエというより中イエとでもいうべきものであった。そこから末家が独立することで名実ともに小イエに萎んでゆく。その小イエにさらに家政規模の縮小が生じたのである。縮小してもなお大イエ時代の慣習が残るため、一般の小イエと同じような規模になるわけではないが、変化の方向を強調していえば、小イエに縮小し、その小イエがさらに縮小したといえる。家政規模の縮小は旧大名家側で意図したものであるのに対し、末家の独立は秩禄処分の過程で本家の家禄から切り離されたことが決定的な転機となっている。鳥取池田家を例として前者から検討しよう。(8)

(7)［中野 1920b：344］内分大名とも［大久保 1977：17］呼ばれた分知末家を傘下にもつ限り、小イエ旧大名家は分居大家族

1　家政規模の縮小

鳥取藩知事池田慶徳は一八七〇（明三）年九月一〇日鳥取を発して、一〇月三日東京浜町邸に入った。同年一一月二〇日の太政官布告（第八四七）によって東京移住を命ぜられ、翌七一年二月二〇日には東京府貫属たるべしとの達（布告第八六）を受けたので、東京住まいが続いたが、なお知藩事であるからには東京と鳥取の双方に活動と生活の拠点を置かねばならなかった。しかし、同年七月一四日廃藩置県が宣せられて大イエの解体は決定的となり、かつこのさい知藩事を免官になったことは、本拠を東京に定めて二重生活にケリをつけ、兼ねて大イエの解体に伴う小イエ知

藩事家政の整理を断行する絶好の機会をもたらした。この時実施された家政整理を以下三つの側面について観察する。

①家職の減員

早くも七一年七月一七日、慶徳は家令以下の更迭を行い、家政方針を家扶に示した。その中に、「今、断然憤発シテ、令扶従丁之員ヲ定メ、更ニ従前ノ職名ヲ廃シテ、以テ最モ簡易ニナシ、努メテ冗費ヲ省ク」とあるように、六九(明二)年には一九二人を算した職員を減らして、家政のスリム化を図ったのである［鳥取県立博 1990：617］。整理の結果どれほどの人数になったか不詳であるが、富農豪商の家に比べてもなお多数に上ったことであろう。

②鳥取にある邸宅・別荘の処分

六九年八月、城を藩庁に明け渡して城外に立ち退いた時には、下屋敷がなく、藩の執政邸を仮館とした慶徳であったが、翌七〇年三月、着座家屋敷群の東に連なる広大な西館池田家の屋敷が家作ともに知藩事上邸と決まり、従前の古海村茶屋が地続きともに中邸、同じく湖山村茶屋鷹場が下邸と決まった。しかし、ほどなく古海中邸を藩公用の土地として差し出し、さらに七一年八月、東京永住のため鳥取を去るのに先立って、湖山下邸のほか、浜坂・岩井・勝見・吉岡の茶屋地面を残らず鳥取県に差し出し、叶腰掛はじめこれに類する施設をすべて廃止している［鳥取県立博 1990：402, 608, 618］。東京を本拠と定めた以上、国元は本邸以外の邸宅・別荘を処分してこそ、家職の減員計画も実施しえたのである。

③改典と菩提寺・祈願寺の整理

池田家は、七〇（明三）年八月慶徳の七男が当歳で夭折した折り、仏葬から神葬に転じた。まだ東京に本拠を移す前であり、代々鳥取の黄檗宗興禅寺を菩提所としてきたので、唐突の改典のようであるが、「かねて神葬祭の儀御願いすみ」であったという。東京移転後の七一年一〇月三日東京府に届出た壬申戸籍に「自葬祭」と記載され、翌七二年正月浜町の本邸で逝去した慶徳夫人の葬儀はもちろん神式であった〔鳥取県立博 1990：526，619，627〕。自葬祭は神式で執行されたが、神職の関与を要しないのでその名があり、神式である点で神葬祭とも呼ばれた(9)。六九年七月にいち早く神葬祭の方向をうち出した佐賀鍋島家〔中野 1920b：394，575〕の先代直正の母幸子は、鳥取池田家の出であり、しかも七二年四月には直正の娘と池田家世子との婚約が結ばれるほどに、両者は親密な間柄であった。そのことが七〇年という早い時期の池田家改典と係りがあるのかもしれない。

池田家の改典を支えた思想的な立場は記録されていない。しかし、先述のように六八年三月の江戸屋敷引き払いの節、廟所の牛嶋弘福寺（黄檗宗）ほか関係の寺々へは一年分の御供料を渡し、所在の藩主・夫人等の位牌を悉く取り集めて鳥取へ送り返し、興禅寺の霊屋に安置した〔鳥取県立博 1989：492〜493〕。この時の寺院関係整理の経験が、その後の寺院関係の対処を方向づける要因となったに違いない。七一年一二月から翌七二年五月にかけて、鳥取・岡山・京都・高野山・東京の寺々に納められていた先祖代々の真影や位牌を東京本邸に遷座し、かつての菩提寺や位牌寺との関係を整理しているところをみると、改典はこの事業を容易にするためのものではなかったかと疑わせる。鍋島家では七一年一月の直正の葬儀で神葬祭の儀式を確立した後、廃藩置県を契機に佐賀・東京など各地の寺の墓地を整理して佐賀の曹洞宗高傳寺の「お霊屋」と呼ばれる墓所に改葬し、各地の位牌を取り集めて高傳寺「位牌堂」に納めたのが参照されよう〔小柳 1976：4〜5，長峰 1989：41〕(10)。

大名の参勤交代制と夫人・嫡子の江戸在府制のゆえに、大イエ大名家は藩地と江戸の双方に菩提寺や位牌寺をもつことになり、加えて納骨信仰の聖地高野山にも供養塔を建てたほか、家主や夫人それぞれの信心によって位牌を安置する寺を設けるなど、諸宗派にわたる数多くの寺を専担あるいは協担の檀越として支えてきた。これは大イエ時代の特殊な政治的宗教的条件のなかで出現した事態であるが、小イエとなった今、旧来の関係のすべてを保ち続ける必要はない。鳥取池田家では、三年前の六八年一一月、藩財政の危機に直面して家中の俸録を借り上げる非常措置を取った際、領内外諸寺院への斎米・合力米を減額したのだが［鳥取県立博 1989：843〜850］、各地にある菩提寺等を整理して霊代を一カ所に集めれば、斎米始め各種寄付米を廃止し、さらに年忌供養等の諸経費を削減することができ、大いに家政改革に役立つ。改典がこの事業の遂行に格好の口実を提供したことを、公式記録から推定しうるのである。

池田家の公式記録によって、菩提寺・位牌寺整理の足どりを日付の順に辿ってみよう。

七一年一二月二四日　東京牛嶋の弘福寺に、この度家事向き改革のため、従来寄付してきた供養米は残らず廃止、ただし墓所掃除料は毎年二一両贈呈の旨、また、自葬祭に改めたので以後年忌法事等一切執行しない旨申し渡し、その他これまで関係があった東京の社寺に対し、これに準じてそれぞれ申し渡した［鳥取県立博 1990：624］。

七二年二月一四日　京都の知恩院下良正院（浄土宗）安置の良正院（元祖池田輝政継夫人）位牌始め関係の位牌を悉く取り集めて、海を航してこの夜上着した［同上：627］。

七二年三月一三〜一九日　自葬祭に改めたので、鳥取の菩提寺・位牌寺等にある真影・位牌を悉く東京に遷座することに決した。そこでお別れ法事を一三日興禅寺（高二百石）、一五日龍峰寺（臨済宗、高二百石）、一七日芳心寺（日蓮宗、さきに日香寺［高百石］を合寺）・法泉寺（日蓮宗）、一八日慶安寺（浄土宗、高二百石）で執行して真影・位牌を鳥取上邸に移し、さらに一九日真教寺（浄土宗）菅能寺（法華宗本門流）の位牌を取り集めた。そのさい霊屋・堂舎、その他これらの寺院に渡してあった池田家の紋所つきの備品などは、そのまま下げ切りとする一方、従来下付の斎米を廃止し、山内に墓がある向きには毎年掃除料を与えるのみで、今後一切手放しとした。ただし、大雲院（天台宗、東照宮別当、神領五百石）と慶安寺（浄土宗）には、徳川家歴代の位牌がある間、毎年お茶当金七百疋を与えることとなる［同上：516〜517、628〜631］。池田家の宗旨は黄檗宗であったが、真宗以外のさまざまな宗派の寺を位牌寺としていたことが注目される。

七二年四月三日　泰姫（三代前の齊訓夫人、徳川家齊娘）の位牌を芝増上寺から東京池田邸に遷座した［同上：632］。

七二年四月一一日　鳥取上邸に遷座してあった歴代等の真影・位牌を再び長持に納め、守護して東京に向けて出発した。そこには、岡山に赴いて受け取った清泰院安置の家祖忠雄の位牌を含めている。こうして、取り集めた位牌等は悉く東京に遷座されたが、祭主違いで二重になった位牌は、重複分を鳥取奥谷（法美郡国府町）の池田家墓所に納めた。なお、この時、鳥取城内の稲荷・弁天・不動・中坂八幡といった屋敷神の諸社も、神職の手で鳥取上邸に遷座された［同上：632］。

七二年四月二八日　高野山金剛蔵院・悉地院安置の位牌を取り集め、鳥取帰着。これらは重複しているためか追って奥谷納めとなる［同上：636］。こうして、集めうる限りの霊代を東京本邸か鳥取上邸もしくは奥谷の墓所に集中させた。

七二年五月二三日　邸内神殿が完成した東京本邸では、まず三月一四日、池田家にとってとくに重要な元祖輝政・同継夫人（徳川家康娘）・齊訓夫人（将軍家齊娘）以上三方の霊を位牌から神璽に移して神殿鎮座の儀を勤め、五月二三日、その他の歴代始め諸霊を位牌から神璽に移して神殿鎮座の儀を了した［同上：631、637］。(11)

七二年五月二八日　鳥取池田家初代から慶徳の先代に至る当主すべてと、両分知家の歴代を葬った（ただし夫人は合葬されず）奥谷の墓所には、清源寺なる墓守の堂があり、重複分の位牌もそこに安置されていた。池田家の改典後別に墓守が置かれ、清源寺は無住になったので、本寺興禅寺に合寺させることとし、この日位牌のほか仏像・仏具等の引き移りを内々に行った。興禅寺には銀札一〇貫目を贈り、清源寺は七三年二月正式に廃寺となった［同上：638］。

以上のようにして、七二年五月二五日、慶徳の隠居願が聴許され、嗣子輝知が家督を承継する頃には、改典に伴う菩提寺・位牌寺の整理がほぼ完了し、葬祭面での家政改革が達成されていた。なお、奥谷以外の鳥取および東京所在の夫人や子女を葬った墓所については、改葬して遺骨を集めることはなかったが、以後掃除料（おそらく命日や盆・彼岸の供花料こみ）のみの扱いとなり、祭祀の場でなくなったのが注目されよう。祭祀の場は東京本邸の神殿に集中されたのである。(12)

池田家歴代等先祖霊代の東京移遷は、先祖祭祀を池田家の私事と規定しての改革であったが、大イエの時代にはそれは大イエの公事であった。祖霊移遷の後、何やらもの足りぬ思いが生じた鳥取県貫属士族の間で、神領五百石上知後の東照宮維持のためにも、一八七三（明六）年一〇月、家祖池田忠継・忠雄・光仲三代の分霊を東京から迎えて、藩祖光仲が創建した東照宮に合祀する運動が起きた。このさい、東照宮の社名を憚ってか地名により樗谿神社と改称して県社に列せられるよう出願し、一二月二〇日許可がおりたので、七四年四月一日池田家当主の輝知が帰鳥して鎮座の儀を親祭した［同上：669～672］。大イエの公事であった先祖祭祀が、小イエ池田家の私事に縮小しきれず、ここに至って県社の形で公共への分化を生んだのである。池田家先祖霊代の東京集中のこの後日譚は、大イエ解体への反動の一齣といえよう。(13)

④秩禄処分への対応

以上、鳥取池田家を例として、廃藩置県発令以後の一両年を中心に家政規模縮小の諸相を点検したのであるが、時代は旧領主や士族の家禄処分を維新政府が最大の財政課題として取り組む再編の時代に入っていた。かくて、七五（明八）年九月には過去三カ年の平均をもって家禄・賞典禄が金禄に改定され、七六年八月には金禄公債証書発行条例（太政官布告第一〇八）が発せられて、これまでの給禄が公債償還の形で廃止されることとなった。旧大名は旧領現石の十分の一が家禄と認められるという優遇を受けていたが、社会激変の一環をなす金禄公債への切り替えは、家政規模の縮小のみならず長期的な見通しに立つ家政の計画的運営、つまり賢明な「家」戦略の実行を迫り、もしこうした課題に適切に対処できない場合、小イエ旧大名家も解体の危機に直面することが懸念される事態となった。これは鳥取池田家についても同様であった。

条例公布の翌月、華族督部長の岩倉具視は第一部から第五部まで部ごとに華族を集め、秩禄処分への対応について訓示した。「今般御布告ノ禄券制ハ各家其分ニ応シ巨大ノ減少ニ付該戸主タル者家政ヲ自ラ責任シ細トナク大トナク内外注意無之テハ不相叶」と現状を分析した上で、「発奮勉励自ラ家事ヲ判理シ令扶ニ委託スル慣習ヲ除去シ家政整粛候様致度候事」と家職任せにしないようとくに注意し、「家政改革ニ付テハ傭人成ルヘク減省致サルヘシ」「歳入多寡各其分ニ応シ凡十分一以上三分一ヲ限リ儲蓄シ其余分ヲ以テ日用消費ニ充ツヘシ」とまで具体的に指示し、「其（償還の）抽選ニ当ルヤ元金幾回ニモ領受スヘキニ付自然失ヒ易キハ常態也此機ニ臨ミ是等ノ法方家政ノ変革予テ宗族協議ヲ尽シ厳重ニ約束ヲ立之ヲ固守シ各自ノ家系ヲ永世不朽ニ保存スル工夫有之度事」、と宗族の協議を支えとして家政を引き締め償還金を注意深く運用してゆくこと、つまり「家」戦略の再構築を求めている〔霞会館 1986a：178〜182〕。岩倉の訓示の一部はすでに序論で紹介したが、当事者がひしひしと不安を感じた秩禄処分のインパクトのもと、家政の改革・合理化を多かれ少なかれ伴いつつ小イエ旧大名家の縮小が進行したのである[14]。

2　末家の独立

鳥取池田家の例にたち戻ると、藩祖光仲の二人の子に新田高を分知して創立された両末家は、将軍家から本家同様松平姓を許され、参勤交代を勤めて柳間詰に遇されたから、鳥取藩の支藩ということができる。しかし、領地はなく、したがって陣屋も置かれず、本藩から廩米を給与され、本藩から派遣された附人が家政を左右していたから、形式的な立藩でしかなかった。居館は鳥取城三ノ丸の東に相互に隣接してあり、相対的な位置によって東館・西館と呼ばれた（八二ページ参照）。このほかに、藩祖光仲の叔父輝澄の嫡系で鳥取池田家の末家となり、六千石の交代寄合のところ宗家の援助で一万石余に高を直し、六八年六月藩屛に列せられた播磨福本の池田家があった［木村ほか 1990：4〜5］。

①本家傘下の末家

これらの末家は本家の家臣ではなく、東館・西館はむろん福本池田も大名並だった。しかし、両分知家は本家と並んで直接将軍家の支配を受ける存在でもなかった。分知の語とその実態が示すように、本家の傘の下に在り、本家をとおして将軍家の支配を受けた。戊辰戦争では本家をとおして朝達を受け、本藩と軍事行動をともにしたし［鳥取県立博 1989：520〜521］、版籍奉還の願いも本家をとおして上申し［同上 1990：71］、奉還後両支藩は本藩に吸収されて消滅した。七〇年二月に定められた知藩事家禄一万五千七百余石には両分知家分二千石が含まれており、改めて本家当主の慶徳から東館に千二百石、西館に八百石の判物が渡されている［同上：384］。

すでに述べたように、末家とくに分知末家は本家に相続人が欠けた場合の控えであった。二家のうちでは嫡妻に発する東館がこの役割を果たし、また本家庶子（次三男）入嗣の受け皿となった。他方、妾腹に発する西館へは本家庶子でなく東館庶子が入嗣している。また、池田本家を金沢前田家・水戸徳川家など他系の公子が嗣いだ時、本家に養嗣子の夫人たるべき娘がいなかったので、両分知家の何れかからその夫人を出した。このように、藩祖の血統を保持するシステムとして機能した本家末家結合は、本家当主が末家当主あるいは嫡男のオヤブン（猶父）となり、末家夫人の養親となることによって、代々更新された。例えば、つぎのような記事がある。

(1)末家当主の元服親

六八年五月二六日　池田慶徳（三一歳）は東館当主（一四歳）と改めて初の対面をし、翌二七日この少年が家督相続御礼のため登城したさい、加冠した（ただし西館当主［二〇歳］を名代として）［同上 1989：622］。俗にいう元服親を勤めたのである。そのさい、諱の一字を与えて徳澄と改名させたのであろう。

六八年一二月一九日　福本池田の当主（二一歳）に加冠した。まず居間で対面した後、設けの席で名代によって加冠が執り行われた。衣服を改めて再び出座し、三三九献の杯ごとの後、若者から太刀目録が呈上され、慶徳から刀一腰と諱の一字「徳」が与えられて、加冠の儀が終わった。翌日、付人から徳潤と改名したとの披露があった［同上：884～885］。以上二つの事例から加冠の儀の骨組みを理解することができよう。

七〇年一一月一日　本家の嫡子（一〇歳）の元服に当たり、分知末家のうち年長の西館当主（二三歳）が「加冠進ぜられ」、つまり烏帽子を被らせて差し上げたという［同上 1990：560～561］。三三九度の杯ごとはあったが、西館は元服親ではなく、単なる儀式の執行者であったことに注意する必要がある。西館当主の諱徳定から判断して、彼も慶徳を元服親としたに違いない。嫡子の諱輝知は父慶徳の命名であろうが、何人から諱の一字を与えられたのであろうか。ともあれ、末家は本家を元服親としたことと、本家嫡子の元服にあたって加冠の役を担当するのが末家の役割であったことに、注目しておこう。

(2)末家夫人の養親

七〇年四月六日　東館先代の次女で慶徳が実女（実子同様の扱いを受ける養女）として貰い受け、西館当主との縁組がまとまっていた娘が、逝去した［同上：432］。

七一年正月二一日　婚約者と死別した西館当主（二二歳）に、前年一二月養女とした一門士族池田政太郎の姉（一五歳）を娶せた［同上：575〜576，579，585］。

七二年四月一六日　養女として育てていた徳川齊昭末女（慶徳実妹、一四歳）は、東館当主徳澄（一八歳）との縁組が整い、東館へ引き移った［同上：244，589，623〜624，663］。

以上二項にまとめた事例は、いずれも本家当主と末家当主あるいは夫人とのオヤブン・コブン関係の相であるが、大イエ大名家つまり一門の総帥としてというよりは、小イエ大名家家長として家族に加えた統制また与えた配慮を示している。これら二項のほか、本家から末家に派遣した附人が末家の家政を左右したこと一つとっても、本家の末家統制が隅々にまで及んだことが十分察せられるであろう。そのような意味で、末家は小イエ大名家傘下の、独立性の不十分な存在であった。

②末家の独立と小イエ旧大名家の縮小

かつて両分知家の家禄は本家の家禄に含まれていたが、家禄設定から禄制改革をへて一八七五（明八）年九月の秩禄処分の最終局面に至る過程で本家の家禄から切り離されたことが、末家独立の決定的な転機となった［松浦伯爵家1930b：72］[15]。一門・家老を抱えた大イエ大名家、末家を抱えた小イエ大名家は、どこでもしかりであったといえよう。

鳥取池田家で七五年から七六年にかけて表面化した東館事件は、末家独立の気運を背景として紛糾を深めた。そこで、この事件にふれておきたい。

東館事件とは東館当主徳澄（二一歳）が本家当主慶徳（三八歳）を相手どって起こした訴訟事件である。徳澄は東館七代仲雅の孫（庶子仲諟の妾松野が生んだ子）である。松野に落度があったので仲諟が永の暇を遣わして出入りを禁じていた。ところが、徳澄が庶流から出て東館を嗣ぐと、松野は当主生母ということで入りこみ、遂に台所一切の事務を思いのままにしたため、家政は大いに乱れた。七三年一一月、徳澄妻正子（本家慶徳養女）が不審の自死を遂げたのはこれがためであり、ついで七五年六月二七日には、東館先代仲建妻（徳澄実姉）がこれを苦にして自刃する始末であった。そこで、親戚同族会同して衆議の結果、徳澄を退隠させ、東館七代仲雅の孫池田源（二九歳）を相続人とすることに決まった。

この処置に同意せざるをえなかった徳澄は、慶徳があくまでも自分を退隠させる腹であると怨み、慶徳が「徳澄ノ家事ヲ圧制シテ戸主ノ権ヲ屈害スル」と主張して、七五年一一月二四日、東京上等裁判所へ訴えた［鳥取県立博1990：702～722］。また、同年一二月一九日、東館の旧臣が連署して徳澄の再相続を慶徳に歎願した。その文中で、幕末動乱のさいの慶徳の政治姿勢が果たして正しいものであったかどうかを取り上げ、慶徳を諫めて自刃した当時の東館当主に言及して、「本家ノ権理ヲ以テ、十旬ノ説論モ無ク、一朝ノ怒リニ隠逸トナル」と非難しているのが注目される［同上：723～725］。いずれも、徳澄の退隠から源の相続認可までの一カ月間の出来事であった。

元来、末家には独立の家にみるような戸主の権はなく、したがって本家が末家の家事を圧制するなど問題になることではなかった。この条理からいえば、本家の権利をもって十分の説明もなく退隠させた、という旧臣の非難は当たらない。しかし、今や末家も戸主の権利を主張できる時代が来ていたのである。それだけ、末家の本家からの独立が進んでいたとしなければならず、したがって旧臣たちの非難は必ずしも見当違いではなかった。

七六年一二月三一日、東京上等裁判所は「其所置穏ヤカナラサルヨリ、紛々ヲ生シ、却テ、卑幼タル徳澄ノ告訴スルニ至ラシムノ科」を責めて、慶徳に禁獄七十日の贖罪金拾円五拾銭を申付け、「妻ノ父母ハ弁ニ自首ト同シク罪ヲ免スト云フニ依リ、其罪ヲ免候事」と申し渡した［同上：753～756］。免罪になったとはいうものの、判示は有罪であった。なぜ有罪なのかこの判決文では明晰ではなく、ともかく慶徳にも落度があったという。この訴訟事件は社会的経験の未熟な青年が惹起した特異な事件であるが、末家は本家の傘の下という前提でなく、末家も本家同様に戸主の権をもつという、小イエの法理が支配する時代が明け初めていたことを示唆するものとして興味深い。

五　大イエ・巨大イエ・小イエの近代

明治維新期に解体した大イエは旧大名の大イエだけでなかった。一八六八（明元）年六月から一一月の間に藩屏に列せられた旧交代寄合はもとより、高家・寄合を始めとする万石以下の旧旗本のなかにも領主として大イエを形成していたものが少なくなかった。しかし、旧旗本の所領は府藩県三治制のなかで府県に吸収され、大名家よりも早く大イエの解体を始めた。領主制解体の一面が大イエの解体にほかならなかったから、彼らの大イエの解体は大イエ大名家の解体に準じて理解することができよう。以上、明治維新期における大名家大イエの解体を考察して、一八七七（明一〇）年頃まで説き及んだところもあったが、それ以後の興味深い動向をいくつか指摘して結びに代えたい。

1　大イエ大名家の思考・行動パターン

大イエ大名家の思考・行動パターンが容易には過去のものにならなかった。そのことはすでに弘前津軽家について示唆したが、なお松江松平家の事例を紹介しておこう。

松江松平家では九代齊齋に男子がなかったので、幼い娘の婿養子に津山松平家の四男を迎えて家督を嗣がせたのが一〇代定安であった。ところが、ほどなく齊齋に男児が出生したため、直ちにこれを順養子と定め、定安は一八七二（明五）年三七歳の若さで早くも退隠して、血統を践む一七歳の義理の弟直應に家督を譲った。しかるに、若い直應の素行が修まらず、あまりのことに伏見宮家から輿入れした夫人は里宮に引き取られて離縁となったのが七七年一〇月、そしてその年のうちに宗族・親族協議のうえ、根治し難い精神病という理由を付けて退隠させ、定安が再相続して一二代となった〔松平 1934：527～528〕。しかし、直應の日常は相変わらずで、むしろ華族の身分を脱して気楽な境涯になりたいと望み、定安の理解をえようとした。福井の松平慶永（1828～90）はじめ一族は、事態やむをえずとして直應の希望に添うことに同意したが、在松江の旧臣に熟議させたところ、旧代々家老の六家（乙部・大橋・朝日・三谷・有澤・柳多）から隠居直應の平民籍編入に対して不同意の陳情があり、また旧藩臣有志からも建言書が上申されるという有様で、紛糾した。結局、系統の宗家・福井松平家ほか同族の前橋松平家・明石松平家らと協議の末、本人の希望どおり華族の籍を抜いて分家させ、平民籍編入となった〔松平 1934：536～539〕。かように一族のみならず松江の旧臣をも巻き込み、一件落着までに七九年六月から翌年三月まで八ケ月余を要した。すでに小イエとなった旧大名家の事件であるのに、依然大イエ大名家における重臣衆議のパターンによって彩られたことは、注目に値する。松江松平家の血統を践む若者を傍系から入った人物が故意に排除するかにみえる事件に際会して、大イエ時代の行動パターンが復活顕在化した特異な事例であるにせよ、である。

あわせて紹介しておきたいのは、明治政府が採用した近代官僚制に大イエ大名家の遺風がもちこまれた事例である。一八八二（明一五）年、福島県令三島通庸（1835〜88）の圧政に反抗して起きた福島事件の公判において、被告花香恭次郎が、「其家［三島の家］ニ至レバ、旧幕時代ノ大名ニ異ナラズシテ、家内総テ六十三人、而シテ其取次ノ如キモノハ九等ノ属官ナリ。是等ノ属官ハ已ニ三島ノ家ニ在リテ取次ヲ為シ居ルヲ以テ、勢ヒ県庁ニ出テ事務ヲ取ルコト能ハズ、県官ハ全ク三島ノ奴隷ノ如キ有様ヲ為セリ」［「福島事件高等法院公判録」］と陳述している。地方官の堕落を糾弾する主旨の文章であることはいうまでもないが、また、旧大名家大イエの家産官僚制が、大名家中から地方官への切り換えによる公私の分別を契機として、天皇家巨大イエの近代官僚制の側面を形成していく過程で、知事家大イエの徒花を咲かせる可能性を残していたことを示唆するものといえよう。

明治一〇年代までは、旧大名家が旧藩地の経済開発に寄与したばかりでなく、旧藩子弟の教育その他旧藩士の生活各般にわたって、「思いやり」の支援や救済の手を差し伸べた具体例が数多く報告されている。それは、旧来の主従の情誼関係の残存［柳 1995］、本章の用語で言えば、大イエ大名家の思考・行動パターンの残存を証するものである。しかし、時代は大きく動いて、そうした思考・行動パターンが過去のものになりつつあった。この推移を劇的に露にしたのが、一八八八（明二一）年の久留米有馬家「お家騒動」であり、九一年の名古屋徳川家「お家騒動」であった。

有馬家では、家職が投機売買に失敗して五万四千円の損失を出したため、旧久留米藩士族惣代と称するグループが家職解任と家政改革を当主に訴えたのに対し、洋行帰りの有馬頼萬（1864〜1927）は旧藩士の家政介入を拒絶した。他方、宮内省華族局の要請のもとに宗族親族会議が開かれ、家職の解雇と世襲財産の創設が決まったが、頼萬はこれにも承服せず、家職解雇の決定破棄を宗族親族に通告し、その介入を拒否した。旧藩士に示した理由は、「頼萬猶弱冠タリト雖モ苟モ一家ノ戸主タリ。内家職ヲ率キテ事ヲ執リ、外縁族ノ補導ヲ蒙ル所アラハ一家ノ事何ソ難シトセンヤ」というにあり、大イエの論理に対して先の東館事件における池田徳澄の主張を連想させる小イエの論理をもって対抗した。他方、宗族親族に対しては、「断然自ラ整理之方法を講究し是非善悪共一身を以而其責ニ任候事ニ決心致候」〔三島通庸文書「有馬家ニ関スル処分願」〕と、小イエの論理をも超える個人責任の論理をもって対抗したが、後日宗族の久我通久・東久世通禧ともども宮内省に呼び出され、「宗族ト不協和ノ趣以ノ外」「有馬家ハ皇族方ノ姻族ナリ別テ家道整理セズンバアルベカラズ」と厳しく諭告され、「一言ノ意見ナク退散」したという〔徳大寺実則日記〕。

名古屋徳川家では、高松松平家から入った養子義禮（1863〜1908）の社会活動の消極性が問題となり、侯爵家の前途のために離縁することに、家職・相談人・先代未亡人の協議によって決定したところ、これを支持するグループと家職の私欲から出た処置として反対するグループに旧家臣団が分裂して、紛糾した。しかし、宗家当主徳川家達（1863〜1940）を座長とする親族会議で調停され、和解が実現した。

有馬頼萬は実子であるのに対し徳川義禮は養子であるという差異、そして「お家騒動」の終熄の仕方の差異も大きかったが、義禮にもヨーロッパ留学経験があり、ともに洋行帰りであった点、それぞれの先々代・先代が旧藩士族の授産事業に積極的であったのにひきかえ、彼らは消極的であった点で、共通している。士族授産事業に熱心であるのは旧家臣の福祉を慮る大イエの思考・行動パターンであるのに対し、これに消極的であるのは大イエの思考・行動パターンからの脱却を目指すものであった。明治二〇年代前半に士族授産事業をめぐる旧藩士族間の派閥対立にからんで起きた二つの「お家騒動」は、家政方針の転換期に起きたことに留意してこそ、よりよく理解できるといえよう〔後藤 1997：94〜111〕。

大イエ大名家の解体を導いた巨大イエ将軍家の崩壊は、巨大イエ天皇家の創造へと連動した。本章は大イエ大名家の側から前者の崩壊過程を観察したのであるが、後者の巨大イエ創造の過程を追跡すれば、王政復古の大号令、戊辰戦争、国是五箇条の誓文にたいする公卿・諸侯の聖旨奉戴誓約、版籍奉還、廃藩置県という一連の政治的事件を弾みとして、その歩みが加速され累積されていったことが判明しよう。

2　巨大イエ天皇家の創造

版籍奉還後の国家構造に対応する中央政府の官制として、一八六九（明二）年七月八日二官六省制が公布され、太政官の一省に皇室関係の事務を掌る宮内省が置かれた。それは、政府と皇室の区別がなかった旧制を改めて、宮中の庶務と天皇の近臣・女官等を宮内省に管掌させるもので［佐々木 2000：128〜129］、一見、天皇家家政を区別したうえで国政への吸収を志向する改革のようであるが、大局的に見れば逆に天皇家家政への国政の吸収、いいかえれば天皇家巨大イエの形成を志向するものであった。この志向は、各藩で朔望の登城出仕を停止した直後の六九年一一月、朔日と一五日の月両度「在東京藩知事有位ノ華族隠居嫡子窺天機之事」を太政官が口達したなかに、また従来藩の提燈等に付けていた藩主家家紋を藩庁諸部局の提燈から除いて単に部局名とした後、七〇年一〇月、新政府が藩庁・藩邸等の門・玄関に府県の場合同様、菊紋の幕や提燈を用いることを指令したなかに、象徴的に現れてくる［『法令全書』］。さらに、廃藩置県にさいし東京移住の命によって藩地を去る旧藩主が、旧藩士に対する訣別の辞のなかで、忠誠を天皇と皇家に移すよう訓告したことは、天皇家巨大イエの理念を説くものに他ならず［グリフィス（訳）1984：224］、また、七一年一二月の達で、廃藩後の地方官に他府県人を任命することを原則と定めたことは、旧藩と無縁の地方官によって政府の太いパイプを地方に配置し、天皇家巨大イエを支える官僚制機構を樹立しようとするものであった。

一八七三（明六）年五月の皇居炎上により、皇居内に設置されていた太政官が皇居とは別の場所に移転した。そのことを契機とする皇居と政府を分かつべきや否やの議論、とくに同年五月一二日付け左院四等議官丸岡莞爾の建白とその取り扱いは、天皇家巨大イエ形成の文脈で注目に値する。

この建白は、日本国について「日本人民ノ日本国ニ非ス皇祖天神ノ天孫ニ授ケ玉ヒシ以来天皇家ノ所領ト定リタル日本国ナリ」、また日本政府について「日本人民ノ建タル政府ニ非ス天皇家ニテ其所領タル日本国及日本国ニ生出スル人民諸物ヲ修理センタメニ設ラレタル政府ナリ」とし、したがって「天皇家ノ宮殿ハ則チ朝廷ナリ政府ナリ」と断言して、「皇居ト政府トヲ各別ニスヘシ」との建議を斥けるよう主張するものであった。左院ではこれを検討して「至当之儀」と判断し、副議長伊地知正治（1828〜86）から正院に申達された〔内田・牧原 1990：670〕。地方では六九年八月以降、藩庁と藩知事私邸の区別が鋭意進められ、七〇年一一月以降さらに知藩事が藩地を去って東京居住を命じられた時代の趨勢を想起するとき、それに逆行するかのような意見であるが、実は薩長土肥四藩主の版籍奉還建白書における王土王民的名分論を発展させたものであって、大名家大イエを取り潰した跡に建設されるべき天皇家巨大イエの発想に他ならず、それゆえにこそ「至当之儀」と評価されたのであろう。

巨大イエ将軍家は武力で全国を制覇することによって構築されたが、そうした実力なしに薩長勢力により「玉」としてかつがれ、しかも西洋列強の「外圧」に身をさらしながら形成の道を辿った天皇家巨大イエは、近代法制の下でそのまま実現されるはずもなく、擬制の性格を強くもたざるをえなかった。そのことを端的に示すのは、戦時には錦旗に象徴される天皇の威霊（御稜威）をかざすことによってカリスマ的に補強し、平時にはイデオロギー的に補強される必要があったことである。丸岡建白はそうした巨大イエ・イデオロギーの早い時期の例であるが、政府首脳自身が表明した同様の主張を紹介しておこう。

岩倉具視は、地券を交付して地主に所有権を与え、民有地を定めた地租改正が、地租納入者の参政権を根拠づけ、西洋の新奇の説に眩惑された自由民権運動高揚の要因になったと考え、自由民権運動に対抗する意図をもって、八二（明一五）年七月の三条実美に呈した意見書のなかで、「国土ハ則チ皇室ノ国土臣民ハ則チ皇室ノ臣民ニシテ……国政ハ即チ皇室ノ公務政府ハ即チ之ヲ挙行スル所ノ府ニシテ皇室政府始メヨリ二アルニ非ラサルナリ」［多田 1927b：844］と主張した。その当時、皇室財産の形成に関連して、従来の官有地を皇有地と官有地に区別すべしとの布告案が参事院に諮問された。後年、大日本帝国憲法本文を起草することになる議官井上毅（1843～95）がこれに反対して、「我カ国現在ノ政体ハ宮中府中ヲ一体トナシ……皇室ノ外ニ政府ナシ即チ皇ノ外ニ官ナキ也」「然ルニ官有地ヲ分別シテ……官ト皇トヲ区別スルニ至テハ其我国ノ国体ニ重大ノ変態ヲ生スルノ関係アルノミナラス独逸其他ノ模範ニ於テモ更ニ適当スル所アルヲ見ス」［井上 1966：321、多田 1927b：826］と論じた立場も、同様に王土王民論を基礎とする巨大イエ・イデオロギーに他ならなかった。

これらの主張にかかわらず、旧大名家家政と藩政との分離に対応する宮中・府中の別が、八五年の内閣制創出にさいし宮内省を政府外に置くことで実現し、さらに官有地の皇室有と国有との分別が、八九年の皇室典範における世伝御料の規定によって達成され、膨大な皇室財産が形成される［澤 1917：95］。他方、宮中から分離した府中では官僚制が発達して、大元帥に統率される軍隊とともに巨大イエ天皇家を支え、他方、民間では近代産業を担う企業が財閥を形成して、大イエ的組織体に成長していったが、全国民を覆って構築される近代国家の現実は、巨大イエ天皇家の実体化から遠ざかる必然性があった。(16) そこに王土王民論とは異なる巨大イエ・イデオロギーが登場しなければならない。

かくて、日清戦争後、皇室は国民の宗家であるから、国民が宗家家長の天皇に率いられるのは当然、と主張する国体論が、穂積八束（1860～1912）を先駆として急速に広まった［鈴木 1993：98］。彼の実兄穂積陳重（1856～1926）は一九〇一（明三四）年に刊行した *Ancestor-Worship and Japanese Law* のなかで、皇室は宗家、臣民はすべてその分家という関係において、日本全国民は一大家族をなすと論ずるとともに、皇室は「おおやけ」、全国民はその組成的単位であるとも説く〔穂積（訳）1917：110～111〕。かつて大名家が大イエであるとともに主家として大イエの頂点に位置する小イエであったように、天皇家は全国民を分家として包摂する「おおやけ」（巨大イエ）であるとともに、宗家としてその冠をなす小イエである。旧藩時代に経験した大イエを全国規模に拡大すれば巨大イエの概念がえられるところから、巨大イエ天皇家の家族国家イデオロギーは、大イエ経験の近代的拡大として、藩臣から朝臣に上昇して家産官僚制のスタッフとなった士族エリート層に主として担われた[17]。これに対して、井上毅と同じ熊本藩士の子でキリスト教牧師となった小崎弘道（1856～1938）が、一八八六（明一九）年に、「人民の思想進歩するに随ひ君臣の関係は変じて政府人民の関係となり、君を思ふの心は進んで国を思ふの心となり」〔小崎 1938：338〕と論じた進歩の主張は、天皇家の家産官僚制から外れた士族の国民主義的な見解といえるのではないだろうか。

日露戦争後の国民思想の拡散状況に対応して、政府は一九〇八年軽佻浮薄の風を戒める戊申詔書を発布し、一〇年には社会主義への恐怖から大逆事件を構築して国民を威嚇する一方、同年使用開始の第二期国定教科書の高等小学第三学年用修身書に「家族国家観」を登場させる。これは巨大イエ・イデオロギーに他ならず、国民教育の場で、「我等国民は子の父母に対する敬愛の情を以て万世一系の皇位を崇敬す。是を以て忠孝は一にして相分れず」〔唐沢 1956：278〕という、忠孝一本の国民道徳を説く国家観として、擬制巨大イエを支えた〔森岡 1984：112～116〕。

3　放出された士族層小イエのゆくえ

最後に、大イエの解体によって放出された小イエ旧大名家と士族層多数の小イエに言及して本章を閉じたい。彼らの給禄は、版籍奉還に始まる身分制および禄制のあいつぐ改革の末、一八七六（明九）年八月の金禄公債証書交付をもって廃止された。時の最高権力者によって「華族ノ禄、厚キニ過ク」［井上 1977：71］と批判されたほどの高額の金禄公債を交付された旧大名家は、家政を誤らないかぎり華族としての社会的地位を保全しえたが、大部分の士族の小イエはこの処分の結果貧窮の度を深め、一般農工商の小イエの間に埋没していった。(18) 近代日本の被治者階級はそうした小イエからなった。大イエ旧大名家の有力な構成員であった中イエともいうべき分知大名や一門・家老のうち、分知大名は華族令のもとで子爵を授けられ、門地・功労・財産の基準に該当する一門・家老は男爵を授けられて、ともに士族身分を脱して下級貴族へ編入されたが、これまた小イエに縮小した。巨大イエ天皇家は巨大イエ将軍家のように大イエを構成単位とせず、格差があり来歴の異なる大小無数の小イエを直接包括したため、小イエを地域的にあるいは機能的に束ねる近代官僚制を必要とした。近代天皇制は巨大イエ・イデオロギーを理念的支柱、近代官僚制を組織的支柱、軍隊を武力的支柱として展開し、構成員小イエの忠誠を動員しうる企業など経営体が、その下で旧大名家に代わる擬制大イエに成長していったとみることができよう。

註

（1）本書では近世大名（大名と略称）と藩主を異語同義とみなす。大名とは、一万石以上の領土を安堵または付与される形で、将軍からその統治権を認められた領主である。領土領民とその統治機構を含めて藩といい、自らの家臣で組織した統治機構によって領土領民を支配する者が藩主である。ただし、版籍奉還以後、藩は明治新政府の地方行政区画の一つとなって、藩庁所在地名を冠して呼ばれ、藩主は知藩事に任命された。奉還以前は薩摩藩・因州藩などと国名で呼ばれた藩も、本書では奉還以前以後にかかわらず、鹿児島藩・鳥取藩などと、この新しい名称で呼ぶこととする。

（2）大イエは、臣従させた多数の従者を主人の一族あるいは譜代として吸収することにより、さらに従者とそのまた従者とのオヤコ、一族・譜代の関係を基底部に包括することによって、小イエを支えるオヤコ関係を超えて形成された。将軍家巨大イエの構造も同じパターンに従っている。

大イエが基底部に包括する「従者とそのまた従者とのオヤコ、一族・譜代の関係」からなる族縁共同体を、中イエとよぶ。大名家大イエはしばしば分知大名や一門・家老の中イエを抱えており、明治維新期の大イエの解体は中イエの解体に連動した。鳥取池田家のような廩米制の大イエでは、中イエに相対的な自立性すらなく、大イエの崩壊に伴って中イエも解体したが、幕末まで知行制を温存した大イエでも、その崩壊と前後して中イエが解体していった。ただし、戊辰戦争の罪科を問われて大幅な石高削減処分を受けた仙台藩のように、事態に対処するために一門以下の知行他を取り上げ、廩米制に改めることによって中イエを解体に追込んだ例［仙臺市史 1955：15］を一つの極とし、戊辰戦争で偉勲を立てた鹿児島藩のように、門閥打破・藩政改革を求める凱旋下級士族たちの突き上げと、他方、中イエをなす門閥家からの邑地返上願いを受けて、版籍奉還を機に「朝命」を名として中イエを解体させ、私領家来を直臣に引き上げた例［鹿児島県 1941：552〜523, 543〜549］をもう一つの極とする、変差があった。

（3） 将軍綱吉に仕えて吉保一代で一五万石の大名となった大和郡山松平家が、松平称号廃止令に先立つ一八六八（慶応四）年正月一六日、「奉命罷松平復本姓柳澤氏」［華族系譜］というのは、徳川家の殊遇を蒙った来歴と、夫人の妹が女御に決まった天皇家との由縁とから、おそらくモデルとして先行させられた例と推測される。高崎松平家は同年二月八日大河内姓に復し、吉井松平家は同年同月二二日本姓鷹司ではなく藩名をもって家名とし、多古松平家は同年同月二四日久松姓に復した［木村ほか 1989c：317, 344, 443］。そのほか、同年三月一四日までに今治松平家が久松姓に、翌六九（明二）年正月二五日までに高崎松平の本家・豊橋松平家が大河内姓に復した［『復古記』］。今治松平家の本家・松山松平家は、鳥羽伏見の戦いで幕軍に加わったことから、六八年一月朝敵として追討され、高知藩の軍勢によって一時松山を占領されたが、ほどなく藩主父子の恭順の姿勢が認められて囲みが解かれたという［木村ほか 1990：490］。そのさい二心のないことを示すためにとった道の一つが、松平姓を棄てて本姓の久松に復することであったと推測される。本文次段落で言及し右でもふれた六八年三月一四日とは、国是五箇条の誓文に対し諸大名が聖旨奉戴の誓約をした日付けである。親祭による誓文は王政復古の新政の大方針を天下に知らしめるための烽挙と説明されているが、戊辰戦争の真唯中の、江戸城総攻撃予定日の直前に当たることを考えあわせるとき、天皇の誓文に対する諸大名の誓約の政治的のみならず軍事的意義の大きさ［遠山 1951：228］、したがって署名で何を本姓とし実名とするかの政治的意義の大きさが窺われる。

（4） 僧侶が由緒ある寺院の住持職を受けるさい華族の猶子になる慣行があり、猶子契約を結ぶごとに猶父から所轄庁に届け出た。一八七〇（明三）年九月四日付け弁官あて（京都）留守官伺に、この慣行について、「既ニ如別紙御布告モ有之候ヘハ猶子儀不体裁候……以来猶子ト申称号ハ被止候方可然ト存候」とあり、弁官の諒承のもとに、留守官醍醐忠敬口達をもって、「是迄寺院僧徒華族猶子ニ致シ候儀ハ甚不名義ノ事ニ付以来被止候」と達示された［太政類典第一編第一八七巻七二］。伺い文中の「別紙布告」は、『太政類典』の当該文書に添付保存されていないためその内容を確認できないが、猶子制度に関する朝廷の改革が波及して公家と僧徒との猶子慣行の廃止に至ったとするなら、それが将軍家と有力大名との猶子関係を直撃したと考えてさしつかえないだろう。

（5）近世の大名家をこのような意味でとらえた先駆は、けだし秋本典夫であろう［秋本 1962：47］。ただし、「家」「家族」「家中」というにとどまり、大イエ・小イエの語は用いていない。

（6）知藩事の退城がもっとも遅れたのは福岡藩と思われる。廃藩置県布告直後の一八七一（明四）年七月一八日に至って、元知事が家族を具して福岡城を出、一門の旧浜屋敷へ転居した［『黒田家譜』394］。この異常な遅滞は、藩庁による贋太政官札造りが発覚して、未曾有の大事件に発展したことと関連があるのであろう。

（7）本書で取り上げた五家の世帯形態を一八七八（明一一）年四月の『華族戸籍草稿』によって点検すると、いずれも旧支藩主の家とは別個に編成されている。これら計九家と合わせて合計一四家の世帯形態は、夫婦家族四、直系家族一〇となり、複合家族は一つもないことと、このうち夫婦家族二と直系家族二とは複婚家族である点に特色がある。（ここで複婚というのは、妻のほかに妾が登載されているもので、妾だけで妻がいないのは、妻だけで妾がいないのと同じに扱った。）

（8）松江藩知事一家が一八六九（明二）年八月三ノ丸を藩庁に明け渡して城を出た後、松江城が国有に帰したのかどうか。これには全国一律の措置がなされたはずだから、後考に俟ちたい。ともあれ、廃城の允可を太政官から受ける七一年二月頃まで、松江城は依然知藩事家の管理下にあったが、廃城伺いは松江藩が冗費節減のために提出したのであって、家政規模縮小の問題とは直接の関係がなかったようである［松平 1934：458］。このことは、廃城の允可申請に至るまで城地については藩政・知藩事家政未分化の状態であったことを暗示している。なお、七一年八月、全国の城郭が兵部省の管轄となった。

（9）一八七二年六月、政府は自葬祭を禁止し、葬儀はすべて神官か僧侶に依頼すべしと令したから（太政官布告第一九二）、その後は神職が関与することになる。

（10）大名諸家のうち、いち早く神葬祭に転じたのは平田派の復古神道に私淑した鹿児島津家であって、一八六八（慶応四）年六月神葬祭式を定め、士分以上で希望する者はこれによって神葬祭を執行することを許可した。翌六九年三月藩主夫人が逝去すると葬儀を神葬で執行し、八月には諸寺に施与してきた供養米（菩提寺福昌寺は一、三六一石）を残らず廃止し、寺僧に生活給と手当のみ給与することに改めて廃寺に導いた。同年一一月、歴代の霊に神号を諡って神道で祀ることとし、先祖の霊社があった各地の寺跡にはこれを祀る神社を新たに創建した。さらに七〇年一月、旧菩提寺跡の島津家墓所の呼称を改め、廃寺後の墓所の護持を軌道に乗せた［鹿児島県維新史料 1978：765～766, 840～841：同 1979：189～193, 408～410, 499～500］。このように、神葬祭改典が廃寺と神社創建の双方に結合する一方、墓地整理には結びつかず、小イエ旧大名家の家政規模縮小という意図を改典から全く感知できないところに、島津家の事例の特色がある。

他方、神葬祭改典と菩提寺・祈願寺の整理とが全く結びつかなかった例もある。例えば、平戸松浦家では、地元の正宗寺・印山寺・瑞雲寺・誓願寺に分置してあった位牌をまとめて、第二七代久信以前を談義所に、第二八代隆信以後を雄香寺に安置し、この二カ寺を菩提所に定めるという改革を七一（明四）年五月に行ったが、その年に亡くなった当主夫人は仏葬とし、以後も長らく神葬祭とは関係がなかった［松浦伯爵家 1930b：137～138, 151］。一九〇八（明四一）年四月当主が死亡するや、遺命によって神式で染井墓地に葬り［同上：526］、以後神葬を例とするものの、従来の菩提寺にさらに葬地として染井墓地を追加した形であって、葬祭経費の節減に全くなっていない。だが、島津家のように思想的背景があっての改典でもなかったから、神葬祭への改典には別の動機があったとしなければならない。

一八七八（明一一）年四月調『華族戸籍草稿』全四冊に神葬祭と記載された旧大名七二家と、ここに神葬祭の記載がなくとも『藩史大事典』全七巻の藩主欄によって明治期に神道式で葬儀が執行された（したがって神葬祭に改典したと判定される）旧大名二二家を合算すると、九四家となる。表4は、六一（文久元）年現在の旧石高階層別に大名家総数二六七を五グループに分け、改典九四家も同様に五グループに区分して、総数に対する割合を求めたものである。これによれば、全体の神葬祭への改典割合は三五％とすでに高い。石高階層別にみると、一〇万石未満三一％、一〇～三〇万石未満三八％、三〇万石以上八七％レベルと三階級に分かれ、石高が大きかった旧大名家ほど神葬祭への改典率が高いことが判明する。とくに三〇万石未満と以上との差異は顕著であって、後者ではほぼすべての旧大名家が改典したといってよい。（例外的に仏葬に留まったのは、三〇万石以上五〇万石未満では彦根井伊家、五

表4　旧大名家の石高階層別神葬祭改典率

		総数	5万石未満	5～10万石未満	10～30万石未満	30～50万石未満	50万石以上
総数		267	168	49	34	9	7
神葬祭	実数	94	52	15	13	8	6
	割合	35.2	31.0	30.6	38.2	88.9	85.7

〇万石以上では和歌山徳川家のみ。）

石高が大きかった旧大名家ほど、菩提寺関係経費が大きく、したがって菩提寺整理の効率が一般に高いはずであるから、神葬祭を契機として菩提寺整理を行ったり、菩提寺整理断行の口実として神葬祭に改典する蓋然性は高い。しかし、石高が大きかった旧大名家では、少なくともあと二つの要因が想定され、これが神葬祭改典への別の動機を形成したと考えられるのである。

その第一は、一般に石高が大きかった旧大名家ほど、皇室に近い地位をもって待遇されたから、それだけ皇室の藩屏としての意識が高く、葬祭の様式においても皇室を範とした蓋然性が高いことである。皇室では、一八六三（文久三）年二月神武天皇に対する神式祭典を創始したのを手始めに［武田 1996：65］、六八（明元）年一二月孝明天皇の三周忌を神道式の祭儀で執行し、「御一新」を転機として［『明治天皇紀』］、仏葬を神葬祭に改めた。旧大名家のなかにこれに追随するものが現れたと推定される。平戸松浦家は六万石余で表4では一〇万石未満層に属するが、明治天皇生母の母中山愛子（1817～1906）の生家であったばかりでなく、権典侍園祥子の生家に松浦家の養女が嫁していたことから、松浦家当主は八八年所生の皇女の養育主任を命ぜられ、妻と嫁に妾まで率いて皇女の産育に奉仕し［松浦伯爵家 1930b：225～240］、とくに後宮を介して皇室との格別の関係を自認するようになった。このことが基調となって、菩提寺整理とは無関係に、かつ維新期からはるかに遅れて、神葬祭に改典するに至ったと推測されるのである。

第二は、一八七〇年代後半に藩祖や幕末期の藩主が旧藩地で県社や郷社に祀られることが少なくなく、なかに別格官幣社に鎮祭されるものさえあり、旧大名家でこの動きに対応しようとしたことである。とくに多いのが県社クラスの神社創立、あるいは藩祖合祀を契機とする県社への昇格事例であった。先にふれた鹿児島島津家では、二八代藩主齊彬没後五年の一八六三（文久三）年、その霊に照国大明神の神号が諡されたので、翌年鶴丸城の西に神祠を創建して祀った。さらに六九（明二）年一一月齊彬に従一位が追贈されたのを機として、藩祖義久以来齊彬に至る歴代藩主の霊を祀るべき鶴嶺神社を南泉院跡に創建し、その月の二五日菩提寺福昌寺等から祖宗の霊をここに遷して一柱ごとに神号を諡し、以後一切神道をもって祭祀することにした［尚古集成館 1985：121］。鶴嶺神社は七三年縣社に列せられ、照国神社も同年県社、八二年別格官幣社に列せられる。藩祖以来の歴代藩主を神社に祀る運動と旧大名家の神葬改典とがこれほどまで直接に結合したのは、改典に復古神道の思想的背景があったからであるが、間接的な関連なら各地に見出すことができる（事例は註(13)参照）。旧藩地でこうした運動が起きる蓋然性は石高が大きかった旧大名家に大きく、したがってこのような動きに添う形での改典への動機づけも、彼らにおいてより大きかったと推測されるのである。

(11)鳥取池田家九代齊訓の夫人が夫とは上位の、元祖夫妻と同格に置かれたのは、将軍の娘は大名に嫁してもなお将軍の家族として待遇されたからである。その位牌が歴代夫人の位牌とは別個に徳川家菩提寺の芝増上寺に安置されたのも、この原則の適用による。

(12)菩提寺整理のきめ手は墓地整理であって、さきにふれたように佐賀鍋島家は廃藩置県を契機として墓地整理を断行した。管見に属する他の例としては、大正・昭和期にこれを実行した名古屋徳川家がある。一九代義親が初代の廟がある瀬戸市の臨済宗定光寺に納骨堂を建て、二〇代義知と二代かかって、菩提寺浄土宗建中寺はじめあちこちの寺にあった先祖の墓二百基近くを片端から改葬してここに納骨した。建中寺には開基である二代光友の墓石だけ残して多額の永代供養料を納め、その代わり年忌法要は全面的に寺に委任し、代参も派遣しないと決めることで、子孫を先祖祭祀の負担から解放したという[徳川 1997:199]。なお、鳥取池田家が東京の弘福寺に保持した墓所は、関東大震災後の区画整理のさい、一九二七(昭二)年の東京市の指令により、三〇年鳥取の奥谷墓地に改葬した。同時に東館池田家は弘福寺の墓所の全部、西館池田家は墓所の一部(他は区画整理から外れた)を、それぞれ奥谷墓地に移した。このように、大震災による被災地の区画整理は、旧大名家の東京墓地、したがって菩提寺の整理に大きく貢献した。

(13)旧鳥取藩で起きたのと同じ動きが各地でみられた。ほぼ県社列格順に列挙しよう。①水戸では、旧藩士等が徳川光圀・同齊昭を鎮祭した偕楽園内の祠堂に一八七三(明六)年三月常磐神社の社号を許され、同年七月県社列格、八二年別格官幣社に昇格された[茨城県 1973:63~68]。②金沢では、旧藩主前田家の東京移転後、藩祖前田利家を祀る卯辰山の霊社を前田邸跡に遷して、七三年尾山神社と改称し、七四年県社列格、さらに一九〇二年別格官幣社に昇格された[岡田 1976:109]。③仙台では、旧藩主伊達家が東京に転居した後、該家旧邸祖廟への参詣が困難になったので、旧士民が藩祖政宗を祀る祠宇を七四年青葉城趾に創建し、青葉神社と号して県社に列せられた[明治神社資料 1975b:698~699]。④福岡では、旧藩主黒田家が福岡城内に鎮祭してきた元祖黒田孝高・藩祖長政の祠を、廃藩によって黒田家が東京に移住した後、旧士民官に請うて公共の神社とし、七二年村社列格、七五年県社に昇格した。これが光雲神社である。なお、黒田家の遠祖重隆・職高、二代忠之等を祀る城内の堅磐神社は、一九〇六年その境内社となった[山中 1930、明治神社誌料 1975c:1052~1053]。⑤佐賀では、旧藩主鍋島家の家祖直茂を祀る松原神社に一八七二年藩祖勝茂を合祀し、翌年さらに幕末の藩主直正を合祀して、七五年県社に列せられた[同上 1975c:1419~1420]。⑥和歌山では、七五年藩祖徳川頼宣を祀る南龍神社を和歌浦に創建し、県社に列せられた[同上 1975c:410]。⑦山形県鶴岡では、旧藩民が藩祖酒井忠勝の神霊を旧城地に鎮祭していたが、遠祖忠次・家次の霊を合祭して荘内神社と号し、七五年県社に列せられた

［同上 1975b：1081〜1082］。⑧山口県山口町では、七三年九月防長人士の請願によって幕末の藩主毛利敬親を豊栄神社境内別殿に祀り、七六年に至って現在地に移転して地名により野田神社と改称し、県社に列せられた。なお、九八年最後の藩主毛利元徳を合祀し、一九一五年別格官幣社に昇格された［同上 1975c：227］。⑨秋田では、旧藩主佐竹家の東京移転後士民あい図り、一八七八年藩祖佐竹義宣を祀る秋田神社を旧城址に創建して県社に列せられ、八五年最後の藩主同義堯を合祀した［同上 1975b：1264］。⑩三重県津では、旧藩士らが七七年藩祖藤堂高虎を祀る高山神社を創建して、七九年県社に列せられ、一九〇三年旧城址本丸に移遷した［同上 1975a：1413］。⑪青森県三戸では、一八七九年、旧封内の士民が旧藩主南部家の遠祖光行を祀る糠部神社を創建し、県社に列せられた［同上 1975b：988〜989］。⑫島根県松江では、七七年旧藩士らが藩祖松平直政を祀る一社を創建して楽山神社と称したが、のち旧城趾に移して松江神社と改称し、八〇年県社に列せられた［同上 1975b：1780〜1781］。⑬福岡県久留米では、七七年旧藩の士民が藩祖有馬豊氏らを祀る神社を城趾本丸跡に創建して篠山神社と号し、八〇年県社に列せられた［同上 1975c：1058〜1059］。⑭福井では、七三年旧士民が藩祖松平秀康を祀る佐佳枝廼社を旧城趾に創建し、翌年城内にあった東照宮を合祀、八一年県社に列せられた（旧藩主松平家の神葬祭改典は七七年七月）。九〇年幕末の藩主慶永が没したので、翌年その霊を配祀した［同上 1975b：1361〜1362，松平家 1890：61〜62］。そのほか、旧藩主家の先祖を祀って八一年までに県社に列格された神社としては、註(10)の鹿児島の二例に加えて、山口の豊栄神社（毛利元就、七三年県社、八二年別格官幣社）、高知の藤並神社（藩祖山内一豊ら、七五年県社）、福岡県柳川の三柱神社（藩祖立花宗茂ら、七五年県社）、熊本の出水神社（藩祖細川忠利ら、七九年県社）、青森県八戸の三八城神社（藩祖南部直房ら、七九年県社）、長崎県平戸の亀岡神社（藩主松浦家先祖、七九年県社）、徳島の国端彦神社（藩主蜂須賀家歴代、七九年県社）、山口県萩の志都岐山神社（藩主毛利家歴代、八一年県社）、福島県相馬の相馬神社（藩主相馬家の遠祖、八一年県社）などがあり、七三〜八一年の間に二六社以上を数える。なお、徳川家に従って静岡に移住した旧幕臣が精神的拠点として鎮祭した東照宮が、村社以下ながら一〇社近くあるのは、この文脈で注目に値しよう［中村 1983：85］。

(14)　秩禄処分の後、家政の計画的運営に失敗して家存続の危機に陥った旧大名家の具体例に、家令の独断的投機事業で巨額の負債に陥った忍松平家があるが［大沢 1985：180〜188］、詳細を明らかにしない。そこで代わりに、大イエに含まれた中イエともいうべき家老クラスの例を掲げておく。それは旧高三二万余石の津・藤堂家の功臣三千石の藤堂式部家（伊賀城内居住）の場合である。当家の系図や伝承によれば、「明治十一（一八七八）年家禄奉還に因り収入を絶ちたるも譜代の家臣、家従は直に放せず又、離れず従前通りの生活を続けた為、売り喰い一途となる。生計頓に窮乏し収益を計らんとする余り大坂米相場に染手し却って急速に散財、失産し、家臣家従等漸く離別す。時に明治十六年頃なり。明治十七年終に一家を構うる事能わず田端本宅（元下屋敷、約八千坪）を売却し車坂町の小宅に移り、同時に家族離散す。父金七　津西来寺に入る。祖母本子　実家藤堂子爵家久居邸に寄留。長女こう六歳　伊賀矢持村岡本清作養女。長男一雄五歳　伊賀荒木村願興寺に里子。二女ちゃう三歳　伊賀神戸村今中善助養女。」という窮状に陥った［林 1982：210〜211］。妻は窮乏の度を深めるなか明治一五年に二四歳で死亡、当主忻太郎は車坂の小宅に移った二年後、「零落苦悶の中に卒す。行年二十七歳」。そして長男一雄については、「里親の和尚は実子なく酒好きに付き、此の五歳の童子に徳利を背負わせ上野へ半里の道を酒を買わしむ。道中之を見る者は、童子の背中に余る徳利の大いさと重そうな後姿に涙して、世が世なら式部様の若様が、余りにも傷わしくて、と町人や里人達の涙を誘った」［林：214］という。父は壮年で家督を投げ出し、少年の身で継承した忻太郎には秩禄処分による中イエの崩壊に適切に対処する手腕などなく、後手々々に回るその場限りの対応を繰り返した結果、家臣の離別は当然としても、老幼の家族さえ離散を余儀なくされ、惨憺たる零落の苦悶の中で死んだ。この事例は、しきたりとしての「家」戦略はあったとしても、激動期にふさわしく戦略を再構築することができなかったのである。中イエの崩壊にもかかわらず、なお中イエ時代の行動パターンにしがみついて「家」戦略を過ったものといえよう。

(15) 佐賀藩の小城・蓮池・鹿島三支藩は、天和三年の「三家格式」によって鍋島宗家大イエ内の中イエであることが確認され、以後このルールが恪守されてきたが、版籍奉還後三家当主がそれぞれ知藩事に任命されたため、「宗藩ト政治ノ関係ヲ絶ツニ至リ」、宗家の大イエから分離した［長野 1987：73〜79］。これに対して、鳥取藩では二支藩が本藩に吸収され、両分知家は宗家の大イエに留まった。このように、版籍奉還後、政府が支藩を独立させたか本藩に吸収させて廃止したかの取扱いの差異が、本藩からの支藩独立の時期、また大イエからの支藩主中イエ独立の時期を規定したのである。

(16) 一八八九（明二二）年の皇室典範は皇室の「家法」として制定されたが、一九〇七年の皇室典範増補時には厳密に「家法」として運用していくことには無理が生じていた。そこで、皇室典範を皇室の自主法＝家法とみなすか、大日本帝国憲法と同列に国家の法とみなすか、あるいは両者兼備とみなすか、専門家の間に三様の解釈があるといわれる［高久 1981b：93〜94］。著者の観点から言えば、皇室典範は小イエ天皇家の家法であるが、宮中・府中の区別にかかわらず、小イエ天皇家は巨大イエ天皇家と一体のものであるから、国家の法でもある、ということになり、皇室典範増補の時点で伊藤博文や伊東巳代治が確認した見解と合致する［高久 1983：166〜168］。

（17）　家族国家観が、例えば社会有機体説のように単なる比喩としてでなく、もっと実体的意味をもって考えられ、また単にイデーとして抽象的観念としてでなく、歴史的事実として説かれた理由の主なものは、ここにある［丸山1964：42参照］。

（18）　「壬申政表」が収載する一八七二（明五）年八月調べの「宮華士族戸数禄高及賞典表」によると、華族戸数四三二（内、本家内分六）、禄高米九六万七八四六石五斗で、一戸平均二二四〇石四斗、これに対して士族戸数三九万一七三六、禄高米三六三万七七石七斗余で、一戸平均九石三斗となり、華族の平均禄高は士族のそれの二四一倍にもなる。華族に公卿華族を含め、禄高に賞典高を合算しない額であるから、大名華族と士族との懸隔は思い半ばに過ぎるものがある。

第二部　伝統貴族の家の継承と婚姻

第一章　継承・婚姻要員の調達と供給

一　課題と着眼点

ここでいう伝統貴族とは、一八六九（明二）年六月に華族と改称された「公卿諸侯」だけでなく、准門跡家や大社神職家、および貴族中の貴族である天皇家・宮家をも含む概念と規定しておく。華族は「皇室の藩屏」といわれ、とりわけ族制ならびに社会的尊貴性においてしかりであったから、家の継承と婚姻については、天皇家や宮家をあわせて考察の対象としなければならない。他方、近代の新華族を含まないのはもちろんであるが、あわせて明治維新以後、伝統貴族から出て華族に列せられた家々（臣籍降下華族・家柄華族）も除くこととする。

前記の伝統貴族を類別して、①天皇家・宮家・公卿、②諸侯、③准門跡家・大社神職家とすれば、それぞれ異なった意味で近世の貴族であった。近代における伝統貴族の在り方はかなりの程度において彼らの近世における在り方によって規定されたから、近代の理解のために、少なくとも近世後期の在り方を理解しておくことが必要である。

前記第二群の諸侯のなかに、駿河府中七〇万石に封ぜられた元徳川将軍家が含まれている。しかし、近世後期に視点を移すなら、旧に復して将軍家・諸侯としなければならない。将軍家は諸侯の大イエを服属させて巨大イエを構成しており、宮家・公卿を包摂する天皇家の大イエも所領関係ではその傘下に含まれた。大坂落城直後の一六一五（元和元）年七月、将軍家が武家諸法度と期を同じくして禁中並公家諸法度と諸宗諸本山法度を定めたことは、禁中並公家諸法度で規制した門跡院家、紫衣の寺、上人号は諸宗諸本山に係る要件であったから、将軍家のもとに、武家と天皇家という二種の大イエが存立するとの認識を示すものであろう。しかし、征夷大将軍を補任し、元号の制定と作暦を司る究極的な政治的権威、かつ大日如来と一体の究極的な宗教的権威として、天皇家は将軍家の巨大イエとは別にそれ自らの大イエを構成するものであった。幕末の外交問題を契機として巨大イエがぐらつき始めると、天皇家権威の独自性があらわになり、条約締結の交渉過程で外国使節も、日本にはタイクン（将軍）とミカド（天子）の二人の主権者、幕府と朝廷の二つの政府がある、との認識をもっていた［日本史籍協会 1974：168］。その時代には当の将軍さえ、補弼の臣から「日光様（家康）にたいして相済みますまい」「京都（天子様）より御沙汰あらば如何遊ばさるるか」の二語をもって諫められたという［毛利 1997：236］。そこで、近世後期の社会は、天皇家権威の大イエと将軍家権力の巨大イエが交錯しつつ別立する二元的社会であったととらえておこう。

本章は、近世後期の貴族階級において家（直系制家族）が規範的パターンとして成立していたとの前提に立つとともに、近代に特徴的に現れた単独の小イエ形態よりも、小イエ複合からなる大イエ、あるいは大イエ複合からなる巨大イエの形態で出現したと想定し、家存続の要件である継承と婚姻がどのようなイエ関係のなかで行われたか、明治維新期における巨大イエおよび大イエの解体に伴って、継承と婚姻をめぐるイエ関係にどのような変化が顕れたかを問うものである。

イエの大小は支配的な家相互の結合型（七一ページ）に規定されるとともに、イエの大小と家結合の具体相は資源によって規定される。資源の第一は物財（material）であり、第二は人員（personnel）である。近世の貴族階級の主体は大小の領主であったから、物財の大枠は所領の収納高で示される。所領収納高の大きい家ほど物財の量が大きく、より大きい大イエを構成することができた。

人員とは端的にいって子ども数である。物財の量が大きければそれ相応の大イエを構成することができる一方、イエが大きいほどより多数の小イエを包含するため、その継承により多くの人員を必要とする。もし子ども数が大イエの継承に必要な人数に達しないときは、子どもに準じうる若者を継承要員として取り込まなければならない。他方、物財の量が可能にするイエの規模が比較的小さく、もし子ども数が継承に必要な人数を越えるときには、余剰の子どもを他のイエに放出せざるをえない。こうして継承の問題は、子ども数の多少と物財の量の大小とのバランス関係を媒介として、大イエのなかの小イエと小イエとの間、あるいは大イエと大イエとの間に、養取の関係を展開させる。

イエの継承に必要な子どもを確保するために、男系の男子による継承を原則とするイエにおいては、当主の妻（妾）が不可欠である。（妻も妾もない男子が養子を取るのは、一種の緊急避難的な対処であって、妻〔妾〕が不可欠であるという一般的前提を掘り崩すものではなかった。）この場合、男子にとってインフォーマルで利便性が高い妾で間に合わせることもできた〔森岡 1999：133〕。しかし妾をもって妻に代えることは、物財の量が限られ、交際範囲が広さの点で比較的限定された公家や小大名の間で通用しただけで、自ら強力な大イエを構成した大名や准門跡家では妻は不可欠であったと考えられる。妻あってこそ、妾が産んだ子どもを妻の養子とすることにより、その小イエの家格にふさわしくこれを格づけ（entitlement）して、あるいは己の後継者とし、あるいは他のイエの後継者やその夫人に送りこんで、自らの影響範囲を拡大することができたからである。このように、家の継承に必須の男子の自家育成に関連して、娶妻を主とする婚姻が不可避の課題となる。

近世貴族社会の婚姻については娶妻と娶妾の両面を考察しなければならないが、本章では資料の制約のため妾に言及できるところが少なく、ほとんど妻に限って論じることになろう。そもそも、娶妾は娶る男子と娶られる女子との主従的な個人関係として成立するのに対して、娶妻は娶る側と娶られる側とのイエ関係として成立するもので、同一か類似の家格のイエ間の組結合とみなされてきた〔横江 1929a, 1929b, 1932, 1935a, 1935b；稲垣 1997, 1998, 2000〕。もし同じか相似の家格でなければ、養女縁組の手続きによって格上げ（status enhancement）するため、ここで再び養取の制度に出会うことになる。しかし、近世貴族社会の支配的な結合型が主従結合であるとすれば、主従結合型の家の間の婚姻においては、主君からの賜物として、あるいは従者からの献上物として、娶り娶られることがあったと考えねばならない(1)。これは近世の大イエや巨大イエの頭首をなす小イエをめぐって特徴的に出現したが、必ずしも貴族社会だけの現象ではなかっただろう。

以上のような着眼点を念頭に置いて、前掲の課題を考察するのが本章の目的である。まず近世後期の貴族における家の継承と婚姻を、天皇家を頂点とする大イエ、将軍家を頂点とする巨大イエについて考察し、つぎに近代におけるその変化に測鉛を下ろすことにしよう。

二　近世後期の貴族における家の継承と婚姻

ここでは継承を家系継承者（家主、家長）の、また婚姻を家主配偶者の、出自に限定して考察する。出自を問うとは調達先を問うことに他ならない。あわせて、子女がどのカテゴリーの家系を継承し、またどの家系の家主配偶者になったか、つまり供給先を性別に問うこととする。考察の技法は、大イエあるいは巨大イエを構成した、あるいはその傘下にあった主要な家々について、これらの諸家の継承者・配偶者の実家、縁出・婚出子女の出先をカテゴリー別に分類し、近世後期に見られた該当例を数量的に比較することである。

近世後期とは、基本資料の一つとした『平成新修旧華族家系大成』（以下『家系大成』と略称）が一七九八（寛政一〇）

年時点の当主以降を掲載しているので、上限はこれに従い、下限はリブラの先例に倣って一八四七（弘化四）年までに出生した当主とした［Lebra 1993：203］。彼女は限定の理由を開示せず、ただ「恣意的」というに止まるが、けだし明治維新期までに結婚年齢に達することを目安としたのであろう。これに相応するように、当主の子女は末尾当主のきょうだいまでとした。家の継承と婚姻を近世後期と明治以後とで対比するためには、近世後期の下限を一八六七（慶応三）年までの出生とするよりも、それより二〇年遡るリブラの方式のほうが有効であるように思われるのである。資料は『華族系譜』（宮内庁書陵部所蔵）、『徳川諸家系譜』、『華族大鑑』、『家系大成』、および各家で編纂刊行した詳細な系譜等である。

1　天皇家を頂点とする大イエの場合

天皇家大イエの主要な構成要員は、天皇家・宮家・公卿（摂家・清華家・大臣家・平堂上）である。そのうち、この大イエの頂点をなす天皇家と、その次三男分家として成立し、嗣子は天皇の猶子となって親王宣下を受けた、したがって天皇の子弟並の待遇を受けた世襲の四宮家（親王家）とは、摂家以下の公卿から切り離した取り扱いがふさわしい。幸い天皇家と宮家については、「皇統御系譜」［伊藤 1970a：138～184］によって皇子女・王子女の生没年月、婚出・縁出先に関する情報を補足することができたので、それを援用して表5を作成した。ただし、代々早世して後嗣を欠くことが多く、幕末には廃絶の瀬戸際にあった桂宮を除いて、伏見・有栖川・閑院の三宮家に限った。

天皇家ではこの間に光格・仁孝・孝明の三天皇が現れた。そのうち閑院宮第六子が後桃園天皇の養子となって皇位に即いた光格を除き、残り二人は皇子が即位したものである。皇嗣がないときには、世襲宮家の王子で天皇に最も血縁の近い者が即位する例則がここに示されている。後桃園の皇女で光格の皇后となった一例以外、皇后はみな摂家から出ている。皇子女は光格・仁孝の二代で合計三二人（うち嫡出五人・庶出二七人、生母は皇后二人を含めて計一三人）、平均一六人（その生母は平均六・五人）生まれているが、八二％と異常に高い夭折率のために、平均で二・五人しか生き残らず、二代合わせて皇位に即いた男子二人（いずれも庶出）と、宮家・将軍家・尼門跡寺院に入った女子各一人計三人だけが成人した。皇位を継承するべき男子を辛うじて確保しえたという印象が強いが、これによりかえって天皇家の聖性が保持されたと言うことができよう。

　つぎに、表5によって世襲宮家を総体としてとらえるなら、この間にそれぞれ三代から四代を経過し、当主は計一一人で、みな先代の子が嗣いだ。宮妃計一二人の供給元は、他の宮家一人、摂家九人、徳川三家一人、一〇万石以上の有力大名一人（新発田溝口）となり、摂家からが七五％を占めることが注目される。王子女は合計一二八人（うち嫡庶の判明するもの一二〇人、嫡出三一人・庶出八九人、生母は夫人を含めて三五人）、該当する当主（末尾当主以外で、二〇歳以上に達して子女の出生が期待される当主）計八人の王子女数平均は一六人（生母は平均五・〇人）と多いが、夭折も多く全体で五七人（四五％）、これを差し引

表5　天皇家・世襲宮家の継承・婚姻要員の調達と供給（近世後期）

実家・出先[1]	天皇家				世襲宮家（三宮）			
	天皇	皇后	皇子	皇女	宮	妃	男子	女子
自家	2	1	2		11		10	
（他）宮家	1			1		1	1	2
摂家		2				9		3
清華家							1	
将軍家				1				1
三卿・三家						1		7
有力大名[2]						1		6
門跡寺院							22	
尼門跡寺院				1				8
准門跡家							1	4
准門跡門下有力寺院								1
夭折			13	14			23	34
不詳								4
合計	3	3	15	17	11	12	58	70

1）天皇・皇后、宮・妃については実家、皇子女・王子女については出先。以下これに準ずる。
2）高10万石以上の大名を有力大名とした。以下同じ。

いた生き残りは平均八・九人（男四・四人、女四・五人）となる。育った王子女の家継承・婚姻要員としての身分異動を性別にみると、男子は自家の嗣一〇、他宮家の嗣一（計三一％）、ほか清華家・准門跡家の嗣それぞれ一、残り二二人（六三％）が門跡寺院を相続している。即位灌頂によって大日如来と一体と信ぜられた天皇は、その大イエの傘下に門跡始め宗教界を包摂していたと考えなければならない［杣田 1985：34］。女子の縁付先は、他の宮家二、摂家三（計一四％）、准門跡家四、准門跡門下有力寺院一、ほかに尼門跡寺院相続八、以上広義の天皇家の大イエ傘下計一八人（五〇％）、残りは将軍家一、三卿三家七、有力大名六で、将軍家の巨大イエ傘下へ夫人として縁付いたのが計一四人（三九％）となる。男子は自家か他の宮家の嗣となるのを主体とし、その機会に恵まれなかった者は門跡寺院を相続して、例外なく広義の天皇家の大イエに止まったのに対して、女子は天皇家大イエの頭首部分に止まりうる者は少なく、その代わり約四割が武家の巨大イエ・大イエに夫人として送りこまれ、取り込まれている。これらの傾向は数こそ少なけれ皇子女においてすでに認められたところである。

王子女の身分異動の性差に加えて、ここで重ねて注目しておきたいのは、子ども数が平均一六人と天皇家と同じレベルの多さで、しかも天皇家よりも夭折率が格段に低いために、多数の王子女が生き残り、天皇家大イエに夫人と嗣を、また武家の巨大イエ・大イエに夫人を供給したばかりでなく、門跡寺院（王子の六三％）や尼門跡寺院（王女の二二％）に相続要員を提供したことである。天皇家大イエが王子女を送りこむことによって宗教界（仏教界）に王法を扶翼させるとともに、経済的利益をもえていたことに着目するなら、供給過剰分の生殖活動からの排除という捉え方は消極的に過ぎるといわねばならない。宮家や最高格・高格の公家・武家との縁組コースに劣らぬ高い価値が門跡・尼門跡コースに付与されていたとみなしうることは、宮家を継承する王子が天皇の猶子となって親王宣下を受けたのに対して、門跡となる王子は天皇の養子となって親王宣下を受けた慣例に示唆されている。

つぎに公卿家の継承と婚姻をみよう。公卿家は家格により摂家五家・清華家九家・大臣家三家・平堂上約一二〇家に分けられる。表5で指摘したように、天皇家・宮家の縁組相手は摂家と清華家に限られたから、これら最高格・高格公家に主眼をおいて表6を作成した。清華家のすぐ下の家格である大臣家の情報は表7（後掲）にまとめ、平堂上のうち、本来はせいぜい伯爵どまりのところ維新期の勲功によって公侯爵に叙せられ、したがって摂家・清華家に並ぶこととなった岩倉・四条・中御門・中山の四家も、近代との比較のため表7にあわせて掲載した。

摂家は藤原道長の嫡系の子孫であって、まず近衛と九条に分かれ、ついで近衛から鷹司、九条から二条・一条が分かれた。清華家のなかでも、久我（村上源氏）と広幡（正親町源氏）は天皇家に発する。三条は道長の叔父の子孫で、そこから西園寺と徳大寺が分かれ、さらに西園寺から菊亭が分出した。また道長の孫から花山院と大炊御門が分立し、一条から醍醐が分かれた。大臣家の中院・正親町三条はそれぞれ清華家の久我・三条の分かれであり、三条西は正親町三条の分かれである。このように家祖の血統による家の本支関係は認知されていたが、天皇家の傘下で家の本支関係によって同族結合を維持していたわけでないし、本支に格差があるよりは同格のことのほうが多かった。公家社会は、どの家も自力で分家を出せないため、本支嫡庶の格差を柱とする同族結合よりは、系統間の格差を柱とする氏族結合が主体の、武家社会以前の構造原理を遺伝する社会といえるかもしれない。また、摂家各家は特定の清華家以下を門流として支配したが、これは礼式の流派とも考えられるものであって、ともに直接天皇家に従属する天皇家譜代の家臣とみるのが妥当といえよう。したがって、本支・門流による集団化よりも家格別の取り扱いが適切であり、さらに家格別合計値について考察することに相応の根拠があると考えられる。このような理由から、表6（摂家・清華家）および表7（大臣家・平堂上四家）では家格別の合計値のみ掲出した。

まず摂家では、五家の当主合計二〇人のうち、一六人（八〇％）が先代の子か弟である。自家の子弟のなかから継

表6　摂家・清華家の継承・婚姻要員の調達と供給（近世後期）

実家・出先	摂　家（五家）				清華家（九家）			
	主	夫人	男子	女子	主	夫人	男子	女子
自家	16		13		24		17	
天皇家				4				
宮家	1	3		6	1			
摂家	3	2	5	2	4	8		
清華家			3	5(1)	2	5	1	3
大臣家					1		2	1
平堂上		2			1	3	10	8
列華族[1]							1	
将軍家				2(2)				
三卿・三家		5		3(3)		1		3
有力大名		6		9(4)		7		6(1)
その他の大名		2		3			1[4]	4
門跡寺院			15					
尼門跡寺院				2				
准門跡家			4	9(3)		3		
その他本山・准門跡門下			3	16			(2)	4
高格寺社			5	2			5(4)	1(3)
新華族[2]							1	
廃嫡							1	
夭折・早世[3]			46	41			46[5]	32
不詳			1	5		1	4	11
合計	20	20	95	109(13)	33	28	89(6)	73(4)

注：括弧内の数字は養女の人数を外数で示す。以下同じ。

1）列華族は版籍奉還後、華族令達示までに新たに一家を成して華族に列せられた者。

2）新華族は華族令のもとで勲功等によって叙爵された者。

3）夭折は幼時の死亡、早世はやや長じてからの死亡。ただし、区切りは明確ではない。

4）1869年2月継承。

5）継承前に早世した者3を含む。

承者を調達できなかった四件では、三件まで他の摂家にこれを求め、残り一件は宮家からえている。自家に嗣子がない時にはまず摂家仲間に求めたこと、武家貴族は調達先にならなかったことが、つぎの夫人の出自と比べる時注目される。

夫人の自家調達（民間でいう家付き娘）は皆無で、みな他家から婚入している。五家合計二〇件のうち他の摂家からは僅かに二件、むしろ宮家が三件と王女婚嫁の受け皿の感もなくはない。平堂上から継夫人を迎えた二件を合しても公家は四件に止まるのにたいし、徳川三家五、有力大名六、その他の大名二、計一三件と、六五％まで高格武家から夫人を迎えている。臣下身分では筆頭の摂家がほとんど独占的に天皇家に皇后を献上し、また宮妃の供給源である一方、自らの夫人の調達先はむしろ高格武家に大きく開かれていたのである。

清華家九家でも当主合計三三人のうち二四人まで先代の子か弟であり、自家調達率は七三％に上る。それ以外で多いのは摂家からの四件、同じ清華家からの二件で、残りは宮家・大臣家・平堂上の各一件であった。平堂上一は支流の次男を継嗣としたものである。自家に嗣子がない場合には高格公家から入れたが、支流という特別の関係なら平公家からでもよく、とにかく武家からは入れていないことは摂家と同様である。他方、夫人は摂家からの八件を始めとして公家から一六件、徳川三家一件と有力大名七件で武家から計八件、准門跡の真宗本山から三件となり、当主供給源のように公家社会に限る傾向よりも、武家や准門跡家とかかわってゆく傾向を否定できない。なお、宮家や摂家では当主の事例数と夫人のそれとがほぼ照応していたのに、清華家では夫人の事例数が目立って少ない。おそらく夫人を娶らず妾で間に合わせたこと、たまたまそのような事例が重なったのではなく、清華家のような高格公家の間でも夫人を娶らず妾で済ませる習俗があったことを、示唆するものである。

当主と夫人の調達先を点検する限り、天皇家の大イエと将軍家の巨大イエとは、その間に男子の交換はみられないものの、女子の縁組を通じて交流していたと推定される。この推定が妥当かどうかを検証するためには、先に天皇家・宮家について行ったように、摂家・清華家についても子女の身分異動を点検しなければならない。

まず五摂家をみると、子女総数は二〇四人、該当する当主計一三人の平均子ども数は、天皇家や宮家には及ばないものの一五・七人と多い。しかし、夭折早世も多く、全体で八七人（四三％）、これを差し引いた残りの子ども数は当主一人当たり九・〇人（男三・八人、女五・二人）となる。育った子女の身分異動を性別にみると、男子四九人のうち、自家の嗣子一三（二七％）、他の摂家や清華家の嗣子八（一六％）、門跡寺院を相続した者一五（三一％）、准門跡家・その有力末寺や他の真宗本山・高格寺社の嗣子、計一二（二四％）となり、宮家の王子と同様に広義の天皇家大イエの外には出ていない。門跡となって生殖活動から疎外された者が約三割を占めることは、同様の運命を辿った王子の六割強には遠く及ばないものの、自家始め高格公家の嗣となることとともに、摂家に生まれた男子の身分異動の特色をなしている。門跡寺院には宮家の次三男が相続する宮門跡と、摂家の次三男が相続する摂家門跡があり、世襲の真宗六本山の住職は摂家の猶子になることによって准門跡として認められた。そこで、門跡寺院に入れなかった者は准門跡の嗣子となった。格はさらに下がるにせよ、これら准門跡の有力末寺や准門跡以外の真宗本山、また他の高格寺社の嗣子になれば、准門跡同様に公然たる妻帯をなしえたのである。准門跡以下を合計すれば生き残り男子の四分の一に達する。

他方、育った女子六八人のうち、皇后・宮妃は計一〇人（一五％）を数え、宮家の女子よりも高い地位に上っている。また、摂家・清華家夫人は計七人（一〇％）を数える。男子の門跡に相当する尼門跡寺院の相続は二人と、男子の門跡に比べても、宮家女子の尼門跡相続に比べても少ないが、その反面、准門跡、その有力末寺や他の真宗本山、高格寺社の夫人となったのが、合わせて一二人（四〇％）に上る。要するに、狭義の天皇家大イエ内部は二五％、広義のそれは六八％に達する。残りの一七人（二五％）が武家の大イエに夫人として提供された。その比率は宮家よりも低いが、男子が一人も嗣として武家に提供されていないことと比較すれば、性別の差異は明らかである。(2)

清華九家では、子女総数一六二人、該当する当主合計二三人の一人当たりは七・〇人と摂家の半ばにも達せず、夭折早世が七八人（四八％）と多いため、育った子女数平均も三・七人（男一・九人、女一・八人）とこれまた摂家の半数以下である。成育子女の身分異動を性別に観察すれば、男子四三人のうち一八人（四二％）は自家の嗣子要員となり、一三人（三〇％）は他の公家の嗣子となった。ただし、摂家と異なり、清華家一、大臣家二、平堂上一〇と家格のやや下の家が多い。それ以外は高格寺社の嗣子五人である。戊辰戦争の非常事態のなかで例外的に武家の嗣子となった者もあるが、まず公家社会を中心に広義の天皇家の大イエに収まるといえよう。摂家の男子のように門跡寺院に入った者はないが、高格寺院の嗣子となる者はあり、さらに摂家の子でも清華家の養子となって真宗本山や高格寺院の嗣子となる者があった。これは高格寺院がしばしば特定の清華家を寺元としたことを示唆している。(3) なお、列華族一人、新華族（財閥）の嗣一人は明治期に入ってからの新しい展開である。

清華家の生き残り女子四一人のうち、一二人（二九％）は公家の夫人となった。清華家三・大臣家一に対し、平堂上八と、男子ほどでないが家格の下の家に比重がかかっている。このほか、准門跡家の有力末寺や他の真宗本山、高格寺院の夫人となった者が五人あり、広義の天皇家の大イエ内部におさまるのが合わせて四一％に達するが、不詳以外の残り一三人（三二％）は高格武家の夫人（徳川三卿・三家三、有力大名六、その他の大名四）となったのが注目される。宮家や摂家と同様に、清華家も武家の大イエとの間に継承要員としての男子の調達・供給の交換関係はないが、婚姻要員としての女子の交換関係が成立していたことは明らかである。

公卿の子は幼少の頃から朝廷に勤仕して、家ごとに決まった職務と職務に関連した儀礼に習熟し、また、職位にふさわしい考え方や行動のパターンに馴致されたばかりでなく、他家の成人の態度や行動をみて育ったから、他家の嗣となってもすぐにその家の公的な役割を果たすことができた。この点で大名の子は公卿の嗣となる資格はなく、同様に、公卿の子は大名の嗣となる資格に欠けた。ところが、女子に期待された私的（家庭）役割はこのような男子に期待される公的（職業）役割とは異なるため、実家から伴ってゆく心利いた侍女の補佐さえあれば、公卿の女子も大名の夫人として、大名の女子も公卿の夫人として、その役割を果たすことができたであろう。また、養嗣子にはその家の血統を承けた男子であることが要請されるが、この点は夫人に期待される第一次的要件ではない。男女の役割の差異、ならびに血統要件の重さの著差ゆえに、男子の交換がなくとも女子の交換が成立し、女子の交換があるのに男子の交換が成立しなかったと考えられる。大名は夫人を公卿から調達することで彼らに不足している伝統的権威をあわせて取り込み、公卿は夫人を大名から調達することで彼らに乏しい経済的資源をも取り込むことができたから、女子の交換は、男子を交換した場合に起こりうる不都合なしに交換の利益を伴ったといえよう。

以上、天皇家大イエの頭首を構成する部分につき、継承・婚姻要員の調達・供給関係をみたのをうけて、頭首部分に亜ぐ家格である大臣家三と平堂上家のうち明治維新の勲功によって家格が上昇した四家について、これらの様相を表7で点検しよう。

大臣家は摂家・清華家に次ぐ公家社会の上流として平堂上家と区別されたが、表7をみる限り、家格の上昇を果たす以前の平堂上四家とたいして異ならず、すぐ上の清華家との格差のほうが大きいという印象を免れない。それはこれら四家が家格上昇以前から平堂上のなかではおおむね上層に位置したからかもしれない。ともあれ、大臣家も平堂上四家もともに、当主は自家調達不能の分を公家社会に求めて充足し、夫人は平堂上を中心に六割を公家社会から、残りを大名それも主に「その他の大名」から調達している。

子女については、まず夭折率が大臣家で一三％、平堂上四家で四七％と大差があるが、これは夭折子女の記録が前者ではなはだ不備であるためと推定される。他方、四家の夭折率のレベルは摂家・清華家に異ならないから、大臣家でもこのレベルぐらいの夭折率であったと推定するのが妥当であろう。ここでは便宜上生き残り子女数にのみ注目すると、大臣家については二六人、該当する当主計七人、平均子女数三・七人（男一・四人、女二・三人）と清華家並であるのに対し、平堂上四家では五二人、該当する当主計一二人、平均子女数四・三人（男二・二人、女二・一人）となり、摂家の半ばであるが清華家や大臣家よりも明らかに多い。維新期四家当主の政治的活躍およびその成功を支えた要因の一つが、兄弟数の多さ、したがって親類数の多さにあったといえるかもしれない。

子女の身分異動としては、男子は自家の嗣となるのでなければ、（他の平堂上家か）高格寺院の嗣となり、女子は平堂上家の夫人となるのでなければ、（大名家か）准門跡門下有力寺院・高格寺院の夫人となっている。右の括弧内は子女数の少ない大臣家ではみられないが、それより当主一人当たり〇・六人多い平堂上四家ではこれが出現した。子女の身分異動にみる差異は両者の格差に因るよりは、主として子女数の差異に帰しうると推定するものである。

表7　大臣家・平堂上四家の継承・婚姻要員の調達と供給（近世後期）

実家・出先	大臣家（三家）				平堂上四家			
	主	夫人	男子	女子	主	夫人	男子	女子
自家	9	1	6	1	11	2	9	2
清華家	1	2			1	1		1
大臣家						1		
平堂上		3		5	6	5	4	8(1)
列堂上[1]							1	
典侍								2
ほか後宮勤仕								1
有力大名		1				1		2
その他の大名		2				3	1[3]	2
准門跡門下有力寺院				6				5
高格寺院			4	2			9	2
分家華族[2]							2	
夭折・早世			3	1			19[4]	27
不詳				2			1	
合計	10	9	13	17	18	13	46	52(1)

1）列堂上は版籍奉還以前に一家を成して堂上に列せられた者。
2）分家華族はその家から分家して華族令のもとで叙爵された者。
3）1871年頃の縁組。
4）継承前早世と戦死各1人を含む。

表8　当主総数、該当当主数[1]、子女総数および平均、夭折率、当主の寿命
（天皇家大イエ）

家格層	当主数（人）		子女数（人）		夭折・早世を除いた子女数（人）			夭折率（%）	当主の寿命平均（歳）[2]	寿命階層別当主数（人）		
	総数	該当	総数	平均	総数	平均	内、男子			～19歳	20～49歳	50歳～
天皇家	3	2	32	16.0	5	2.5	1.0	82	57.5	−	1	1
宮　家	11	8	128	16.0	71	8.9	4.4	45	61.8	−	1	7
摂　家	20	13	204	15.7	117	9.0	3.8	43	54.1	2	4	9
清華家	33	23	162	7.0	84	3.7	1.9	48	58.0	1	6	17
大臣家	10	7	30	4.3	26	3.7	1.4	13	53.6	−	2	5
平堂上	18	12	98	8.2	52	4.3	2.2	47	55.3	2	2	10

1）該当する当主数とは、末尾当主以外で、20歳以上に達し子女の出生が期待される当主の人数（寿命階層別当主数のうち20歳以上の和）。この人数を分母として子女数平均を求めた。以下同じ。
2）寿命階層別当主数の合計（当主総数と末尾当主数の差）を分母とし、それに対応する寿命合計を分子として求めた。以下同じ。

ただし、典侍など後宮勤めは子女数にかかわらず平堂上の上層にのみみられた。要するに、男子は自家の外に出ても広義の天皇家大イエ内部で交換されたが、女子の一部は武家の大イエとの間で交換されたこと、このことが清華家に比較すればそれよりやや低い階層を中心に、ただし大臣家と平堂上四家との間ではさほど差異のないレベルで行われたこと、平堂上の上層には後宮勤めという大臣家以上にはない女子の供給先があったこと、に注意したのである(4)。

以上、家格層別に天皇家大イエの構成諸家における継承・婚姻要員の調達・供給関係について述べたが、通観して興味深い点を表8により箇条書きしておく。

① 家格層別に当主の寿命を平均すると、どの層でも五四歳を超えている。当時の一般庶民の平均寿命よりも格段に高いと考えられ、やはり貴族として恵まれた生活環境を享受しえたといえよう。

② 子女数には摂家以上と清華家以下とで大差があった。平均寿命に差がなかったのだから、子女数の差は生活資源の多少に起因すると考えられる。生活資源が豊富であれば、何人もの妾を擁して多数の子どもを生ませ、比較的多くの子女を育てることができるからである。

③ 天皇家における出生子女数はきわめて多く、宮家レベルであるの

に、夭折率の異常な高さのため、育った子女数は清華家等のレベル以下となり、皇嗣がようやくのことで確保される状態であった。異常に高い夭折率にかかわらず皇嗣を確保するために、側室制度は不可欠であったということができよう。

2　徳川将軍家を頂点とする巨大イエの場合

徳川将軍家を頂点とする巨大イエは、徳川家大イエと数多の大名家大イエを傘下に包括したところに特色があるが、天皇家大イエの頭首部分（天皇家・宮家・摂家）にほぼ対応するのは、将軍家といわゆる三卿・三家であることが、婚姻関係等の調査から推測される。そこで、表9では将軍家自らの大イエ構成員のうちこれらに限って掲げた。

三家とは周知のように徳川家康の三子を祖とする尾張徳川・紀伊徳川・水戸徳川の三家をいう。将軍の親族として大名の上首にあり、将軍に嗣子がない場合、継嗣を出すことができた。三卿とは八代将軍吉宗の二子を祖とする田安・一橋、および九代将軍家重の子を祖とする清水の三家をいう。一〇万石の賄料を支給されたが三家のような大名でなく、将軍家の厄介（家成員）つまり内分家であった。江戸中期になると三家の血統も将軍家から遠くなり、将軍継嗣候補の資格に懸念が生じたので、その欠陥を補うとともに、三家制御のために三卿が新たに創立されたと推測されている。また、三家のような外分家にしなかったのは、幕領に限度があって大名取立てを断念した結果であるが、将軍自身に嗣子がない場合「家族」のなかから継嗣を立てることにより、起こりうべき争いを回避できると思われたことも、その理由として推測されている。以上のような三家三卿の成立事情や将軍家の家族・分家としての立場を考えるとき、家の継承については三卿三家を将軍家と一体のものとして点検する必要のあることが明らかであろう。この趣旨のもとに、『華族系譜』のほか『徳川諸家系譜』を参看して表9を作成した。

表9　徳川将軍家・三卿・三家の継承・婚姻要員の調達と供給(近世後期)

実家・出先	将軍家				三卿				三家			
	将軍	夫人	男子	女子	主	夫人	男子	女子	主	夫人	男子	女子
自家	2		2		4	1	3	1	8	1	6	3
天皇家		1										
宮家		1				5				2		1
摂家		4				3				4		2
清華家										1		
将軍家	−	−	−	−	6	2	1		2	4	1	
三卿	2		5	2	3	1	3	1	4	2	2	
三家	1		1	2(1)	3		2	1		1		
三家分家大名									3		3	4(1)
他の徳川家門			5	2			2	1			4	1
松平一族大名											1	1
有力大名			2	7(1)		1	1	9		3	2	5(3)
その他の大名											3	2
家臣												1
高格寺院												(1)
分家華族											1[1)]	
廃嫡							1					
夭折・早世			27	28			10[2)]	17			25[3)]	33
合計	5	6	42	41(2)	16	13	23	30	17	18	48	53(5)

1）分家は1888年。　2）継承前に早世した者1を含む。　3）継承前に早世した者2を含む。

将軍家は一一代家齊から、家慶、家定、家茂をへて慶喜に至る五代が対象となる。当主は将軍の子でなければ三卿三家の出である。将軍を中心とする三卿三家の鉄壁の守りで、家祖家康の嫡流による徳川宗家の継承を達成している感が深い。夫人は天皇家・宮家・摂家から、つまり天皇家大イエの頭首部分から迎えており、その点では天皇家と同等であって、将軍家巨大イエの傘下は夫人を迎える直接の対象になっていない。有力外様大名家生まれの女子を夫人とした例が二件あるものの、いずれも摂家の養女になったうえでのことである。

三卿の当主は合計一六人、その

うち自家の子弟は僅かに四人（二五%）、残りは将軍家を始めとして他の三卿と三家から入っているのをみると、この三者で三卿の継嗣を確保してきたといえる。これに比べて三家の自家調達率は比較的高く（四七%）、不足分は三卿や将軍家から迎えたほか、三家自身の分家から入れたことは注目に値しよう。尾張家と紀伊家にそれぞれ一家、水戸家に四家の分家大名があり、本家に継嗣がないときの控えであった。継嗣のやり取りにおける将軍家と三卿との関係の深さから、三卿はやはり自立性の不十分な将軍家の家内的存在であったといってよい。これに対して、継嗣の自家調達率が比較的高く、将軍家とは三卿を介する形で継嗣をやり取りし、いざという時には自らの分家から継嗣を入れることができる三家は、やはり独立度の高い有力大名であった。

将軍家・三卿・三家を一体としてとらえるなら、当主の継嗣を自家で調達できないときにはこの三者の間で、それでも都合がつかない場合には三家自身の分家から調達し、それ以外から、つまり家祖家康の選ばれた男系の血統以外からの調達はない。そのさい、将軍家優先、本家優先の原則が貫かれたことは重要である。この原則実現のために、三卿という自立性の乏しい将軍手許の控えが効果的に活用され、また三家の独立性が将軍家の控えの役割のために軽視されることもあった。将軍に嗣子がない場合の継嗣選定を政治抗争が彩ったことは周知の事実であるが、選定が関係者の理解をえるためには、右のような原則と手順を遵守する必要があったことに注意したいのである。

夫人に目を転じると、三卿の夫人調達先は多い順に宮家・摂家・将軍家（以上三者で一〇人、七七%）、その他であり、その他とは自家（家付き娘）を別とすれば三卿と有力大名各一人である。他方、三家の夫人は多い順に摂家・将軍家・有力大名・宮家・三卿（以上五者で一五人、八三%）、その他から入っている。分散の範囲はほぼ重なっているものの、集中点に若干の差異がある。

夫人の調達先を、①天皇家大イエの頭首部分（天皇家・宮家・摂家・清華家）②徳川家大イエの頭首部分（将軍家・三卿三家・家門）③将軍家巨大イエの周辺を構成する有力外様大名の大イエの三類に区分して、表9の三者を比較すると、①への集中度は将軍家一〇〇％に対し三卿六一％、三家三九％と低下し、②への集中度は将軍家〇％に対し三卿三一％、三家四四％と高まり、③への分散度はもっとも低いレベルながら将軍家〇％に対し三卿八％、三家一七％と高まっている。三者の夫人調達先にみる集中点のこのような差異は、継嗣の調達における②への集中度が三者ともに一〇〇％であったことと対照的である。また、将軍家における継嗣調達先の②への完全集中と夫人の調達先の①への完全集中という対応が、近世の二元的社会システムの分離と結合を象徴的に示している。

継嗣の調達における三者の②への集中がともに一〇〇％であるにせよ、内容を詳しくみれば三卿は将軍家と三家の中間に位置し、前段でみた夫人の調達先の集中形態においてもしかりということができる。一八八四（明一七）年の華族令による叙爵では、三卿は伯爵に格づけられ、侯爵に叙せられた三家の下位に立ったが、近世後期では、三卿は将軍家の厄介として三家を凌がんばかりの地位を保有したことが、官位の点のみならず、継承・婚姻要員の調達先比較から判明する。

当主と夫人の調達先の点検を通して明らかになった天皇家大イエと徳川家大イエとの分離・結合の関係を、つぎに、継承・婚姻要員としての子女の供給先について検討しなおすこととする。

将軍の子女は合計八三人、該当する当主四人、平均二〇・八人という多数に上るが、夭折も多く（五五人、六六％）、これを差し引けば生き残った子は二八人、当主平均七人（男三・八人、女三・二人）となる。将軍家について特徴的なことは、該当する当主四人のうち前半の二代で八三人の子女を全部生み、後半の二代は夭折の子すら一人も生んでいないことである。後半では継嗣の調達が問題となるのに対し、前半については平均一四人という大勢の子女をどのように分配したか、つまり将軍子女の身分異動が問題となる。

生き残り男子計一五人のうち、実に一三人（八七％）まで徳川家大イエに継嗣として投入された。宗家二に加えて、三卿五、三家一、家門五である。三家は予想外に少ないが、三卿への五人のうち三人まで後に紀伊か尾張の徳川家に入っているから、最終的には三卿二、三家四といってもよい。三卿は宗家子弟が三家へ継嗣として入る前のスタンバイ席であった一面がある。本章の考察対象期間に三卿三家から宗家の継嗣となった者二、それに対して宗家から三卿三家の継嗣になった者六であるから、三卿三家は宗家に継嗣を供給するよりは宗家の男子余剰分の受け皿となっている。自立性の乏しい三卿は受け皿に甘んじえたが、独立度の高い三家は受け皿とされることで苦痛を受けた。この需給関係は両者の一対六という当主ポスト数の差異に加えて、両者の出生力の差異に依存し、子女が大量生産された宗家前半の二代では供給が宗家→三卿三家と向かったが、子のないつぎの二代では三卿三家→宗家と流れた。この点で、もっぱら宗家余剰分の受け皿とされた家門の場合と異なる。ともあれ、将軍の子弟を徳川一族諸家の嗣として送りこむことにより、一代ごとに遠ざかる家祖嫡系の血統を更新して、宗家との緊密な族的関係を保持することが企図されたのである。

他方、外様有力大名家では、もし将軍家の子弟を嗣として迎えるなら、藩祖の血統が将軍家の血統に乗っ取られることに他ならないので、極力このような事態を回避しようとした。したがって、表9中の二例（鳥取池田家と徳島蜂須賀家）において将軍の子を継嗣としたのには相応の事由があったはずである。前者は、藩祖が徳川家康の外孫という縁故の家であったが、将軍の子を養嗣子に迎えたため（ただし早世）、幕府の待遇が徳川家門の越前（福井松平）家と同格に引き上げられた［本田 1933：14〜15］。そこに注目すれば、養取と家格上昇が取り引きされたことになる。他方、後者にどんな取り引きがあったか不詳であるが、二代にわたり譜代随一の井伊家から夫人を迎えたことが縁組の協議を容易にしたことであろう。

生き残り女子計一三人のうち六人は三卿・三家・家門、すなわち徳川一族の夫人となり、残りの七人は有力大名、それもほとんどが外様大名の夫人となっている。男子の供給先は徳川家大イエの頭首部分にほぼ限定されたのに対して、女子のそれは将軍家巨大イエの周辺部分に拡がっていることと、天皇家大イエの頭首部分の夫人となった女子が一人もいないことに注意したい。将軍家は主に女子を夫人として送りこむことで、自らの巨大イエの周辺部分をなす外様有力大名と族縁を構築し、他方、天皇家大イエから自らの夫人を取り込んでいるのに、自らの女子を天皇家大イエ側に夫人として供給していない。これは、将軍家では家格誇示のために宮家や摂家から夫人を求めたけれど、逆方向の需要が成立しなかったゆえであろうか。将軍家側でも、あえて高級廷臣に女子を送りこまずとも、外様有力大名への提供で余すところがなかったのだろう。ともあれ、宮家や摂家から入輿する夫人に扈従して公家の女子が東下りした結果、将軍家の大奥は京風、公家風になったという［猪熊 1968：58］。

つぎに三卿三家の子女に目を転じよう。三卿当主計一六人のうち該当する者は計七人であるから、子女総数五三人の平均七・六人、生き残り二六人の平均三・七人（男一・九人、女一・九人）、他方、三家当主計一七人のうち該当する者は一一人であるから、子女総数一〇一人の平均九・二人、生き残り四三人の平均三・九人（男二・一人、女一・八人）となり、生き残り平均人数は三卿と近似している。両者の子女総数平均は将軍家の半数にも達しないが、夭折率が高レベルながら将軍家よりいくらか低いため、生き残り平均は将軍家のそれの半ばを超えている。

当主の人数に三卿一六、三家一七と僅差しかないのに、該当する当主に七人対一一人という大差があるのは、三卿に対して主に宗家から、一部他の三卿と三家から、相ついで当主として送りこまれた幼少の男子が、三家の当主に転じたり夭折したためである。これは将軍家男子の身分異動についてすでに見たところを三卿側から眺めたに過ぎないが、三卿の当主自家調達率の低さとともに、徳川家大イエの頂点部分において宗家本位の緩衝装置的な役割を三卿が

表10　当主総数、該当当主数、子女総数および平均、夭折率、当主の寿命
（徳川家大イエ）

家格層	当主数（人）		子女数（人）		夭折・早世を除いた子女数（人）			夭折率（%）	当主の寿命平均（歳）	寿命階層別当主数（人）		
	総数	該当	総数	平均	総数	平均	内、男子			～19歳	20～49歳	50歳～
将軍家	5	4	83	20.8	28	7.0	3.8	66	45.5	－	2	2
三　卿	16	7	53	7.6	26	3.7	1.9	51	27.6	6	5	2
三　家	17	11	101	9.2	43	3.9	2.1	57	43.1	3	5	6

果たしたことを物語っている。

この点は表10のうち当主の寿命平均の欄によく示されている。ここで寿命というのは死亡時点の年齢であるが、他家に転じてこれを継承した者の場合はその時点の年齢である。天皇家大イエの当主各層平均と比べる時、将軍家の四五・五歳も三家の四三・一歳も決して高いとはいえないが、三卿の二七・六歳という低さは徒事ではない。三卿には二〇歳未満で死亡あるいは転出した当主が六人もいたため、平均値が異常な低さとなったのであり、これが子女総数の少なさを導いたといえよう。（他家に転じた者についても死亡時点の年齢をとって平均値を補正しても、三卿は三四・〇歳とやはり低い。三家は四三・七歳。）

考察を本筋に戻して生き残り子女の身分異動を男子から取り上げる。廃嫡の男子一人も自家継嗣要員に含めるなら、三卿の男子一三人のうち一二人（九二%）まで、自家・三卿三家・徳川家門および将軍家、つまり徳川家大イエ諸家の継嗣となっており、例外的に有力大名の嗣となった者が一人あるにすぎない。三家の男子二三人のうち同じく徳川家大イエ諸家の嗣となった者は一七人（七四%）、他系の大名の嗣となったのが五人（二二%）と、三卿よりも他系の大名への拡散がみられる。

では女子はどうか。三卿の女子一三人のうち徳川家大イエ諸家の夫人となったのが四人（三一%）、残りはまるで将軍家の女子要員を補足するかのように、すべて有力大名家の夫人となった。三家の女子二〇人のうち徳川家大イエ諸家の夫人となった者九人（四五%）のほか、他系の武家夫人七人（三五%）、宮家・摂家、つまり天皇家大イエの頭首

部分の夫人になったのが三人（一五％）である。三卿・三家ともに、男子のほうが徳川家大イエへの集中が顕著であり、女子のほうが他系大名への拡散が大きい。この特色が三家よりも三卿のほうにいくぶん強く出ており、三卿子女の異動様態は将軍家の子女に近似している。三家が将軍家や三卿とやや異なっていることをよく示すものは、天皇家大イエの夫人を出した点であろう。(5)

このように点検してくると、(1)天皇家大イエの頭首部分と、(2)徳川家大イエとの間の継承・婚姻要員の交換関係に加えて、(3)将軍家巨大イエの周辺部分に位置する大イエにも着目し、(3)と(1)との間、(3)と(2)との間の交換関係をも吟味する必要のあることが明らかになってくる。そこで、(3)のうち(2)と通婚関係のある外様有力大名一八家に注目する。一八家はみな一〇万石以上であるが、そのうち一〇家は三〇万石以上であり、三〇万石以上の外様大名はこれら一〇家の他にない。このなかから、一、(2)との通婚関係の頻度、二、子女の身分異動にかんする資料の充実度、三、大名家の地理的分布、の三点を考慮してつぎの六家を選び、(3)を中心とする子女の交換関係を調査することとした。六家とは金沢前田家（一〇二万石）、鹿児島島津家（七七万石）、仙台伊達家（六二万石）、広島浅野家（四二万石）、佐賀鍋島家（三五万石）、鳥取池田家（三二万石）である。ただし、作表の都合上、旧石高の大小順に前三者を表11A、後三者を表11Bに分けて掲載する。

竹内利美の系譜的分類［竹内 1969：122～123］によれば、これら六家のうち島津・伊達・鍋島は独立系A級大名、前田・浅野・池田は豊臣系A級大名に類別されるように、武将として興起した時代が異なり、しかも北は仙台から南は鹿児島にわたるので、家族慣行にも差異があったと考えなければならない。また、これら諸家の近代における隆替を規定した戊辰戦争への関与の差も無視できない。そこで六家別々に掲げたのであるが、他方、彼らは外様大名の雄として全国的な縁組・通婚マーケットを構成して交流し、継承・婚姻要員の調達と供給のネットワークで繋がっていたと推定することができるので、その限りにおいての共通性を前提とし、六家を適宜グルーピングした比較も行ってみたい。主な資料は『華族系譜』、各家について編纂された詳細な系譜、の一方もしくは双方である。

具体的な検討に入る前に、大名に対する幕府の婚姻統制を想起しておこう。幕府は武家諸法度において、国主城主一万石以上等は勝手に婚姻を結ぶべからず、とくに公家と縁を結ぶさいにはまず上裁をへて後約を結ぶべしと令したばかりでなく、公家に対しても、公家から武家に縁組をするさいには、幕府に連絡し、指図を受けてからにせよと達し、もしその手続きを経ないで取り結ぶなら罪科を申しつける、縁組の後もみだりに「宮中之趣其沙汰仕候儀」(公武法制応勅十八箇条)が判明すれば重罪となろう、と警告した。すなわち、将軍家巨大イエを構成する大名家大イエ間の通婚を統制下に置くとともに、大名家大イエと天皇家大イエを構成する諸家との通婚を統制し、通婚を介して大名家大イエが天皇家大イエの影響に曝されることを警戒したのである。幕府のこの基本方針は、天皇家大イエと大名家大イエとの間の通婚、すなわち継承・婚姻要員の調達と供給を抑制する効果をもった。

さて、表11によってまず当主の自家調達(子だけでなく弟、甥[弟の子]および伯叔父まで含める)に注目すると、前田・鍋島の両家は一〇〇%と完璧である。島津・伊達・浅野の三家は、不足分を分家大名や一門といった自らの大イエの頭首部分(藩祖の男系の血統が保持されている範囲)から補充し、他系から入れていない。島津家の補充一件は、先代・当代と二代続いて宗家の次三男が入った一門筆頭格の重富家の長子が宗家を嗣いだもの。島津家には二万七千余石の分家大名が一家あり、近い世代で何代も宗家の娘が婚嫁して血縁は近かったが、宗家を嗣ぐとなると、家臣の列にある一万五千石足らずの一門家であっても、男系の血縁が最も近い重富家のほうが重きをなしたのである。

当主は自家調達が旨とされたが、それが不可能な場合には、己の大イエに属する分家大名あるいは一門に継嗣を求め、もし適任者があればこれらの家の嗣子や当主でさえも宗家に移して後継者とする、という宗家優先主義のもとに、

表11Ａ　外様有力大名家における継承・婚姻要員の調達と供給
（近世後期）

実家・出先	前田家				島津家				伊達家			
	主	夫人	男子	女子	主	夫人	男子	女子	主	夫人	男子	女子
自家	4		2		3	2	2	2	3	2	1	2
摂家		2		1				1(1)		1		
将軍家		1						(1)				
三卿・三家		1				1				1		
徳川家門				1								
有力大名		1	1	1		3	1	5				
その他大名				1		1		3				
分家大名		1	4	1				1	1			
一門			1		1		3	1	1			1
家老				1			1	1				
分家華族			1									
夭折			8	4			19	10			2	1
不詳				1								
合計	4	6	17	11	4	7	26	24(2)	5	4	3	4

家祖男系の血統の男子を養嗣子にする慣行が貫かれている。[6]この慣行に従えば、宗家に嗣子がない場合、家祖男系の血統が近い男子なら下位の家格の家からでも、ということになり、養嗣子を同格の家から迎える観念が乏しいことは、婚姻の場合と対比して注目に値する。[7]

かつて将軍の男子を養嗣子に迎えたことのある池田家には、例外的に他系の養嗣子が入っている。一〇代の慶行が一六歳で早世した時、分家大名（三万石）の娘（一四歳）を故慶行の養女とし、金沢前田家の次男慶栄（一四歳、母は将軍家齊娘）をその婿養子として家系を相続させるよう幕府から命じられ、慶栄が一一代の当主となった。この時池田家家中では、初めて他姓の公子を主と仰ぐことを遺憾として、幕府の要求に屈した江戸詰役人への反発が起きたという。しかし、婚儀の披露もないうちに慶栄も一六歳で早世したので、池田家の重臣たちは分家大名の甥（七歳）を本家の養子としたいと願ったが、再び幕府

表11B　外様有力大名家における継承・婚姻要員の調達と供給
（近世後期）

実家・出先	浅野家 主	浅野家 夫人	浅野家 男子	浅野家 女子	鍋島家 主	鍋島家 夫人	鍋島家 男子	鍋島家 女子	池田家 主	池田家 夫人	池田家 男子	池田家 女子
自　家	4		3		4		3		3		1	
宮　家		1										
摂　家												
清華家		1										
大臣家						1		1				
平堂上						2		2(1)				
将軍家		1				1				1		
三卿・三家		3				1			1			
徳川家門								2				
有力大名		1		5		2		5	1	1		2
その他大名			1	6		1		1(1)				(1)
分家大名	2	1		1			7	1(4)	1	2		
一　門			2				1	1(1)				
家　老							5	5				
夭　折			13	9			28	21			4	3
不　詳			1	4			1					
合　計	6	8	20	25	4	8	45	39(7)	6	4	5	5(1)

から水戸徳川家の五男慶徳（一三歳）を養子とするよう命じられた。それから五年後、藩ではもう一軒の分家大名（二万石）の娘（一三歳）をその配とすることを願って許されたという［本田 1933：17、鳥取県立博 1992：49～50］。池田家では藩祖の血統を引く分家大名の男子に本家を嗣がせようとしたが、幕府から徳川宗家ゆかりの若者をおしつけられ、やむなく分家大名の娘をこれに配することで妥協したのであった。

夫人の出自に目を転じよう。家付き娘（分家大名からの養女を含む）が夫人となるのは、当主が分家大名、一門、他系から入った時の対応である。(8) また、六家のうち四家まで将軍家から、五家まで三卿・三家から夫人が入っている。どの家にも徳川家大イエの頭首部分から夫人が入っており、それの顕著なのは浅野であった。また、伊達以外は他の有力大名

表12　六家の当主総数、該当当主数、子女総数および平均、夭折率、当主の寿命
（将軍家巨大イエ周辺）

大名家	当主数（人）		子女数（人）		夭折を除いた子女数（人）			夭折率（%）	当主の寿命平均（歳）	寿命階層別当主数（人）		
	総数	該当	総数	平均	総数	平均	内、男子			～19歳	20～49歳	50歳～
前田家	4	3	28	9.3	16	5.3	3.0	43	60.0	−	1	2
島津家	4	3	50	16.7	21	7.0	2.3	58	61.7	−	1	2
伊達家	5	3	7	2.3	4	1.3	0.3	43	23.0	1	3	−
浅野家	6	5	45	9.0	23	4.6	1.4	49	52.0	−	1	4
鍋島家	4	3	84	28.0	35	11.6	5.7	58	58.6	−	−	3
池田家	6	3	10	3.3	3	1.0	0.3	70	23.0	2	3	−

からも夫人が入っている。六家のうちでは、島津と鍋島が池田から迎えた夫人は姉妹であり、その池田に前田から養嗣子が入ったため、この四家は直接間接の親類関係で結ばれていた。また、前田・伊達・浅野の三家は、宮家や摂家といった天皇家大イエの頭首部分からも夫人を迎えている。武家の大イエ相互、および武家の大イエと天皇家大イエの頭首部分との夫人のやり取り関係は、観察の時間幅を長くとれば、例数がより多いだけでなく、より広範に出現したのではないかと思われる。

つぎに、これら六家の子女の、継承・婚姻要員としての供給先を点検するにあたり、まず、それぞれの家の子女の数が各世代の継承・婚姻に必要なミニマムの水準に照らして、余剰があったか不足したかをおさえておきたい。そのために、表11の合計欄に掲げた子女数を表8、表10と同じ方式で分析した結果を表12にまとめた。

表12の子女数平均に注目すると、生まれた子の数が該当当主平均一〇人内外以上の四家と、二〜三人の二家という二群があること、夭折率は四割強から六割弱の高い水準にあり、池田家のように七割という異常に高い家もあったこと、夭折を控除した生存子数にも先の二群が認められること、したがって、家について個別に子女の供給先を点検するよりは、該当当主一人当たりの生存男子数が一・〇以下の伊達・池田両家を一群とし、他の四家、とくに男子数に余裕の

ある鍋島・島津・前田の三家を別の一群として、対置して観察するのが得策と考えられる。なぜなら、前者は何世代にもわたって当主の自家調達を達成できなかった家々であるのに対して、後者は余剰分を他家に提供することができた家々であるからである。前者のうち、伊達家は自らの分家大名および一門から提供を受けることで充足し、池田家はいわば幕府につけこまれて徳川宗家系の公子を迎え入れることとなった。これについては当主調達の問題としてすでに述べたから、ここでは鍋島以下後者を中心に余剰子女排出について考察することとする。

鍋島家では、治茂二〇人、齊直四六人、直正一八人と三代にわたり多数の子女に恵まれ、うち五八%が夭折したが、生き残った三五人（男一七、女一八）は嗣子三人を残して他は鍋島大イエの内外に広く展開した。男子について注目すべきことは、不詳一人を除く一三人がことごとく分家大名と一門・家老の嗣となったことである。これは将軍家と三卿にみられたのと同じパターンである。鍋島家には藩祖勝茂の子を祖とする分知末家大名が三家あった。小城鍋島（七万三千余石）蓮池鍋島（五万二千余石）鹿島鍋島（二万石）の三家である。これに亜ぐ家として親類（四家）・親類同格（四家）・家老（六家）があり、表11Bでは親類を一門、他は家老と標記している。宗家の嗣子以外の男子は鍋島大イエの頭首を固めるために配置された。

他方、女子一八人のうち七人が分家大名・一門・家老の夫人となり、残りは徳川家門へ二人、有力大名等へ六人、そして公家へ三人、夫人として入った。徳川家門とは、松江松平・前橋松平の二家、徳川家門以外の有力大名とは、宇和島伊達・熊本細川・鳥取池田・高田榊原の四家であって、自らの大イエと並ぶ有力な大イエに夫人を供給したのである。しかも、大臣家と平堂上ではあるが、公家の夫人も出した。夭折率は高いものの、もともと多数の子女を生んでいたので、自己の大イエ傘下の上層家格の家々に嗣や夫人を供給したほか、有力な武家の大イエや天皇家大イエ傘下の家にも夫人を提供できたのである。(9)

つぎに島津家では、齊宣二八人、齊興一一人、齊彬一一人と、三代にわたって多くの子女に恵まれたが、鍋島家同様に夭折率が五八％と高く、結局二一人生き残った。うち男子は三分の一の七人と少なく、自家の嗣となった二人を除けば、有力大名（松山久松家）の嗣として出た一人をいわば例外として、残り四人は一門・家老の嗣となり、自らの大イエの内を固めたといえよう。数こそ少なけれ、将軍家や三卿でみたのと同じパターンを示している。(10)

島津家には藩祖以前に大名として成立した分家（日向佐土原島津家二万七千余石）があるが、藩祖以後は他家のように分知末家としての分家大名を出さず、一万石以上の宗家の次男家でも分付末家に止めた。これを一門といい、加治木・垂水（実は佐土原家の分家で準次男家）・重富・今和泉・宮之城・都城の諸家が該当する。これらのうち重富と今和泉は成立がとくに古く、一旦断絶した後、比較的新しく再興されて宗家との関係が近いため、宗家子女が嗣あるいは夫人として入った例もこの二家に集中（重富三・今和泉二）している。重富家が一門筆頭格といわれることは、先に紹介したとおり。島津家の家老とは、種子島一万石の領主種子島家であって、島津家はこれを国老として待遇し、子女をその嗣あるいは夫人として提供した。

女子の生き残り一四人は、一門から宗家に入った養嗣子の夫人（家付き娘）二人のほかは、分家大名・一門・家老の夫人となった者もあるが、他の大名家の夫人となったのが八人（五七％）ともっとも多い。それとともに注目したいことは、摂家と将軍家という天皇家大イエの頭首部分と徳川家大イエの頂点に夫人を提供していることである。摂家とは近衛家であって、一度は自らの娘、もう一度は加治木家の娘を自らの養女として送り出した。また、将軍家へは今和泉家の娘を自らの養女として差し出した。養女とすることのここでの意義は、一門の娘を宗家の娘の地位に引き上げる格上げであった。

第三に、前田家は該当三代のうち二代しか子女に恵まれなかったため、子女総数は三家のなかではもっとも少ないが、夭折率が比較的低く、継承と婚姻だけを考慮するなら生き残り人数にいくらか余裕があった。とくに男子についてしかりで、島津家よりも余裕があったとみられる。

前田家には、分家大名として、藩祖利家の五男を祖とする上野七日市一万石、三代利常の次男を祖とする富山一〇万石、同三男を祖とする加賀大聖寺一〇万石の三家があり、一門としては、利家次男を祖とする一万一千石、利家婿を祖とする一万八千石の二家があって、いずれも前田姓である。家老としては、本多姓五万石、長姓三万三千石、横山姓三万石、村井姓一万九千五百石、奥村姓一万七千石・一万石の二家、今枝姓一万四千石、斯波姓一万石の、計八家が控えていた。前田宗家生き残り男子九人のうち、自家の嗣となった二人を除き、四人が分家大名の嗣、一人が一門の嗣となったほか、明治に入ってからであるが、分家して華族に列せられたのが一人いる。幕命によって鳥取池田家の嗣となった少年以外は、ことごとく宗家大イエに止まってその頭首部分を支えた。

女子は七人とその数が少ないが、自らの大イエに夫人として留まった二人以外は、徳川家門、有力大名、その他大名、それに摂家と広く、しかし薄く分散している。ここに鍋島・島津についてみたのと同様の、男子と女子の供給先の差異が認められる。男子は自らの大イエの頭首部分を構成する諸家の嗣として止めおき、他系統の武家大イエに嗣として提供することは例外的にしかなかった。他方、女子はむしろ徳川家大イエを始めとする他の武家大イエ、そして公家社会へ夫人として送りこんだのである。浅野もこの点で同様であったが、伊達や池田でこの傾向が現れていないのは、子女数のあまりの少なさのためというほかない。

前項でみた天皇家大イエでは、男子は自家を始め同格あるいは縁故公卿家の嗣として供給された。公家社会の需要がきびしく限られているのに供給が潤沢であるために生ずる供給超過分は、主として宗教界とりわけ高格寺院の嗣として吸収され、武家大イエの嗣となることは稀有であった。これに対して、女子は公家社会のほか、宗教界とくに高格寺院、そして武家の大イエに送りこまれた。このように、天皇家大イエと武家の大イエとは、女子の交換によって交流したが、男子の供給において交流するところがきわめて乏しかった。

武家における男子の供給は、将軍家巨大イエ・大名家大イエの枠とその需要によってきびしく限定された。女子の供給はこれに強く規定されながらも、実際にはこの範囲を超えて広く流通した。公家では天皇家大イエ傘下の個々の家が大イエをなさなかったから、男子を自らの大イエ傘下の嗣として留保したり、嗣の調達先を自らの大イエ内部に限定することはなく、継嗣を欠くときはむしろ同格あるいは縁故の他の家から調達した。継嗣の調達において、大名では大イエのなかで上位から下位へ、あるいは下位から上位へと男子が供給されたのに対し、公卿では同格・縁故の家と家との間で男子の移転がなされたのである。

三　近代の伝統貴族における家の継承と婚姻

近世後期に天皇家の大イエに属した貴族、あるいは徳川将軍家の巨大イエに属した貴族の家の継承と婚姻が、近代に入ってどのように変化したか。また、明治維新期における将軍家巨大イエと大名家大イエの崩壊、および天皇家大イエの巨大イエ化開始が、この変化とどのように関連しているか。本節ではこれらの問題を考察する。そのさい、便宜上各家の当主の生年によって時代を区分し、前節では近世後期に該当する対象として一八四七（弘化四）年までに生まれた当主（およびその夫人、きょうだい）を取り上げた。本節では、近代に該当する対象として一八四八（嘉永元）年以降、一九二五（大一四）年までに生まれた当主（およびその夫人、きょうだい）を取り上げる。一八四七年までに生まれた人々は一八六八（明元）年までに成年に達し、一九二五年までに生まれた人々は一九四五年の敗戦期までに成年に達していたことに、注目するからである。成年に達する時期と婚姻年齢とには緩やかな相関があるだけであり、いわんや家督相続の時期とはもっとも緩やかな相関すら認めがたいかもしれない。また、当主の夫人ときょうだいを当主と同世代とみることは親族世代としては当然の扱いであるが、時代と結び付いた社会的世代としては問題が残る。しかしながら、個々の家に適用可能な時代区分のより妥当な作業基準を求めがたい現状では、こうしたきわめて大雑把で便宜的な手法で満足するほかない。

資料は専ら『家系大成』に拠り、詳細な家譜がある場合にはそれによって補完した。『家系大成』は夭折子女の記録に欠陥があるが、近代では乳幼児死亡率が著しく低下したので、これに依拠して分析を進めてさしつかえないと考えるものである。

1　天皇家を頂点とする大イエの場合

近世後期で取り上げた天皇家大イエの頭首を構成する家々、すなわち天皇家・宮家・旧摂家・旧清華家・旧大臣家・旧平堂上四家の近代を考察する。このうち宮家だけは明治期に入って家数が増えた。近世後期の宮家の王子のうち、自家の嗣もしくは既存の貴族の家の養嗣子にならない者は、天皇の養子となって親王宣下を受け、入道親王あるいは法親王として門跡寺院を相続した。彼らは維新政権下で還俗を命じられ、一八六八（慶応四）年閏四月、六宮が一代（一宮のみ事実上二代）宮家として成立を認められる。これら六宮家はやがて二代皇族・三代皇族、さらには世襲皇族へとつぎつぎに昇格し、皇室典範制定時までに皇族の近代的定義が固まった結果、近世以来の世襲宮家と差異のない存在となった。[11] その上、明治三〇年代にさらに五宮家が創立され、新宮家一一家（実は一〇家、表13註1参照）が出揃ったのである。初代当主の生年から言えば、そのなかに近世後期の事例に属するものが五件あったが、宮家として成立し、婚姻と相続を観察しうるのは明治期に入ってからのことであるから、これらも近代の事例に合算して示すこととした。そこで、天皇家および世襲三宮家と並べて、近代創立の新一〇宮家の当主と夫人の出自、および王子女の身分異動を表13に掲げる。表側の類別のうち表5と同じものには＊印を付けることにより、近代で新たに追加された類別を識別しやすくした。なお、継承・婚姻要員の調達と供給をめぐるイエ関係が、明治維新期の政治的改革を契機とする貴族社会の変化から受けた影響に、本節の関心の焦点があるので、大正期以降成立の新宮家は取り上げない。

まず、天皇家に明治・大正・昭和と諡される三代の天皇が登場した。明治と大正は先代の唯一人の生存皇子、昭和は四人の皇子のうち長子が即位したもの。皇后は摂家の一条と九条から、ついで新設宮家から入った。皇位継承と皇后選定(12)に関する近世後期の慣行が厳格に遵守され、慣行を明文化した皇室典範に厳密に則ったものとなっている。この三代の天皇・皇后に対応するのは孝明以後三代の皇子女である。総数二五人、一代平均八・三人、生き残り数一〇人、平均三・三人、夭折率六〇％となり、近世後期の二代と平均値で比べると、出生人数はほぼ半減したものの、夭折率が低下したため生き残り数平均はやや増加している。この落差は近世後期と近代の間ではなく、近代のなかの明治と大正の間で起きた。明治と大正の間で皇室の側室制度が廃止されて皇子女出生数が減少し、明治二〇年代に皇子女養育法が改善されて以後夭折率の著しい低下をみた結果である［森岡 2000］。

成人した皇子六人のうち、三人は皇位を継ぎ、残り三人（いずれも大正天皇の皇子）が宮家を創立した。江戸期には皇子出家が慣例となっており、世襲宮家の創立は一七一八（享保三）年の閑院宮創立が例外的に一件あっただけである。ところが、一八六四（元治元）年四月に至って幕府の奏議により皇子女の出家剃髪の慣習を改めることになり、一八六八（慶応四）年四月には、皇子女のみならず宮家および公家の子弟もこれを僧徒とすることが禁じられた［『明治天皇紀』］。しかも、入道親王・法親王が続々と還俗を命ぜられて、一代宮家もしくは二代宮家と認められたことは先述の

表13　天皇家・旧世襲宮家・新設10宮家の継承・婚姻要員の調達と供給(近代)

実家・出先	天皇家				旧世襲宮家(三宮)				新設10宮家[1]			
	天皇	皇后	皇子	皇女	宮	妃	男子	女子	宮	妃	男子	女子
自家*	3		3		5		3		13		13	
自家附籍[2]							1				1	
天皇家	–	–	–	–						5		1
既設宮家*		1		4	1	1		1	14	3	2	2
宮家創立			3								4	
摂家*		2				2				2		
清華家*						1				2		1
大臣家												1
平堂上										1		7
将軍家*						1		1		1		
有力大名*						1		3		9		5
その他大名								1				5
准門跡家*												1
臣籍降下華族							2	1			11	
臣籍降下2代目華族								1				1
家柄華族[3]										1		
新華族												1
非華族										1	1	
分家創立											5	
夭折*			5	10			4	5			5	4
合計	3	3	11	14	6	6	10	13	27	25	42	29

1）新設11宮家のうち小松宮は、2代目が事情があって東伏見宮の創立を許されたため断絶し、他方、東伏見宮は1代で終わった。表13ではこの両宮を合して1宮とし、新設10宮家と掲出した。うち世襲宮家男子による創立6、新設宮家男子による創立4。

2）出生年月のほか身分異動が明記されていない者は、生家の戸籍に留まったと推定する。以下、同じ。

3）家柄華族とは、公卿華族あるいは大名華族から分家し、家柄によって叙爵されたもの。

＊印は表5と同じ類別、無印は新しい類別。表14～19の類別も対応する表の類別と同じ要領で関連している。

とおりである。ただし、在来の世襲宮家が有した家としての自立性は皇室典範下で否定され、宮号は家名でなく天皇家の内部での称号にすぎないものとなる。こういう理解のもとに明治三〇年代に新設宮家の王子四人が宮家創設を許され、つづいて前記のように大正天皇の皇太子以外の皇子三人がみな宮家を創設した。他方、成人した皇女四人は明治天皇の皇女でことごとく宮妃となった。皇女の尼門跡相続を慣例とした江戸期には考えられない事態であって、明治三〇年代の新設宮家のうち三宮は皇女入輿の受け皿不足に対応するものであった。

つぎは旧世襲宮家である。それぞれ一世代ないし三世代経過し、合計六人の宮および妃が登場したが、宮・妃ともにその出自は近世後期の状況と異ならない。ほとんどが実子相続であるなかで、異例というべき他の宮家からの養嗣子一件は、当主も嗣子もいない閑院宮家を伏見宮邦家の第一六男子が一八一二（明五）年に継承したもの。八九年の皇室典範（第四二条）で皇族の養子が認められなくなる遥か以前の出来事であって、当時から世襲宮家に関する慣例違反の謗りを受けた特例である。宮妃六人のうち王女を除く五人の出自は四つの類別に分かれるが、爵でいえば旧有力大名だけ侯爵、他は公爵の娘だった。

新設一〇宮家には合計で二七人の当主が登場した。そのうち既設宮家に育ち宮家創立を許されて初代となったのが一〇人（六人は伏見宮から、三人は久邇宮から、残り一人は北白川宮から）、他は二代目以降であって、自家の嗣となった者一三人、他宮家から入って嗣となった者四人（一八八一年から八五年の間で皇室典範以前）である。（したがって、既設の他の宮家からは一四人となる。）他方、宮妃二五人の主な出自は天皇家五人、宮家三人、高格公卿華族四人、有力大名華族九人となり、宮妃の調達先として摂家の比重が低下し、有力大名華族の比重が高まったのが注目される。爵位の分布は公爵六、侯爵四、伯爵三人と世襲三宮家に比べてやや遜色があるものの、皇女五人（明治四人、昭和一人）の入輿先となったことを考慮すれば、世襲宮家とほぼ同列というべきであろう。そう言えば残り三人、平堂上・家柄華族・非華族の各一人は異例と見えるので、説明しておく。まず平堂上一人は維新の元勲岩倉具視の孫であって、岩倉家は一八八四年に公爵に叙せられたから、結婚時には摂家並に昇格していた。つぎの家柄華族一人は名古屋徳川侯爵家の分家（男爵）の娘で、その父が侍従として宮廷と深いかかわりがあった。最後の非華族一人は、その年齢から推しても、また皇室典範下では皇族は同族もしくは華族以外とは結婚できなかったことに照らしても、第二次大戦後、宮が皇籍を離脱した後に結婚したものと推測される。したがって、基本的には世襲宮家と異なるところはないといえるが、宮家の数が多いだけに時代の動きをより直截に反映しているところは興味深い。

王子女の身分異動に目を転じよう。旧世襲宮家の王子女総数は二三人で、該当する当主平均二・九人となり、近世後期に比べると出生力の減退が顕著である。夭折率は三九％といくぶん低下したが、生き残り総数一四人、平均一・八人、うち男子は〇・八人で、継承要員の絶対的欠乏を告げている。かくて、有栖川宮は断絶し、閑院宮は異例の養嗣子によってようやく存続し、健在なのは伏見宮だけとなった。生き残り男子六人のうち五人まで伏見宮王子であって、そのなかの二人と閑院宮の唯一人の生き残り男子の計三人が自家の嗣となった。嗣子であったが虚弱のゆえに自家の附籍となって生涯を終えたのが一人いる。残り二人の伏見宮家次三男は、近世なら出家剃髪するところ臣籍に降下してそれぞれ侯爵・伯爵に叙せられた。生き残り女子八人については、そのうち四人までトップクラスの大名華族に嫁したが、宮妃となった者一人のほか二人は臣籍降下華族に嫁している。男子における臣籍降下叙爵、女子における臣籍降下華族への婚出が新しい異動形態であった。

新設一〇宮家の王子女総数は七一人で、該当する当主平均四・二人、夭折を除いた生き残り総数は六二人、平均三・六人となる。世襲三宮家より出生力が明らかに旺盛で、男子数平均も二・二人に上り、近代の宮家の活力は新設宮家から発した感を否めない。

男子生き残り三七人のうち、一三人は自家の嗣、二人は他宮家の嗣（ともに一八八五年）、四人は宮家創立、以上計一九人が宮家当主となり、自家附籍の一人を合すれば計二〇人が皇籍に留まった。ほか、一一人は臣籍に降下して侯爵もしくは伯爵に叙せられ、残り五人は分家し一人は非華族に養取された。最後の計六人はいずれも第二次大戦後の身分異動であった。近世後期なら出家剃髪したところ、近代の王子たちは新宮家を創立するか、臣籍に降下して華族の家を創立し、皇籍離脱後の現代では一般庶民同様に分家したのである。旧世襲宮家よりも王子が多いだけに、身分異動の近代的また現代的様相を色鮮やかに示している。

女子生き残り二五人のうち、皇后一人宮妃二人のほかは臣籍に下って、二一人が伝統貴族の夫人（公卿華族九人、大名華族一〇人、僧家華族一人、臣籍降下華族一人）となった。しかし、公卿華族といっても九人のうち七人が平堂上夫人、大名華族といっても一〇人のうち五人が一〇万石未満の旧大名夫人と、伝統貴族のやや低い層に重心があることは、明治以降におけるこれらの階層の社会的上昇を、あるいは縁組における宮家側の伝統貴族への固執を、反映するものであろう。そこで注目すべきは残る一人、新華族夫人である。これは一条公爵家の次男が勲功伯爵家を嗣いだがための王女降下であって、単なる新華族では達成しがたい縁組と推測される。

要するに、天皇家大イエの頂点部分においては、相続・婚姻ともに慣例が確守されている。出生数が減った一方、夭折率が低下したことに、側室制度が廃止され、子女養育法が改善された帰結を推定することができる。また、近世にみた皇子・王子の出家剃髪は跡を絶ち、宮家創立（七人）、臣籍降下叙爵（一三人）、あるいは分家創立（五人）といった新しい展開を示した。かつて皇族男子は入道親王・法親王として皇室の修法を担当し、宗教界の要を抑えることで皇室を護持したが、この役割に代わって、戊辰内乱や維新の体制変革期等の非常事態にさいし天皇代行ともいうべき役割を担い、さらに一八七三（明六）年一二月の太政官達によって、高齢とか虚弱体質等特別の事情のない限り、陸海軍軍人たることを運命づけられた。天皇が大元帥として陸海軍統率の大権を掌握することにより、民権の伸長にかかわらず、皇位の保有を磐石のものにしようとした国家体制において、軍人として天皇を扶翼する役割が皇族男子のライフコースを特色づけ、宮家創立と表裏したのである。[13] 他方、皇女四人はみな宮妃に収まって臣籍に降下する例がなかったが、王女で皇后あるいは宮妃となったのは僅かに四人、成人した王女の一二％に止まり——いいかえれば、宮妃の大多数は高格公卿華族・有力大名華族の出であった——、残りは臣籍に降下した。もちろん出家剃髪の例は一例もなく、准門跡家（僧家華族）の夫人となる例すら近世後期に比べて激減し、その代わり、大多数は臣籍降下華族や並の公卿華族や大名華族の夫人となり、新華族夫人となった例も稀にある。一般に伝統貴族への固執的選好が認められるが、第二次大戦後の皇籍離脱に伴い、旧宮家でも非華族との縁組が現れている。

つぎに旧公卿家の継承と婚姻をみよう。華族令による一八八四（明一七）年の叙爵のさい、家柄によって摂家は公爵、清華家は侯爵、大臣家は伯爵、平堂上は伯爵か子爵に叙せられたが、勲功が勘案されて一級上、まれに三級上の爵が与えられた家がある。旧家格が同じでも叙爵にこうした差異があり、それがやがて夫人の出自や子女の縁組先に反映したことと推測される。また、明治維新期に大名家大イエが解体した後、天皇家巨大イエの枠のもと公家武家をからめて出現した華族社会が、この二つの種族の交婚を促進したと予想される。これらの予測に添うて実態を点検したい。

作表の都合で旧摂家・清華家を表14にまとめた。最初の叙爵で公爵を授けられたのは家柄による旧摂家五家と、旧清華家のなかでは偉勲を認められた三条だけであったが、一九一一年に徳大寺、一九二〇年に至って西園寺が陞爵の恩典を受け、旧摂家並となった。

近代の旧摂家に登場した一四人の当主のうち、先代の子が九人（六四％）を占め、残り五人は他の摂家から三人、

表14　旧摂家・旧清華家の継承・婚姻要員の調達と供給（近代）

実家・出先	旧摂家（五家）				旧清華家（九家）			
	主	夫人	男子	女子	主	夫人	男子	女子
自家*	9	2	10	2	23	2	23	1
自家附籍			7				5	1
天皇家*		1		1				
宮家*		1		5				3
摂家*	3				1		1	1
清華家*	1	1	2	1	1			
平堂上*	1			2	1	4	2	7
列華族			2	(1)				1
将軍家*		1		1				
徳川家門		1				1		1
有力大名*		4	2	6(1)	1	5		6
その他大名*		2		5(2)		2		7
有力大名一門家老		1		1		1		1
門跡寺院*			1					
尼門跡寺院*				(4)				1
准門跡家*		2	1	5(1)			1	4
その他本山・准門跡門下・高格寺院*		1	1	1(2)			4	2(1)
高格神社							2	2
臣籍降下華族			1	1				
家柄華族			1					5
新華族				2(1)	1	1	1	3
非華族				2		4	4	16
分家華族*			8				2	
分家平民			2				2	
廃嫡*							2	
夭折*			20	13			18	13
合計	14	17	58	48(12)	28	20	67	75(1)

清華家から一人、平堂上から一人である。天皇家大イエ内部での調達であるが、養嗣子を同輩の摂家あるいは宮家から迎えた近世後期では、平堂上にこれを求めるなど考えられないことであった。しかし、この平堂上は維新の勲功によって侯爵に陞った四条家であって、その地位は旧清華家並に上昇していた。また、清華家と平堂上から迎えた養嗣子に家付き娘が配されたことも看過できない。この間に登場した夫人一七人のうち二人は今ふれた家付き娘であって、あとは皇族から二人、旧清華家から一人、武家華族から九人、僧家華族とその高格門下から三人となる。（表14の武家華族のうち有力大名一門とは島津公爵家一門・宮之城島津男爵家である。）公卿華族よりも、旧有力大名を中心に武家華族の比重が大きいことは近世後期と異ならないが、公卿華族が減少する一方、僧家華族や有力寺院から夫人が入るようになっている。要するに、当主の実家は依然高格公卿華族に限られるが、夫人のほうはむしろ公卿華族の比重が下がって大名華族から僧家華族に拡がっている。そのような変化にかかわらず、前近代からの持続のほうが強く印象づけられる。

旧清華家に登場した当主二八人のうち、先代もしくは先々代の子が二三人（八二%）と自家調達率が高いが、公卿華族から三人補充したほかは、大名華族・新華族からそれぞれ一人調達するという新例が発生している。大名華族は公爵で相応の家格であるが、武家貴族からというのが新しい。新華族は武勲による男爵であって、新例中の新例といわねばならぬ。公卿華族からの補充三例の夫人は家付き娘ではないが、新例二例には家付き娘が配されていることは興味深い。他方、夫人は二〇人と当主の人数よりも目だって少なく、近世後期の景況が増幅されている。公卿華族からの調達が減少して、旧有力大名を中心に武家華族からの九人が主となり、新華族・非華族が新しい供給元として登場している。とくに新しい動向というべき非華族四人のうち、少なくとも二人は財閥の娘である。要するに、当主の調達先は公卿華族の範囲をややはみ出し、夫人の調達ではその比重が低下して、武家華族に重点を移すとともに、伝統貴族の範囲からもかなりはみ出している。旧摂家よりも新しい動向が影を落としているといわねばならない。

つぎに子女の身分異動をみよう。まず旧摂家の子女総数は一〇六人、該当する当主一四人の平均子ども数は七・六人と近世後期の半ばに過ぎず、夭折（三三人、三一％）を差し引いた当主一人当たりの子ども数は五・二人（男二・七人、女二・五人）、近世後期の三分の二弱に止まるが、近代の宮家を二人上回り、つぎの清華家を一人上回る。生き残り男子三八人のうち、異動先が近世後期のそれと符号するのは、自家一〇人、旧清華家二人、列華族二人（近衛庶流・九条庶流）、各種高格寺院三人、計一七人（四五％）である。かつて多数を占めた門跡寺院の嗣が僅か一人に減少したことは、宮堂上の次三男の出家が停止され、宮門跡・摂家門跡の制が廃止された結果であって、それに代わる新しい異動先が登場した。まず有力大名華族の嗣（二人）は近世にはみなかったことであり、分家して華族に列せられた者六人、その嗣二人、臣籍に降下して華族に列せられた元皇族の嗣一人、家柄華族（四条侯爵家分家）の嗣一人も、新しい近代の展開である。分家して平民となった二人はいずれも大正期以降の事例であって、旧摂家の分家は一戸だけ（勲功があれば二戸）叙爵せられた時代が終り、分家すればみな平民になる時代に入っていた。そこで、分家を避けて生家の戸籍に留まる者があいつぎ、附籍がふえたのである。

生き残り女子三五人の大部分が天皇家・宮家の后妃、公卿華族・武家華族・僧家華族等の夫人となったなかに、近世後期のパターンの継承が認められる。公卿華族のなかの平堂上とは中山侯爵と清閑寺伯爵であり、武家華族に含めた旧有力大名一門とは鍋島侯爵家一門・白石鍋島家（二万石）であるから、新しい展開というほどのことではない。新しいのは臣籍に降下して華族に列せられた元皇族の夫人一人・新華族夫人二人・非華族夫人二人の五件である。このうち新華族とは武功による公爵と財閥男爵各一であり、非華族夫人の結婚は戦後に属し、いずれも時代の展開を反映している。

旧摂家について忘れてならないことは、他家の娘を養女として縁付かせたことである。近世後期の摂家養女と比べてみると、実の娘と養女の人数比を指標とする限り、この慣行はむしろ強まったとさえいえる。養親・養女関係の背後にかつて本支・門流・猶父子等の上下庇護関係を見出しえたが、近代の一二事例でもこの関係を認めうるもの七件、推量しうるもの二件である。

つぎは旧清華家の子女の身分異動である。子女総数一四二人、該当当主平均五・三人、夭折三一人（二二％）を除くと総数一一一人、当主平均四・一人（男一・八人、女二・三人）となり、子女総数では近世後期を下回るが、夭折率の低下によって生き残り数はこれをやや上回っている。男子生き残り四九人のうち二五人（五一％、うち二人廃嫡）が自家継承要員となった。あとは他の公卿華族の嗣三人、僧家華族ほか高格寺社の嗣七人で、近世後期に比べてこれらの人数は減少したものの、従来の異動パターンを引き継いでいる。新しい展開は残り一四人に認められる。すなわち、一人が新華族の嗣、四人が非華族の嗣となり、二人が分家して華族に列せられ、同じく二人が分家して平民となり、五人は生家の戸籍に留まった。旧摂家に比べて非華族の嗣となった者が多く、分家して華族に列せられた者が少ないことに注意したい。

女子生き残り六二人のうち、三人が宮妃、家付きを含めて一〇人が公家華族夫人、一五人が武家華族夫人、九人が僧家華族等高格寺社の嗣あるいは夫人となった。この点では近世後期のパターンを引き継いでいるが、家柄華族夫人五人、新華族夫人三人（うち財閥男爵夫人二人）、それに非華族夫人一六人は新しい展開である。旧摂家に比べて、非華族夫人の多いこと、非華族との結婚が男女ともに旧摂家よりも早く明治後期から始まっていることは、看過できない。

つぎは、旧大臣家三家と旧平堂上家四家である。旧大臣家三家は一八八四年の最初の叙爵でまず伯爵に叙せられたが、そのうち嵯峨家は八八年に侯爵に陞った。旧平堂上四家のうち岩倉家は最初の叙爵のさい公爵に、中山家は侯爵に列せられ、中御門家と四条家は伯爵であったが、前者は八八年に、後者は九一年に侯爵に陞った。こうして旧平堂上四家は公爵一・侯爵三、旧大臣家は侯爵一・伯爵二と地位が逆転することとなり、四家は爵位の上では旧大臣家を飛び超えて旧清華家並となった。このような近代における家格変動が継承・婚姻要員の調達と供給の様相にどのような変化をもたらしたか。旧身分別に合計値を掲げた表15に即して検討しよう。

まず当主について、自家調達不能分を旧大臣家は公卿華族から、旧平堂上四家は自らの分家華族から求めている。分家に嗣を求めることは、分家を創出できなかった近世の公卿にはかつて例のないことであった。分家華族の出現に両グループ間の差異化がすでに示唆されている。夫人の調達については、旧大臣家では公卿華族と非華族からえているのに対し、旧平堂上四家ではこれに加えて武家華族（旧将軍家を含む）と新華族（武功による侯爵と財閥男爵）からも求めており、ここに後者の家格の上昇が鮮やかに認められる。

子女数は、該当当主平均で旧大臣家五・四人、旧平堂上四家五・七人と微差しかなく、夭折を除いた子女数は同じく平均でそれぞれ五・二人（男二・一人、女三・一人、ただし「不詳」の相当部分は「夭折」と推定される）、五・〇人（男二・四人、女二・六人）と微差は逆転し、男子にかつて近世後期にみたような著差はない。生き残り子女の身分異動をみると、まず男子は自家の嗣となるのでなければ、公家華族の嗣となるか分家している。そのほか旧大臣家では大名華族の嗣（二人）となるか非華族の嗣（三人）となっているのに対して、平堂上四家では実に九人が分家を創出し（ほかに分家の嗣となった者が一人）、そのうち一人が華族に列せられた。創出した分家の数が多いことに、平堂上四家の社会的かつ経済的地位の躍進をみることができる。

生き残り女子の半ば近くは、公家華族、武家華族、あるいは伝統的宗教貴族の夫人といった近世後期同様の異動を示しているが、三分の一強は新華族や非華族の夫人という新しい展開をみせている。旧大臣家女子の公家華族嫁ぎ先は旧平堂上に集中するのに対して、旧平堂上四家女子のそれは宮家や旧清華家に拡がっている点、また、旧大臣家女子の新しい展開先はほとんどが非華族であるのに対して、旧平堂上女子のそれはむしろ新華族に向かっている点に、旧平堂上四家の社会的上昇の証をみることができよう。

表15　旧大臣家・旧平堂上四家の継承・婚姻要員の調達と供給(近代)

実家・出先	旧大臣家(三家)				旧平堂上四家			
	主	夫人	男子	女子	主	夫人	男子	女子
自家*	6	1	6		10		9	
自家附籍				1			2	
宮家		1						1
摂家						1	1	
清華家*	1							2
平堂上*	1	2	1	4		2	2	1
列華族			1				1	2
典侍*								1
将軍家						1		
三家・家門				1				1
その他大名*			2	1				4
有力大名家老						1		2
准門跡門下有力寺院*				2				
高格神社								1
外国王族				1				
家柄華族								1
新華族			1	1(1)		2		6
非華族		4	3	8		2		5
分家華族*					1		1	
分家平民			2				9	1
夭折*			1				3	5
不詳*			1	6			1	1
合計	8	8	18	25(1)	11	9	29	34

表16　当主総数、該当当主数[1]、子女総数および平均、夭折率、当主の寿命

（天皇家大イエの近代）

家格層	当主数（人）		子女数（人）		夭折を除いた子女数（人）			夭折率（%）	当主の寿命平均（歳）	寿命階層別当主数（人）		
	総数	該当	総数	平均	総数	平均	内、男子			～19歳	20～49歳	50歳～
天皇家	3	3	25	8.3	10	3.3	2.0	60	47.3	－	2	1
世襲宮家	6	8	23	2.9	14	1.8	0.8	39	57.9	－	2	6
新設宮家	27	17	71	4.2	62	3.6	2.2	13	52.2	2	7	10
宮家計	33	25	94	3.8	77	3.1	1.8	19	53.9			
摂家	14	14	106	7.6	73	5.2	2.7	31	57.9	－	4	10
清華家	28	27	142	5.3	112	4.1	1.8	22	56.6	1	10	17
大臣家	8	8	43	5.4	42	5.2	2.1	2	69.6	－	1	7
平堂上	11	11	63	5.7	55	5.0	2.4	13	66.4	－	1	10

1）近世後期の末尾当主が20歳以上の場合これを合算し、近世の末尾当主を除いた人数。以下同じ。

以上、天皇家大イエの頭首部分を構成する家々の近代について家格層別に考察したところを、子女総数、該当当主一人当たり人数など人口学的側面と、継承・婚姻要員の調達と供給の相について、知見をまとめておこう。まず前者につき、表8に準じて表16を作成し、近世後期と比較して興味深い諸点を指摘する。

①　子女数は一般に減少した。とくに天皇家・宮家・摂家における減少が甚だしいため、近世後期で見られた摂家以上と清華家以下との大きな差がなくなった。

②　夭折子女の記録に不備が推定されるため正確を期しえないが、夭折率が低下したことは疑いえない。その結果、出生数が減ったけれども歩留りがよく、世襲宮家以外は家の存続のための要員を確保している。

③　当主の寿命平均が伸びた家格層と逆に短縮した層とがあるが、近世後期同様におおむね五二歳を超えており、短命のゆえに家の存続が危殆に瀕することはまずなかったものと推測される。

④　子女のうち自家の継承に必要な要員は残し、他の子女は他家へ継承要員として提供する。こうした子女の交換が家と家との結合だけでなく、大イエ内部の統合と大イエ相互間の結合とに役立った。

養女もまたこの目的のために有効であるので、大イエの時代には養女の事例が比較的多いが、大イエが解体した時代にはもし生き残り女子人数が増えれば養女人数は著しく減少する、という仮説を設定することができる。ここで取り上げた旧公家貴族では、生存女子人数は計一三二人から一四四人に増えたが、養女人数は計一八人から一四人への減少に止まり、むしろ養女慣行の持続傾向を認めることができる。天皇家大イエが巨大イエへの成長過程にあり、かつ旧公家社会では旧武家社会のように大イエ解体の影響が直接的でなかったためであろう。

つぎに後者について、近世後期からの変化を中心に、注目に値する諸点を列挙しよう。

① 天皇および皇后の供給元については伝統が確守され、近代になって増えた宮および妃の供給元についてもほぼ同様である。皇子女および王子女の出家剃髪の慣行が一八六八（慶応四）年をもって停止された代りに、王による宮家の創立、王の臣籍降下・賜姓叙爵、王女の臣籍降嫁・華族との婚姻が、近代の皇族子女の異動を特色づけている。

② 近世後期の摂家の、当主および夫人の調達先は世襲宮家と酷似していたが、近代では当主の調達先が公卿華族の範囲内とはいえ清華家以下に拡がり、夫人の調達先が僧家華族に拡がるなど、宮家との差異が目立つようになった。子女の身分異動でも、分家して平民になる男子や非華族と結婚する女子の例があるなど、宮家ではありえないことが旧摂家で出現している。これは、宮家と旧摂家の社会的位置づけについて近代に起きた差異化のしからしめるところである。

③ 旧上層公家では、当主の自家調達不能の場合、近代でも依然として公卿華族から補充し、大名華族や新華族から調達することは例外的にしか起こらない。他方、夫人はもともと公卿華族からだけでなく大名華族からも調達してきたが、近代では僧家華族や新華族、それに非華族からも調達している。夫人の調達先の拡大に貴族社会の近代的再編成が影を落としている。

④　かつて旧上層公家の男子は、自家の嗣となるのでなければ、格の似かよった公家の嗣となるか、伝統的宗教貴族の嗣となるほか道がなかった。近代では伝統的宗教界に入る者が激減する一方、分家して(家柄)華族に列せられる者、あるいは平民籍に編入される者、さもなければ生家の戸籍に留まる者が少なからず、また、非華族の嗣となる者が臣籍降下華族（元皇族）・家柄華族・新華族の嗣となる者と同数くらい出現し、かつては絶無に等しかった武家貴族の嗣となる者も少数ながら現れている。他方、かつて旧上層公家の女子は、宮家・公家の夫人、武家貴族の夫人となり、あるいは高格寺院を相続するかその夫人となった。近代でもこの異動傾向に変わりはないが、人数は概して減る傾向にあり、その代わり家柄華族・新華族、さらに非華族の夫人になる者が多く現れている。貴族社会の近代的再編成が子女の供給先により鮮明に反映しているといえよう。

⑤　同じ旧上層公家のなかでも家格の高い層は、相手が旧武家であれ旧公家であれ高い家格の家と結び、家格の相対的に低い層ではいずれにせよ低い家格の家と結ぶ傾向は、一般的に観察される。しかし、爵位による近代的格づけが加わり、その上に実業界の財力に対する社会的認知が公然たるものになった結果、伝統的な家格を基礎とした縁組関係の枠をはみ出す例がいくらも現れている。また、非華族との縁組といっても、第二次大戦後の一部の縁組は別として、名家・財産家が多く、新華族に至っては一般に公卿華族よりも社会的経済的に実力があったとしなければならない。子女の供給先の分化には、このような上流社会の近代的変動が背景をなしているのである。

⑥　旧上層公家の当主は専ら公家社会で調達され、男子は公家社会か伝統的宗教界に供給されるのみであったが、夫人は公家社会だけでなく武家社会からも調達され、女子は公家社会と伝統的宗教界だけでなく武家社会にも供給されるというのが、近世後期における継承・婚姻要員の調達と供給の実態であった。これは、天皇家大イエと将軍家巨大イエという相互浸透的な二元構造を背景に成立していたから、明治維新期における二元構造と大名家大イエの解体、

ならびに天皇家巨大イエの構築開始は、当然のこととしてこの実態を変化させずにはおかない。上にみたのはその変化相の諸断面である。かつての二元構造および大イエが解体したあと、新華族を含む爵位制を柱とした近代貴族の一元構造に、古い構造の組成体が再編成されてゆくさまざまな姿態を、そこに垣間みることができるといえよう。

2 徳川将軍家を頂点とした巨大イエの場合

ここでは、将軍家巨大イエの傘下にあった大イエ諸家の、近代における継承・婚姻要員の調達と供給の実態を、第二節**2**で詳細に考察した近世後期の実態と比較することによって、明治維新期の巨大イエ・大イエの崩壊による変化に測鉛を下ろすものである。この点をまず巨大イエの頭首を構成した徳川家大イエの将軍家・三卿・三家について、つぎにその傘下に服属した有力外様大名六家について検討する。

巨大イエ解体後十数年をへた一八八四年の華族令に基づき、徳川宗家は公爵、三家は侯爵を授与された。三卿は将軍家の家族として三家よりも将軍に近く、したがって三家に勝る観があったけれど、居城をもつ自立した大名でなかったため、三家より一級下の伯爵に叙せられた。近世後期に計上した最後の一五代将軍徳川慶喜は、一九〇二年公爵に叙せられ、宗家から分かれて一家を興したが、この家は対象外とする。表17は、近代における徳川宗家・旧三卿・旧三家の継承・婚姻要員の調達と供給の実態を事例数で要約したものである。

徳川宗家では一七代と一八代の間がかけ離れすぎて一八代の生年が対象外となるため、世代としては一六代と一七代だけが対象となるが、子女の点検は一五代から一七代までの三代をカバーする。子女総数二九人、一代当たり九・七人で近世後期の半ばにも達しないが、夭折率が低下したため生き残り子女数の一代平均は七・〇人（男二・三人、女四・七人）と、近世後期の将軍たちと変わらぬ数の子女に恵まれている。表17によれば、当主は自家か旧三卿という狭

表17　徳川宗家・旧三卿・旧三家の継承・婚姻要員の調達と供給（近代）

実家・出先	徳川宗家				旧三卿				旧三家			
	主	夫人	男子	女子	主	夫人	男子	女子	主	夫人	男子	女子
自家*	1		2		5		5		7	4	6	2
自家附籍			1								1	
宮家*				1								
摂家*		1		1								
清華家*												1
大臣家・平堂上				1						2		
将軍家*	–	–	–	–		2	1			1		
三卿*	1			2					1		2	
三家*				1	3		1					
三家分家大名*											2	1
三家分家華族								1				
他の徳川家門*				4					2	2		1
徳川家門分家華族												1
有力大名*		1	1	2		4		3		2		3
その他大名*				2		1		3			1	3
新華族			1					2				2
非華族						1	3	7				
分家華族			2								1	
分家平民							1					
夭折*			5	3			6	8			4	
不詳											1	
合計	2	2	12	17	8	8	17	24	10	11	18	14

い範囲から入っている。これは旧慣どおりであるが、夫人を旧摂家のほか有力大名から直接迎えた例は絶えてなかったことである。また、女子のなかに公卿華族夫人となった者が二人あるのも近世後期にはなかったことで、ともに将軍家巨大イエの解体を反映している。他方、男子では次三男が有力大名の嗣となるのは前例のあることだが、新華族となった旧幕臣（伯爵）の嗣一人、分家して華族に列せられた男子（男爵）二人は新例である。かつて将軍家巨大イエを構成した家々が解体されて、天皇家巨大イエの近代貴族制のなかに組み込まれた効果が、さまざまな形で現れたといえよう。

旧三卿・旧三家の当主は主に先代の実子であり、不足分は旧三卿・三家・徳川家門から調達している。これは旧慣どおりであるが、かつて顕著だった将軍の子のいわば天下りが一件もみられないのは、宗家に男子が少なかったからであろう。その代わり、宗家に何人もいた女子を夫人に迎え、また旧徳川家門・旧有力大名の華族、公家華族からも夫人を迎えている。これら旧慣どおりの縁組のなかで異色の非華族出身の夫人は、戦後の登場である。

旧三卿・旧三家の子女総数の該当当主平均は、それぞれ五・九人、三・六人と近世後期よりも少なく、他方、生き残り数の平均は、夭折率の改善により、それぞれ三・九人、三・一人と近世後期とほとんど変わらないが、宗家と比べればその半ばに過ぎない。男子は自家の嗣（五人・六人）となるのでなければ宗家を始め徳川一族の嗣となっており、この点で旧慣を引き継いでいる。他方、女子は大名華族を始めとして華族たる徳川一族、それに公卿華族の夫人となっている点で同様である。ただし、男子では分家して華族（子爵）に列せられたのが一人と平民になったのが一人あり、女子では新華族（侯爵・伯爵・子爵）の夫人となったのが四人ある。とくに多いのは非華族の嗣や夫人になった男女計一〇人であって、新しい動向を示唆するものとして興味深い。

要するに、旧徳川家大イエの頭首部分を構成した諸家の間の、将軍家を中心としたかつての強固な求心力は失われ

表18　当主総数、該当当主数、子女総数および平均、夭折率、当主の寿命
(旧徳川家大イエの近代)

家格層	当主数(人)		子女数(人)		夭折を除いた子女数(人)			夭折率(%)	当主の寿命平均(歳)	寿命階層別当主数(人)		
	総数	該当	総数	平均	総数	平均	内、男子			～19歳	20～49歳	50歳～
徳川宗家	2	3	29	9.7	21	7.0	2.3	28	77.3	–	–	3
旧三卿	8	7	41	5.9	27	3.9	1.6	34	54.6	1	2	5
旧三家	9	9	32	3.6	28	3.1	1.6	13	59.0	–	3	6

ているものの、継承・婚姻要員の調達と供給の相対的に濃密なネットワークが持続しており、そのなかになお統合の遺風がみられる。旧巨大イエの権力中枢が強烈な改革によって撃破された後、天皇家巨大イエの貴族制のなかに吸収され、情誼的親睦的な性格の同族集団として再編成されたということができよう。

表18は徳川宗家・旧三卿・旧三家の子女総数・平均人数、当主の寿命平均などを一覧にして、表10との比較に供するものである。当主の寿命平均が著しく伸びて公家なみになったのに、出生子女の平均人数は減っている。しかし、夭折率の低下によって目減りは少なくなり、近世後期の巨大イエの時代とほぼ同じレベルを維持している。男子数平均がやや減ったけれど、巨大イエ解体の状況において、自家や徳川インナーサークル(定義は表21註1参照)の継承要員は確保しているといえよう。

つぎに、旧外様有力大名六家の近代における継承・婚姻要員の調達と供給を観察する。叙爵内規によれば、六家はみな侯爵に叙せられるべきところ、島津は維新の勲功により一階級進めて公爵に叙せられ、伊達は戊辰戦争のさい奥羽越列藩同盟の中心となって政府軍に抗したため減封され、一階級落とされて伯爵に叙せられた。しかし、ここでは近世末期同様に旧石高の大小順に便宜上二群に分け、表19A、表19Bとして掲げる。

六家は近代では二代か三代しか経過していないので、四代から六代を経過した近世後期と比較することにいくらか無理があるが、にもかかわらず同じパターンが維持されていることを確認することができる。すなわち、当主の自家調達率が高く、島津・伊達・

表19Ａ　旧外様有力大名家における継承・婚姻要員の調達と供給（近代）

実家・出先	前田家				島津家				伊達家			
	主	夫人	男子	女子	主	夫人	男子	女子	主	夫人	男子	女子
自　　家*	2	1	2	1	2		2		3		3	
自家附籍				1			1				2	
宮　　家				1				2				
摂　　家*				2		1						
清 華 家						1						
平 堂 上											1	
将 軍 家*								1				
三卿・三家*								2				
徳川家門*												
有力大名*		3		2			1	3		1		1
その他大名*		1								1		1
分家大名*	1		1				1					
分家列華族1)								1				
一　　門*												
家　　老*												
臣籍降下華族							1					1
家柄華族											1	
非 華 族												2
外 国 人				1								
分家華族*							2					
分家平民							1					
夭　　折*				2			3	3			4	2
合　　計	3	5	3	10	2	2	12	12	3	2	11	7

1）分家列華族は版籍奉還後、華族令達示までに分家して華族に列せられた者。

表19Ｂ　旧外様有力大名家における継承・婚姻要員の調達と供給（近代）

実家・出先	浅野家				鍋島家				池田家			
	主	夫人	男子	女子	主	夫人	男子	女子	主	夫人	男子	女子
自　家*	2		2		2		2		2	1	2	
宮　家*		2				1		1				
摂　家*		1										
将軍家*									1			
三卿・三家*				1								1
徳川家門*		1						2				
有力大名*						1		2(1)		1		1
その他大名*		1	1	1(1)			1	1		1	1	1
分家大名*							1					1(3)
一　門*	1											
家　老*			1	1							1	
臣籍降下華族			1									
新華族												1
分家華族							1	(1)				
分家平民							1					
夭　折*				2							6	1
合　計	3	5	5	5(1)	2	2	6	6(2)	3	3	10	6(3)

鍋島の三家は一〇〇%、そうでない前田・浅野の二家では分家大名華族や一門から補充している。自らの旧大イエから補充できなかったいわば例外は、近世後期に他系から養嗣子を入れたことのある池田家のみであるが、家付き娘の婿としてこれを迎えた点は注目に値しよう。

夫人については、家付き娘の二人を別とすれば、専ら他の大名華族から納れた前田・伊達・池田の三家、専ら高格公卿華族から迎えた島津家がある一方、鍋島家は有力大名華族と宮家から納れ、浅野家は大名華族・高格公卿華族・宮家の三類に加えて徳川家門からも夫人を迎えている。六家計一九人の夫人の調達先を大きく括って多い順に並べると、大名華族一〇人（有力大名六・その他大名四）、宮家三人、高格公卿華族三人（摂家二・清華

表20　六家の当主総数、該当当主数、子女総数および平均、夭折率、当主の寿命
（旧将軍家巨大イエ周辺の近代）

旧大名家	当主数(人)		子女数(人)		夭折を除いた子女数(人)			夭折率(%)	当主の寿命平均(歳)	寿命階層別当主数(人)		
	総数	該当	総数	平均	総数	平均	内、男子			～19歳	20～49歳	50歳～
前田家	3	3	13	4.3	11	3.7	1.0	15	60.0	-	1	2
島津家	2	2	24	12.0	18	9.0	4.5	25	84.5	-	-	2
伊達家	3	3	12	4.0	12	4.0	2.3	0	48.3	-	1	2
浅野家	3	3	10	3.3	8	2.7	1.7	20	84.0	-	-	3
鍋島家	2	2	12	6.0	12	6.0	3.0	0	73.0	-	-	2
池田家	3	3	16	5.3	9	3.0	1.3	44	47.0	-	2	1

家二）、徳川家門一人となる（他に家付き娘二人）。他方、近世後期の夫人六家計三七人を大イエ単位で類別して多い順に並べれば、将軍家巨大イエ頭首一一人（将軍家四・三卿三家七）、他の大名家一〇人（有力大名八・その他二）、自らの大イエ八人（家付き娘四・分家大名四）、天皇家大イエ八人（宮家一・摂家三・清華家一・大臣家一・平堂上二）であった。近代になって旧将軍家巨大イエの重みが極端に減退したのは、その徹底的解体の結果であり、分家大名華族が一件もないのは、旧大名家大イエの崩壊に近い状況を反映するものであろう。

つぎに、これら六家の子女の身分異動を点検するにあたり、比較のため近世後期の表12に準拠して子女数等をまとめた表20を掲げておく。

夭折子女にかんする記録に欠落があると推測されるが、それにしても表12と比較するとき出生数の減少と夭折率の低下は顕著である。その結果、かつて生き残り子女数の少なかった家ではこれが増え、多かった家では一般に減ったため、近世後期に家々の間に存した一・〇人〜一一・六人という大きな差異はなくなり、二・七人〜九・〇人の幅に縮小した。それでも、かつてとくに子女が多かった島津・鍋島両家は、継承・婚姻に必要なミニマムの水準に照らして依然たっぷりと余剰のある景況にあり、かつてとくに少なかった池田家は中間的であった浅野家とともにかつがつの状況にある。近世後期については、子女に恵まれとくに男子数に余裕のある鍋島・島津・前田の三家に注目したのは、子女が

多い家ほど自らの大イエへの投入と他の大イエへの提供の全体像がつかみやすいからであった。同じ理由から近代については島津・鍋島の二家に注目する。近世後期に比べて世代数が少なく、したがって個々の家の子女総数も少ないので、六家総体の子女の身分異動を異動先別に把握し、これを近世後期と比較することによって変化を浮彫りにすることも、あわせて試みる必要があるが、この作業は次節に譲る。

生き残り男子については、島津家では九人のうち、自家の嗣二、附籍一、分家して叙爵された者二、分家して平民籍に入った者一、分家大名華族の嗣一、計七人が自らの旧大イエに留まり、残り二人はそれぞれ有力大名華族の嗣、臣籍に降下して叙爵された元皇族の嗣となった。近世後期には、男子七人のうち自家の嗣二、一門・家老の嗣四、計六人が自らの大イエに留まり、残り一人だけ有力大名の嗣となったのと、大イエ中心という点では変わらない。また、鍋島家では六人のうち、自家の嗣二、分家して叙爵された者一、平民となった者一、分家大名華族の嗣一、計五人が自らの旧大イエに留まり、残りの一人がその他の大名華族の嗣となっている。近世後期には、男子一七人のうち自家の嗣三、分家大名の嗣七、一門・家老の嗣六、計一六人まで自らの大イエに留まった（残り一人は不詳）のと、全く同じパターンが繰り返されている。分家とか臣籍降下元皇族の嗣とかは近代の現象であることはいうまでもないが、近代の新しい展開に沿いつつ基本的には近世後期と同じパターンが再生産されていることに注意したい。

生き残り女子に目を転じると、島津家の九人の嫁ぎ先は、宮家二、大名華族六（旧将軍家一、旧三卿三家二、旧有力大名三）、分家列華族一である。近世後期の養女二を含む一六人の嫁ぎ先は、自家二、摂家二、将軍家一、有力大名五、その他の大名三、分家大名一、一門・家老二であって、自らの大イエに留まる（五人）よりは、天皇家大イエ、徳川家大イエ、そして大名家大イエにわたって、広く最高格の家々の夫人となった。その広がりを近代の展開が継承している。また、鍋島家の養女二人を含む八人の嫁ぎ先は、宮家一、大名華族六（徳川家門二、旧有力大名三、その他の大名

二、分家華族一である。近世後期の養女七人を含む二五人の嫁ぎ先が、旧公家四、徳川家門二、有力大名五、その他の大名二、分家大名五、一門・家老七となって、自らの大イエに半数の一二人を留めたが、外部への展開は島津家同様に広く、近代はこれを受け継いだ形である。ただ、両家とも近代では人数が減っただけ自らの大イエへの留置が減ったという変化が認められる。また、嫁ぎ先の拡がりに変わりはないが、大イエの境を越える感覚は薄れ、むしろ天皇家巨大イエのなかの最高格の家々を繋ぐ感覚となっているように思われるのである。

四　伝統貴族の家の継承と婚姻にみる変化

以上、近世後期を基準として、伝統貴族の家々をまず天皇家大イエ、将軍家巨大イエに大別し、つぎに天皇家大イエについては家格層別に、将軍家巨大イエについては将軍家大イエと外様有力大名家の大イエに分けて考察した。この分類に基づいて、当主と夫人の調達先（実家）と子女の身分異動先を数量的に観察した後、近代におけるその変化を追跡して、将軍家巨大イエおよび大名家大イエの解体と、これに随伴したそれぞれの頭首部分の統合弛緩が、小イエとなった伝統貴族の家の継承と婚姻の様相にどのような変化を生じさせたかを、貴族制の近代的展開とからめて明らかにしようとした。考究の要点を当主と夫人については表21に、子女については表22にまとめ、若干のコメントを付して結びに代えたい。総括の便宜上、表側では大臣家と平堂上四家（計七家）、三卿と三家（計六家）、外様有力大名（計六家）をそれぞれ一括し、表頭では、自らの大イエ内部を自家・インナーサークル・その他に三分し、将軍家巨大イエの内部を徳川家大イエと大名家大イエ（両者を総称するときには武家大イエと呼ぶ）に二分して示した。

表21から観察されるところを要約すれば、つぎのとおりである。

表21　自家、インナーサークル[1]、大イエ、社会圏別、当主・夫人の調達率(%)

（上段：天皇家大イエ、下段：将軍家巨大イエ）

出先＼実家		当主								夫人							
		自家	インナーサークル	自己の大イエ内	天皇家大イエ	徳川家大イエ[2]	大名家大イエ	家柄華族	新華族・非華族[3]	インナーサークル	自己の大イエ内	天皇家大イエ	伝統的宗教界	徳川家大イエ[2]	大名家大イエ	家柄華族	新華族・非華族[3]
近世後期	天皇家	67	33	×	×	×	×	×	×	100	×	×	×	×	×	×	×
	宮家	100	-	×	×	×	×	×	×	83	-	×	-	8	8	×	×
	摂家	80	20	-	×	-	-	×	×	25	10	×	-	25	45	×	×
	清華家	73	21	6	×	-	-	×	×	46	11	×	11	4	25	×	×
	大臣家平堂上	71	29	-	×	-	-	×	×	68	-	×	-	-	32	×	×
近代	天皇家	100	-	×	×	×	×	×	×	100	×	×	×	×	×	×	×
	宮家	55	45	×	×	×	×	×	×	42	13	×	-	6	32	3	3
	摂家	64	29	7	×	-	-	-	-	23	6	×	18	12	41	-	-
	清華家	81	7	4	×	-	4	-	4	10	20	×	-	5	40	-	25
	大臣家平堂上	84	16	-	×	-	-	-	-	29	12	×	-	6	6	-	47
近世後期	将軍家	40	60	×	×	×	×	×	×	-	-	100	-	×	-	×	×
	三卿・三家	36	64	-	×	×	×	×	×	39	-	48	-	×	13	×	×
	外様有力大名	73	21	-	-	3	3	×	×	22	-	22	-	30	27	×	×
近代	将軍家	50	50	-	-	×	-	-	-	-	-	50	-	×	50	-	-
	三卿・三家	67	22	11	-	×	-	-	-	37	11	10	-	×	37	-	5
	外様有力大名	81	13	-	-	6	-	-	-	10	-	32	-	5	53	-	-

1）インナーサークルとは大イエの中核のみならずその周辺にも存在する高密度ネットワークである。家格と親族関係の近さを基準として、天皇家大イエでは天皇家・宮家・摂家で、徳川家大イエでは将軍家・三卿・三家(ただし三家では自らの分家大名を加える)で、大名家大イエでは大名家・分家大名・一門で、天皇家大イエの周辺では、清華家は摂家・清華家・大臣家で、大臣家・平堂上は清華家・大臣家・平堂上で、それぞれインナーサークルをなすとみなした。

2）徳川家大イエというものの、近代の摂家、清華家、外様有力大名の夫人調達先が徳川家門を含めるのを除き、みなこの大イエのインナーサークルである。

3）非華族とは士族・平民をさす。実質的に新華族に近い存在とみて一括した。

×論理的にあるいは事実上非該当と考えられる欄。

(1)　天皇家大イエでは、近世後期以来一貫して、当主は自家を中心に専らインナーサークル内部から求められた。清華家以下では少数ながらインナーサークル外（ただし天皇家大イエ内）から補充する例があり、近代になると旧大名家大イエや新華族からの補充が少数出現している。

天皇家大イエでは天皇家のみ、近世後期以来一貫して、皇后の調達をインナーサークル内部に限ってきた。宮妃のインナーサークル内調達率は天皇家についで高く、かつて少数を武家大イエから調達したが、近代では旧天皇家大イエ以外（とくに旧大名家大イエ）からの調達率が上昇し、少数ながら家柄華族と新華族もその範囲に入っている。摂家についで清華家の夫人調達は、近世後期以降一貫して、天皇家大イエから武家の大イエに拡がっていた。これに対して、大臣家以下ではインナーサークル内調達が中心であったのが、近代ではむしろ非華族に重心が移っている。

当主の調達先は自家およびインナーサークル内部に集中し、武家大イエへの溢出がなかった。近代に入ってもこの傾向に僅かの緩みしか観察されないのに対して、天皇家以外の夫人の調達先は天皇家大イエから武家大イエにむしろ積極的に拡散する傾向があり、この傾向は近代では家柄華族・新華族・非華族への範囲拡大をもたらしている。

(2)　将軍家巨大イエについては、将軍家当主が専ら自家あるいはインナーサークル内部の人であることに近世後期以来変化がないが、三卿三家当主の調達先は近代にはインナーサークルから旧徳川家大イエへの拡散をみせている。外様有力大名家では、近世後期以来一貫して当主の自家調達率がきわめて高く、若干をインナーサークルから補充し、ごく少数を徳川家大イエ等に求めている。三者そろって天皇家大イエから当主を調達しなかった点でも変化がない。

将軍家の夫人はかつて専ら天皇家大イエのインナーサークルから求めたが、近代では旧大名家大イエからも求めている。三卿三家の夫人は近世後期では主に天皇家大イエのインナーサークルか徳川家大イエのインナーサークルから求め、大名家大イエからの調達が少なかったが、近代では旧天皇家大イエの比重が著しく低下し、代わって旧大名家

大イエ	女子	近世後期	将軍家	−	31	15	−	−	×	54	−	−	−	−	−	×	−
			三卿・三家	12	18	9	9	−	×	48	−	−	−	−	−	×	3
			外様有力大名	7	12	12	8	−	5	48	−	−	−	−	−	×	8
		近代	将軍家	−	21	29	21	−	×	29	−	−	−	−	−	×	−
			三卿・三家	7	7	7	3	−	×	40	−	−	−	37	−	×	−
			外様有力大名	3	5	3	17	−	19	42	−	−	3	5	3	×	−

1）皇族の場合は宮家創立、あるいは臣籍に降下して華族に列せられたものを一種の分家とみなす。華族の場合は華族から分家して華族に列せられたもの。いずれも本人が初代。

2）臣籍に降下して華族に列せられた元皇族の家、および家柄華族。いずれも既存の家。

3）廃嫡は附籍に合算した。

大イエの比重が高まっている。有力外様大名夫人の調達先は自家大イエのインナーサークル、徳川家大イエ・大名家大イエ・天皇家大イエに分散していたが、近代では旧大名家大イエからが主となり、旧徳川家大イエからの比重が著しく低下した。大イエ間における夫人調達関係の近世後期から近代に至る変化は、天皇家の圧倒的な地位上昇、将軍家の地位下落と外様有力大名家の相対的地位上昇を反映している。

(3)　要するに、当主は自家ついでインナーサークル内部での調達が旨とされ、天皇家大イエと将軍家巨大イエとの間の交流は一貫してみられず、近代に入って公卿華族で旧清華家以下に僅かな緩みが現れたにすぎない。夫人のインナーサークル調達率は、天皇家の場合を除き、当主のそれに比べて格段に低い。将軍家ではかつて専ら天皇家大イエのインナーサークルに夫人を求めたが、その他では天皇家大イエ・徳川家大イエ・大名家大イエ相互の交流が顕著に認められる。近代ではこの傾向が増幅され、インナーサークル内部での調達率がさらなる低下を示している。

先に言及した将軍家の地位下落と外様有力大名家の相対的地位上昇、および天皇家の圧倒的な地位上昇は、将軍家巨大イエの解体とそれに表裏した天皇家巨大イエ建設の一面である。また、夫人のインナーサークル内調達率の低下は、武家大イエが解体して、天皇家巨大イエの傘下で旧来の大イエ間の

表22　自家、インナーサークル、大イエ、社会圏別、子女の身分異動率(%)

実家			出先	自家	インナーサークル内	自己の大イエ内	天皇家大イエ	伝統的宗教界	徳川家大イエ	大名家大イエ	分家宮家・分家華族1)	分家平民	降下華族・家柄華族2)	新華族・非華族	附籍3)	後宮勤仕	不詳
天皇家大イエ	男子	近世後期	天皇家	100	-	-	×	-	-	-	×	×	×	×	-	×	-
			宮家	29	3	3	×	66	-	-	-	×	×	×	-	×	-
			摂家	27	10	6	×	55	-	-	-	-	-	-	-	×	2
			清華家	40	7	26	×	12	-	2	-	-	-	2	2	×	9
			大臣家平堂上	41	13	-	×	35	-	3	5	-	-	-	-	×	3
		近代	天皇家	50	-	-	×	-	-	-	50	×	×	×	-	×	-
			宮家	37	5	-	×	-	-	-	39	12	-	2	5	×	-
			摂家	26	-	11	×	8	-	5	21	5	5	-	19	×	-
			清華家	47	2	4	×	14	-	-	4	4	-	10	14	×	-
			大臣家平堂上	35	12	2	×	-	-	5	2	26	-	9	5	×	5
	女子	近世後期	天皇家	-	33	-	×	33	33	-	×	×	×	×	-	×	-
			宮家	-	14	-	×	36	22	17	×	×	×	×	-	×	11
			摂家	-	18	7	×	43	7	18	×	×	-	-	-	×	7
			清華家	-	10	20	×	12	7	24	×	×	-	-	-	×	27
			大臣家平堂上	7	32	2	×	37	-	10	×	×	-	-	-	7	5
		近代	天皇家	-	100	-	×	-	-	-	×	×	×	×	-	×	-
			宮家	-	12	27	×	3	3	42	×	×	9	3	-	×	-
			摂家	6	17	9	×	17	3	34	×	-	3	11	-	×	-
			清華家	2	2	18	×	14	2	22	×	-	8	30	2	×	-
			大臣家平堂上	-	17	2	×	5	4	13	×	2	4	37	2	2	13
将軍家臣	男子	近世後期	将軍家	13	40	33	-	-	×	13	×	×	×	×	-	×	-
			三卿・三家	25	33	19	-	-	×	17	3	-	-	-	3	×	-
			外様有力大名	29	43	14	-	-	-	7	2	-	-	-	-	×	5
		近代	将軍家	29	-	-	-	-	×	14	29	-	-	14	14	×	-
			三卿・三家	44	24	-	-	-	×	4	4	4	-	12	4	×	4
			外様有力大名	38	9	6	3	-	-	15	9	6	6	-	9	×	-

垣根が低くなったことを示唆するものであろう。

つぎに、継承・婚姻要員としての子女の身分異動をまとめた表22については、異動先（供給先）が近代の変化を受けて当主・夫人の調達先よりも分化する傾向があるので、表頭は表21のそれに何項目か付加して構成されている。

表22から観察されるところを要約すればつぎのとおりである。

(1)　天皇家大イエの男子は、近世後期では自家の嗣となるか、インナーサークルあるいは天皇家大イエ諸家の嗣となり、余分と見込まれた者は伝統的宗教界に溢出して門跡など高位枢要の座を占め、大名家大イエの嗣となる者は幕末・明治初頭に例外的に出現したにすぎない。近代においても、まず自家の嗣となり、インナーサークル・天皇家大イエ諸家の嗣となる点は変わらないが、伝統的宗教界への進出は稀である。各層全体の約半数は、皇族の場合は宮家を創立するか臣籍に降下して華族に列せられ、華族の場合は分家して華族に列せられるか平民となり、あるいは新華族・非華族の嗣となっている。分家しても列華族の恩典に浴しないときには平民となるので、生家の戸籍に留まって華族の族称を保つ者も現れた。こうした近代的展開にも家格差があり、高格の旧公家ほど分家華族の比率が高く、低格の家ほど分家平民の比率が高い。

天皇家大イエの女子は、近世後期には、自らのインナーサークル内もしくは天皇家大イエ内部で、あるいは武家の大イエに迎えられて夫人となるのでなければ、伝統的宗教界の女性セクターに進出して尼門跡など高位の座を占めた。近代でも、自らのインナーサークル内もしくは旧天皇家大イエ内部、あるいは旧武家大イエの夫人となる点は変わらないが、伝統的宗教界への流出は著しく減少し、その代わり、宮家・摂家では旧大名家大イエ夫人が四割内外に上り、清華家以下では臣籍降下華族・家柄華族・新華族・非華族の夫人となる者が約四割を占めている。

(2)　将軍家巨大イエの男子は、近世後期では、自家の嗣となるか、自らのインナーサークルあるいは大イエ内諸家の嗣となり、一割内外が他の大名家大イエの嗣となるにすぎなかった。この状況を基準とすれば、近代では自己のインナーサークルはまだしも、大イエ内部諸家の嗣となる比率が著しく低下し、その代わり分家して華族に列せられるか平民となり、あるいは家柄華族・新華族の嗣となるか生家の戸籍に留まっている。要するに、天皇家大イエ男子の近代的展開と同趣の様相が観取されるのである。

女子は、近世後期には自家・インナーサークル・自らの大イエに四割内外が留まったほか、五割内外は他の武家大イエの夫人となり、一割近くが天皇家大イエの夫人となった。近代でも旧武家大イエ夫人が主流であるが、自らのインナーサークル・大イエ内部の夫人となる比率が低下し、代わって旧天皇家大イエ諸家、および新華族・非華族の夫人がかなり出現している。

(3) 要するに、天皇家大イエと将軍家巨大イエ（とりわけ徳川家大イエ）の間の男子の交換は、近世後期には皆無に近く、その傾向を近代が引き継いでいる。他方、女子は天皇家大イエと将軍家巨大イエを繋ぐ存在であったが、その傾向は近代に入って強まり、この二つの世界を攪拌融合する動因となっている。

以上の知見は、先に当主と夫人について要約したところを重ねて証拠だてるばかりでなく、近代の旧天皇家大イエ諸家における経済的資源の充実拡大、ならびに近代における華族制度および戸籍制度の整備を映し出している。それとともに、天皇家巨大イエのなかに包摂されたかつての天皇家大イエと武家大イエという二元的世界が、当主の調達と男子の身分異動のなかに近代までなお尾を引いていることは注目に値しよう。

註

（1）稲垣知子が「大名の婚姻調査により、大名の通婚範囲の決め手になる〈家格の要素〉が何によって決定せられていたかをつきとめたい」[稲垣 1997：2] というのは、同じ家格の大名間で通婚がなされるもの、という前提を表明している。この前提は一般論として妥当であるが、本章では、主従結合型が支配的な社会では主君からの賜物として、あるいは従者からの献上物として、娶られることがあることにも注目している。具体例は註(9)をみよ。

（2）　表6の摂家の養女一三件はつぎの四類に分けることができる。

①特定摂家の支流・門流あるいは近縁の家の娘が天皇家大イエを出て大名の大イエに婚入するさい、当該摂家の養女となった。該当六件。

◎近衛家の場合　支流鷹司家の娘が名古屋徳川家夫人になる時。
　　　　　　　——仙台伊達家夫人になる時。
　　　　　　　門流同様の廣幡家の娘が和歌山徳川家夫人になる時。

◎一条家の場合　門流菊亭家の娘が徳川（一橋）家夫人になる時。
　　　　　　　娘の縁付先三条家の孫娘が熊本細川家夫人になる時。

◎鷹司家の場合　久我家夫人となった娘の娘が金沢前田家夫人になる時。

②特定摂家の猶子である准門跡家の娘が公家夫人になるさい、あるいはその准門跡家に宮家の姫や公家の娘が婚入するさい、娘は当該摂家の養女となった。該当四件。

◎近衛家の場合　猶子東本願寺の娘が門流同様の廣幡家夫人になる時。
　　　　　　　伏見宮王女が猶子東本願寺夫人になる時。
　　　　　　　支流鷹司家の娘が猶子東本願寺夫人になる時。

◎九条家の場合　鷹司家の娘が猶子西本願寺夫人になる時。

③将軍家が傘下の大名家大イエの娘を自らの夫人に迎えるさい、その娘は一旦武家のイエから出て天皇家大イエの頭首部分の養女となった。

◎近衛家の場合　鹿児島島津家の娘が将軍家の夫人になる時。二件。

④別々の家の成員なら問題がない男女でも、同一の家の成員であるため婚姻に倫理的な問題がある場合、婚姻に先立って女子のほうを一旦他家の養女に出した。

◎近衛家の場合　鹿児島島津家の娘が同じ島津家の養嗣子夫人になる時。一件。

このケースでは、とにかく一旦どこか他の大イエに出せばよかった。例えば、近くの細川家の養女になるのでもよかったのに、近衛家養女になったのは、歴史的に近衛家と格別の縁故があったからであろう。なお、これより四年後の一八七三年八月太政官指令第三九参照。

③は格上げのための養女縁組であった。これに対して①は、異種の大イエの間を婚姻によって娘が移転するさい、オヤブンの立場の家が行った橋渡しのための養女縁組である。しかし、真のオヤブンたる天皇家は表に立たず、摂家が代行している。天皇は宮家の王子が門跡寺院に入る時これを養子とし、王女が尼門跡寺院に入るときこれを養女とするに止まった。なお、①は相手側との身分的な地位関係によっては格上げの機能を伴う場合がある。②は①の橋渡し機能が、大イエというより猶父猶子の限定された関係を背景として果たされたものである。以上四種の養子縁組においてオヤとなる蓋然性の高いのが、摂家筆頭の近衛家であった。事実、一三件のうち九件を占めている。

（3）表6で清華家の養子養女に注目すると、清華家では摂家でみたような性格のオヤになる蓋然性が低い。養子女計一〇件のうち、①に近いとみなしうるのが一件（烏丸家の娘が三条家養女として高知山内家夫人となった）を数えるのみである。その代わり、清華家で特徴的にみられるのは、非准門跡真宗本山や高格寺家の夫人、あるいは嗣となる公家の子女を養子女としたことである。それも、下位の平堂上の子女よりも、上位の摂家の子女を養子女とした例が多く、宮家の王女を養女とした例さえある。一条・二条・鷹司の子女が三条や菊亭の養子女となったほか、伏見宮王女が信濃善光寺へ入るために久我家の養女となったのがそれである。高格寺家には寺元など特殊関係をもつ特定の公家があり、その寺家へ嗣あるいは夫人として入るためには、当該寺元の養子女ないし猶子とならねばならなかった［宮内庁 1983：107］。これは註（2）の②に相当するが、摂家の場合のような世襲的な猶父猶子の関係が必ずしも特定されておらず、やや流動性のある比較的親密な関係に止まるようである。その場合でも、主従結合型の社会では、猶父猶子関係に準じて取り扱われたのであろう。

（4）表7では、いわば例外的に、平堂上にのみ養女例が一件だけある。正親町家の嗣として養取された中山家生まれの男子が、娘を残して早世した後、その娘（中山家からみれば実の孫）を正親町家当主（娘の養祖父）の嫡子（義理の叔父）に娶せるにつき、一旦養女として中山家に引きとった上で、あらためて婚入させた件である。これは、註（2）の④親族関係を婚姻可能な形に直すための養女縁組であって、さきの島津家娘を一旦近衛家養女にした上で島津家養嗣子に配したのと同じである。ただし、中山＝正親町のイエ関係が近衛＝島津の関係のような縦に近い結合ではなく、横の組結合的なものである点は留意しなければならない。

（5）表9の養女について。将軍家の養女二件は実は有栖川宮王女であって、一人は水戸徳川家の、あと一人は久留米有馬家の夫人になるにさいし、将軍家の養女となったものである。註（2）②でふれた東本願寺夫人となるにあたり近衛家養女となった伏見宮王女や、註（3）でふれた信濃善光寺の嗣となるさいに久我家養女となった伏見宮王女と同様に、水戸徳川家や有馬家の夫人になるのに将軍家養女となって格上げする必要は、有栖川宮王女にはもちろんない。にもかかわらず養女となったのは、天皇家大イエから出て将軍家巨大イエ傘下のこれらの家に入るためには、将軍家をオヤとする必要があったからだろう。この理解に立てば、徳川三家の養女五件のうち四件まで、三家の分家大名の娘が有力大名の夫人となり（二件）、あるいは高格寺院を相続するために（一件）、三家の大イエの外に出るに当たって本家をオヤとし、また、他の三家の分家大名の娘が己の分家大名夫人となって己の大イエに入るさい（一件）、そのオヤとなったといえよう。したがって、将軍家・三家の養女はともに註（2）の①に相当する。ただし、後者のうち有力大名夫人となった二件には③格上げの機能が伴っていることに注意。

（6）一八六四（元治元）年の禁門の変を起こした長州藩に対する処分案の大要は、「領地の内十万石没収大膳蟄居長門永蟄居末家の子弟本家相続益田始三老臣家名断絶等」であった［日本史籍協会 1974：36］。藩主と世子に刑を科してその地位から追い、世子に世継ぎが生まれていたけれどもこれも拒否することによって処分の趣旨を貫き、末家の子弟に本家を相続させ家名を継承させるという案である。ここでも、大名家の継承者がない場合の慣行が前提となっている。

（7）藩士上層では婚姻だけでなく養子縁組も「等輩之内」から選ぶことが当然とされ、例えば松代真田家の家中では、「差立以上」とよばれる家老・番頭の三六家は永給人の狭い範囲に養子・嫁取りが限定されていた［磯田 1999］。これに対して、大名の場合は等輩原則ではなく、家祖男系血統原則が支配したことに注目したい。

（8）六家以外であるが、一例を紹介しておこう。松江松平家の齊齋に嗣子がなかったので、同族の津山松平家から定安を迎えた。かつて「御家に於て義嗣世統を継承するの先例なし」、しかし定安が齊齋の男系の親族であり、かつ藩祖の血統を永続させうるので、相続人に選んだという［松平 1934：56］。血統の永続のために齊齋の娘婿となる約束で相続人となったのであるが、その時、定安は一七歳、家付き娘はまだ二歳の幼女であって、成婚は一一年後に実現する。養嗣子に男系の親族を確保するため、またこれを家付き娘の婿養子として迎えるために、このような無理をあえてすることがあり、この無理を和らげたのが娶妾の習俗であった［森岡 1999］。なお、第三部第二章二六九ページ参照。

（9）鍋島家について看過できないことは、註（5）で徳川三家についてみたのと同様に、分家大名の娘を当主の養女として他家へ遣わし、また他家の娘を自らの養女として分家大名の夫人にしたことである。分家大名から平堂上の正親町家と一〇万石格の対馬宗家への入輿、平堂上堀河家から分家大名への入輿はそのようにして実現したのであった。このように、自らの大イエの外に婚出する娘を養女にして送り出し、外から婚入する娘を養女にして迎えたばかりでなく、分家の娘が他の分家に嫁ぐさいにも宗家当主の養女とした。この場合、分家相互間の婚姻に宗家が介入し、宗家当主が分家の娘を養女にして婿側の分家に遣わすという形になる。そういえば、大イエの外から婚入する娘も自らの養女にして分家に遣わす、とみることができる。有賀喜左衛門が聟入婚・嫁入婚の二類型に第三の類型として追加した親方取婚とは、「親方本家を中心とした労働組織への（若い男女の）参加を骨子として、親方の世話で行われた」[有賀 1968：231] ものである。舞台を村落の労働組織から大名家大イエに移すなら、鍋島家養女の分家大名・一門への嫁入りはまさに親方取婚といわなければならない。婚姻のさいの養女縁組の機能として、註(2)で①「橋渡し」と③「格上げ」を挙げ、両者が伴いやすい傾向にもふれたが、この両機能を手がかりとして「親方取婚」を説明しうることが明らかになった。

念のため、鍋島宗家の養女となって縁付いた七例を個別に挙げておこう。

大イエ鍋島家の外へ
　小城鍋島家娘　八代治茂養女として　正親町家夫人
　蓮池鍋島家娘　一〇代直正養女として　対馬宗家夫人
大イエ鍋島家の内へ
　公家堀河家娘　八代治茂養女として　蓮池鍋島家夫人
大イエ鍋島家の内で
　一門鍋島某娘　一〇代直正養女として　一門鍋島某夫人
　鹿島鍋島家娘　一〇代直正養女として　小城鍋島家夫人
　蓮池鍋島家娘　一〇代直正養女として　鹿島鍋島家夫人
　鹿島鍋島家娘　一〇代直正養女として　蓮池鍋島家夫人

親方取婚は武家の大イエに広く見られた婚姻慣行と想定されるが、鍋島家の場合これを制度化していた。大イエ鍋島家では本支藩の対立抗争が一六八三（天和三）年の「三家格式」によって最終的に決着し、三支藩は完全に本藩の支配下に置かれることになった。この「三家格式」の第三条に「他家与縁組有間敷事」とあり、三末家が大イエ鍋島家の傘下外の家と縁組することを禁じられたのである[藤野 1981：291～294]。「蓮池日史附録」のうち蓮池藩と本藩との関係に即して「三家格式」を解説した文章、「藩主ハ鍋嶋一族及ビ宗藩国老ノ外他邦ノ侯伯ト婚姻スルヲ得ズ。若シ他邦ヨリ夫人ヲ迎エ、及ビ子弟ヲ他邦ヘ婚姻セシムル事アレバ必ズ宗藩子弟ノ名義ヲ付シテコレヲ行フ。是レ宗藩ノ規定スル所ナリ。」は、三支藩すべてに妥当したはずである［鹿島市史 1974：16～17］。上記の例にみるように、他邦との縁組はもちろん、宗家傘下の末家・一門間の縁組でも、宗家子女の名義で、つまり宗家の養女として婚姻がなされた。大イエ鍋島家でこれほど整然と親方取婚が行われたのは、主従結合型に基づいて親方取婚を制度化していたからである。

（10）島津齊彬の弟久光の子女はここに計上されていないが、彼が一八八一年分家して華族に列せられ、八四年公爵を授けられたことに鑑み、改めて参照すると、長男は宗家齊彬の、次男は宮之城家、四男は重富家、五男は今和泉家、七男は後に分家する久光本人の、それぞれ嗣となったばかりでなく、次男は首席家老として実兄である藩主を補佐するなど、一門家の主となった次男以下が幕末・維新の動乱期に島津家大イエの頭首を守り立てるのに貢献した（三男と六男は夭折）［島津男爵家 1922］。

（11）世襲四宮家と新設宮家の区別および位置づけの変遷について一言しておく。まず、世襲宮家と新設宮家の区別については、一八八四年頃作成されたと推定される「皇族ニ関スル諸例調書」と題する文書［宮内省関係書類］につぎのような記載がある。「右四家ハ従前ヨリ皇統御扣ノ家ニシテ其ノ家ノ血統ニアラサレハ相続スルコトヲ得ス血統ナキ時ハ皇子ヲ迎テ相続トス相続スヘキ皇子ナキ時ハ則チ空室ノマヽ差置クヲ慣例トス決テ他家ノ皇族ヨリ入テ相続スルコトヲ得ス向後モ此ノ四家ハ皇統御扣ノ家ト定メ世襲皇族トシ云々」という。新設宮家のなかに一代皇族から世襲皇族にいわば昇格したものがあるが、「コノ宮ハ皇統御扣ノ家トナスコトヲ得ス」とし、三世皇族は四世から、四世皇族は五世から臣籍に列すべきものと規定している。新設宮家は親元である伏見宮の支家でなく皇室の支家である点では四宮家と同じであるが、皇統継承の控えの役割に関連して、四宮家との間に明確な差異があった。そしてこの観念が、明治一〇年代まではまだ堅持されていたのである。

明治二〇年前後にこの観念に変化が生ずる。かねて空室であった桂宮の嗣に皇子が入ることは当面期待されず、また閑院宮当主は伏見宮から入って嗣となったという、上記の原則に悖る例があったことも一因であるが、もともと宮家の性格にA、non-A二つの側面があるうち、皇室典範の制定と関連して皇族の近代的定義が設定され、強調される側面がAからnon-Aへと移行したことが、変化の主な要因であった。

宮家は一つの家である、というのがAの側面である。家名というべき宮号をもち、別々の宮殿に住み、嫡子が天皇の猶子となって宮号を継承する。系図は親子の血統だけでなく、宮家の系譜を示している。これらの点から宮家を一つの家と理解する、世襲宮家本位の観念である。近世後期にかかわる表5はもちろん、近代にかかわる表13も、宮家を一つの家、天皇家のいわば分家とみる立場を反映している。

他方、宮家の家としての自立性・自足性の乏しさに注目すると、non‐Aの側面が露になり、皇族は全体として天皇の一家族をなすと観念される。世襲宮家すら皇統の控えとして天皇側から絶えず新鮮な血統の注入を受ける立場にあったし、その立場にない新設宮家の場合は遅れても四世か五世で臣籍に降下するべく予定されている。それに、宮号は単なる称号であって、家督相続と呼びうる宮号の継承はなく、ただ血統による財産相続があるだけで、別宮殿居住も異居に過ぎない、とみなしうるからである［小林・島 1996：734〜735］。

皇室典範の制定を契機として、Aの同族制的側面に立脚した宮家の定義から、non‐Aの単一家制的側面に立脚する定義へと移行した結果、世襲四宮家と新設宮家の区別が消滅し、継嗣がある限り宮号は世襲されるが、継嗣のない宮家は世襲・新設の別なく断絶する時代に入る。明治後期から大正期にかけて、二つの新設宮家ばかりでなく世襲宮家であった有栖川宮さえ、それ自身の継嗣を欠いたがゆえに断絶に至った。

(12) 皇后候補者を求める範囲は、天皇家の巨大イエへの成長に伴ってつぎのように拡大してゆく。一八七八（明一一）年三月、右大臣岩倉具視が内閣に設置を建議した儀制調査局（奉儀局）の調査条目に、「皇后ヲ出ス門地ニ関スル事」が挙げられている［多田 1927b：530］。井上毅の反対によって設置が見送られたものの、この建議を契機として七九年一一月頃作成されたと推定される「皇后入内ノ諸家」と題する文書（宮内庁書陵部所蔵）に、

従前皇后宮ハ旧摂家ノ内ヨリ入ラセラル、慣例ニ候処今後ハ右五家ニ限ラス左ノ諸家ノ内ヨリ入内ノ内規ニ定メラレ度候事

親王家　諸王家　旧摂家

旧清華家　岩倉右大臣家

徳川宗家　元徳川三家

元国主大名家

とある。旧摂家のほかに、宮家はもちろんのこと、公卿華族では清華家、それに平堂上の出ながら、摂家・清華家当主でなければ就任できなかった右大臣の職にある維新の元勲岩倉の家を加え、大名華族では徳川宗家のほか旧三家と旧国主大名諸家を加えている。天皇家が公家貴族を主な従者とした大イエから、武家貴族の総体をも包括する巨大イエに成長したことの反映といってよいだろう。なお、宮家以外のこれら公武の貴族は、一八八四（明一七）年の華族令で公爵もしくは侯爵に叙せられた。

皇室典範に準拠して一九〇〇（明三三）年四月に制定された皇室婚嫁令の適用に関連して、帝室制度調査局が作成した文書（宮内庁書陵部所蔵）では、皇族以外については公侯爵であることを標準とし、かつ適格者を求める順序を左のように明示している。一八七九年の内規案を華族令に即して書き直せば公侯爵ということとなり、侯爵諸家をすべて含むことにした結果求める範囲が拡大し、順次を決める必要が生じたのであろう。

皇室婚嫁令第二条中特ニ定メタル華族トハ其標準左ノ如シ

一　皇族

二　公爵　九条　近衛　一条　二条　鷹司　徳川

三　同上　三条　岩倉　毛利　島津二家

四　侯爵　凡テ三十五家

壱号ヨリ四号ニ至リ順次ヲ追フテ其人ヲ求ム若シ后位ニ陞ルヘキ淑徳ヲ備フル女子ナキトキハ伯子男ト爵ノ順序ヲ追ヒ仍ホ之ヲ求ム

侯爵三五家とは、一八九五（明二八）年末の公家一二家、武家一六家、勲功六家、計三四家がもっとも近い数字である。公爵を家格によって二と三の二級に分けているのに、家数が二倍以上もある侯爵のほうは「凡テ三十五家」と大雑把な示し方に止まっている。これは人選の対象になるのは実際上公爵どまりであろうことを示唆するものである。皇太子嘉仁親王妃候補選定という秘められた意図のもとに、一八九一年四月初めて招かれた一〇人の娘は、悉く皇族か公爵家の令嬢であった［森岡 2000］。

(13)　一八八二（明一五）年一一月、公卿華族柳原前光がロシヤ駐剳公使たりし時、右大臣岩倉具視に呈した書状のなかで、「今後国会ノ盛衰ニ関シ又ハ内閣之更迭ニ際スルモ少シモ為ニ動揺セサルノ大基本」は、「陸海軍ノ権ヲ帝室ニ全攬シ且皇族ヲ以テ藩屛トシ華族ヲ以テ股肱トシ特別ニ国勢ヲ持スルニ在リ」［多田 1927b：977］と断じて、軍人勅諭の発布に対応する、皇族男子陸海軍従事の究極の意図を抉り出している。また、八八年三月英国留学中の小松宮依仁に対し、天皇が親書をもって「皇族タル者真ニ兵権ヲ握ラズンバ稜威振フベカラズ、日本前途ノ為メ研究惰ル勿レ」と励まし、かつて仏国留学中の閑院宮戴仁にも同様の親書が送られたことに注目したい［徳大寺実則日記 1888.3.14］。

八八年の『帝室統計書』によれば、二〇歳以上の皇族男子一〇名中軍籍にない者は、七二歳の山階宮晃と六五歳の久邇宮朝彦（神宮祭主）のほか、久邇宮邦憲（二一歳、後出）と小松宮依仁（二〇歳）の二人だけで、後者は後海軍に入った。二〇歳未満でも、山階宮菊麿（一四歳）は海軍兵学校生徒、華頂宮博恭（一三歳）は海軍兵学校予備科生徒であった。
皇族男子の軍籍は、陸・海の所属を世代的に継承した宮家と、世代によって変更した宮家とがある。陸軍への所属が圧倒的に多いが、所属変更の流れは陸軍から海軍へであって、陸軍偏重が是正される傾向にあったことが窺われる。大正天皇の皇子による宮家は初代であるので、別立てにしてその概況を表示すれば、つぎのとおり。

直宮　秩父宮（陸軍）　高松宮（海軍）　三笠宮（陸軍）
陸軍　閑院宮　北白川宮　賀陽宮　梨本宮　朝香宮　竹田宮　東久邇宮
海軍　華頂宮　山階宮
陸→海　有栖川宮　伏見宮　小松－東伏見宮　久邇宮

なお、前出の邦憲（賀陽宮）は病弱のため父久邇宮朝彦の跡を襲いで神宮祭主となり、弟の多嘉（久邇宮附籍）も軍人にならず、兄の跡を襲いで臨時に神宮祭主を命じられて、天皇の大祭司役割を扶翼した。神宮祭主は「神宮神秘之条件」を伝える者として皇族に限られた［徳大寺実則日記 1890.1.2］。

第二章　家訓・家憲にみる「家」戦略

一　家訓・家憲と「家」戦略

前章で伝統貴族における家の継承と婚姻の実態を貴族社会の構造変動に即して観察したのにつづき、本章では伝統貴族の家訓・家憲を取り上げ、貴族社会の構造変動が及ぼしたインパクトに注目しつつ、家の継承および家政上の関係に係る条項を考察する。

まず、家訓・家憲・家範・家法といった類縁語の区別と関連を明らかにしておかねばならない。家訓とは、家の管理、家業の運営等についての心得を家の成員に説いたものであるのに対して、家憲とは、家督相続関係や家政管理等に関する規則を定めたものである。家範は家憲と同義とみなす。家法とは、米村千代にしたがって、家訓・家憲に加えて店訓・店則・使用人規則を含めたものとし［米村 1999：72］、商家を対象としない本章では、家訓・家憲・家範の語のみ用い、家法の語は用いない。実際には家訓と銘うったものに家憲的条項が、逆に家憲と銘うったものに家訓的条項が含まれていることがあるが、主たる制定目的と考えられるところについていえば、右のように家訓と家憲を区別することが可能だし、したがって、家訓とか家憲と銘うたれていない伝来の文書も、内容から判断して両者のいずれかに分類することが可能である。

華族に列せられた伝統貴族諸家には、世代を超えた存続のなかで代々受け継がれてきた態度・行為・行為連関についての規範がある。それの成文化されたものが家訓・家憲であるが、成文化されるにはこれを促す契機があったはずである。その契機とは、これまで遵守されてきた不文律の規範への違反が目立ち、伝統の確認が必要になったとか、家の内外の条件の変化に対応して、先祖代々が目差したところに照準しつつ従来の規範を改訂する必要が生じたとか、世代交代を機に将来を戒めたり、または目差すべきところを示しておかねばならないとかの、急迫した、あるいは慢性的な危機であり、危機の意識化であったことであろう。したがって、家訓・家憲には家の安泰な存続を目差す戦略が掲げられているか、少なくともこれを窺うことができると予想される。

二　近世大名家の家訓

中世・近世では家訓の語が多用され、家憲・家範の語は近代になって使用され始めた。有馬家家範（一八八〇年）、内藤家家憲（一八八七年）などは比較的早い使用例である。本章の考察の主な対象は近代の伝統貴族の家憲であるが、近世大イエ時代の大名家家訓は近代脱大イエ時代の旧大名家家憲とは異なり、行政を家職とする家業経営体の特色が刻印されていたと推定される。まずこの点を点検しておきたい。

近藤齊が集めた近世大名家の家訓［1975］は、家祖・藩祖の遺訓を伝えるものが多いが、前章との関連で近世後期に作成されたものに限り、まず「家訓」と銘うったものを選び出すと、若狭小浜酒井家、伊勢桑名松平家、和泉岸和田岡部家、下野黒羽大関家の四家の家訓が該当する。「家訓」の文字がないとはいえ「家訓的」とみなしうるものを挙げれば、加賀大聖寺前田家（峻徳公御遺書）、近江膳所本多家（六正六邪の額）、出羽米沢上杉家（伝国之辞）の三家を数えることができる。作成が一六七七（延宝五）年に遡るものの、幕末に藩論統一のため持ち出された日向延岡内藤家の家訓を、これに加えることにする。以上八家のうち、近代の家範を近藤の資料あるいは他の資料源に見出しえたのは上杉家と内藤家だけであったが、上杉家の「伝国之辞」は僅か三項のごく簡潔なものであるので、近代との比較のため、近世の家訓としては内藤家のみ取り上げる。幸い、内藤家の家訓は他家のどの家訓よりも記載内容が包括的であって、一例で全体的な展望をつかむには好都合といえる。

内藤氏は三河以来の徳川譜代大名で、始め陸奥磐城平において七万石を領したが、九代藩主の一七四七（延享四）年に日向延岡に転封となり、幕末には藩論を統一して幕府支持を貫いた。家訓は六代義泰が嫡子と定めた次子義英に与えたものであるのに、家訓作成の翌年、義英を廃嫡したところから察すれば、嫡子にしたものの継承に不安があって、家老たちの忠諫に従うよう諭し、また家老たちには主人の非道を助けてはならぬ、と命ずるために家訓を定めたと考えられる。二三カ条のうち、長酒堅く禁制のこととか、妓女頑童の戯れ堅く禁止すべきことなどの個人的行為規範は省略し、本節の趣旨に添う家訓の主な内容を摘記すればつぎのとおりである（もと漢文）［石井（校注）1974：37〜41］。

①徳川将軍家への心得……大君に対し奉り、先祖よりいささかも不忠なきを期す。ねがわくは汝義英、常にこの意を思い、心に銘じ骨に刻み、たとい世変に及ぶとも、別心を懐いて家名を辱むることなく、いよいよ忠誠をぬきんづべき条々。

②親兄弟・女性への心得……よろしく親に順うをもって専一となすべし。よろしく兄を敬し、弟を愛すべきこと。牝鶏の朝するは家の禍なり。外事は婦人に告ぐべからず。(1)

③家来への心得……家来は慈愛を加えこれを召しつかうべし。忠諫に従い、恩賞刑罰ならびに士の進退用捨は、家老用人のほかは、絶えて聞知すべからず。また一人の愛憎をもって、法を枉ぐべからず。

④家老用人の心得……家老用人の面々、心を政法に尽くすべし。下の評議あい済むの後、様子委細主人に告げ、その下知を承くべし。主の意善ならばすなわちこれに従え。善ならざればすなわち千回万辺正を告ぐべし。主の怒りをおそれて、非道を助くべからざること。
⑤領内への心得……領内漸く貯米をいたし、水旱の災いを救うべし。
⑥継承の心得……世禄七万余石、一所一粒も減らすことなし。それがし帰老の節は、新田そのほか余りあるの田畠、残らずその方に譲るべし。嫡々あい守るべし。あに相違あらんや。汝嫡子に譲るの時も、またよろしく斯くの如くすべし。もし庶子あれば、別に官仕を得れば幸いなり。しからざればすなわち下臣といたすべし。万一実子なくんば、同姓の子を養うべし。近しといえどもしかも他姓を立つべからざること。

以上のうち直接小イエに関わるのは②と⑥だけであって、嫡々継承することと、石高したがって大名としての社会的地位を堅持すること、この二点が家存続の核をなすことが分かる。他は大イエ内藤家の安泰な存続にとって須要な事項である。対外的にもっとも重要なのは①将軍家との関係であり、②以下も将軍家に忠節を抽んでる文脈で意味づけられている。対内的には、③家業経営のスタッフとしての家臣を遇する心得、⑤家業の行政の対象である領内への心得が大切である。家老用人が藩主を補佐して家訓の条項を忠実に実行に移し、大イエを存続させる責務を帯びたことは、④家老用人の心得が家訓に含まれていることから明らかである。内藤家は、世の中が変化しても将軍家に別心を抱いてはならぬとの家訓①を遵守して、幕末動乱期にも異心なく幕府を支持し続け、鳥羽・伏見の戦には幕軍に加わったため、新政府から入京禁止の処分を受けた。

右に摘記した六項のうち、相続・養嗣子・庶子（嗣子以外の男子）について規定した⑥だけが家憲的条項であって、他は家訓的条項である。地位役割の捉え方が拡散的（diffuse）で権限と責務や手続きを限定的（specific）に規定しにくい時代であったから、一般的な心得しか説くことができず、とくに大イエの家政関連条項はそういうものであった。先に藩名家名を挙げた内藤家以外の七家の家訓は、家訓的条項のみであり、しかもほとんどが大イエ関連条項であるのも故なしとしない。以上のことから、近世後期の大名家家訓に大イエの特色が刻印された「家」戦略が掲げられていることは明白であろう。

三　近代伝統貴族の家憲

1　家憲制定の契機

近代における家憲の制定は、まず第一に、これを必要とした伝統貴族諸家の内部事情に対応するものであった。例えば一八八〇（明一三）年制定の久留米有馬家家範＊、八二年の金沢前田家「家法条目三十七則」［岩尾 1989：84〜85］＊、八七年制定の延岡内藤家家憲や一九〇三（明三六）年制定の土浦土屋家家範［千田 1989：16〜17］＊の場合、それぞれ何らかの切迫した家政上の問題、家政危機に対処するために制定されたと推定することができる。また、家主（戸主）の世代交代も家憲制定のきっかけとなったことは、一八八九年制定の東本願寺大谷家の大谷派家憲、一九一〇年制定の徳川慶喜家家範にその例がある。（＊印家憲は内容不詳ゆえ以下の考察では使用しない。）

第二に、切迫した内部事情があるわけでもまた家督相続の時期でなくとも、もし家憲の制定を促す時代的な外部状況が存在すれば、それによって制定が動機づけられ、比較的多くの家憲がその時代に出現することだろう。この論理を逆に辿って、相当数の家憲についてまず家憲制定の時代を探り、もし制定件数の多い時代が見つかれば、家憲の制定を促した外部条件の特定が容易となるはずである。今回家憲を収集した伝統貴族二一家のうち、家憲の利用が可能な一八家について最初の制定年代をみると、もっとも早いのが一八八六（明一九）年、遅いのが一九一七（大六）年で、明治中期から大正前期にかけての三二年間におさまる。期間を細分すれば、明治二〇年代一〇例、三〇年代五例、つぎの一〇年間で一例となり、明治二〇年代に集中していることが分かる。資料の例数は不十分であるが、家憲制定には一定の時代的な背景があって、それが制定の外的契機となったことを推定できるのである［森岡 1992：137〜138］。(2)

以上の点検から、明治一〇年代後半からほぼ一〇年間に起きた一連の事件が、家憲制定の契機として累積的な効果をもったと推定される。まず第一は一八八四（明一七）年七月七日の（旧）華族令制定であって、この日、叙爵の勅書に対する奉答の誓文を賢所に奉ったことが、家憲制定の動機づけとなった旧大名家がある。例えば、侯爵に叙せられた福岡黒田家では、家訓の藩祖長政遺訓に、東照神君の遺命を守り徳川家に忠勤を励めという趣旨の文言が含まれていたので、長政遺訓のうち賢所に納めた誓文と齟齬する部分を改正する必要を感じ、八五年この趣旨に基づいて新しい家憲を制定し、そのさい家職・相談役目・顧問などの新制をこの家憲に盛り込んだという［参議院事務局 1995：71〜72，小澤 1985：344〜347］。

一八八六年一〇月に家政規則を定めた平戸松浦家も、黒田家と同じ動機から家則の制定に向けて動き出したと推測されるが、より直接的な制定の契機は同年四月の華族世襲財産法（四二八ページ参照）の公布であった。松浦家は同年九月、世襲財産会議員を浅野長勲・中山忠能・園基祥・稲葉正邦・渡邊章綱の五名に委嘱し、世襲財産目録を調整して宮内省に提出した。世襲財産会議とは法第二四条で定める「世襲財産ニ関スル事件ヲ協議スル」親属会議のことであって、前記の浅野家は松浦家嗣子夫人の生家、中山夫人・園夫人はともに松浦家の出、稲葉家は松浦家三男の養子先、渡辺家は華族類別録での松浦家の宗族、つまり華族である親族と宗族の当主五名に議員を委嘱したのである。旧小藩第一の資産家となる松浦家では、このさい家政に関する体系的な規則を定める必要を認めて、翌一〇月前記の家政規則を制定し、家政および財産の保全に関する事項を議定する家政評議人一〇名（うち在京三名）を旧藩士中から選任するとともに、嗣子の結婚、分家、養子縁組、後見人委嘱等について相談するため、先の世襲財産会議を発展させて宗親族相談会を設置した［松浦伯爵家 1927：100〜101：同 1930b：206〜215］。なお、一八八八（明二一）年制定の鹿児島島津家家憲（序言、第四章家産）にも、叙爵と華族世襲財産法のインパクトが認められることを付け加えておく。

家憲制定の契機となった第三の事件は、八九年二月の大日本帝国憲法公布と同日の皇室典範の制定であった。本願寺住職大谷光尊の日記八九年三月四日の項に、典範の制定がどのように家憲の制定を促したか、その委細が記されている。両本願寺大谷家には僧家華族として大名華族とは異なる家憲制定の内部事情があるので、これを一般化することはできないが、外部要因については他系統の伝統貴族と同列に扱ってよいと考えられる(3)。

以上三つのきっかけ要因に加えて、明治二〇年代に出現したもう一つの事件こそより直接的な家憲制定の外的契機であった。それは、憲法に矛盾するところのある華族懲戒例が廃止されたことに対応して、華族令自体のなかに華族の非行に対する外的な制裁の備えを設けるとともに、家範を制定させ、家範違反行為は華族懲戒の原因になりうるとして、華族の体面を汚す失行を内面から抑制させるため［酒巻 1987a：215］、九四年六月、従来の華族令に八カ条を追加し、冒頭の左の二カ条で初めて家範の制定を規定したことである。

第十一条　華族ハ相続及家政上ノ関係ヲ定ムル為ニ、法律命令及華族ニ関スル規定ノ範囲内ニ於テ家範ヲ定ムルコトヲ得

第十二条　家範ハ宮内大臣ノ認許ヲ経ヘシ、其条項ヲ改正増補スルトキ亦同シ

(旧)華族令制定・叙爵、華族世襲財産法および皇室典範の制定によって、新しい家憲制定の必要を感じていた華族

に対し、右の第一一条は家憲の制定を促す直接的な契機となった。弘前津軽家の家憲制定の経過を一九〇五年時点で述べた文章のなかに、「其（華族令追加）以来、家範ヲ制定スルモノ続出シ、今ヤ宮内大臣ノ認許ヲ得タルモノ二十余家ニ達シ（例之細川侯爵家ノ如シ）、其他コレヲ制定シタルモ、未ダ認許ヲ請ハザルモノ少ナカラズ（例之近衛公爵家ノ如シ）」、と記されているのがその端的な証拠である〔津軽承昭公傳 1917：438～439〕。このように見るとき、一八八四（明一七）年七月から九四年六月に至る一〇年間に起きた四つの事件が伝統貴族を含む華族諸家に家憲の制定を促し、その累積的効果が最後の華族令追加によって一挙に現れたということができるだろう。こうした時代的背景のもとに華族諸家があいついで家憲を制定すれば、士族平民の間でもいわゆる富豪名門がこれに触発されて続々家憲を制定し、一種のブームとなったかもしれない。岩崎徂堂『日本現代富豪名門の家憲』〔1908〕が短期間に版を重ねたことに、そうした世相が窺われるのである。

以上の検討によって、家憲制定の契機には、伝統貴族諸家の内部事情のほか、華族制度の展開という外的要因があることが明らかになった。ここから、当面の研究課題が二つ導出される。第一は専ら内部事情に関するものである。すなわち、内部事情を契機として家憲を制定するに当たり、旧大名家大イエが解体して小イエになった事態が、家憲の条項にどのように反映しているかを問うことである。華族令追加第一一条にいう、相続および家政上の関係を定めるために家範を制定するとの基本方針それ自体、小イエに縮小した伝統貴族に適合するものであるが、小イエになった事態の家憲条項への反映を、前節で予告したように延岡内藤家の家憲について探りたい。第二は、外的要因と内的要因との相互規定に関するものである。華族制度の展開が家憲制定の契機となったのなら、右の第一一条に規定されたとおり、相続・養嗣子等継承に関する家憲の規定が、華族関係法規(4)により、さらには皇室典範によって、拘束され整形されたとみることができる。他方、旧大名家が小イエに縮小したことにより、大イエ時代とは異なる存続戦略が生じているとすれば、皇室の藩屏たる地位を念頭に置く華族関係法規は、概して大イエ旧大名家の継承規則と反りがあうものであるから、小イエ旧大名家の「家」戦略と関係法規の条項とに食い違いが生じうる。そこで、ここのところをどう処理したかが第二の問題である。従来、相続・養嗣子等族制に関する華族関係法規が、旧公家・大名の慣習を基礎としたという面だけが強調され［大久保 1993：460，513］、皇室典範→華族関係法規→家憲の継承関連条項といった逆の規定関係、および後二者の相互規定関係が看過されていただけに、この点の吟味が要請されるのである。

2　大イエの解体と旧大名家の家憲

延岡内藤家において、一八六二（文久二）年に六代義泰制定の家訓を取り出して藩論の統一を図ったのは、彦根井伊家から入った一五代政義（井伊直弼実弟、四二歳）であったが、その年のうちに一二歳の養子政挙に家督を譲って隠居した。かくて内藤家は、少年藩主を戴いて幕末の動乱に翻弄され、さらに版籍奉還・廃藩置県の激動をくぐったが、禄制改革・秩禄処分の嵐のなかで対処を誤った。一八八七（明二〇）年制定の家憲前文によれば、「廃藩帰京ノ後当時ノ流弊ニ惑ヒ、家資若干ヲ失ヒ、其後再ビ詐騙ノ為ニ巨額ノ家産ヲ耗棄シ、殆ンド家計ヲ失ハントスルニ到ル」という苦境に陥ったのである。政挙は「予ノ不肖祖先及ビ家尊ニ対シ謝スル所ヲ知ラズ」と深く反省し、「希クハ今ヨリ後誓テ鞠躬黽勉成立スル所アラントス、（中略）因テ諸子ト謀リ家憲ヲ撰定シ、以テ自ラ戒メ、且子孫ヲシテ永ク祖先ノ遺業ヲ堕サヾラシメントス」と家憲制定の理由を述べ、破綻に瀕した家政を立て直して家運を再興する決意を表明した。時に政挙は三七歳の男盛りであり、隠居の養父はまだ存命であった。

内藤家の場合、大イエが解体して小イエになったことが直ちに家憲の制定を促したのではなく、この移行の危機を乗り越えることに失敗したことが家憲の制定につながったのだが、家憲制定の一般的背景として大イエの解体から小イエへの移行の危機を指摘することができよう。弘前津軽家の場合はまさにそう推定することができるし、先にふれた早期制定の久留米有馬家や金沢前田家の場合も同様とみなしうるのではないだろうか。(5)

さて、家憲［近藤 1975：資料323〜328］全一三条のうち、内藤家家族たる者の心得（第三条）、家尊への恭敬の心得（第四条）、子弟教育に関する父母の心得（第五条）、旧藩士処遇の心得（第六条）、主婦の心得（第七条）を説いた箇条は家訓的条項であるが、それ以外は、地位、権限と責務、手続き要件等を定めた家憲的条項である。

内政について「内政ハ主婦ノ本務」（第七条）と規定し、かつて老女が取りしきったオクは消滅していること、オモテといっても一人だけの家令を在京の顧問が兼務し、一人だけの家扶は家従を兼務するという（第一二条）、旧大名家としては最も単純な構成であったことを知ることができる。これは、内藤家の家政が小イエの規模に縮小したことを端的に反映するものである。ただ、家督相続、養子および縁組、戸主および子弟の教育、その他重要事項は衆議に付して戸主が決定すると規定している点で（第一一条）、庶民の小イエとは異なっていた。衆議に参画できるのは、旧藩人から選ばれた顧問と家令家扶等の役員であって、ここに家老用人の評議を尊重した大イエの伝統が生きている。財力に余裕のある旧大名家では旧藩士族に対する授産事業を展開した時代に、内藤家は旧藩士族有志の補翼によって家政の立て直しを図ったのであるが、ここにも大イエの伝統が息づいているのを認めることができる。ただし、旧藩主家を扶翼したのが必ずしもかつての重役でなかったことは、「旧藩士ヲ遇スル必平等ニシテ隔意厚薄アルベカラズ」（第六条）と戒めているところから推察できよう。

継承については、「家督相続ハ華族令ニ依リ遂衆議決定スベキ事」（第一条）と規定し、華族令に準拠して嫡長優先により男子が継承する姿勢を表明している。それはかつての家訓の定めるところであり、当時内藤家には三歳の嗣子がいたから、華族令に養子に関する規定がないことは問題にならなかったことだろう。ただ、「遂衆議決定」という文言、「家督相続ノトキハ、財産ヲ詳記セシ帳簿ニ管理役員ノ検印ヲナサシムル事」(第二条)、ならびに家令の権限の一つとして「戸主ノ行為ニ付同意ヲ表シ難キ事アルトキハ会議ニ附スルヲ得」(第二〇条)との規定はやや異例というべきであって、家政破綻の窮境から立ち上がって内藤家を存続させるために、役員・顧問の衆議による扶翼とともにその監督を受け入れざるをえなかった危機的事態を映し出している。

オモテの家政関係としては、役員の進退、定費の定額決定、定額外の金員処分、土地・諸株式・家屋等の売買・分合、其の他重要事項は衆議に付して戸主が決定すると定め(第一一条)、これらの事項については主婦の意見を徴することすら拒否しているのは(第一〇条)、「外事は婦人に告ぐべからず」との家訓の伝統を引くものであって、主婦の本務とされた内政がオクに限定されていることを示している。

衆議に付すべき重要事項のうち、「定額外ノ金員ヲ処分シ、又ハ土地・諸株式・家屋等売買シ或ハ分合スル事」は家政再建のために最も注意を要するところである。そのため、「家屋修繕其他臨時入費ニ関スルモノハ、時々役員ヲシテ詳明ニ予算セシメ、戸主決定ノ上施行スベキモノトス」(第一四条)、「親戚故旧ノ患難ヲ救助スル等不得已事情アルトキハ、衆議ノ上処分スベシ」(第一六条)、「貨財及ビ株券・公債証書等ヲ出納スルトキハ、戸主自ラ管掌スルモノト雖ドモ必ズ管理者立会ヲ要スベキ事」(第一七条)、「戸主ハ勿論家族幷役員自営ノ商法厳禁タルべキ事」(第一八条)と、蟻の穴から堤も崩れるのを未然に防ぐ万全の備えを固めている。

内藤家は約三〇年後、同じ政挙の代に先の家憲を改訂して新たに家範［近藤 1975：資料328～337］を制定し、一九一八(大七)年に宮内大臣の認許を受けた。前文で、家憲の実施以来の時勢・世運の推移・変遷により凱切でない箇条が出てきたためと、外部状況の変化を挙げて改訂の理由としているが、その中に改正華族令の公布も含まれるのであろう。内藤家では併せて内部状況にも変化が生じていた。すなわち、当主が一八九〇(明二三)年三月旧領地宮崎に貫属替えして家政改革に専念し、手がけた日平銅山の経営および関連する電気・醸造・山林事業に成功して、内藤家は宮崎県で有数の多額納税者になっていたのである［千田 1986：19，29］。先の家憲では、家令家扶家従も役員の名目で顧問とともに家政関係の衆議に加わる体制、つまり衆議によって戸主の権限が制約される体制を採用したが、新しい家範においては、家主の家督相続関連行為および重要な家政行為は旧藩人士中から選んだ家政顧問の同意を必要とするものの、家憲における大イエ的制約が後退し、かつての戸主は家主の称のもとにその地位権限が明確化され、他方、家令以下は役員ではなく家職つまり使用人の地位に置かれて、小イエ内藤家の自律性がより鮮明になっている。このことは「家」戦略の一環としての事業の成功により可能となったのであろう。

家範は第一条で、「家主及家族ハ、祖先ノ遺訓ヲ守リ、皇室ヲ翼戴シ、華族タルノ本分ヲ全フスルヲ期スベシ」と定め、華族内藤家が巨大イエ天皇家の体制のなかに名誉ある上層家門として定位されていることを確認している。家督相続の資格者については、男子嫡長優先の原則に立つ民法の推定家督相続人を前提として、第一二条でこれを男子に限ることを言明するとともに、男子がない場合には改正華族令の規定によって襲爵の資格を有する者の中から養子を選ぶと規定している。法が定める襲爵の資格を有する養子の選定範囲は、すでに第一部第一章で述べたとおり、一、男系の六親等内の血族、二、本家または同家の家族もしくは分家の戸主または家族、三、華族の族称を享ける者、である。六代義泰制定の家訓が他姓からの養子を禁じたのと比較すれば、一、男系六親等内の血族のなかには他姓がありうるし、第二でない第三（華族の族称を享ける者）は他姓と考えてしかるべきであるから、家訓よりも養子の選定範囲が拡がっている。

武家の族制では、実男子がないため養子をとって相続させる場合には、藩祖の男系の血筋を引く同姓親族から迎えることが原則とされ、他姓の者を養子とした場合はしばしば減知処分を蒙った［大藤 1989］。それゆえ家訓は他姓からの養子を禁じたのであるが、政挙自身他姓から、しかも内藤家の男系血族でない他姓大名家から入り、分家大名の娘を娶ることで内藤家の血統を保った人である。さらに先代は先々代夫人の実弟、近いけれども他姓大名家回縁の女系血族である上に、彼の夫人も他姓の娘であった。改正華族令の養嗣子の規定およびそれに準拠した家範の規定は家訓の制約を緩めるものであったが、むしろ内藤家の先例と合致しているということができる。

家政関係としては、五名以上の家政顧問のほかに、相続その他重大事項を協議するため三名からなる親族会の設置を規定する一方（第二〇条）、財産を基本財産・家宝・準備財産・事業資金・教育資金・経常財産の六種に分けて、それぞれの設定・保存・利殖・充用について規定している（第七章）。また、新しく事業に関する章が設けられ、事業の予算決算、事業担当主任の任命等が家政顧問への諮詢事項に加わり（第四〇条）、家令一名のほか家扶若干名、家従若干名を置くことを定めて（第五二条）、事業の成功に伴う家政規模の拡大を示している。事業部門の成功にかかわらず、これを別組織の事業体として家政から切り離さなかった［千田 1986：23〜24］ためオモテが大きく膨張し、家政管理と資産構成の組織化を促したといえよう。

3　華族令の継承条項

延岡内藤家の事例では、華族令の継承条項と家範と実態と、この三者の間にとくに不整合はなかった。しかし、華族令の継承条項が制定される過程に紆余曲折があったから、その間に提起された議論を精査すれば、華族令に吸収されえなかった小イエ華族諸家の新たな存続戦略を探り出せるのではないかと想定し、手がかりを一八九九（明三二）年二月、貴族院の秘密会議における華族令改正審議に求めることとする。点検の結果を先取りして言えば、新たな存続戦略とは厳格な男系男子主義を緩めようとするものであって、一つは襲爵の資格がある養子の選定範囲に関連して

「六親等内の血族」を男系に限ることに反対する意見であり、もう一つは女戸主を認めよ、という意見であった。

改正の諮詢原案は単に「六親等内の血族」としていたが、素性の不確かな妾が生母である場合、これではその系統の血族まで含むことになるとの理由に基づいて、血族を男統に限る修正案が準備された。（修正案というより、原案の主旨を正確に表現したものというべきかもしれない。）これに対し、男系の近親がない場合、妹の子（甥）や娘の男子（孫）があっても嗣がせないことになるとして、議員の間に不満の声が拡がった。つまり、血族を男統に限らず、女系の血族をも含めるべしとの意見である。この意見は、大イエ旧大名家の慣習とは異なるが、系統にかかわらず「実子」として養取する慣行をもつ公卿華族になじみの、小イエ向きの新しい要請を含むもので、前年公布された民法第四編の養子縁組の条項に、女系の血族では養嗣子の資格を欠く旨の明文の規定がないことから台頭したと推測される。修正案作成者は、妹や娘が華族に嫁いでおれば選定範囲の第三、華族の族称を享くる者に該当し、有資格者となると説明したが、非華族との通婚が多くなってきた世相を反映してか、この説明では説得力を欠き、男系の遠縁よりは女系でも近親に養嗣子を求めたいという意見が優勢となって、貴族院では原案のまま可決された〔参議院事務局 1995：200〕。

しかるに、一九〇七（明四〇）年公布の改正華族令第一九条では、「男系ノ六親等内ノ血族」と修正案を採用した文言となり、皇室典範同様の男系主義が貫徹されている。皇室典範に照準するという方針は、前記修正案の根拠として、「基ク所ハ皇室典範ト云フモノハ斯ウ云フ様ニ出来テ居ル」〔同上：176〕と言明されたなかにすでに現れていた。このように、皇室典範を受け止めた改正華族令の継承条項が、継承資格に関する議論のなかで意識化された近親志向を排して、男系男子主義に徹するものとなったことは、女子の縁付先に華族を選ぶ選好の強化を帰結したことであろう。

つぎに女戸主の件は、すでに華族令第三条に「女子ハ爵ヲ襲クコトヲ得ス」、第四条に「有爵者又ハ戸主死亡ノ後男子ノ相続スヘキ者ナキトキハ華族ノ栄典ヲ失フヘシ」と規定されており、これに拠って、女戸主になったため華族の栄典を失った家がある。それは、貴族院で華族令改正案の審議が始まる直前の、一八九八年（明三一）末に起きた中御門侯爵家の出来事であって、華族社会に大きな衝撃をもたらした。女戸主に授爵がないことは当然としても、無爵でも家は華族であるはずだから、女戸主になったからといって華族の栄典そして族籍まで失われるのは不当だというのが、伝統貴族である華族諸家の反応であった。かくて、華族の家の存続を確かなものにしたいという願望から、一八七三年七月改正の華士族家督相続の条規（太政官布告第二六三号）に、「家督相続ハ必総領ノ男子タル可シ若シ……不得止ノ事故アレハ其事実ヲ詳ニシ次男三男又ハ女子へ養子相続願出ツヘシ」（傍点著者）とあったことを想起すると共に、前年公布の民法第五編・家督相続の条項が女戸主を認めていることに力をえて、華族の女戸主を認可すべしとの修正案が貴族院で大多数の賛成をもって可決された。相続開始のさい法定家督相続人が女子である場合、従来のように「一朝ニシテ栄典ヲ失ハシムルハ情ニ於テ忍ヒサル所」［酒巻 1987a：273］というのがその理由であって、条文は「華族ノ家ニ於テ相続開始ノ後爵ヲ襲クヘキ家督相続人ナキトキハ華族ノ栄典ヲ失フ、但シ女子ナル法定家督相続人アル場合ハ此ノ限リニ在ラス」［同上：234］と整えられた。

貴族院で議決された華族令の修正改正案は実施が見送りとなり、さらに帝室制度調査局（総裁伊藤博文）の調査に回された結果、大多数の賛成をもって成立した養嗣子の第一要件（六親等内の血族）に関する原案は既述のように修正され、また女戸主を認める修正案は拒否された。修正案が定めたように、皇室の藩屏である華族の家に女戸主を認めようとするのは、「男系ニ依ル皇位継承ノ本義ニ則リテ世襲ノ美ヲ済サシメラルル根本ノ観念ヲ」ないがしろにするものので、「華族制度ノ基礎ヲ破ルモノタルヲ疑ハズ」［同上：245］とまで酷評された。こうして、改正華族令第九条において民法の用語により「爵ハ男子ノ家督相続人ヲシテ之ヲ襲カシム」と定められ、第一条「凡ソ有爵者ヲ華族トス」との規定とあいまって、女戸主となれば華族の栄典を失うことが確定した。

このような経過をみると、家庭内の和合の見込みまで考慮せずに、襲爵の資格を具有する男子を養嗣子として、無嗣に陥ったり女戸主となることを回避する道を講ずるか、襲爵の資格を欠くものの、その小イエに最も適切な男子を養嗣子としたり、また無理に養嗣子をとるよりも女戸主になることを選んで、華族の族称を失うことを辞さないか、の選択を華族諸家が迫られる可能性が切実なものになったことが判明する。皇室典範に準拠した改正華族令の継承箇条を遵守する限りにおいて、華族の族籍を保つことができるが、遵守しがたい場合にどうするか。法律命令および華族に関する規定の範囲内で定めるべき家憲では、この対応策をあらかじめ示すことができないから、個々に対処する他なかったことであろう。

大イエ大名家においては女家主は論外であり、養嗣子の選択にさいし、改正華族令第一九条の一、二に明文化されたような男系主義が、原則として堅持されたといってよいだろう。養嗣子は当事者間の感情的和合見込みを考慮することなく、その家の社会的地位に基づいてまるで官職のポスト適任者を選ぶように選定され、この選定を実効あらしめるため、孝や忍従をはじめとする家内道徳の遵守が当然のこととして関係者に求められた。これに対して、娘や妹の息子といった親愛の情がはたらく対象を養嗣子の選定範囲に含めうるよう男系主義を緩めよという主張は、女戸主を認めるべしとの主張とともに、旧大名家における大イエの解体、さらに進んで華族諸家の小イエ的生活の充実を基盤としている。民法の第四・第五編はこのような小イエ的生活をモデルとするものであった。

4　家憲の継承条項

華族の家憲は、華族令追加第一一条の規定により、宮内大臣の認許をえるためには華族関係法規の条項に反する事項を定めることができない。では、相続（襲爵）と養嗣子についてどのように男系主義を定め、また女戸主となる可能性に対してどのような対策を講じているのだろうか。

まず、相続の順位について諸家の家憲を見渡すと、これに関する条項を設けていないもの（三条家・有馬家・溝口家）、祖先の男統を伝えよ、あるいはただ男子に相続させるとのみ言うもの（前田家・近衛家・伊達家改正・津軽家・徳川家）、男子嫡長の順序で相続すべしとするもの（松浦家・島津家・山内家・堀田家）、男子の相続順位を世代の深みをもたせて規定するもの（両大谷家・立花家・上杉家・阿部家）、という概略・詳細の差異が条文に見られ、末尾の詳細な規定の仕方は制定の時期からみて皇室典範の皇位継承の条項に倣ったものといえる。条項を設けていないもの、漠然としか規定していないものは、内藤家のように言明すると否とにかかわらず、華族令の相続に関する条項（華族令以前は宮内省の基準）に準拠することを当然とした。ただし、家により旧慣を異にする以上、令の定める範囲内で小さい差異があるのは当然である。

つぎに、養嗣子に関する条項は、家憲の制定が改正華族令以前か以後かによって差異があると予想されるが、以前でも宮内省の事務処理ではほぼ同じ基準にしたがって認可しており、改正華族令で六親等内の血族が男系とあからさまに限定されたのがほとんど唯一の修正であったことにさえ留意すれば、以前制定の家憲をあわせて観察して差し支えないだろう。むしろ、左のように子がない場合Oの規定と、男子孫なく女子のみの場合Gの規定とを、区別するのが適当のようである。両者を対照すれば判明するように、OとG双方の規定をもつ家憲、Oの規定のみの家憲、Gの規定のみの家憲がある。Oのみの家憲では、女子があってもないのと同じ扱いで、ある場合にはできれば養嗣子を娘の婿とする方針であり、Gのみの家憲では、子がない時は宮内省の基準に準拠して養嗣子を選ぶことを暗黙の含みとするのであろう。Oの番号とGの番号を対応させて、制定の古い順に掲げる。

O　子がない場合

①松浦家家政規則（一八八六年）……分家および宗親族血脈適当の男子。（X、Y1・2）

④島津家家範（一八八八年）……兄弟、血族中から。（X1）

⑥大谷派家憲・東（一八八九年）……弟、兄弟の子孫、伯叔父およびその子孫、最近血族から。（X1・2）

⑦本願寺内範・西（一八九一年）……近親の連枝（男系の男子）から。（X1・2）

⑨立花家家憲（一八九三年）……兄弟およびその子孫、伯叔父およびその子孫、最近の系統ある者。（X1）ただし一度他姓の家を相続した者およびその子孫は除く。

⑪上杉家家範（一八九六年）……兄弟、伯叔父、その他の男子血縁者から。（X1）

⑬堀田家家訓（一八九九年）……親の近い者をとれ。男統女統を限るな。（X）

②伊達家改正家範（一九〇二年）……華族または分家中から。（Y1、Z）

⑭有馬家家範（一九〇二年）……なるべく宗族一門または血族中から。（X、Y1・2）

⑮阿部家家範（一九〇四年）……兄弟およびその男子孫、伯叔父およびその男子孫、親族または同族中から。（X1・2、Y）

⑯津軽家家範（一九〇五年）……宗家、宗家の直分家、当家の分家・親属家または一門、これ以外の華族から。（Y1・2、Z）

⑰徳川慶喜家家範（一九一〇年）……親族、宗支家、同族中から。（X、Y）

⑱溝口家家範（一九一七年）……華族令第一九条の規定による。（X、Y、Z）

③内藤家家範（一九一八年）……襲爵の資格を有する者の中から。（X、Y、Z）

G　男子孫なく女子孫のみの場合

①松浦家家政規則……養子を娘婿とする。
⑩前田家家範（一八九六年）……男系の男子から、なければ他から婿養子をとる。（X1）
⑪上杉家家範……婿養子をとる。（系統外から選ぶ場合は華族に限る。X、Y、Z）
⑫近衛家家憲（一八九八年）……婿養子をとる。（摂家、支流、直接分家から。Y1）
②伊達家改正家範…養子を娘婿とする。（できなければ女子の推定家督相続人を廃除）
⑭有馬家家範……婿養子をとる。（なるべく宗族一門または血族中から。X、Y1・2）
⑮阿部家家範……親族または同族中から婿養子をとる。（X、Y）
⑯津軽家家範……なるべく養子を娘婿とする。
⑰徳川慶喜家家範…なるべく養子を娘婿とする。（女子の推定家督相続人を廃除する）
⑱溝口家家範……養子を娘婿とする。（同族から。Y）

女子のみの場合Gについて規定した家では、どの家でも女子の婿を相続人にしようとしたが、まず襲爵資格がある養嗣子をとってこれを娘婿にするのと、娘の推定家督相続人としての地位を前提して婿養子をとり、これに家督を相続させるのとに、道が分かれた。右の抜粋にもこの差が示されている。前者で期待どおりに養嗣子が娘の婿にならない時は、娘を推定家督相続人の地位から廃除して、養嗣子の配は別に迎えざるをえない。後者では、おおむね襲爵資格のある男子を婿養子とすると定めており、その規定が緩い場合でも、実際には鋭意有資格者を求めたことであろうが、もし襲爵の資格を欠く時は華族の栄典を失うことになる。その場合、民法上の家は継承されるが、華族の家は継承されない。

養嗣子および婿養子（娘の夫である養嗣子）の選定範囲を、改正華族令の定めるところに照準して、血族X、男系の男子X1、その他の血族X2、一族Y、本分家Y1、その他の一族Y2、華族Z、と記号化して前掲リストに付した。Oの記号とGの記号を家別にまとめたうえで集計すると、男系の男子を主とする血族Xと本分家など一族Yに集中している。男系の男子と本分家とが実際には重なっているか接続していると考えられ、Yと重なりも接続もしないX、端的にいって女系の男子を、含みうると解しうる条項をもつ家憲は少ない。また、あえてZ華族を加えた家憲も多くない。したがって、家憲の継承条項は男系男子主義を中核とするということができる。

右のように全体の傾向を把握したのにつづいて、家の伝統を反映した特色ある家憲に注目する必要がある。まず、公家華族の近衛家では、女子のみの場合、婿養子をとって家督を嗣がせるのであるが、選定範囲の第一カテゴリーを旧摂家としている。第二部第一章で述べたように、公家社会で最高家格の摂家でも、近世には持高を分けて分家を出せるわけでなく、それに相続人以外の男子は落飾させて門跡寺院に送りこむ特権をもっていたから、大名家のように分家創出によって同族団を形成することがなかった。そこで、組結合型の古い同族の、自家と同じ最高家格の旧摂家を養嗣子の優先的な供給先としたのである。近衛家家憲が旧摂家のなかでの優先順位を、家創立の前後と分家の直接間接によって決めていることから、この慣習は五摂家形成過程で、つまり中世末頃までに成立したと推測することができる。

僧家華族の本願寺両大谷家の大イエは、法主を戴く男系血統集団を冠とした。本山によってその末寺集団を統制する近世的体制が解体し、管長によって宗派を統制する近代の宗教行政が成立すると、本末の主従結合からなる大イエ本願寺は崩壊して、宗派の中核を構成する本願寺、いわば小イエ本願寺が残り、小イエ本願寺に法主を戴く男系の直系制複合家族が付属した。この直系制複合家族のなかで永続性を保証されているのは嫡系を担う法主の系統だけであって、傍系は嫡系の永続的継承のための控えにすぎず、一個の独立した家がもつような存続性を保証されていない。

かりに養嗣子を男系の男子から選ぶといっても、同一の家の内部での傍系から嫡系への異動に過ぎないから、分家等からの養取を含蓄する養嗣子の名称に値しないだろう。その点で皇室典範下の天皇家に酷似している。

大名華族は旧幕時代に大名の列にあった領外分家・領内（分知）分家のほか、分付・内付末家としての一門諸家を抱え、同族団を形成していたので、男系血族と分家一門が重なることが多い。それに、有力な大名華族は男子が結婚時か一定の年齢に達すれば分家させることを建前としたので、男系の血族から養嗣子を求める道は大きく開かれていた。

先に掲げた大名華族の家憲のうち、特色のあるのは柳川立花家と佐倉堀田家である。立花家は（嫡系の）男系男子がない時には、傍系の男系男子の嫡庶長幼の順、血縁の近遠順に養嗣子の選択範囲を拡げることを定め、血縁の近い分家は本家傘下の同族というより、本家を嫡系とする直系制複合家族に含まれた存在であることを暗示している。本願寺の家憲・内範に通底するこの規定は、皇室典範に倣ったものとすれば特色というに足りないが、注目すべきは、一度他姓の家を相続した者は相続人となる資格を失うとの規定である。これは、内藤家家訓の「近しといえども他姓を立つべからず」の定めが、立花家でも慣行であったことを暗示し、継承の優先順位は立花家旧大イエのなかでのみ機能することを示唆している。

これに対して堀田家家訓は、実子のない時は男統女統を問わず親縁の近い者を養嗣子にせよという。堀田家は他の大名華族が家憲・家範の名称で家政規則を定めた時代に、心得を内容とする家訓を制定しただけでも異色の近世志向を示すが、家訓の末条に、「徳川家は旧主家たり、その恩義は永く忘るべからず、時節参候して芹敬を表すべし」と異例の訓戒を付した。これは、初代が一万石余の譜代大名から老中・大老を勤めて生涯の間に一〇万石を超えるまでに立身し、その後も幕末に至るまで何度か老中を出して、徳川家の恩義をとくに強く感じる立場の家であったからである。この家訓に拠って、親縁が近いからとて女統から養嗣子をとり、もしその男子が華族の族称を享ける者でない時には、襲爵の資格を欠いて華族の栄典を失う。このような結末に導きかねない規定をあえて置いた家訓は、華族の族籍を失うことなど意に介するに及ばぬといった、明治の栄典制度に距離を置く立場を表明したものであろうか。――それよりはおそらく、制定時点の堀田家の家内事情を反映したものと思われるのである。すなわち、当主正倫に男子がなかったので、出雲母里松平子爵家に嫁した妹の三男を養嗣子として長女に娶せた。男系の男子でない点は武家の慣習に反するが、華族の戸籍内にある者ゆえ襲爵の資格を認められ、堀田伯爵家は安泰である。あからさまに「男統女統を限る可らず」と戒めたのは、宮内大臣による家訓の認許を念頭に置かず、ただ、この縁組を正当化するための対内的規定であるとすれば、その時点での堀田家の事情にふさわしかったということができる。

堀田家の事例が示すように、実子がない場合とは男子がない場合と言うに等しかった。須要な条件は男子がいるかいないかであって、女子の有無は問題にならず、かりにいてもなきに等しかったのである。女子も家督相続人となりうる民法下でこの趣旨を明確にしたのが、徳川慶喜家家範第一一条「女子推定家督相続人タルトキハ直チニ之ヲ廃除スベシ」の文言である。ともあれ男子がない場合、男系近親の男子を養嗣子とした。その場合もし女子があれば、なるべくこれを養嗣子の配とするという程度にしか、つまり第二次的にしか、女子の存在が考慮されない。そして、もし直接の血統を受けない者を養嗣子に選ぶ他ない場合、女子をその配とし、もし女子がなければ血縁のある一族の娘をその配とするのが、大イエの原則であった。しかし、大イエの解体と小イエの登場を背景として、男子がない場合には、養嗣子よりは推定家督相続人たる女子の婿養子に相続させる形が露になり、前掲諸家家憲の養嗣子条項に結実する。この変化の契機をなしたのは、男子がないとき女子が推定家督相続人になるとの民法第五編の規定であって、それはまた小イエの家族感情にも合致するものであったが、家憲が養嗣子の資格を充足する者のなかから婿養子を選ぶように方向づけていることは、看過できない点である。

相続と養嗣子選定が家の継承に直接かかわり、間接的には嫡系成員の婚姻がこれにかかわる。改正華族令は養嗣子の選定について周到なガイドラインを掲げたが、配偶者の選定に関しては全く規定するところがない。一八七六（明九）年五月制定の華族管掌部局事務章程に「華族戸主嫡子孫ノ嫁娶ノ可否ヲ調査スル事」の一条があり、嫡系成員の婚姻を認許するにあたって事実調査をしたことが判明する〔佐々木 1987：29〕。また、華族令第九条が定める婚姻の許可を与えるためには可否を分別する内規的基準があったはずであるが、改正華族令では何の規定も置いていない。そのためか配偶者の選定について定めた家憲も少数に止まり、一八家中つぎの八家に過ぎない。制定順に養嗣子の場合と同じ番号で掲げ、爵位を附記した。

②侯・伊達家家範（一八八七年）……華族から。
⑦伯・本願寺内範（一八九一年）……名門右族に限る。
⑪伯・上杉家家範（一八九六年）……系統の女子でなければ華族の家に限る。
⑬伯・堀田家家訓（一八九九年）……よろしく門閥を択び淑良を選ぶべし。
⑭伯・有馬家家範（一九〇二年）……なるべく同族以上から。
⑰公・徳川慶喜家家範（一九一〇年）……同族中から。降嫁の場合はこの限りでない。
⑱伯・溝口家家範（一九一七年）……なるべく同族中から。なければ相当の家門から。
③子・内藤家家範（一九一八年）……なるべく華族中から。

家憲でいう同族とは、本家分家や一族をさすのではなく、自家と族籍を同じくする者、つまり華族のことである。嫡系成員の配偶者について家憲は、皇族からもありうるが少なくとも華族から、（必ず）華族から、なるべく華族から、少なくとも相当の家門から、あるいは名門右族に限る、門閥を選ぶなどと、条項の文言に多少の差異があるが、養嗣子に関する条項ほどの開きはなく、華族中から選ぶという共通項が明らかである。文言の差異は既往の例（皇族降嫁の可能性を含めた有馬・徳川両家にその前例あり）のほか家格の差などを反映するものであろう。該当条項を置かない家も、華族中からという標準を共通にすると思われる［穂積（訳）1917：131］。華族でも公侯伯爵と子男爵の間に相当の家格差があって、それぞれ家格に大差のない華族からの嫁取りを目差す一方、血統保全のために格の低い分家華族からの嫁取りが必要なこともあった。条文の共通性にもかかわらず、実際のヴァリエーションが小さくないことに留意する必要がある。

以上、家督相続人、養嗣子、その配偶者、要するに嫡系成員についての家憲条項を点検したところ、改正華族令の男系男子主義が原則として守られており、その点で遺漏があるやにみえる場合でも、実際には華族関係法規の埒内で華族として家が存続するように工夫されている。また、家憲ではとくに女戸主にならぬための備えがない代わりに、女戸主になる可能性を克服して、華族としての家の存続が達成されうるよう、家憲を運用する努力がなされてきたと考えられる。そうだとすると、華族諸家において相続、養嗣子および配偶者の選定が実際どのように行われてきたか、華族関係法規と小イエになった諸家の「家」戦略との間の起こりうべき食い違いが、実際どのように調整されてきたかを観察しなければならない。

5　家督相続、養嗣子および配偶者選定の実績

家憲制定時の当主世代から昭和一〇年代相続世代までの約七〇年、つまり前章で点検した近代にほぼ相当する期間、本節で家憲を考察した一八家では、家督相続・養嗣子および配偶者選定の実際において華族関係法規と家憲の規定を

どのように実現しえているか。この点を華族諸家の近代系譜によって点検しよう［霞会館 1996a, 1996b］。

この間の相続は合計三八件を数える（ただし、嗣子である最新世代が昭和一〇年代に結婚したか二五歳を超え、戦後相続したものの九件を含む）。うち実子による相続二八件（七四%）、残りは養嗣子による相続であった。養嗣子一〇件の内訳は、長女もしくは次女の配が三件（配の一件は分家の次男）、弟一件、弟の男子（甥）三件（一件は同一戸籍、二件は分家から）、先々代の男子（叔父、分家戸主）一件、宗家で妻の生家でもある家の次男（妻の甥）一件、先代の孫（他家に嫁した娘の次男）一件であって、六件まで男系血族あるいは一族の男子、また婿三件を除く七件まで三親等以内の近親である。一族の男子でも男系血族でもない婿二人と妻の甥、他家に嫁した娘の男子は、みな華族の子弟であって、襲爵の資格を具有している。

相続を通覧して、華族令制定以前と以後で、また家憲制定の前と後とで、継承者確保の様態にとくに変化が認められない。すなわち、大多数のケースにおいて相続の男子嫡長原則が直截に実現されている。女子しかいない場合にはこれに婿をとり、男子も女子もないケースでは、当主の弟、弟の男子、先々代の男子といった男系近親を後嗣とし、また分家や宗家の血縁者を選好する。このパターンが一貫して観察されるが、併せて女系血族が二件（妻の甥、娘の男子）現れているのが注目される。

相続の男子嫡長原則が大多数において実現されたのは、これらの家では比較的多くの子女に恵まれたからであろう［坪内 1995：20］。この点を確かめるために、子女の人数（ただし男子二五歳・女子二〇歳を超えて生存した者の数）を、継承可能性の観点から、①子なし、②女子のみ、③男子一人だけ、④男子を含めて二人、⑤男子を含めて三人以上、の五群に分けると、実子による相続二八件の悉くが⑤、婿養子三件がみな②、婿養子でない養嗣子をとった七件のうち六件（内一件は一六歳で隠居）が①、残り一件は意外にも⑤であった（後述）。比較的多くの子女に恵まれたのには侍妾の貢献を無視できない。妾は一八七五（明八）年までに相続したA世代で活躍したが、つぎのB世代では隠される傾向が強まる。その点は、A世代で子のある一五家の子女数平均が八・二人、それに対してB世代（その次のC世代のある家では代わりにC世代）一二家の平均が四・七人と大差のあることからも、窺うことができる。

嫡長男子もしくは養嗣子による相続が実現して、女戸主になる危険性を回避できたことには、先に指摘した子女数の多さに加えて、戸主が長寿であったことが挙げられよう。もし短命であれば、男子が生まれる前、あるいは養嗣子を確保する前に死亡することも生じやすく、女戸主の問題に直面する蓋然性が高まるからである。そこで、戸主の死亡年齢を確かめることとする。（強制的隠居二件は隠居の時点で社会的死亡とみなし、自発的隠居の場合は継承の問題が解決しているものとみて自然の死亡年齢をとった。）

被相続人三八人の死亡年齢を、a五〇歳未満、b五〇歳以上六五歳未満、c六五歳以上の三群に分けると、a八件、b一二件、c一八件となり、近代の水準に照して一般的に長寿であったことが判明する。危機をはらみうるのはaの八件であるが、一六歳（弟が継承）と三八歳（弟の男子が継承）で隠居させられた二件を除くと、三八歳死亡二件と四一歳死亡一件は子女数では⑤で問題なく、四二歳死亡一件は②で婿となる養嗣子を確保し、二一歳死亡と四七歳死亡各一件は①であるが、先々代の男子あるいは先代の孫（次段）が継承し、危機を回避している。

A世代が子女数では⑤であるのに養嗣子を迎え、B世代は①のまま四七歳で死亡し、結局二代つづいて養嗣子、しかも女系血族の養嗣子で繋いだ弘前津軽家（伯爵）のような例は、家憲を調査した一八家のなかでは極めて稀である。特殊ではあるが、津軽家のケースは危機的な事態での養嗣子選定の具体例として参考になるので紹介しておこう。

家範制定者であるA自身、熊本細川家（侯爵）から入って一七歳で津軽家当主となり、二歳年上の家付き娘の婿となった人である。結婚四年で夫人が子を生むことなく逝去し、ここで津軽家の血筋は絶える。その後Aは、津軽家が宗家と仰ぐ近衛家（公爵）の娘と再婚した。継夫人も子を生まなかったが、Aの三人の侍妾がこもごも男児二人と女児三人を生んだ。しかし、三女を除いてつぎつぎと夭折したため、一八七七（明一〇）年A三六歳、夫人二九歳、三女二歳の時、夫人の里の次男（甥）で五歳の幼童Bを養嗣子とした。ところがその翌年、侍妾に男子が生まれ、さらに八年後女子が生まれた。先後二人の夫人は一人の子も生まなかったが、侍妾は二人で三人の育つ子を当主にもたらしたのである。養嗣子は一四歳のときドイツ留学の旅に発つ。しかし一八年の長きにわたって帰国せず、一九〇四（明三七）年に三二歳で帰国した時には、三歳下の家付き娘とは結婚する意思がなくなっていたので、やむなく小笠原家（伯爵）から嫁を迎えて娶せた。かくて、Aは自分の血筋を津軽家に遺す道を失ったが、たまたまB夫妻には子がなかったため、名古屋徳川家の分家（男爵）に嫁した四女の次男CをBの養嗣子とすることによって、漸く自らの血筋を遺しえたのである。（三五四ページ参照）

他方、養嗣子取りの翌年生まれたAの男子は、一一歳で別戸して男爵を授けられたが、結婚に至ることなく二六歳で死去した。Aは生家・細川家の分家（子爵）の四男を若死にした実子の養嗣子として貰い受け、先にBの夫人になるはずだった三女を養嗣子に配した。この夫婦に五人目の子が生まれるところで妻より六歳も年下の婿養子は離婚して去ったが、所生の男子が襲爵し、Aの三女は男爵母堂として生涯を終えることになる。

津軽家家範は養嗣子であるBの帰国を待って制定されたものである。第二条の「男子ナクシテ養子ヲ為スハ、家主ニ将来子ナキコトヲ推定シ得タル後ニ於テスルモノトス」という、他家の家憲にない家訓的条項には、早すぎた養子取りに対するAの悔恨の思いが託されているといえよう。宗家との縁を強化して家を安泰ならしめようとする余り、早まってBを養嗣子としたが、後年の協議員のような家政諮問機関が設置されておれば、男子の出生をあと暫く待つことになったかもしれない。もしそうであれば、侍妾所生の男子が相続人となって津軽家を嗣ぎ、長女は養嗣子の許婚者としてスタンバイ席に立ちつづけることもなく他家の夫人になる道が開け、また当主自身長女の身の振り方について苦労せずに済んだことであろう。

最後に、家系を嗣いだ者の配偶者を点検すると、配偶者は同格のあるいは格差の小さい伝統貴族から求めている。伯爵以上では宮家からの降嫁もあり、家憲はその可能性を妨げないように規定されている。養嗣子にしても嫡系の配偶者にしても、公侯爵家は新華族からこれを求めることはなかった。新華族との縁組は伯子爵家でも大正以降、とくに昭和一〇年代になってからのことであって、この階層では第二次大戦後をまつことなく、嫡系確保に関するパターンに変化の萌しが見え始めていたのである。

6　家憲の家政関連条項

家憲は家督相続、養嗣子資格、当主および嗣子の配偶者資格等継承関連条項のほかに、家政関連条項を含んでおり、三条家家憲のように継承関連条項を欠いても、あるいは内藤家家憲や山内家家憲のように継承関連条項が不備でも、家政関連条項は周到に規定されている家憲があった。大谷派家憲や本願寺内範のように、精緻な継承関連条項を定めることに力点があるのは、法燈伝持が至高の課題で家政の舵取りは宗務当局に委任する僧家華族の特色であったのに対し、大名華族や公卿華族の家憲ではむしろ家政関連条項の整備に力が注がれた印象を免れない。

家憲の家政関連条項は家により異同があることはもちろんであるが、諸家にほぼ共通する構造と内容こそ注目に値するところであろう。すなわち、家政事務を担当する家職、家職の家政行為を監督し、家主の諮詢に応ずる家政顧問・評議員・商議人・相談人などと呼ばれる家政協議員の会、継承関連事項について、あるいは家政協議員会で意見がまとまらなかったり協議員会が家主の意見とは異なる議決をした時に、家主の相談に応ずる親族会、以上三種の家政機関の構成・任務・権限を定めるとともに、財産を分類してそれぞれの設定・保全・利殖・充用の方法を示し、会計執行の準則を定めていることである。

家令・家扶・家従等の家職は、一八六九（明二）年六月の行政官達による藩政と知藩事家政の分離に際して設置されたものであり、親族会はかねてインフォーマルに行われていた継承枢要事項に関する親族との協議の経験に立って、華族世襲財産法にいう「親属会議」（第二四条）を制度化したものであり、家政協議員会は旧大名家における一門・重臣衆議の後身ともいうべきものであった。諸家共通して、家令家扶を旧藩士族から、家政協議員を一門・旧藩士族あるいはとくに縁故ある者から選んだことのなかにも、それぞれの成立事情が影を落としている。

前記三機関の要は家政協議員会であった。これを家政会議と呼称する立花家家憲が、「家政会議ハ当家ノ家政ヲ永遠ニ保持シ、錯謬ナカラシムル為ニ設クルモノトス」（第一五条）と位置づけているが、この認識はおそらく他家（とくに大名華族）の共有するところであろう。一九一六（大五）年の改正華族世襲財産法が家政協議員会に法的根拠を与えたことも、これが華族諸家の家政において果たしてきた枢要な役割を裏書するものである。

家憲は在来のフォーマル・インフォーマルな家政慣行を整合的に明文化し、家政協議員会という「家」戦略の司令塔を立ち上げた。かくて、家主による誤りない家政統治と家の安泰な存続を達成することが期された。だからこそ、諸家において家憲の制定を祖宗の神霊に奉告し、家督相続のさい家主たる者に家憲を遵守する誓文に署名調印することを義務づけたのである。

7　近代伝統貴族の家憲の特性

伝統貴族、とりわけ大イエが解体して小イエとなった大名華族等が、天皇家巨大イエの傘下で制定した家憲の特性について、つぎの四点を指摘して結びとする。

第一は、何が家憲の継承関連条項（相続、養嗣子・配偶者選定）を規定したかという点である。家憲の条項は旧公家・大名の慣習を踏襲する部分もあるが、むしろ華族関係法規によって強く規定されている。華族に関する法規は伝統貴族の慣習を汲み上げたというより、根本的には皇室典範によって規定され、直接に、もしくは家憲を通して間接的に、伝統貴族の慣習的家族行動を規定した。皇室典範、華族関係法規、家憲、伝統貴族の慣習的家族行動にみるこのような関連は、改正華族令が皇室令として公布され、伝統貴族が少なくとも族制の上で皇室の藩屏となることが至上命令とされたことの、必然的帰結である。

第二は、華族関係法規には女戸主の否定や男系原則の強調など、伝統貴族の「家」戦略を強く拘束する面があるにもかかわらず、関係法規のほうが伝統貴族の家族慣習を尊重したかの、逆の印象を与えているのは何故か、という点である。それは、近代の伝統貴族諸家とそれを取り巻く親族が、前々項末尾でふれたように概して豊かな出生力と長寿を享受し、華族関係法規およびそれと整合的な家憲の制約を強く経験しないですんだからである。家憲と系譜を調査した一八家のうち、家憲に配偶者条項のない家一〇、相続条項のない家三にたいし、養嗣子選定条項を欠く家二であることに示されているように、男子に恵まれない場合への対策がほとんどの家で準備されていたが、豊かな出生力と長寿は、養嗣子選定に関する規定の適用を多くの場合不必要ならしめた。また、実子がない場合や女子しかない場合、予期的に嫡系確保の「家」戦略を展開すれば、爵を襲ぎうる相続人がないという事態を避けることができた。本章で取り上げた家憲をもつ諸家は概して嫡系確保の資源に恵まれていたけれど、出生力にも長寿にも恵まれない家では、嫡系確保の戦略に成功しないまま戸主が没すると、継承関連法規の要件を充足する家督相続人を確保できないことがあり、華族の栄典を喪失するケースが発生することになった。娶妾が華族社会でも背徳乱倫として非難されるようになった大正期以後、少数であるがそうした例が現れる。

第三は、継承に見られる強烈な血統意識である。男子嫡長原則にそれが集約的に示されている。嫡長男子であること、あるいは帰属主義的にそれに適法に代わりうる者であることが、爵を襲ぎうる家督相続人の位座（position）占守の正当性の根拠である。この正当性によって上位権力は襲爵を公認し、並立する同位権力は交際相手として認め、家督権力に服従する者は権威に対する服従の責務を自認する。したがって、血統意識といっても、昆虫ですら自らの種でなくまさに自らの子孫を残そうとする動物行動学の次元での自然的血統ではなく、位座の社会的正当性に係る血統意識である。その背景には、一族縁者の血で戦いとった封禄を一族縁者の外へは渡すまいとする封建時代に根ざす意識や、血をわけた子孫や生活を共にした近親への情愛といった現代にも通ずる情緒［牟田 1996：102］も蠢いているのであろうが、華族社会における血統意識の近代的な意味は、皇室典範に準拠することで正当性を確保し、標準的な形で華族として「家」の安泰な存続をかちとることにあった。

第四は、家憲は目前の家政危機に対処するために、あるいは華族関係法規の整備を契機として、起こりうべき家政危機を未然に回避するために制定されたことをみれば、家憲の制定は未然已然の家政危機に対する「家」戦略の意識化であったことである。より正確にいえば、当該小イエに準大イエ的な深いかかわりをもつ人々の集合意識化による、危機防衛－対処策の作成であった。家政の立て直しが急務でそこに狙いがある場合には、三条家の例のように、継承関連条項を欠く家憲が制定され、家政相談人の指揮のもとに集合的努力が継続的に家政再建に集中され、所期の成果を挙げることができた（四二五～六ページ参照）。したがって、本節で家憲の継承関連条項と継承関連行為の実績とを照らし合わせたように、家政関連条項の調査も文言や制定背景の精査で終わらず、いかに危機対処策として効果的に活用されたか、その実績を調査し、成果の評定にも及ばなければならないのである。

註

（1）「外事」とは大イエの外のことではなく、小イエの外なる大イエのことを指すのであろう。本文では省略したが、これにつづく「内縁に因りて諸士を賞罰することなかれ」の戒めにいう「内縁」の「内」とは小イエをさし、これに「外事」が対置されていると考えられる。そのように見るなら、大イエ本位の思考と行動のパターンがここに露呈されていることになり、単なる男尊女卑の封建思想ということができない。会津松平家の祖・保科正之の家訓第四項「婦人女子の言は一切聞くべからず」[近藤 1975：資料139]も、婦人女子を小イエ内存在とみる大イエ本位の家訓であることを忘れては、正しく理解することができないだろう。

（2）二一家の家憲のうち、利用できた伝統貴族一八家の家憲に、制定年（括弧内）の古い順に本文で掲げたのと同じ番号をつけ、大名・公卿・僧家別に挙げる。大名華族としては、①平戸松浦伯爵家の家政規則（一八八六）[松浦伯爵家 1930b：206〜215]、②宇和島伊達侯爵家の家範（一八八七）と改正家範（一九〇二）[宇和島伊達家家範文書]、③延岡内藤子爵家の家憲（一八八七）と家範（一九一八）[近藤 1975：資料323〜337]、④鹿児島島津公爵家の家憲（一八八八）と家範（一九二〇）[鹿島 1978：447〜459]、⑤高知山内侯爵家の家憲（一八八八）[三条家文書]、⑨柳川立花伯爵家の家憲（一八九三）[近藤 1975：資料364〜369]、⑩金沢前田侯爵家の家範（一八九六）[近藤 1975：資料384〜386]、⑪米沢上杉伯爵家の家範（一八九六）[近藤 1975：資料370〜380]、⑬佐倉堀田伯爵家の家訓（一八九九）[近藤 1975：資料387〜388]、⑭久留米有馬伯爵家の家範（一九〇二）[有馬頼寧関係文書]、⑮福山阿部伯爵家の家範（一九〇四）[阿部家文書]、⑯弘前津軽伯爵家の家範（一九〇五）[津軽承昭公傳 1917：429〜440]、⑰徳川慶喜公爵家の家範（一九一〇）[近藤 1975：資料389〜395]、⑱新発田溝口伯爵家の家範（一九一七）[近藤 1975：資料401〜403]。（大名華族を現石五万石以上の旧大中藩諸侯と五万石未満の旧小藩諸侯に分ければ、前者はおおむね家憲を制定したが、後者〔右のリストでは松浦・内藤の両家のみ〕は資産家を除いて家憲を制定していないといわれる[千田 1986：16]。）公卿華族としては、⑧三条公爵家の家憲（一八九一）[三条家文書]、⑫近衛公爵家の家憲（一八九八）[工藤 1938：327〜334]、僧家華族としては、⑥大谷伯爵家（大谷派）の大谷派家憲（一八八九）と⑦大谷伯爵家（本願寺派）の本願寺内範（一八九一）[森岡 1962：581〜585、同 1978：117〜133]である。これら諸家のうち、前章で家の継承・婚姻要員を点検するさい対象としたのは、大名華族では前田と島津、公卿華族では近衛と三条である。ただし後者は、それぞれ摂家・清華家のなかに合算した。

（3）両本願寺も大イエを構成した。旧大名家大イエを解体させた明治維新期の政治的大改革は本願寺を直撃するものではなかったが、境内外区画取調等近代法制のインパクト、とりわけ明治初期の仏教行政が本末制から管長制に転換したことが、本願寺の大イエを崩してインフォーマルなものに退化させたため、頂点部分での再構築が必要になっており、皇室典範の制定は再構築の外的契機となった。詳しくは著者の別稿［森岡 1978：120～121］を参照されたい。

（4）華族関係法規としては、相続および家政関係の条項を含む華族令（一八八四）、華族令追加（一八九四）、改正華族令（一九〇七）、華族世襲財産法（一八八六）、改正華族世襲財産法、同施行規則（一九一六）を取り上げる［霞会館 1985：185～190，197～213］。なお、皇室典範（一八八九）も視野に入れなければならない。

（5）弘前津軽家の家範制定は一九〇五（明三八）年のことであるが、早くも一八八三（明一六）年一月に旧藩重臣から家政改革と家範の制定が建白されている。これに基づいて家範案が整ったが、「家典ノ根法ハ決定セラレズシテ止ミ、令扶職務章程及財産管理方ノミ定メラレタリ」［津軽承昭公傳 1917：387］という。家範案のうち、取りあえず優先的に制定された規則の名称は、大イエ津軽家解体後の小イエ津軽家家政の再構築という差し迫った要請が、家範制定建白の背景をなしたことを推測させる。

第三部　華族社会と娶妾習俗

娶妾習俗を支えたもの

本書が解明を志す「家」戦略とは、詮ずるところ「家」存続の戦略に他ならない。華族社会では家祖の業績が大きかっただけに、存続のための営為が意識的組織的であることが多く、かくて何世紀にもわたる存続を達成した家が少なくない点では、数世代で絶えることの多い常民の及ぶところでない。この成果は、先祖代々の系図に集約して示される。「家」戦略は将来に向けて家訓・家憲に客観化されるとともに、過去を現在に繋ぐ系図を産み出すのである。

系図作りには、親子関係の世代的な繋がりを記録することに最大の関心があるものと、家系の継承を記録することに第一次的関心があるものとがある。「家」戦略の担い手にとって、系図といえば後者の家系図を意味した。親子関係を記録するためには、子の両親が誰であるかを記録しなければならず、おのずから夫婦関係（および子をもたらした男女の結合）が記録されることになるが、家系図では誰から誰へ家系が継承されたかの記録が重要であるから、家督や跡目を相続した者（ふつう男子）を主体とし、配偶者は付随的にしか記載されない。なかには配偶者なしで後継者たる実子をえた無性生殖のような、「腹は借りもの」の観念を如実に示す家系本位の父子関係を記す場合がある。(1) 現代の華族の系図にさえこの種の例が多いことは、試みに『平成新修旧華族家系大成』を繙くだけで判然とする。

一見無性生殖のような父子関係が連なる家系図の場合はもちろん、家長の名の脇に夫人として正式の配偶者が併記されている場合でも、親子関係を示す縦の線は、夫婦を結ぶ横の線からではなく、家長から直接つぎの家長に下りており、縦線から派生した横線が次世代の家長のきょうだいをまとめて彼らの父、つまり家長に結びつけている。この縦横の線からはみ出した形の夫人は、家長の配偶者としてこの子たちの「母」であるが、生みの母であったかどうかは分からない。家系図に登載されることのない妾が、生みの母のなかに混じっているかも知れないからである。

蓄妾[2]は一夫一婦の倫理に悖り、人格の尊厳、両性の本質的平等の原則から外れた良俗に反する行為として、これを厳しく排斥するのが現代人の常識である。しかし、蓄妾が背徳ではなく習俗であった時代そして社会が、かつて日本にあった。第三部は蓄妾が習俗であった華族社会について、蓄妾の実態に接近し、かつこの習俗の崩壊過程を追跡することによって、「家」戦略の視点から蓄妾習俗の機能を探るとともに、大イエ解体の観点からこの習俗の崩壊に新しい光を投じようとするものである。

蓄妾は家父長制社会の政治的経済的社会的に優越した階層の男性にとって、自分本位の弾力的な運用の可能な、利便性の高い制度であった。彼らにとってのメリットを具体的に挙げるならば、家の政治的経済的社会的位座を選考の第一基準として人選されるoffice-fitな妻とは対蹠的に、自分自身で気に入ったpersonality-fitな女性を選ぶことができること、性サービス[3]を含む身辺サービスを確保し、さらには性サービスにヴァライェティを加えうること、気に入りの妾との間に時として情緒的欲求の充足をも達成できること、妾の貰い受けには親族関係の追加や改編を伴わないから、既存の妾に加えてさらに若い女性を娶り、他面、気に入らなければ「暇を出す」ことが容易であること、などであろう。そこに、この制度の選択性・任意性・事態適合性、換言すれば、男性にとっての利便性そして情緒性が現れている。

以上は蓄妾当事者にとっての個人的機能である。他方、彼を家長とする家に対して、蓄妾は後嗣たるべき男子を確保させたばかりでなく、男子のスペアがあれば、後嗣を欠く一族の家々に提供して大イエの安泰と繁栄に貢献する可能性を拡大した[4]。また、妻側の一族に忠誠心を傾けさせる惧れなしとせぬ娶妻〔鈴木 1998：34〜40〕と対比して、蓄妾はこの危険性がないのも同然である点で有利であった。さらに、「其才智決して尋常一様の人物に非ざる」妾所生の嗣子によって大名家の活力が保持された面も、家に対する娶妾の潜在的機能として看過できないだろう［慶応義塾1960：16］。

また、娶妾はその時代の婚姻制度の攪乱要因というよりも、むしろその補完要因として機能した。まず、「妾に子あらば妻に子なくとも去に及ばず」との『女大学』の説を引用するまでもなく、嗣子確保について娶妾は娶妻の機能を補完したばかりでなく、婚姻関係についてもその一部を補完あるいは全部を代替するものであった。とりわけ、参勤交代制と妻子江戸在府制に拘束された近世大名にとって、国元の妾は妻のパーソナル・サービスを補完する不可欠の存在であった。また、大イエ大名家の社会的地位にふさわしく宛てがわれた妻との間では欠如しがちな情緒的欲求充足が、パーソンに適合的な個人的属性を具備する気に入りの妾との間で達成されえたことに注目すれば、娶妾は家父長制的大イエ社会における位座本位の婚姻制度に対する矛盾緩和装置であったとさえいえるだろう。(5)

このように考えれば、娶妾は男性個人にとって都合のよい制度であったばかりでなく、後嗣の確保を存続の必須要件とする家にとっても、また位座本位の婚姻制度にとっても有用な機能を果したことになる。その上、社会的役割が生得の地位によってきびしく限定された時代に、比較的低い階層の女性とその親兄弟が地位の上昇をかちうるほとんど唯一のチャネルは、社会的地位の高い人の妾になること、そのような妾を送り出すことであった。(6)したがって、「家」戦略と家父長制的大イエ社会における婚姻の理解のために、娶妾の実態究明は避けて通れぬ課題ということができる。

娶妾が華族社会の習俗であった時代とは、旧幕時代の慣行が持続されていた明治初期である。この時代には娶妾は華族社会だけの習俗ではなかったから、(7)娶妾を規制する国の法規があった。そこで、第一章で、明治初期の法制度のなかで妾がどのように規定され、どのように改定されていったかを点検する。ところで、畜妾を華族社会の習俗とみたが、畜妾が当時の華族社会で実際にどのくらい広く行われており、またその実態はどのようなものであったのだろうか。この点を第二章でまず華族戸籍を資料として統計的に観察し、つぎに第三章で華族の日記や伝記によって畜妾の実態を事例研究的に描き出す。最後に第四章では、畜妾習俗が大イエの解体を背景としてどのようにして崩壊していったのか、崩壊のきっかけ要因を探りつつ、その過程を跡付けることとしよう。

註

（1）ヨーロッパの貴族社会では、身分違いの妻から生まれた子は父の爵を襲ぐことができず、母の生家の身分に位置づけられたという［霞会館 1966：906］。それと対極に立つのは、妾が生んだ子も父の身分に所属させる日本の慣行であって、下世話にいう「腹は借りもの」、やんごとないところでは「庶出ノ皇子ト雖トモ皇胤勿論ナレハ」の観念がその支えとなっている。出生の因は男性の胤であり、これを宿して産む腹は縁に過ぎないという、種子（胤）と苗床（腹）になぞらえられる関係であって、これを男性からみれば本腹（妻）も脇腹（妾）もともに借りものであるから、脇腹の子も本腹の子に準じて、父の社会的地位にふさわしく定位されてしかるべきであった［Lebra 1993：224〜225，リブラ 1995：561］。

男性のみが遺伝への唯一の貢献者であるという精子中心的な遺伝観念は、生殖に関する科学的情報の欠如ゆえの誤謬として片づけるわけにはいかない。なぜなら、一七世紀に女性の卵巣に卵子が発見され、日本の貴族社会は生殖の科学的知識に早期に接したと推測されるからである。にもかかわらず、「腹は借りもの」の観念が根強く人々の考え方を支配しつづけた有力な理由は、「我国ハ古来男統ヲ貴ヒ女統ハ之ヲ血統ト認メサルナリ……縦ヘ生理学上ノ論ハ如何アルモ是レ我邦二千五百年ノ定制ナリ」との尾崎三良の主張［熊谷 1987：171］が示唆するように、家父長制社会の性的結合における男女格差の実態、とりわけ貴族社会の家系継承における徹底した男系主義にこの観念がなじんだことであろう。

（2）畜妾は蓄妾と同義である。ただし、『萬朝報』連載の「弊風一斑　蓄妾の実例」の文章から強く印象づけられるように、蓄妾には妾をもつことを非難する語気があり、蓄妾は畜生のすることと言わんばかりの否定的排斥的態度が含意されている。そこで、妾をもつことをある時代の習俗とみなす立場に立つ著者は、できるだけ価値判断から自由になるために、あえて畜妾という語を採用した。娶妾に対して妻をもつことを娶妻と呼び、娶妻と娶妾の双方を合わせて娶嫁と呼ぶこととする。いずれも著者の新造語ではなく中国の古文献に見える語句であって、娶妾の語は一八七六（明九）年一月一四日付け司法省指令の見出しにもあるが、意味連関は新たに確定したものである。

なお、明治中期の東京下層社会における極貧家庭を描いた文章に、「蓄妻」の語がある［松原 1988：158］。これを蓄妾の対語とみれば、蓄妾は畜生のする行為という非難の含意のほかに、なしですませずあえてもつ、という語意を汲み上げることができる。

（3）妾の選択に制約が全くなかったわけではない。例えば、幕末の佐賀藩主鍋島直正の場合である。彼が始め自分で選んで「御通女中」（侍妾）としたのは山本土岐允の娘およもで、彼女は一女を産んだが、正室（将軍家齊娘盛姫）が子を産めないと推測がついた後、継嗣を挙げるために門閥の娘を「御通女中」とすることとなり、国老鍋島周防茂慶の娘お浜を納れた。期待どおり、その腹から継嗣たる男子が出生した［中野 1920a：292］。また、最後の広島藩主浅野長勲（1842〜1937）は、江戸にも広島にも妾がいたが、「妾を選ぶのもなかなか厳重のもので、藩の許しを受けるので、随意にはいきません」と回想している［三田村 1997a：85］。娶妾の選択範囲も家の要請の制約下に置かれたわけで、制約が弱いためそれと見えにくい場合と、制約が強く外に現れる場合があっただけのことであろう。

（4）このような妾の家的機能に照らして読めば、『女大学』の「七去」の第二と第四はよりリアルに理解されよう。「二には子なき女は去るべし。是れ妻を娶るは子孫相続の為なれば也。（中略）或は妾に子あらば妻に子なくとも去に及ばず。（中略）四には、悋気深ければ去る。」

（5）例えば松江松平家では、藩祖直政の血統を伝える津山松平家の徳広（後の定安）を九代齊齋の後嗣として、その娘を配したのであるが、時に定安は一七歳、婚約者は僅かに二歳であった。大イエ大名家の「家」戦略としてこのような縁組がさしたる無理もなく成立しえたのは、事実上の成婚までの長い年月を娶妾の習俗が繋ぐことを前提できたからである（二六九ページ参照）。

妾のパーソナルな適合性については、本書二八九ページ本願寺光尊の妾、三〇六ページ以下の尾崎三良の妾、および三九三ページ井伊直忠の妾の例をみよ。江戸期の妾の社会的地位を文献によって論じた阿形龍彰が、徳川将軍の妾は彼の気質から飲食衣服の嗜好などの瑣末に至るまで熟知し、巧みに彼の意向を迎えることができたと報告していることは、パーソナルな適合性とは男女対等の立場での適合性ではなく、女性の側から合わせてゆくことで成立する適合性であったことに気づかせる点で有益である［阿形 1930：74］。

敗戦直後のことであるが、太宰治が小説『斜陽』のヒロインかず子―宮家とも縁つづきのさる公家華族の、離婚経験のある三〇歳の女性―に、戦時中の疎開の苦労などをへて、かつての自らを「ぼんやりの、のんき者であった」と回想させている［太宰 1950：72］。「ぼんやりの、のんき者」では、頭がよく気が利いて男性の気持の呑みこみの早い妾には太刀うちできない。妾から合わせてゆくことで成立するパーソナルな適合性は、夫や家にとって機能補完的・矛盾緩和的であっても、妻にとっては攪乱と葛藤の源泉でしかないことに注意を喚起させる描写である。

（6） 一八七五（明八）年頃の新聞に、娘をもつ親たちはわが子を妾にするために競って三味線を習わせることを嘆く投書が、しばしば掲載された［小山 1986：67］。これに関連して福澤諭吉は、後年の『品行論』［1885］のなかで、「女子の妾奉公は男子の仕官に異ならずして、或は之を女子の青雲に志す者と云ふも可なり」［慶応義塾 1959a：573］と、実際的な側面に注目している。

（7） 徳富蘆花（1868〜1927）の子供時代、したがって明治初年頃、県の役人をしていた父には、母の身体が弱いために時々妾が居て、同居することもあった。それは「妾と云ふ事が不思議でも何でもない時代」であったという［徳富 1929：50，164］。一八七三（明六）年三月横浜の日本基督公会で宣教師ブラウン（Brown, S. R., 1810〜80）から受洗した神奈川の医者山中喬造は、受洗後妾を娶ったため教会の役員から詰問され、大いに懺悔したと伝えられている［佐波 1938：105］。また、旧岡山藩士で維新後県の役人を勤めた中川横太郎は、一八六八年頃炭谷小梅（1848〜1919）なる岡山一流の名妓を妾として一女をもうけたが、小梅は一八七五年に岡山に伝えられたキリスト教の感化を受けて、人倫に反する妾の境涯を脱したいと熱望し、愛児を中川に連れ去られてもなお決意を貫いたという［警醒社 1921：235〜236］。一八七〇年代早々福井や東京で四年近く理化学教師として滞在した米人グリフィス（Griffis, W. E., 1843〜1928）が、自らの見聞に基づいて、「正妻の外に妾を持つ男の実際の割合は、全人口の五％を越えないと思う」［グリフィス（訳）1984：272］と推測している。僅かな例証であるが、士族あるいはそれに準ずる階層でも娶妾が少なからず見られたことを窺わせる。

他方、一八七〇年代後半の調査に基づく『全国民事慣例類集』の第一篇第七章第三款「嫡庶ノ区別」は、「凡ソ平民間ニテハ公然妾ヲ置クコトヲ許ササル法制ニテ」と総括し、娶妾は華士族の風であるとの認識を示している。

第一章　妾の法的地位の推移

一　新律綱領下の妾

荻生徂徠（1666〜1728）が『政談』（巻之四）のなかで、「妾というものはなくて叶わざるものなり」［岩波文庫版：296］と支持した娶妾は、家名・家禄・家産の継承を第一義とした身分階層の習俗として、妾の地位の召使への下落を伴いながら根強く存続していた［石井 1961］。維新政府はこの習俗を拠りどころとして、一八七〇（明三）年一二月制定の新律綱領（太政官布告第九四四）の五等親図に妾を掲げたが、妻妾をともに夫の二等親（夫は妻妾にとって一等親）に列したのは、大宝令に倣ったものである［福島 1962：148］。法制定者がモデルとした妾は、一八六九年の東京府戸籍書法［福島 1967：346］が前提したような召使の筆頭に位置する妾ではなく、嗣子を産み戸籍にも登載されるような妾であったと推測される。とにかく妾の地位はこれによって飛躍的に高まり、妻同様の配偶者として公認された。

夫にとって妻の産んだ「子」は一等親、妾の産んだ「庶子」は三等親という格差が設けられたが、庶子は父に対して妻の子同様に当然親族関係に立つものとして、父の戸籍に登録された。妾を妻と並ぶ配偶者と定めれば、妾もまた法制度の囲いのなかに閉じこめられて貞操の義務を負うのみならず、その地位において夫の寵愛を妻と競うことにもなり、夫にとっては従順で忠実な妾の奉仕を確保することができた。したがって、妾の地位を高め相対的に妻の地位を貶めたこの新令は、妾を保護するものというよりは、妾の夫を保護するためのものであった、とみることができる。

なお、娶妾は当事者の「双方許諾」のみで成立するにたいして、娶妻には「結納の取替と婚姻の礼」が前提されており、妻と同じく妾も配偶者として認められたといっても、インフォーマルな家内的関係とフォーマルな社会的関係という差異が、両者の間に厳として存在していた［石井 1974：222〜224］。

妻と妾がともに二等親となれば、妻離縁後あるいは死去後、気に入りの妾を本妻に引き直すことは不可能ではなくなる。しかし、華族の妻は華族から迎え、妾は華族からではなく士族もしくは平民からとる、という慣習が確立しており、そのため、妻にしてよい女性でも出自が低ければ妾として貰い受けるというのが当時の婚嫁の実態であったならば［小山 1986：49］、妻妾ともに二等親と定められても、かつて徂来が断言したとおり（『政談』巻之四）、妾であったものを妻に直すことは許容されないだろう。ところが一八七一（明四）年八月、太政官布告第四三七によって、「華族ヨリ平民ニ至ル迄互婚姻被差許候条双方願ニ不及其時々戸長へ可届出事」と達示され、あらためて婚儀を整えれば妾を本妻に改めることが公認されることとなった［堀内 1973：229］。

前記の婚姻自由令より四カ月前の七一年四月に戸籍法（太政官布告第一七〇）が公布され、戸籍の書式も示された。同戸内の親族を書き上げる列次の順を示す書式は、親族名称を網羅しているようだが、子細に見ればそのなかに妾が含まれていない。そこで、二等親とされた妾の記載順位が問題となり、関係官庁による一年ほどの協議の末、七三年八月に至って「右［妾］ハ妻ノ次ニ掲載候様可致尤父ノ妾ハ母ノ次祖父ノ妾ハ祖母ノ次へ認可申事」［外岡 1967b：95］と決まった。このように決まったものの、娶妾の届出をせず、事実上の妾を戸籍に附籍として掲げる事例が多かったようである［浅古 1975：105〜107］。

同戸列次の順を示す戸籍書式に妾が掲げられていなかったのは、法制定者が夫の戸籍に入ることを妾の要件と考えなかったためかもしれない［高柳 1936：6］。事実、妾の同戸列次の順が決まった頃、「未タ入籍セスト雖モ双方許諾ノ上其実際妾トナル者」も妾であって、彼女が「姦罪ヲ犯セハ即チ有夫姦ヲ以テ論ス」〔堀内 1973：227〕と示達されたように、夫妾関係は両人の許諾のみをもって成立する慣習が依然法認されていたのである。ところが一八七五（明八）年一二月の太政官二〇九号達において、親族身分の異動にかんする届出主義が明示された結果、「双方ノ許諾アリト雖モ妻或ハ妾ノ名ヲ以テ其筋ニ届出送入籍セサル者ハ妻或ハ妾ト公認スルヘカラサル儀ト可相心得事」〔外岡 1967b：440〕と指令され、入籍手続きを済ませることにより初めて妾として公認されることとなった。そこでこの頃から妾の入籍が増えていったことは、七八年四月調べの『華族戸籍草稿』によって確認することができる。しかし、当時の一般国民は届出主義の原則を遵守するだけの訓練を経ていなかったため、刑の適用において実際と届出との不整合から不都合が生じ、七七年六月の司法省丁四六号をもって届出主義が骨抜きにされた。かくて、娶妾の事実が法律上の効力を認められる旧慣が復活し、届出によって公認された娶妾と並立することとなった。ただし、華族の妾の場合、華族の取扱いを受けるのはその戸籍に入籍された妾だけであって〔外岡 1969：120〕、給料をもって召し抱えられる年季雇入れの妾、いわゆる妾奉公の者はもちろんのこと、およそ入籍未済の妾はこの限りではなかった。

七三（明六）年一月一八日に示達された太政官布告第二一号「妻妾ニ非サル婦女ニシテ分娩スル児子ハ一切私生ヲ以テ論シ其婦女ノ引受タルヘキ事」にいう「妾」とは、布告当時は先述のように「双方許諾ノ上其実際妾トナル者」であればそれで条件を満たしたが、前記七五年の太政官二〇九号達以降は「妾ノ名ヲ以テ其筋ニ届出送入籍」した者に限られることとなり、さらに七七年の司法省丁四六号達以後は逆転してこれら両者を含むこととなった。ただし、入籍された妾の生んだ子は庶子として当然父との親子関係が認められるのに対し、事実上の妾の子は父の認知により初めて庶子としてその戸籍に記載されるという、私生児同様の手続きを要した。

妾の身分取り扱い方についての一八七一年から七七年に至る上述の調整により、新律綱領において二等親と定められた妾が、戸籍に関連するところではその身分に整合するように定位された。他方、戸籍に関連しない事実上の娶妾も法律上の効力が認められ、姦淫に対する制裁等刑法の拘束を受ける一方、その子は庶子として認知される限り法律の保護を受けた。そのような存在として妾の習俗を公認したのが、明治初期の娶妾制度である。

二 刑法改定における娶妾制度存廃の論議

妾の習俗を国法によって公認することに対し、欧米諸国の一夫一婦制事情にふれた有識者から批判の声が揚がった。その最も早い例は、司法卿江藤新平（1834〜74）司法大輔福岡孝弟（1835〜1919）による一八七二（明五）年一一月二一日付け正院宛て伺であった。両人は、娶妾は天数配合の理に背き、家門和睦の道を破り、天倫に妨げあること少なからず、それゆえ自今（新律綱領の）妾の名義を廃して一家は一夫一婦と定めたし、と伺い出たが、採用されなかった［向井 1958：505〜506］。しかし、ほどなく娶妾の習俗が厳しい批判に曝される。英米に留学してキリスト教にふれ、挑戦的な議論で知られる森有礼（1847〜89）は、江藤司法卿らの廃妾建議から強い影響を受けて、七四年から七五年にわたり「妻妾論」を『明六雑誌』に発表して廃妾論の急先鋒となった［貝出 1973］。つづいて、福澤諭吉（1835〜1901）は「男女同数論」を、中村正直（1832〜1891）は「善良ナル母ヲ造ル説」を、それぞれ『明六雑誌』に投稿して廃妾論を支援した。このようにして、有識者の間で娶妾制度の存廃問題が議論の的となったのである。

妾を公認した新律綱領は、加害者と被害者との特定主義的な身分関係を科刑の重要な基準とする明清律の原則に拠って構成されており、他方、治罪法に属するもろもろの規則や手続きは普遍主義的な欧州各国の制度に倣って制定されていた。そのため、後者と矛盾する原則に立つ新律綱領の全面改定が不可避の課題になっていた。これに加えて政府は、条約改正実現のために、欧州各国の制度を範とした刑法・民法・訴訟法・商法等を制定する必要に迫られていた［福島 1962：141］。こうして刑法改正がまず日程に上り、関連して娶妾制度もその存廃を問われることとなる。

司法省は仏人ボアソナード（Boissonade de Fontarabie, G. E., 1825～1910）を聘して、一八七六（明九）年刑法改正の作業を開始し、翌七七年一一月に至って草案が完成する。そこで、太政官は刑法草案審査局を設置し、太政官・司法省・元老院の有司を総裁ならびに委員に任命して審査を開始した(1)。このさい最も問題となったのはやはり娶妾制度の存廃であって、審査局は問題点を整理し、存続か廃止か、太政官の判断を求めた［石井 1954：452～454］。刑法草案が娶妾制度をどのように取り扱ったか、また審査局は存廃いずれにせよどのような問題が残るとみたかを把握するため、まず七九年二月二七日付けの太政官宛て審査局伺を紹介することとしよう。

刑法草案ニ於テハ将来妾ノ名ヲ廃スルヲ以テ妾ニ関スル条ナシ即別紙第一案ノ如シ然レトモ従来ノ妾ハ既ニ法律ニ公認シ二等親ニ列ス豈雇人私通ト同視スルノ理アランヤ故ニ第一案ニ決定セハ其発行ノ際別段ノ法律ヲ設ケ以テ従来ノ妾ヲ待タサルヲ得ス

若シ将来妾ノ名ヲ存セハ刑法ニ之ヲ掲ケサルヘカラス即チ第二案ノ如シ然ルトキハ民法ニ於テモ亦其身分ト権義ヲ定メ掲載セサル可カラス

右両案関係重大ノ事柄故相伺候御指令被下度候也

別紙の第一案とは刑法草案どおりであって、親族名称を掲げて「親属」の範囲を規定した第一一五条、本夫の姦婦姦夫に対する殺傷の罪の宥恕を規定した第三〇九条、および有夫姦に対する罪刑を規定した第三五三条に、妾の字句がない案文である。審査局の意見として、もし将来妾の名を廃止する目途をもってこの案を採用するなら、妾はすでに新律綱領で公認されて二等親に列しているので、これら従来の妾が姦通した場合には、実質的に妾である雇人が私通したのと同一視できないから、別段の箇条を設けて従来の妾に対応しなければならない、という。

これに対して、もし将来とも妾の名を存置するのであれば、第二案として提示された案文のように、前記の第一一五条、第三〇九条および第三五三条の「婦」に、それぞれ「妾」の一字を加えて第一案を修正しなければならず、また、民法においても妾の身分と権義を定めた条文を置かなければならない、とする［堀内 1973：231〜232］。このように、娶妾制度の廃止か存置か、それぞれの場合に必要となる対策を掲げるのみで、両案の何れを採用すべきかについては発言を保留し、太政官の判断を仰いでいる。

太政官は刑法草案審査局の伺に対して判断を下す前に、この伺を法制局や内閣書記官局に回付して意見を求めた。法制局の意見は廃妾であった。その理由は、

①「一夫ニシテ二婦若クハ数婦ヲ有スルハ正妻ノ権利ヲ妨害シ一家ノ不和ヲ醸成スルノ基ニシテ天理ニ違ヒ人情ニ反スルノ甚シキモノト謂フヘシ」

②「欧米各国ノ律ヲ見ルニ一夫両婦ヲ有スルヲ認ルモノナシ支那ノ制ニ於ケルモ亦妾ヲ親属ニ列セサルカ如シ」「外国条約御改正ノ上ハ」「締結各国ノ律ニ公認セサルモノヲ我法律ニノミ公認イタシ候テハ恐ラクハ外国人ノ信服上ニモ関係可致」、したがって条約改正のためにも不都合である。

③「刑法草案中ニ二重婚ヲ禁罰スルノ条モ有之候趣ニ有之就テハ妻ト妾トハ其名ヲ異ニスルモ其実夫ニ対スルノ義務職掌ニ於テハ同一ノモノニ付若シ妾ヲ公認スルトキハ二重婚ヲ禁スルノ精神ニ矛盾スヘシ」

④「妾ヲ親族ニ列スルトキハ現在其血続キタル父母兄弟伯叔父母等モ亦本夫ノ親族ニ列セサルノ理ナシ然ルトキハ親族相錯雑シ他日民法上ニ於テ婚姻法財産分派法等設立ノ期ニ至テ種々ノ難題ヲ生シ候ハ必然ノ儀ト存候」

法制局の廃妾を主張する理由は、以上のように間然するところがない。かくて、「新法ニハ公認不相成方至当ノ儀

ト存候」と同七九年三月二五日付けで太政官に答申した［堀内 1973：232〜233］。

内閣書記官局の意見もまた廃妾であったが、「旧俗ノ陋ヲ去ル」時流に沿って「妻妾併列ノ旧制ヲ改正」しようと言うのみで、廃妾を妥当とし必要とする理由は法制局の回答のように明晰に述べられていない。その代わり、実質的な妾の存在に対応して「妾ノ子ヲ処スルノ道如何」を考案しなければならないとする提案に、彼らの特色があった。曰く、

然ルニ法律ニ於テ妾ノ名ヲ没シ妾ノ権義ヲ保護セス然ラハ則チ併セテ妾ノ生ム所ノ子ヲ没シ其権義ヲ奪ハントスル歟此レ乃チ宗統継嗣ノ法ニ於テ重大ナル関係ヲ有スル者ニシテ慎重審議スルヲ要スル所以ナリ

かくてフランス法などを引用して考察を加えた後、

第一　妾ヲ等親ニ列スルノ陋ヲ除キ及法律妾ニ係ルノ条項ヲ削ル

第二　庶子ハ其父母ヲ父母トスルコトヲ得而シテ相続ノ権ハ嫡子孫ニ次ク

の二箇条を大則とすることを結論し、その旨太政官に答申（日付欠）した［堀内 1973：233〜234］。

ところが、太政官の官僚たちが廃妾論にまとまっていたわけでなく、存妾論の書記官連中が上記両局の廃妾論に対抗して建議した。まず大書記官尾崎三良が、法制局の答申に先立つ同年三月一四日、法制局員は両三名を除きおおむね廃妾論に傾いているので、これが廟議を動かすに至るのを黙止するに忍びずとして、三条太政大臣と岩倉右大臣あて建白書を出した。さらに権大書記官大野誠、少書記官馬屋原彰、同桜井能監の賛同をえて、おそらくこれら三名の意見を汲んで単独の前記建白書に若干の加筆を施し、三月のうちに内閣諸公つまり大臣・参議宛て連署の建白書を提出した。今回は四名中次位の大野誠が筆頭者となっている［茂木・鶴巻 1996：440〜441，堀内 1973：234〜236］。この二つの建白書の趣旨は全く同一であるので、説明がより行き届いている四者連署の建議についてその要点をまとめておこ

う。

建議は「固有の国風」の立場から「洋学者流」の廃妾論を批判して言う。廃妾論は「今卒然欧米ノ法律ヲ看テ徒ニ其名ヲ艶シ其形ヲ慕ヒ曾テ国法習俗ノ如何ヲ弁セス直ニ之ヲ廃セント欲ス」るものであり、蓄妾制度をもって「天理ニ違ヒ人情ニ悖ル」ものというが、「夫レ妾ヲ公認スルハ天理ニ違フトハ彼〔欧米の法律〕ノ説ナリ」「凡ソ……法律上別ニ天理ト云者アルヘカラス民俗国勢ニ適スルヲ認メ以テ天理トスル耳」「我カ天理ハ亦タ吾ノ天理ヲ以テ天理トスルノミ奚ソ彼ヲ憚リ我ヲ屈スルノ理アランヤ」と主張する。

では、わが天理とは何かといえば、「我邦ノ国法習俗ハ男統ヲ尊ヒ女統ヲ賤ム……是レ妾媵ノ設アル所以ニシテ」「正妻ノ出ニアラストイヘトモ皆之ヲ子孫兄弟伯叔トシ子孫モ亦其父祖ノ姓ヲ冒シ其家督ヲ継承スルヲ得是レ即妾ヲ公認スル所以ナリ」、と説いて娶妾制度がわが天理に適うことを力説する。実際に就いてみても、「現今我邦上等ノ地位ヲ占メタル貴紳ヲ見スヤ其正妻ノ出ナルモノ幾何カアル今一朝ニシテ之ヲ改ントスス思ハサルノ甚シキナリ」と指摘し、「皇統ノ綿々タル蓋シ亦邦制ノ致ス所ニ非スト云ヘカラス」と天皇における典侍の制度にまで言及した。

また、廃妾論者は妾を公認することは二重婚を禁ずる刑法草案の精神に悖るというが、「夫レ妻ハ自ラ妻妾ハ自ラ妾ナリ名分判然元ト混淆ヲ容レス」、したがって妻妾並列は二重婚と異なると断言し、ただ、妾を妻と同様に二等親に置くのは穏当ではないようだから、この点を改正してもよいだろう、という。最後に、法律は天皇に及ばないと論者は主張するが、[2]「皇上ハ法制ノ出ル所ノ根本」であるから、改正刑法が廃妾論を採用すればその効果が天皇に及ぶことは避けられないと警告して、主に法制局の意見を念頭に置いたと推測される廃妾反対の意見書を結んだ。

尾崎らの建議は存妾論の精髄を尽くしたものといってよいだろう。しかし、太政官は結局廃妾の立場を採り、同年六月第一案によって審定すべしと刑法草案審査局に指令し、なお内閣書記官局の意見を納れて「妾ノ子其父母ニ於ケル権義ハ仍ホ従前ノ通タルヘシ」と指示した。かくて、刑法審査修正案はその月のうちに審査局の手で完成し、先年立法府として開院された元老院の議に付されることになった〔堀内 1973：231〕。

翌八〇（明一三）年三月一五日、元老院では刑法審査修正案の第一読会が開かれた。太政官権大書記官の村田保（1843〜1925）が内閣委員として総括的説明を行い、刑法草案審査局総裁として妾関連事項の改正原案作成に携わった公卿華族の議官柳原前光（1850〜94）が、これを補足して妾に言及する。彼は「本刑法ニハ妾ノ字ナシ但シ本邦ノ習慣ニハ妾アルモ外国ノ法ニハ妾ナシ仍テ妾ノ身分ハ他日民法ニテ之ヲ定ム可キモノトセリ併シ刑法ニ妾ナキヲ以テ妾ヲ禁廃スト云ニハアラス」と発言して、表面は廃妾でも本音は存妾とも受け取れる含みのある説明をした。当時の議官のなかでは娶妾是認論がかなり大きな勢力を占めていたので、彼らに配慮して慎重に発言する必要があった。

四月二日に開かれた妾の案件に関する第二読会は、柳原の配慮も空しく存妾論で出鼻を挫かれる。すなわち、議官柴原和（1832〜1905）が「我皇統ノ天壌ト極リナク綿々継承スル所ノモノハ妾ノアルヲ以テナラスヤ若シ之ヲ廃スルトキハ皇統ノ関係極テ大ナリ……現ニ華族ニシテ妾ナキハ恐ラクハ一人モ之ナカル可シ士族平民モ亦富裕ノモノハ之ヲ蓄フルモノ挙テ算フ可ラス此ノ如キ数百年来ノ風俗ヲ顧ミス一朝之ヲ破ラントスルハ実ニ忍ヒサルモノナリ」とぶち上げて、「故ニ本官ハ本按ニ妾ノ字ヲ掲ケ以テ千古ノ風俗ヲ留メントス」と主張し、議官齊藤利行（1822〜81）がこれに賛成したからである。内閣委員の村田が百方反駁に努めたが柴原は屈せず、妾を刑法の親属例に規定せずしては妾の姦通を防ぐことができないと反論し、妾削除の件はすでに太政大臣の決裁をえていると言う村田に、「誤リアリトセハ直諫之ヲ改ムルニ何ノ憚ル所アラン」と断言して一歩も退かなかった。

四月六日の第三読会では、柴原が親属例の条文のほか、本夫による姦婦姦夫殺傷の罪の宥恕、姦通、重婚、親属双盗に関する諸条文にも関連させて前回の主張を繰り返し、修正委員の選出を提案して、大名華族の大給恆

（1839〜1910）ほか、伊丹重賢（1830〜1900）、福羽美静（1831〜1907）、水本成美、齊藤利行の各議官の賛成をえた。これに対して審査委員であった議官細川潤次郎（1834〜1923）は、天賦人権・男女同権の人権の立場から格調高い廃妾論を述べて原案の修正に反対し、楠田英世（1830〜1906）、鶴田皓（1836〜88）、神田孝平（1830〜98）各議官の賛同をえたが、採決の結果は一二対九で柴原の提案が可決された。

かくて議長の指名で五名の議官が修正委員となり、前記五カ条の条文に「妾」を加えた再修正案を作製して、四月一六日の会議に提出した。ところが当日になると、最強硬論者の柴原を始めとして、福羽・齊藤ら存妾派議官が午前から欠席し、前回までの会議で積極的に存妾を唱えた議官で出席したのは、水本・大給・伊丹らのみとなった。修正案の説明は委員の水本によって行われ、同じく委員の大給がこれを補足したが、彼は午前で退席してしまう。しかも、前回は存妾説に同意して、本邦今日の実況からみて数妾を聘しうる国風を一朝にして廃止することを不可とした津田真道（1829〜1903）に至っては、「天下ノ大勢ヲ洞観スルニ遂ニ原案ノ如キ完全ナル法律ヲ制定セサル可ラス」と、前説を翻す発言までする有様であった。第一読会できわめて含みのある発言をした柳原議官がここにおいて廃妾の趣旨を具体的にかつ明確に説明し、「宜ク刑法ヲ以テ妾ヲ保護スルノ非ト及ヒ全ク廃妾ト為スニアラサル旨ヲ理会スヘシ」と結論的に述べたことで大勢が決した。まず親属例のうちの第一一四条から採決したところ、一七対二の大差で再修正案が否決され、つづいて他の四カ条の再修正案は全会一致で否決された。こうして、妾の字を削除した修正原案が可決されたのである［福島 1962：140〜157］。

強硬な存妾論者たちが、なぜ最後の土壇場で会議を欠席して再修正案の否決を許したのか。その裏面には内閣側から激しい説得工作が行われた形跡があり、参議・前内務卿伊藤博文と参議・前司法卿大木喬任（1832〜99）の影が濃いという説もある［手塚 1957：42〜43］。伊藤も大木も高官の例に漏れず蓄妾家であったから［黒岩 1992：30〜31，83

〜84］(3)、廃妾は本心から出たものであるはずはないが、条約改正という最大の外交課題のために、妾の名目を抹消してその実を残す道を選んだのである。

かくて新制刑法は一八八〇（明一三）年七月一七日太政官布告第三六号をもって公布され、八二年一月一日から実施された。第一〇章親属例第一一四条の第一に、祖父母父母夫妻を挙げて妾を記載しないことで廃妾を含意させることにより、新律綱領が認めた妾の制度は八一年一杯で法律上消滅した(4)。

三　新制刑法下の妾

新制刑法は妾に親族身分を認めないのであるから、施行後は妾の入籍ができなくなるのはもちろん、施行前に夫家に入籍した妾も戸籍から抹消しなければならないかもしれない。親族身分の取得喪失の公的記録である戸籍が妾の法的身分の変化を反映しないではすまないと考えた青森県は、妾が親族身分を否定された以上、これを下婢（雇人）同様の者と見做して戸籍の記載を引き直すべきか否か、指令を求めたのであった。この青森県伺に対して内務省は、八二（明一五）年七月、「刑法ノ改定ハ戸籍上ニ関係無之候事」と指令し、抹消とか肩書修正などの必要がないことを達示した［外岡 1969：682］。

前記の内務省指令にいう「刑法ノ改定ハ戸籍上ニ関係無之候事」とは、八五年三月の三重県伺に対する内務省指令で確認されたように、「刑法施行前入籍シタルモノハ総テ従前ノ通リ取扱フヘシ」［堀内 1973：240］との意味であることは容易に推定されるが、それに加えて、明文で妾が否認されていないから刑法の改定は戸籍に関係なく、刑法施行後も妾の送入籍を行いうるもの、と誤解されかねない文面であった。このように解釈上の疑問がありうるなかで、八三年五月に示された太政官による親属の定義（「民法上ノ親属トハ各家祖先以来本支等ノ縁故アル者及ヒ現今ノ続合アル者ヲ総称スル」［堀内 1973：238］）が、妾もまた「現今続合アル者」ゆえ親属に含まれるとの理解を生み、従前通り妾を戸籍に登記する誤りを助長させた。しかし、こうした過誤は、八五年二月の内務省達戸第一号で、「刑法改正等親被廃候ニ付テハ妾ハ法律上之ヲ認サル者ニ付戸籍ニ登記スヘキ者ニ無之候条若シ刑法施行後入籍シタル者有之候得ハ此際原籍へ復シ候様可致」［外岡 1968：213、朝日新聞社 1979：9］と布達されて、跡を絶つことになる。

前段で紹介した「刑法施行前入籍シタル者ハ総テ従前通リ」との達示は、そのような妾が生んだ子は刑法施行後も従前通り直ちに庶子として戸籍に登記されることを保証している。では、刑法施行後の、戸籍に登記されえない妾が生んだ子は、戸籍上どうなるのか。八五年四月の埼玉県伺に対する内務省指令は、この疑問に答えて曰く、「妾ノ称呼ト雖モ法律上公認スヘキモノニ無之候条妾腹ノ子タル名義ヲ以テ編籍不相成義ト可心得事但シ男子己レノ子と認メタルトキハ庶子ト記載スヘシ」［外岡 1970：331］と。先述のように、刑法施行前の妾に生まれた子つまり庶子には、すでに父の家に入っている（父の戸籍に登載されている）妾に生まれて当然父の子となる者と、父の家に入っていない（実質上の）妾に生まれた子を父が認知した者とがあったが、新制刑法のもとでは妾の称呼が否認され、実質上の妾が新たに夫の戸籍に登載されることが一切なくなったため、前者のカテゴリーの庶子の出生は年を追うて少なくなるとともに、しだいに後者のみとなっていったことが、この指令で判明するのである。

さて、新制刑法は妾の字を排除したけれども、その第一一五条に庶子の語を温存した。これは、刑法草案審査局伺に対する太政官指令（七九年六月）が但書で従前通りとした妾の子の権義に配慮するものであったが、庶子の字句は「隠然ト妾アルヲ示スニアラスヤ既ニ之ヲ示ス何ソ（妾の字を）掲クルヲ欲セサルヤ」［福島 1962：149］と元老院の審議で存妾派が批判した通り、矛盾という他なかった。この矛盾を解決するためには、民法制定のさいに庶子を認めぬ方針を確立するしかない。果たして後年、民法人事編（親族編）草案の審議において、庶子を巡って激しい議論が展開されるのである。

先に刑法草案審査の段階で存妾論の立場から廃妾論に激しく反撃した（当時・太政官大書記官）尾崎三良は、元老院議官在官中の八八（明二一）年五月法律取調委員に任命されて、司法省で民法・商法の取調べに当たり、庶子を認める陣営に立って奮闘した。彼の日記によれば、八九年四月五日と翌九〇年三月一日の二度にわたり、庶子を巡って激しい議論が交わされた。第一回の原案は嫡子以外をみな庶子とし、第二回は逆にこれをみな私生児とするもので、両度とも尾崎のほか尾崎忠治（1831～1905）・清岡公張（1841～1901）らの議官が反対し、賛否ほぼ相半ばして決しなかったが、漸く委員長山田顕義（司法大臣、1844～92）の裁定で従前どおりに庶子が認められた［尾崎 1991b：271，367］。第二回の会議の議事内容のみ記録した彼の自伝は、第一回の議論をも集約した内容になっているので、以下、この自伝の記事によって会議の状況を紹介しよう。先の刑法草案審査の段階で内閣書記官局が相続権における嫡庶の差に言及したにもかかわらず、従来必ずしも判然としていなかった嫡子と庶子の分際が、この時の議論を通じて明らかにされたことにも注意を促したい。

（一八九〇年）三月一日、司法省内法律取調委員会に於て大議論あり。人事編の草案中、庶子を認めず皆私生児として所謂父なし子として取扱ひ、一切相続の権なきものとする条件あり。是は全く西洋流にして、此草案を編成したる者は日本人なれども、皆仏独法律を学び皆之に偏し、自己生国の精神を失ひたるに坐するものなり。

（中略）

我国にて若し庶子を認めずとすれば、其影響する所如何なるべきや察せずんばあるべからず。我貴族社会にては、今日まで庶子にあらずして嫡出のみ相続したる者幾家かある。恐れながら皇統の連綿たるも如何なりゆき（マヽ）や計り知るべからずと、我々極力我風俗保存のことを論じ、彼れ西学に沈溺したるものは、又其不自然変性の議論に固執して動かず。数時間に亘り、終に我々委員の多数を以て、従来の通り庶子を認めて、確然と嫡出の女子に先んじて相続権を有することとし、只従来嫡庶の分十分判然せざる処を、此民法に於て之を判然と区別し、嫡出の男子あるときは庶子たるものは家督相続の権なきものとしたり。

則ち家督相続は嫡出の男子を第一とし、庶出男子を第二とし、嫡庶とも男子なきに始めて女子に及び、女子も亦嫡を先とし庶を次とすることに決定し、報告委員即ち洋学者流の不服あるにも関せず、之を以て基礎として総ての箇条を決定したり。是れ今日現行する処の我国民法なり。此時若し洋学者流の意見の通り我国従来の風俗を無視し、全然西洋風に模倣し、嫡妻の子の外は総て子と認めずとしたらば、我国体に如何なる変動を生じ、其結果実に恐るべきものあらん。我々委員として之を防遏したるは、聊か国家に尽したる所ありと自信して誇るに足ると信ず。〔尾崎 1977a：217～218〕

一〇年前の刑法草案審議では廃妾派が勝ったが、民法草案審議では存妾派が執念の勝利をおさめた。こうして、庶子を得ることを主要目的とする娶妾制度は〔高柳 1936：29〕、「庶子」の法認堅持を足がかりとして非公式ながら生き延びることができた。一八九〇（明二三）年公布の民法は施行延期となったが、庶子法認は九八年六月公布の民法に引きつがれる。尾崎による審議の総括のなかでとくに注目に値するのは、娶妾の「風俗」保存がただちにわが「国体」の護持につながるとの見解である。彼らが言葉を尽くして論戦した根拠そして動機もそこにあったのであろう。

刑法施行以前に登記ずみの妾は、先述のとおり戸籍からの削除を免れたが、九八年六月公布の戸籍法によって、妾の称呼も戸籍面から抹殺されることになる。ただし、民法施行法第六二条により、続柄を記載することなくもとの家の家族として留まることが認められたのである〔石井 1974：228～229〕。

註

（1）刑法草案審査局の主なメンバーは、総裁柳原前光（元老院議官）、委員細川潤次郎（同上）、津田　出（同上）、村田　保（太政官少書記官）、山崎直胤（同上）、鶴田　皓（司法大書記官）等であった［手塚 1965：90］。

（2）阪谷　素（1822～81）がその例である［小山 1986：53］。

（3）一八八〇（明一三）年九月二〇日の『朝日新聞』は、参議大木喬任が「何思はれけん」愛妾二人に急に暇を出したと報じている［朝日新聞社 1979：5］。元老院での廃妾案議決および前司法卿という地位と関連のある出来事と推測されよう。ただし、黒岩涙香による伊藤と大木の娶妾暴露は九八年のことであるから、「蓄妾の実例」の記事は本文の参考情報にすぎないことをことわっておきたい。

（4）一八八〇年末から八二年にかけて、華族会館ではたびたび刑法の講義を開設している［松平 1934：541，544］。「妾」に関する法律問題が講義の主要なテーマ（の一つ）であったことだろう。

第二章　蓄妾の統計的観察

一　『華族戸籍草稿』

幕末までに成年に達した人々は旧幕時代の習俗を背負って明治の新時代に入った人々であるから、蓄妾の習俗も何らかの形で彼らに担われて持続し、廃妾の立場に立って自らは妾を蓄えなかった新時代のオピニオン・リーダーたちも、この習俗を呼吸していたことは否定できない。蓄妾制度について存廃の議論が激しく戦わされていた明治初期は、蓄妾が習俗としてまだ存続していた時代であった。

蓄妾は、これをあえて習俗というからには何も華族社会に限ったことではない。その一例はすでに第三部冒頭の註(7)に掲げたが、一八八〇（明一三）年の元老院における刑法審査修正案の審議において、議官柴原和が「士族平民モ亦富裕ノモノハ之〔妾〕ヲ蓄フルモノ挙テ算フ可ラス」と断言したとおりであったことだろう。しかし、その柴原が「現ニ華族ニシテ妾ナキハ恐ラクハ一人モ之ナカル可シ」ととくに指摘したほどに、蓄妾は華族のどの家にも何らかの係りのある現象であったようである。そこで、蓄妾といえば華族社会をみればよく、また、華族社会を論じて蓄妾に言及しないわけにいかない。(1)

明治初期における華族社会の蓄妾の実態に迫るためには、まず全体を展望できるような資料の分析が必要であり、その上で、蓄妾の具体相を露にする個別事例の紹介が意味をもってくる。著者が幸い利用することができた華族に係る当時の戸籍が全体の展望を可能にし、華族が残した当時の日記や伝記が妾の生活関連の具体相を垣間見せてくれる。本章では、戸籍による全体像の統計的観察を行い、次章で、日記や伝記による事例観察を報告することとしよう。

言うところの戸籍とは、『明治十一季四月調　戸籍草稿』という表題の、東京在住華族三九五家分の戸籍をイロハ順に収録した四冊の文書である。（所蔵者の宮内庁書陵部では『華族戸籍草稿』と名づけて目録に掲載している。）三九五家のなかに一八七八（明一一）年五月以降新たに華族に列せられた四家が含まれているので、これを除くと、残りの三九一家は七七年末までに華族に列せられて当時在京した華族の全戸である。この三九一家の内訳は、公家華族一〇五、武家華族二八五、神職華族一であるが、条件を揃えるために神職華族を除き、公家華族と武家華族の合計三九〇家を観察の対象とした。(2)なお、各家の戸籍には七八年四月以降翌七九年末にわたって異動等による加筆訂正がある。これまた追加情報として、それ以前の記載と合わせて用いることとする。

『戸籍草稿』には異動による訂正のほか誤りの訂正があり、稀には訂正されていない誤りも散見するので、やはり標題が示すとおり正式の戸籍を編成するための草稿であろうと考えられる。清書された戸籍はおそらく天覧に供するとかした後、宮内省の秘庫に納められ、一般の閲覧の叶わぬ彼方に保蔵されたのだろう。正本に接しえない現状では『戸籍草稿』を資料として観察するほかないが、加筆訂正の箇所が資料的価値をもつこともあるので、『戸籍草稿』が資料的価値において正本に劣るとは必ずしも言えないだろう。

二　娶妾率

『戸籍草稿』作成の年代からみて、妾に関する情報がそこに記載されていると推測したのだが、予測どおり妾、生

表23　戸籍に妾・庶子が記載されている家の公家・武家別、爵位別戸数と娶妾率

		総数	妾	庶子	妾と庶子	ともになし	娶妾率［(妾＋庶子＋妾と庶子)/総数×100］	
公家華族	総数	105	18	11	26	50	52.4%	
	公爵	7	-	1	2	4	42.9	53.3%
	侯爵	8	-	1	4	3	62.5	
	伯爵	21	7	1	8	5	76.2	
	子爵	53	11	5	9	28	47.2	
	男爵	16	-	3	3	10	37.5	
武家華族	総数	285	48	29	82	126	55.8%	
	公爵	4	2	-	2	-	100.0	82.3%
	侯爵	13	8	-	3	2	84.6	
	伯爵	30	10	1	12	7	76.7	
	子爵	225	27	27	61	110	51.1	
	男爵	13	1	1	4	7	46.2	
合計		390	66	40	108	176	54.9%	

母（父ノ妾ニシテ己ヲ生ミシ母）、養母（妾腹ノ子ノ養ナハレシ父ノ嫡妻）[3]、それに庶子の肩書を付けて登載されている者が少なくない。そこで、『戸籍草稿』によって妾（以下、生母を含む）および庶子の出現率をみることにしよう。観察の単位は当主個人ではなく、彼を筆頭者として一つの戸籍にまとめ書きされた親族集団つまり家とし、その戸籍のなかに妾・生母あるいは庶子の肩書を付して登載されている家族員がいるかいないかを調べてみた。養母の肩書のある女性の存在は当主が庶子である可能性を示唆するが、養母には妾腹の子からみた父の嫡妻つまり嫡母と他家から養子に入った者からみた養母があり、両者の識別を戸籍面から一々間違いなく行えるとは言いきれないので、当面除外することとした。

まず妾の存在形態（表頭）を、妾（生母）のみあり、庶子のみあり、妾（生母）と庶子の双方あり、の三つに分け、該当する家数を数えた。妾と庶子の双方ありの場合、妾が庶子の母と推定されるものと、同じ戸籍に記載されているだけで関係のないことが明白なものがある。他方、華族の家（表側）はまず公家華族と武家華族に分け、一八八四（明一七）年に叙された爵によりそれぞれを五つに細分した。集計結果は表23のとおりである。

「妾のみ」とは、妾のみ戸籍に記載され、庶子の肩書の子が記載されていない家であるが、庶子の肩書きがない子のなかに、明らかに庶子であるか、あるいは庶子と推定される例が少なくない。庶子の肩書があれば必ず庶子であるが、庶子の肩書がないから庶子ではないとは必ずしも言えないのである。妾は主人の子を産んで初めて妾として入籍されるのが通例であることを思えば、妾の記載があれば子のなかに庶子がいると考えてよい。しかし、正妻の養子となった庶子は「子」と認められ、当時の戸籍は「庶子」の肩書をつけず実子同様に記載した。また、当主については生母が記載されていなければ庶子とは判定できない。こうしたいくつかの事情から、庶子の肩書をもつ子の記載は実際よりかなり少なめになっており、妾のみの事例の相当数は実態において「妾と庶子」と考えてよいだろう。

「庶子のみ」とは、庶子のみ戸籍に記載され、妾が記載されていない家であるが、記載されていないから妾がいない、というわけでは必ずしもない。妾のうち一部の者しか戸籍に登載されていないのが通例であったから、養育期の庶子がおれば、その生母である戸籍外の妾が同居しているとみてよいだろう。したがって、庶子のみの事例の実態もだいたい「妾と庶子」と考えられるのである。

以上のようにみるならば、妾の存在形態を三つに区分したが、それは皮相的な観察であって、実態は大部分が「妾と庶子」とみてよいことが判明する。そうすると、むしろ三類の和を求め、それの総数に対する百分比を娶妾率と呼ぶのが妥当ということになる。表23右欄の娶妾率はこのような見解のもとに算出したものである。

まず大づかみに見れば、娶妾率は公家華族五二・四%、武家華族五五・八%、公武の全体で五四・九%となる。五五%レベルの娶妾率では、娶妾が華族社会の習俗として一般的に行われていたと主張するには無理があるように思われる。しかし、子がない戸籍外の妾、子はあっても庶子として入籍されていない戸籍外の妾の存在を考慮に入れるなら、実際の娶妾率は五五%のレベルをかなり上回るものと推測されるのである。それに、『戸籍草稿』編成の時点では実際に妾がいなかった家でも、時間の経過に伴うライフサイクルの展開のなかで妾が現れることが少なくなかったのではないだろうか。こうした推測を、一八八八・八九年『華族統計書』(総務省統計局図書室所蔵)掲載の出生リストに記録された生母である妾の名や、後年の「蓄妾の実例」、華族の伝記、墓碑などの資料が支えてくれる。このように考えるならば、七八年時点での五五%という娶妾率は、華族社会における妾の広範な存在を示唆するもの、言い換えれば、娶妾が習俗であったことを暗示するもの、と考えられるのである。

つぎに爵別の娶妾率をみると、公家華族では中位の伯爵で最も高率であって、高い爵位グループほどこの比率が高いとはいえない。しかし、どの爵位グループでも四割内外以上であることは、かえって娶妾が習俗であることを裏書するものである。武家華族では娶妾が習俗であることが確認されるのに加えて、その実践率あるいは出現率に明白な予想どおりの爵別階層差が認められる。

娶妾率には、爵位の高低で示される階層差よりも、富の大小による階層差が関連していると予想されるので、富の大小にかかわる公家・武家共通の経済指標として『戸籍草稿』に記載された禄券高に着目する。しかし、禄券高別娶妾率を算定することができなかったので、その代わり禄券高と爵位との関連を調べ、禄券高の大きい爵位ほど娶妾率がより高いかどうかを点検してみよう。禄券とは家禄および賞典禄を金禄で表現して一定期間内にその償還を政府が約束した証券のことであり、禄券高とはその金額のことである。クロス集計の結果は表24のとおりとなる。

旧公卿の家禄は維新期の改訂のさい優遇されたものの(四一九ページ表34参照)、禄券高はなお一般に旧大名と比べものにならぬ低さであり、しかも家格と大まかな関連しかなかった。それでいて、公家華族の爵位は、旧摂家は公爵、旧清華家は侯爵、大納言まで宣任の例が多い旧堂上は伯爵などと、主に家格によって定められた。表24により禄券高の爵別階層差に注目すると、僅かに、公侯、伯子、男の三階層を識別することができるが、これで中高の娶妾率のバ

爵位別戸数（1878年）

5万円未	10万円未	20万円未	40万円未	60万円未	80万円未	100万円未	100万円上
3	4	-	-	-	-	-	-
1	4						
2							
43	54	35	17	6	6	-	3
			1	1			2
		1	1	4	6		1
		17	12	1			
43	50	16	3				
	4	1					
46	58	35	17	6	6	-	3

リエーションを予測することができない。[4] 禄券高が大名華族のように大きくなく、公家華族の間での家格による格差が小さいため、娶妾の出現確率はむしろ禄券高以外の要因によって規定されたのではないだろうか。禄券高以外の要因は、娶妾が公家華族の習俗であったことを前提として求められるものであろう。

娶妾率の爵別階層差が明確であった武家華族では、現石（実際の収納高）一五万石以上の旧藩主（大藩知事）は侯爵、現石一五万石未満・五万石以上の旧藩主（中藩知事）は伯爵、現石五万石未満の旧藩主（小藩知事）は子爵というように、爵位は基本的に石高で決められた。禄券高の圧倒的部分を占める家禄は現石に照応したので、彼らの禄券高は一般に大きいばかりでなく、階層差も大きく、公侯・伯・子男の三階層が識別される。武家華族では、禄券高の階層差に裏付けられた爵位の階層差が娶妾率の高低と相関しているのである。

娶妾率は家単位にみた妾の存在の程度、いわば普及率を示す指標であるが、妾の存否といっても実は入籍の有無の問題であり、娶妾率と称してきたのは実は家単位にみた妾の入籍率であった。もし、妾が一人の場合より二人以上の場合のほうが入籍に至る蓋

表24　禄券高別、公家・武家別、

		総数	5千円未	1万円未	3万円未
公家華族	総数	105	10	10	78
	公爵	7			2
	侯爵	8			6
	伯爵	21		1	20
	子爵	53		7	46
	男爵	16	10	2	4
武家華族	総数	285	–	8	113
	公爵	4			
	侯爵	13			
	伯爵	30			
	子爵	225		7	106
	男爵	13		1	7
合計		390	10	18	191

然性が高いと想定するなら、そして、二人以上の妾をもつかどうかはおおむね経済力の大小に規定され、経済力の大小は禄券高に表現されるとすれば、公家華族に比して禄券高が一般に大きい武家華族において、また禄券高が大きく何人もの妾を蓄えうる階層ほど、高い娶妾率を示したと推論できるだろう。

因みに、『戸籍草稿』に複数の妾を登載した例を主人の存否にかかわらず挙げると、公家華族の侯爵で妾三人が一件、二人が一件、伯爵で妾二人が一件、武家華族の侯爵で妾三人が一件、二人が三件、伯爵で妾二人が七件、子爵で妾二人が四件を数える。全体で妾三人が二件、二人が一六件、計一八件、戸籍に妾を書き上げた在京華族総数一七四戸の一〇・三％にすぎない。それでも、爵別グループの娶妾戸数を念頭において概括すれば、娶妾率同様、公家よりも武家において、また下位よりも上位の爵において、複数の妾を登載した例が多いと言うことができよう。

三　ライフサイクルと娶妾行動

以上、娶妾率を華族の家単位に観察したのであるが、妻妾をもつ男性の個人単位にこれを点検することが必要である。現に娶嫁関係にある男性（妻のみ、妻妾とも、妾のみの三類）のおよそ何割が妾をもつかを問う、個人単位の観察である。ライフサイクルの展開のなかで、娶妾の習俗が発現してゆくのではないかという、さきにふれた想定を確かめるためにも、個人単位の年齢階層別娶妾率を点検しなければならない。

そこで、対象華族三九〇家の嫡系男性（当主・元前当主・嗣子）で現に娶嫁関係にある者を洗い出してみると、一戸に該当者が複数いる場合と逆に一人もいない家があって、その総数は四四一人にのぼる。その内訳は、A妻のみ二九六人（六七・一％）、B妻妾とも五一人（一一・六％）、C妾のみ九四人（二一・三％）である。C妾のみにB妻妾ともを合算し（一四五人）、その比率をもって個人単位にみた娶妾率とすれば、三二・九％となる。(5)この比率は娶嫁関係にない嫡系男性を母数に含まぬ数値であるから、全戸数を母数とする家単位の娶妾率より高くなってもよいところ、逆に家単位の娶妾率が五五％と個人単位の娶妾率より格段に高い。家単位に観察する場合、一戸に嫡系男性が二人以上いる事例が少なくないのに加えて、傍系男性の妾や主人と死別した妾の存在のみならず、庶子の背後に存在が推定される戸籍外の妾をも考慮に含めて算出した数値であるからである。

では、娶妾率をライフサイクルの段階別に観察すればどうなるか。総数四四一人のなかには、娶妾の条件が熟さないと推測される二〇歳未満（妻のみ）の五例が含まれるので、これを除いて二〇歳以上の四三六人を取り上げ、彼らに対する一〇歳刻みの年齢階層別観察をもってライフサイクルの段階別観察に代えることとする。集計結果は表25を参看されたい。

まず、公家華族と武家華族を比較すると、娶妾率はそれぞれ三八％、三一％と公家華族のほうが高い。公家華族の娶妾習俗への依存が、武家華族よりも大きいことを暗示している。

年齢階級別差異から時系列的変化を推測すると、まず二〇歳代以降の娶嫁関係総数の規則的な減少が注目される。二〇歳代を一〇〇とすれば、三〇歳代八九、四〇歳代六八、五〇歳代五〇、六〇歳代二二、七〇歳代六という一直線

表25　嫡系男性の公家武家別、年齢階層別、ABC 別人数と比率

		実数			比率		
		総数	公家	武家	総数	公家	武家
総数	総数	436	115	321	100	100	100
	A	291	71	220	67	62	69
	B	51	12	39	12	10	12
	C	94	32	62	21	28	19
20歳代	総数	131	27	104	100	100	100
	A	122	25	97	93	92	93
	B	4	1	3	3	4	3
	C	5	1	4	4	4	4
30歳代	総数	116	27	89	100	100	100
	A	73	17	56	63	63	63
	B	23	3	20	20	11	22
	C	20	7	13	17	26	15
40歳代	総数	88	23	65	100	100	100
	A	50	14	36	57	61	56
	B	12	2	10	14	9	15
	C	26	7	19	29	30	29
50歳代	総数	65	23	42	100	100	100
	A	25	7	18	38	30	43
	B	10	4	6	16	18	14
	C	30	12	18	46	52	43
60歳代	総数	28	11	17	100	100	100
	A	16	6	10	57	55	59
	B	2	2	−	7	18	−
	C	10	3	7	36	27	41
70歳代	総数	8	4	4	100	100	100
	A	5	2	3	63	50	75
	B	−	−	−	−	−	−
	C	3	2	1	37	50	25

註：A妻のみ、B妻妾とも、C妾のみ。個人単位の基準を嫡系男性とし、一人で複数の妾を娶っていても1と数えた。したがって、もし基準を妻妾とすればB、Cの比率はより高くなる。

的な顕著な低落を示している。当事者の死亡や離縁による娶嫁関係の解体が圧倒的で、五〇歳代までの新たな娶嫁や再三の娶嫁でも補充がつかず、わけても六〇歳以降は全面的な解体が起きている。死亡が主な原因であろう。

このような動向を背景として娶妾率はどのように動いているか。娶嫁関係総数最大の二〇歳代では娶妾率は七%とごく低く、三〇歳代で急に三七%まで高まって四〇歳代の四三%につながり、五〇歳代では六二%のピークを作った後、六〇歳代の四三%、七〇歳代の三七%へと低下してゆく。比率の年齢階層別昇降から、娶妾の習俗は三〇歳以降本格的に現れることが推定される[6]。また、五〇歳代の公家における七〇%という高い娶妾率は、娶妾習俗への依存の大きさを証するものであろう。

妾といえば妻と同時に存在するものと捉えられやすく、実際にもその例が少なくないが、表

25ではB（妻妾とも）よりもC（妾のみ）が多数を占めている。妻妾並存のほうが多いのは三〇歳代だけであって、四〇歳代以降は妾のみのほうが多く、後の段階ほどその傾向が強まる。したがって、妻妾並存という先入主を棄てて、「妻か妾かいずれか一方」という捉え方をしたほうが、事実に接近しやすい場合があるとしなければならない。それは妻代わりの妾といってよいだろう。

妻代わりの妾はさまざまな場面で現れる。ライフサイクルからみて、①娶妻以前の妾、②妻死亡後もしくは離縁後の妾、③生涯娶妻しない場合の妾、を挙げることができる。以下、①②③それぞれの例を『戸籍草稿』からとり、『家系大成』や伝記の記事で情報を補って紹介しよう（括弧内は爵位、附記した年齢は一八七九年に達する年齢）。

①1　大名華族T（子、二二歳）は、東京府平民の娘（一六歳）を妾として七八年九月これを入籍し、数年後、妾より三歳若い同じ大名華族（子）の娘と結婚したが、離縁に終わった。後に彼はこの妾とは別人の、しかし名から判断して妾とみられる女性を妻とした。娶妻前から娶妻後にかけて、妾が存在した例である。

①2　公家華族K（男、三〇歳）は、滋賀県士族の娘（二七歳）を妾として子が二人あったが、公卿華族（侯）の娘（一五歳）と結婚することになったので、七九年一月、結婚の直前に「双方熟談之上」籍を親元に差し戻して妾を離縁した。男性が娶妻前から妾をもっている場合には、妻を娶っても円満に運ばない可能性があるため、有利な娶妻ができない。そこで分のよい娶妻実現のために妾を離別することになったのではないか、と思わせる事例である。

以上二件とも、妾は妻となる女性よりも年上であって、妾は常に妻よりも若いわけでないことを例示するとともに、娶妾が娶妻に先立つ場合には妻のほうが年下となりやすいことを示唆している。二〇歳代ですでに妻妾をともにもつ男性においては、娶妻も娶妾も早期に始まることから、男と妻妾の年齢が接近し、勢い妻と妾の年齢がほとんど重なることになっただろう。念のため、二〇歳代の男性で妻妾をともにもつ四例（娶妾が娶妻に先行したとは限らない）について平均値を求めると、妻二三・三歳に対して妾二二・七歳の僅差となる。もう一件①の事例を追加しておく。娶妾の婚姻制度補完機能が鮮明に観察される事例であるからである。

①3　大名華族M（伯、四四歳）は、東京府平民の娘S（三九歳）を妾とし、妻はない。戸籍記載の庶子五人のうちS所生は三人で、他の二人は故人となった妾Tの所生である。Mは一七歳のとき先代の娘（僅か二歳）の婿養子として入り、その一一年後に結婚したのだが、成婚までに妾Tに三人の子とSに一人の子を産ませている。娶妾が事実上の娶妻にはるかに先行し、妾たちが妻より一〇歳ほども年長であった。Mが成人になってから縁約の女性が結婚可能な年齢に達するまでの一〇年ほどの歳月を妾によって対応したのであって、Mの婿養子なりは娶妾を前提せずしては考えられない縁組であった。Mの妻は子を産むことなく二二歳で早世したが、Mは再婚せず、妾たちがMに一五人（成人したのはうち九人）の子女をもたらした［松平 1934］。

②　公卿華族H（子、五八歳）は、三〇年以前に一一歳年下の公卿華族（子）の娘と結婚し、一五年ほどで妻が若死した後も再婚しなかった。その代わり己より三二歳も年下の京都府平民の娘を妾として暮らした。妻所生の嗣子（二九歳）も京都府平民の娘（二六歳）を妾としたから、『戸籍草稿』編成当時親子そろって妻なく、その代わりに妾をもったわけで、しかも父子の妾は同年であった。嗣子は後に娶妻して①の例となるが、Hは生涯を妾と過ごしたようである。

②類の妾には、妻の死亡・離縁以後娶った妾のほか、以前からの妾もあった。いずれにせよ妻の死亡・離縁後、妾のみの一時期をへて再び娶妻するものと、公家華族Hのように再娶せず、つぎの③類に近い形に展開するものがあり、後者のなかには妾を妻に引き直す例も現れた。

③　公卿華族D（侯、四九歳）は公卿華族T（侯）の娘を娶ったが、その侍女に手をつけたため破談となり、『戸籍草

稿』時点で滋賀県士族の娘（四一歳、件の侍女）・京都府士族の娘（三一歳）・大阪府平民の娘（二四歳）という、相互に一〇歳ほど年の離れた三人の妾を娶っていた。庶子は男四人・女二人。そのうち長男三一歳には庶男子が二人いるが、その生母である下女は妾として入籍されていない。廃疾の長男に代わって後嗣となった次男三〇歳にも二人の庶女子があり、二人目が生まれる直前の七九年二月、その生母である京都府平民の娘（二〇歳）を妾として貰い受けた。こうして後嗣また生涯娶妻しなかった。『戸籍草稿』登載の成人男性三人が三人とも妻でなく妾をもち、しかも二代にわたって生涯妾だけともいえる家系であった［『萬朝報』1899.5.27〜28］。

右の事例Dの庶子のうち、男子一人は旧摂家一条家の養嗣子となっており、女子は後、皇族妃、旧摂家九条家の分家（男）夫人となった。このように、縁組に当たって庶子が妻所生の子同様に扱われたのには、摂家の猶子成などの手続きをへた上のことかどうか今のところ判然しないが、マネーローンダリングをふと連想させる便法を用いて庶子を実子同様家格にふさわしく縁付け、公家社会に親密な親族関係を確保できるのなら、生涯妾だけですませてとくに不都合なことはなかった。その上、Dの例について言えば、最年長の妾が八八年に五〇歳で死去した三年後、五八歳のDは東京府平民の娘（一六歳）を新たに妾としている［黒岩 1992：86］。このように、妾は主人側の都合で自在に追加できるという、妻にはない利便性、妻がいれば発揮できないかもしれない弾力的な運用の可能性があった。それゆえ妻代わりに妾をもつことを選好する家や人たちが現れても不思議はない。(7)

四　夫との年齢差

前節でふれたように、もし妻より妾のほうが若いと一概には言えないのなら、どのような条件下で妻よりも若い妾、とくに著しく年の離れた若い妾が多く出現するのだろうか。

妻と妾との年齢差は、さきに示唆したように、夫の年齢によって条件づけられると想定されるので、妻と妾を直接比較するよりは、夫の年齢を媒介させて、夫との年齢差を妻と妾とで比較することとする。この手法を用いれば、「妻妾とも」の場合だけでなく、妻のみの場合、妾のみの場合をも合わせて、妻と妾の年齢差を比較することができる。

事例数の関係で公家・武家を分けず、かつ表25同様の一〇歳刻みの年齢階層のうち六〇歳代と七〇歳代を合算する。また、夫との年齢差は該当事例の平均値ではなく、表26の表頭に掲げたように、妻妾のほうが夫よりも年長か夫と同年、妻妾より夫一〜五歳年長、夫六〜一〇歳年長、夫一一〜二〇歳年長、夫二一歳以上年長、の五段階に分けて分布を示した。表側は表25のA・B・Cを踏襲しつつ、Aw：妻のみの妻、Bw：妻妾ともの妻、Bc：妻妾ともの妾、Cc：妾のみの妾、とBを再分類する。観察対象は娶嫁関係をもつ二〇歳以上の嫡系男性四三六人の妻と妾である。その合計は、「妻妾とも」の事例数だけ、また妾の人数が一人を超える数だけ、四三六人を凌駕することになる。

嫡系男性と妻妾との年齢差は、表26AについてBwとBcの分布を比較すれば判明する。嫡系男性が二〇歳代では妻との年齢差と妾との年齢差がほぼ重なる景況を呈するが、加齢にともなって年齢差が開いてゆくのが観察されよう。この点をより明確にとらえるには、AwとBwの和、すなわち妻との年齢差分布と、BcとCcの和、すなわち妾との年齢差分布とを、百分比で比較すればよい。表26Bはこの目的のために作成したものである。

まず総数では、妻の最瀕値は夫一〜五歳年長にあり、次位の六〜一〇歳年長を加えると七二％に上るのに対して、妾の最瀕値は夫一一〜二〇歳年長にあり、次位の六〜一〇歳年長を加えれば六二％に達する。全体として妻より妾のほうが若いことは明らかであって、常識を裏書するものである。年齢階層別にみると、夫二〇歳代では妻妾ともに夫

表26Ａ　嫡系男性の年齢階層別、ABC 別、妻妾との年齢差別分布（人）

		総数	-,0	1~5	6~10	11~20	21~
総数	総数	501	50	192	127	93	39
	Aw	291	37	144	67	34	9
	Bw	51	8	21	13	8	1
	Bc	55	2	7	20	18	8
	Cc	104	3	20	27	33	21
20歳代	総数	135	18	89	25	3	-
	Aw	122	17	80	22	3	-
	Bw	4	1	2	1	-	-
	Bc	4	-	2	2	-	-
	Cc	5	-	5	-	-	-
30歳代	総数	140	16	63	37	23	1
	Aw	73	10	41	16	6	-
	Bw	23	4	11	4	4	-
	Bc	23	2	5	8	8	-
	Cc	21	-	6	9	5	1
40歳代	総数	107	9	18	33	37	10
	Aw	50	6	11	16	14	3
	Bw	12	1	4	3	3	1
	Bc	13	-	-	4	7	2
	Cc	32	2	3	10	13	4
50歳代	総数	80	4	15	22	18	21
	Aw	25	2	6	8	6	3
	Bw	10	2	3	4	1	-
	Bc	13	-	-	5	2	6
	Cc	32	-	6	5	9	12
60・70歳代	総数	39	3	7	10	12	7
	Aw	21	2	6	5	5	3
	Bw	2	-	1	1	-	-
	Bc	2	-	-	1	1	-
	Cc	14	1	-	3	6	4

表26Ｂ　嫡系男性の年齢階層別、妻（W）妾（C）別、妻妾との年齢差別分布（%）

		総数	-,0	1~5	6~10	11~20	21~
総数	W	100	13	48	24	12	3
	C	100	3	17	30	32	18
20歳代	W	100	14	65	18	3	-
	C	100	-	78	22	-	-
30歳代	W	100	15	54	21	10	-
	C	100	4	25	39	30	2
40歳代	W	100	11	24	31	27	7
	C	100	4	7	31	45	13
50歳代	W	100	11	26	34	20	9
	C	100	-	13	22	25	40
60・70歳代	W	100	9	30	26	22	13
	C	100	6	-	25	44	25

一～一〇歳年長に集中し、しかも一～五歳年長への集中が圧倒的である。夫三〇歳代以降、妻妾ともにこの集中の崩壊が進むのであるが、妻では最頻値の一～五歳年長から六～一〇歳年長への移行を含みつつピークが低くなるのに対し、妾では最頻値が夫三〇歳代で六～一〇歳年長に移り、夫四〇歳代ではさらに一一～二〇歳年長へ、夫五〇歳代では二一歳以上年長へとほとんど段階的に移行している。当主らの加齢に伴って、妻との年齢差と妾との年齢差の間隔が開いてゆくという、先に推定した傾向はここに明確となった。

妾は男性のさまざまな年齢段階で娶ったり、暇を出したりできることと、妾を娶る時には若い女性を選好することから、嫡系男性の加齢にともなって妾との年齢差が拡大する。それに対して、妻は男性が若年で娶り、妻が健在である限り二人と娶ることができないため、男性の加齢にかかわらず妻との年齢差が拡大しないはずのものである。しかるに、妻においても男性の加齢とともに最頻値が年齢差拡大の方向に移行したりピークが低くなるのは、壮年で娶妻する者、妻死亡や離縁のため再娶妻する者が少なくなく、その場合若い女性、したがって年齢の離れた女性を選好するためである。

五　妻妾の出自

妻妾ともに夫の二等親といっても、家政においては主人側の妻に対して使用人側の妾は、出身の身分においてすでに妻より格段に低いと予想されるが、その実態はどのようなものだろうか。

表26と同様に、嫡系男性で現に娶嫁関係がある男性を洗い出し、彼らの妻の実家と妾の実家の身分を比較することによって、この点を探ってみよう。妾が複数の場合、その一人びとりについて出自を問うのはいうまでもない。表26

表27　公家・武家別、爵別、実家の族籍別妻妾人数（人）

実家			総数	皇族	華族総数	公家華族 総数	公家華族 公侯	公家華族 伯	公家華族 子男	武家華族 総数	武家華族 公侯	武家華族 伯	武家華族 子男	士族	平民
総数		妻	348	4	288	80	11	28	41	208	16	42	150	52	4
		妾	158	−	−	−	−	−	−	−	−	−	−	63	95
公家華族	総数	妻	83	1	67	50	2	18	30	17	2	6	9	15	−
		妾	47	−	−	−	−	−	−	−	−	−	−	23	24
	公侯	妻	9	1	8	3	1	1	1	5	2	2	1	−	−
		妾	12	−	−	−	−	−	−	−	−	−	−	5	7
	伯	妻	18	−	13	10	−	4	6	3	−	2	1	5	−
		妾	13	−	−	−	−	−	−	−	−	−	−	8[2)]	5
	子男	妻	56	−	46	37	1	13	23[1)]	9	−	2	7	10[3)]	−
		妾	22	−	−	−	−	−	−	−	−	−	−	10[4)]	12
武家華族	総数	妻	265	3	221	30	9	10	11	191	14	36	141	37	4
		妾	111	−	−	−	−	−	−	−	−	−	−	40	71
	公侯	妻	16	−	16	3	1	1	1	13	4	5	4	−	−
		妾	14	−	−	−	−	−	−	−	−	−	−	11	3
	伯	妻	31	2	25	5	3	1	1	20	5	4	11	4	−
		妾	20	−	−	−	−	−	−	−	−	−	−	6	14
	子男	妻	218	1	180	22	5	8	9	158	5	27	126	33	4
		妾	77	−	−	−	−	−	−	−	−	−	−	23[2)]	54

註：実家側の公家華族には京都在住諸家を含む。
１）僧家華族男爵１、２）僧１、３）神職１・僧３、４）元神職１を、それぞれ含む。

の総数五〇一人に二〇歳未満の妻帯者の妻五人を加えて、総数は五〇六人となる。出身身分を皇族・華族・士族・平民の四族籍に大別し、華族については公家・武家、さらに貴族性の度合いを勘案して五爵を公侯・伯・子男の三群にまとめて観察する。養女の場合は養家ではなく実家（実父あるいは実兄等）の、妻が家付き娘の場合は代わりに養子である夫の実家の、それぞれ族籍身分を求めた。集計の結果は表27のとおりである。

　妻と妾の出自を対比させつつ観察の要点をまとめれば、以下のとおりである。

(1)　妻の実家はほとんどが華族であって（八三％）、皇族（宮家）の例もごく稀にある。士族は一五％あるが、伯爵以下において見られるにすぎず、かつ士族といっても旧大名の一門一族といった門地の高い士族に限られるようである。さらに、大名華族の子爵以下で稀に平民も見られる。これは一八七一年八月の婚姻自由令公布の後、妾を妻に、とくに後妻に引き直したものではないかと思われる。

他方、妾の実家には華族が全くなく、みな士族か平民であることは特筆に値する。(8) 全体として士族より平民のほうが多いが、士族人口が総人口の数%しか占めなかったことを考慮すれば、士族の娘の出現率がきわめて高いと云わなければならない。

妻は夫と同じ旧公家か旧大名家の出であるのに対して、妾は旧藩士、旧地下官人、旧公家の家士や出入りの医師、社家、寺侍、あるいは町人の娘という社会的な身分差は、主人側に位置する妻に対して妾は使用人である家内的秩序に照応している。

(2) 一口に士族といっても、上は旧大名の一門一族から下は徒士・足軽に至るまで、あるいは旧幕臣の高家・寄合・旗本・家人、さらに官家士族など、さまざまな旧身分を含んでおり、また、平民といっても、農工商の職業差とそれぞれの内部で分化した身分差があった。妾の実家が士族と平民のなかのどのような旧身分に属したのか。明治初期における士族の没落を背景として、妾の出身旧身分を探ることは社会史的な興味を唆る課題であるが、『戸籍草稿』はただ何府・何県士族あるいは平民何某何女と記し、平民のなかに多分町人であろうことを推測させる記載が稀に散見するのみである。したがって、妾についてさらに出身旧身分を詮索する作業は、妻の生家が士族や平民である例外的ケースとともに、個々の事例の考察に譲るほかない。

『戸籍草稿』における妻の実家の記載様式は、華族の場合も士族・平民の場合と同一であるが、華族の戸数が限られているため、記されたその華族が公家か武家か、一八八四年の最初の叙爵のさい何爵に叙されたかを特定することができる。娶妾の統計的観察を主題とする本章にとってはやや脇道に逸れることになるが、夫側の公家武家別ならびに爵別と妻側実家の公家武家別ならびに爵別を組み合わせて、その関連をみることとしよう。表27はこの観察が可能なように作成されている。

まず、八三％という高い内婚率を示す華族全体を一団ととらえ、公家華族と武家華族をその中の下位集団ととらえると、自らの下位集団内部に妻の実家がある身分内婚は、公家華族で七五％、武家華族で八六％に達する。京都御所を中心に集住した旧公家、これに対し参勤交代の限られた期間であったにせよ江戸（東京）に集住した旧大名、また天皇家を頂点とする大イエの傘下にあった旧公家集団、これに対して将軍家を頂点とする巨大イエの傘下にあった旧大名集団という対立的な構図は、それぞれの高い内婚率を当然の帰結と思わせるのであるが、相手側下位集団との交婚率も無視できず、むしろ予想外に高いといってもよい。武家集団の公家との交婚率（一四％）が公家集団の武家との交婚率（二五％）よりも低いのは、武家集団の規模が大きい（公家一七〇対武家二八五）ことの関数として説明することができるだろう。公家集団と武家集団との交婚については、すでに第二部第一章で分析したところであるが、将軍家巨大イエの解体につづく大名家大イエの解体、そして天皇家巨大イエ構築に向けての再編成という時代の大きな流れを背景に、一八七〇年以降の華族の東京集住（七八年時点で公家六二％武家一〇〇％）、七四年の華族会館創立、さらに七七年の華族学校「学習院」の開設を契機として拡大してゆく。上記の交婚率はその途上の一断面を示すものである。

つぎに爵別に観察すると、家数の少ない公侯爵グループ（公家で一六、武家で一七）はもちろん、伯爵グループ（公家で三一、武家で三〇）でも内婚傾向を認めがたい。僅かに家数の圧倒的に多い子男グループ（公家で一二三、武家で二三八）においてこれを認めうるのみである（括弧内の公家の家数は京都等東京外の在住を含む）。しかし、公侯伯爵での内婚傾向のあまりの乏しさは、集団規模の要因だけでは説明できないのではないだろうか。他につぎの要因を挙げることができる。

(1) 妻の実家の家格がやや低い場合、相応の家の養女になって婚家に入ることにより、内婚は達成される。実家が士族である場合も同様であって、しばしば華族身分の本家の養女になって縁付いた。しかし、養家でなく実家について統計をとった表27では、養女なりの効果が表れない。

(2) 庶子が縁づく場合、後妻を娶る場合、相手側の家格がやや低いことにはこだわらなかったと推測される。

(3) 『戸籍草稿』登載の縁組がなされた一八七〇年代までの家格づけは、一八八四年の華族令以降爵位を基準に認知されていった家格づけとは、必ずしも一致しない。これが最も重要な要因かもしれない。

六　遠方娶妻と日常生活圏内娶妾

娶嫁については、身分階層関係とともに、遠方婚かそれとも日常生活圏内でのことかを点検しなければならない。在京の大名華族を旧領地に戻して妻の実家との距離を観察すれば、当然のこととして日常生活圏を遠く離れた遠方婚が多くなる。東京外の公家華族のほとんどすべてが京都住まいであったから、公家内婚ならせいぜい東京と京都との距離であるが、大名華族との通婚であれば遠方婚に傾いた。具体例を挙げよう。

① 大名華族徳川家達（公、未婚、一六歳）の戸籍には、先代慶喜とその子女五人のほか、何人もの妻妾が記載されている。まず先々代故家定妻天璋院（四三歳）であるが、彼女は島津家一門和泉家（一九〇〇年男爵）の長女に生まれ、本家（公）島津齊彬の養女となったうえで、公卿華族近衞忠熈（公）の養女となり、将軍世子の妻となった。養女慣行によって身分の格上げを二度行い、大名→公卿のトップ→将軍家という身分移動を遂げ、その間に鹿児島→京

都→江戸という地域移動を経験している。つぎに慶喜の妻美賀（四四歳）は、公卿華族菊亭家（侯）の長女に生まれて一条家（公）の養女となり、将軍の家族である慶喜に嫁した。公卿→将軍家の身分移動と京都→江戸の地域移動が重なっている。このほか、先々々代故家慶の妾で先々代故家定の生母本壽院（七三歳、旗本の娘）と、先々代故家茂の生母（和歌山徳川齊順の妾）実成院（五八歳、旗本の娘）も登載されている。将軍の生母となった妾が入籍される慣習が窺われるが、慶喜の五人の子女の生母である二人の妾（いずれも旗本の娘）の名はない。（五人とも庶子としてでなく何男何女として記載されていることに注意。）いずれにせよ、将軍の妾は旗本の娘であったから、近距離の地理的移動ですんだはずである。

② 公卿華族久我通久（侯、三八歳）は、僧家華族東本願寺大谷家（伯）出の一〇歳年下の妻と死別し、その妹と再婚したが離婚に終わった。彼の戸籍には、三婚した大名華族有馬家（伯）の娘（二一歳）、そのほかに東京府平民出の妾（二七歳）が記載され、長男と次男が庶子の注記を付して記入されている。また、健在の父（六四歳）は、公卿華族鷹司家（公）出の三歳年長だった妻と一七年前に死別した後、再婚せず、通久の生母である東京府平民出身の妾（五七歳）、京都府平民出身の妾（六四歳）の二人を入籍させている。妻について、公卿－公卿のほか、僧家－公卿、大名－公卿の繋がりがみられ、関連する家々の格はほぼ同一、少なくとも大差なし、といってよいだろう。このうち、大名→公卿の身分移動には久留米→京都という遠距離の移動が重なったかにみえるが、婚姻の時点では両家とも東京に移住していた。これに対して妾は、始め京都、後には東京の平民の出であって、いずれも日常生活圏から娶ったことが窺われる。

③ 大名華族津軽承昭（三八歳）は熊本細川家（侯）に生まれて弘前津軽家（伯）の嗣となり、養父の三歳上の娘と結婚したが、ほどなく死別したので、津軽家が宗家と頼む近衛家（公）の娘と再婚した。戸籍にはその妻（三一歳）が

記載されている。ここには、大名―大名―公卿の関連と、熊本↓弘前、京都↓弘前の地域移動が見られる。なお、東京府平民出の妾（三一歳）と一男一女の庶子が記載されているが、ほかにもう二人、東京でなければ津軽出身と推測される妾がいた。正式の媒を要しない妾は、妻と違って比較的近まわりから娶られたのである。

以上僅か三例であるが、旧大名はもちろん旧高格公卿における遠方婚の具体相が窺われよう。これに対して妾は、旧家臣や旧領民の娘でなければ東京や京大阪など町場の娘が多かったことが推測されるのである。(9) 旧大名や旧公卿の妻どりのためにどのように関連情報が伝達され、どのような仲介マシーンが機能したのか不詳であるが、旧大名家では決定に当たって一族・親類・旧重臣が重要な役割を演じ、何よりも藩祖以来の血統を伝持しつつ家を取り巻く諸条件が首尾よく落ち着くところで決着させた。当人達は相手側の容姿にも能力・性格にも直接接触しえないままで事態が進展するインパーソナルな過程であったといってよいだろう。他方、妾の貰い受けはより身近な日常の生活空間のなかで、男性本人の選好を中心に運ばれるパーソナルな過程であった。華族の出身である妻とは対蹠的に、妾が従者の地位に相当する士族や平民の出身であったのは、社会的にも地理的にも、華族の私生活に接近した範囲で妾どりが生起することと結びついていた。

註

（1） 日露戦争が終わった年に作られて流行した「社会党ラッパ節」の一節に、

華族の妾のかんざしに　ピカピカ光るは何ですえ　ダイヤモンドかちがいます

可愛い百姓の油汗　トコトット　［見田 1978：138］

とあり、当時の民衆が華族のステロ型を批判的に描く時、槍玉に挙げられるのは娶妾であったことが窺われる。

（2） 武家華族は元琉球王の尚家を除く全数を観察対象とすることができたが、公家華族のうち京都・奈良等在住の六五家が『華族戸籍草稿』四冊には記載されていないため、総数の六二％を対象としたにとどまる。これを後の爵別にいえば、公爵一〇〇％、侯爵八九％、伯爵六八％、子爵五九％、男爵四八％となり、高格華族ほど収録率が高い。

（3）括弧内の注記は、『三島通庸文書』（国立国会図書館憲政資料室所蔵）八七冊一三三〜四頁から取った。

（4）五爵のうち、本章では例数の少ない公侯を合して公侯・伯・子男、あるいは公侯・伯子・男の三群を設定している。「公侯爵と伯子爵はちょっと段が違う」［金沢ほか 1968：274］という大名華族（侯）の証言があることにも留意してのことである。

（5）華族以外の一般国民の娶妾率は、当時どの程度のものであったのだろうか。全国的統計はないが、『華族戸籍草稿』とほぼ同じ時期の一八七九年末現在で実施された「甲斐国現在人別調」が、比較可能な情報を提供してくれる。これによれば、山梨全県の夫総数八二、四九一人に対して、妻あり妾ある夫六九人、妻なく妾のみある夫二一人、計九〇人であるから、娶妾率は〇・一一％となる（妾のみは〇・〇三％）。華族では夫一〇〇〇人のうち三二九人まで妾をもつのに対して、山梨県下ではたった一人しか、したがって例外的にしか妾をもたないという、天地も啻ならぬ開きのあることが判明する。この場合の妾は戸籍に登記された妾であるから、実際には〇・一％の何倍も妾がいたことであろうが、その点では華族も同様である。山梨県が娶妾率において全国的にどのような位置を占めるかは全く不詳であるにせよ、娶妾率〇・一％を背景に三二・九％という娶妾率、とりわけ五〇歳代の公家における六九・六％という高い数値に基づいて、娶妾が華族社会の習俗であったとみることは、決して無理な議論ではない。

山梨県の娶妾率を地域別に比較し、県平均よりも高い地域の産業特性に注目すると、甲府や石和のような商業地区を含む地域、都留地域や東八代のように織物業の盛な地区を含む地域、つまり収入の多い、とくに現金収入のある地域のほうが、純然たる農業地域よりも娶妾率が高い。これは妻あり妾もある娶妾形態において明瞭である。華族社会で妻妾をともにもつ形態よりも多い妾のみの形態は、複数の妾を抱えることにつながったが、山梨県の妾のみとは、妻を娶れない男子が妻の代わりに妾を一人もつ形態であるから、妻あり妾ありの形態のような地域差が見られないのだろう［太政官統計院 1882］。

なお、山梨全県の調査から四〇年経た一九二〇（大九）年の第一回国勢調査の結果によれば、女子有配偶人口が男子有配偶人口より一％がた約九万人多かった［森岡 1985］。これは、当時における事実上の全国娶妾率が小数第一位の数値にのぼることを示唆するものであろう。

（6）江戸時代の大名の妻は、三〇歳を越せば健康状態のいかんを問わず「お褥下がり」といって夫と寝所を共にすることを辞退し、自分の侍女のなかから身代わりを推薦する慣行があったという［岩井 1998：166］。ことの真偽のほどは定かではないが、性生活に変化を求める男性から支持されて、このような慣行が多かれ少なかれ実践されたとすれば、嫡系男性とその妻に侍女がある階級

（後の華族身分）で、三〇歳代以降娶妾が本格化することは当然の帰結といえよう。

（7）『華族戸籍草稿』では、西園寺公望は三二歳になっているが、妻も妾もなく、養子と二人だけの戸籍であった。後年、妾をもったが妻は生涯娶らなかった。西園寺家は代々琵琶の家で弁才天が守護神だから夫人を迎えないのだと子細らしく言う人もいたが、これは公望自身の否定するところであった。このことを書き留めた彼の嫡孫・西園寺公一は、フランス帰りの自由主義者として自由な恋愛を求め、自由な恋愛は花柳の巷にしか求めえない時代であったので、若い売っ子芸妓を妾としたのであろう、と推測している［西園寺 1951：124〜127］。しかし、妻代わりに妾を娶ることを認める公家社会の習俗に支えられなければ、生涯妾のみの公望のライフスタイルが達成されがたかったのではないだろうか。

（8）稀な例外と思われるのは徳川昭武（侯、二六歳）の生母（齊昭妾、四五歳）であって、『華族戸籍草稿』に東京府華族萬里小路建房（伯）女と記載されている。しかし、「十一年七月二十四日御届改正願済」との朱書した注記があり、「京都府士族仁科故周良長女」の墨書文字を消した上での訂正であるところをみれば、実家はやはり士族、しかも京都の士族であった。当主生母の対社会的地位を相応なレベルに高めるために、何らかの縁を頼りに水戸徳川家から萬里小路家に依頼してその養女にしてもらったのであろう。なお、徳川齊昭には彼の子女を産んだ妾が九人おり、そのうち三人まで公家の娘だとして、萬里小路のほかに柳原隆光（伯）・高丘永季（子）の名を挙げる説があるが［三田村 1997b：342］、三家の系譜を点検しても齊昭の妾となった娘の存在を確認することができない。

明治初期、大名華族有馬家（伯）には加寿山という老女がいた。彼女は当主頼咸妻韶子が有栖川宮家から縁づいた時に付いてきた侍女で、元来公卿華族六条家（子）の娘であったという［有馬 1953：17］。宮家には公家の子女が仕えており、姫宮の縁組のさい随行することがあったのである。東京・染井霊園の水戸徳川家墓所にある「松平夫人柳原氏」の墓碑に、有栖川宮出の齊昭妻吉子が京都から江戸に帰るさい、柳原隆光（前出）の数えて一五歳になる娘を従者に加えたのが、後に齊昭の侍妾になったと刻まれている。宮廷と関係の深い高格大名には、やはり公卿家出の妾がいたことになる。

（9）佐賀鍋島家の分家（子）当主が京都で一七歳の美貌の町娘を見染め、妾にして国元に連れ帰ろうとした話［小川 1910］や、平戸松浦家（伯）の愛妾が大阪府平民の出であったことなど、その例である。『華族戸籍草稿』にも東京府平民出身の妾の例は多い。

第三章　日記・伝記にみる娶妾の実態

妾の法制上の取り扱いを巡って激しく議論が交わされた第三部第一章の時代は、第二章の資料『華族戸籍草稿』が編成された時代でもあった。本章では、当時の華族の日記や伝記に依拠してこの時代の妾の実態を垣間みることにより、第一章で法制史的に考察し、第二章では統計的に観察したところを、いくらかなりとも肉づけしておきたい。ただし、公刊された華族の日記・伝記で娶妾の実態を窺わせる記録を含むものは稀であって、とくに伝統貴族のこの種の資料は偶然にしか入手できないことを断っておかなければならない。

さて、公卿華族に関する資料にまだ接していないので、それに代えて彼らにもっとも近い僧家華族の事例を紹介する。また、大名華族の事例は論述の都合で第四章に譲る。他方、士族から身を起こしてこれら伝統貴族を凌ぐ政治的地位に登った新華族は、どのような娶妾の実態を呈したのだろうか。本章では、僧家華族の事例を取り上げた後、新華族の事例を紹介することにしよう。前者は東京住まいでなかったため、後者は列華族が一八七八（明一一）年五月以降であったため、正式には『華族戸籍草稿』に登載されていない。

一　僧家華族における娶妾

1　事例と資料

僧家華族とは、浄土真宗の旧准門跡六家のことである。奈良興福寺の門跡・院家・学侶たりし還俗公家子弟や、出雲大社ら著名大社の世襲神職が華族に列せられていった時代を背景として、これら真宗本山世襲住職家も一八七二（明五）年に華族に列せられた。公卿華族とは出自を異にするが、七七年一月編成の『在京華族親族報告書』（宮内庁書陵部所蔵）が記録する縁組関係からすれば、疑う余地もない公家社会の一員であって、生活様式は裕福な高格公卿華族のそれと同じだったということができる。

利用できた日記・伝記は、一つは本願寺大谷家（西）の奥向きのプライベートな出来事を書き留めた「御日次」と呼ばれる日録と『明如上人傳』、もう一つは興正寺住職華園摂信の日記である。「御日次」は一八七〇（明三）年七月から八九年春まで衣笠という老女が筆録したもので、八五年末までの抜粋が『明如上人日記抄』（前編）末尾に付録として掲載されている。他方、摂信の日記は、最晩年の七五〜七七年分が『葵山遺稿華園家乗』（一）として刊行されている。幸い、前者の明如・大谷光尊（1850〜1903）については七七年編成と推定される戸籍（京都市下京区役所所蔵）、後者の華園摂信（1808〜77）については七六年の「家族現存書」［興正寺 1927：205〜206］を利用することにより、『華族戸籍草稿』の欠を補うことができた。なお、第二章表25（二六七ページ）に照らしていえば、光尊は二〇歳代のBに属し、摂信は七〇歳代のCに属すると推定される。

基本資料とした上記二点の日記は、前者は大谷光尊本人が記録したものでないため、後者は僅か二年一〇カ月間の記録にすぎないため、そして何よりも両者ともに宗門史の資料という観点から抄録されているため、本書に対して断片的な情報を提供するに留まる。したがって、前者を『明如上人傳』の記事によって補足してもなお、華族である住職の名を掲げて、大谷光尊の場合、華園摂信の場合などと、総体的な取り扱いをすることが躊躇される。以下、妾をめぐる生活実態のうち、一応の観念がえられるいくつかの側面を摘出し、項目を掲げて解説するに止めなければならない。

2　本願寺「御日次」と『明如上人傳』に登場する妾

①当主生母の処遇

本願寺第二十世宗主光澤（1798〜1871）が七三歳の高齢で遷化し、葬式もすんで三五日ほどたった一八七一（明四）年一〇月二七日の「御日次」の記事に、光澤に仕えた奥向女中の処置に関するつぎの文章がある。

一、今日薙髪仰付られ候事。
　大淀、玉櫛、五百崎。(1)
玉櫛事、御実母ゆゑ終身賄料被下候。
一、衣笠、当御法主様老女仰付られ候。
一、居残り　野婦
一、かる、れん、美さ尾。
右三人御暇被下候、勝手次第引取候事。［柱本 1927：38］

これは、光澤没後ただちに取り出された嗣法光尊あての遺言状の末条に、

一、予召遣置候奥向女共、没後者何れ困窮可致、彼是相考、加憐憫賜度候事。

一、為子事は、実之母儀之事故、其許手元へ引寄、住居は永春館隠殿に申付度候。随分不自由無之様、致世話可遣、往々者先代之蓮心院、蓮浄院の先縦格式等も相替り候間、旧記披見之上、取計可申事。〔明如上人傳記 1927：214〕

とあるのに応じる処置であった。光澤の身の回りのことを弁じた奥向女中のうち、衣笠は光澤の宗主時代の老女、女中の筆頭であったが、光尊の代でも老女を勤めるよう下命された。薙髪を命ぜられた大淀以下三人の女中は、いずれも光澤の妾であったと推定される。そのうち玉櫛とは遺言書にいう為子、すなわち光尊の生母である。とりあえず、終身賄料の給付が示達された。それ以外の女中のうちのぶだけ引き続いて勤務し、他の三人は退職することとなった。元来奥向の奉公は一生奉公といわれ、妾でなくとも終身の勤仕を誓うのが例であったという〔三田村 1997b：367〕。本願寺では負債整理のための家政緊縮の一環として、世代替わりを機に人員の削減を行ったのである。

光尊の生母為子（通称すて）は京都府士族岡田某の女、一八三九（天保一〇）年一〇月一三歳で四一歳の光澤の妾となる〔京都市下京区役所所蔵戸籍〕。光澤の妻祥子（1817〜46）は鷹司政熙の女で、一八三一年から四〇年の間に四人の男子を生んだが皆夭折し、九歳下の為子が妾となった七年後に二九歳の若さで逝去した。始め長門、のちに玉櫛の源氏名で呼ばれた為子は、後妻を娶らなかった光澤の文字通りの愛妾となり、二四歳で光尊、二六歳で澤依、三七歳で朴子の二男一女を光澤にもたらした。先の光澤遺言状もこの玉櫛が預かっていて、遷化直後に光尊に手渡したものであった。

さて、「御日次」の同年一一月二九日の条に、

一、今日薙髪致、玉櫛事蓮界院、大淀事智願院、五百崎事宝林院。[柱本 1927：38]

とあり、薙髪式の後、院号を記した折紙を当時の宗務総長の地位に在った連枝の教行寺摂観から一旦老女の衣笠が受け取った上で、三人に手渡された。玉櫛には宗主生母に与えられる例の「蓮」を冠した院号（宗主妻には「光」を冠した院号が例）が授与されている。

その後、玉櫛は薙髪した隠居侍女の上首に仰せつけられ、老女よりも上席とされた。さらに、「御日次」一八七六年五月二四日の条には、

一、蓮界院方、此度御裏様御同様の御格式に御取立、御あつかひ致候様仰出され候。

とあり、玉櫛は宗主正妻同様の扱いとなっている［柱本 1927：52]。これは光尊が父の遺訓にしたがって旧記など調査のうえ決定したものであろう。同年八月、彼女が大谷家に入籍されたのも、この決定と関連するのかもしれない。呼称も始めの蓮界院から蓮界院方となり、今や蓮界院様と呼ばれるに至っている。

一八七七年一月の大谷光尊「親族報告書」には、蓮界院は壽照の法名で出現するが、生母としてでなく父本願寺光澤亡のつぎに母として登載され、かつその親族が母方親族として列記されていることは、全く父の正妻の扱いであった。戸籍面でも、入籍当初は先住光澤妾の肩書であったのが、この段階では（光尊）実母と改められている。

一八八〇（明一三）年七月二〇日、山梨・三重・京都巡幸の明治天皇が本願寺教校に立ち寄った時、光尊のほか「蓮界院様、御裏様、峻麿様、朴姫様」に「御俄に御対面」を仰出された［柱本 1927：69]。蓮界院五四歳、御裏・光尊妻枝子二二歳、峻麿・後の法嗣光瑞四歳、朴姫・玉櫛所生の故光澤長女一七歳、したがって、山口県方面へ出張中の澤依を除いて、これが光尊の最近親のすべてである。生母でも先代の妾の分際では、このような最も晴がましい場に出て末席を汚すことすら到底許されないのに、蓮界院は光尊母として四人の筆頭に置かれ、故光澤正妻の扱いで

「謁」をたまわった［宮内庁 1971a：150］。

先住光澤が遺言状のなかで光尊に、玉櫛を手もとに引き寄せてその隠居所にと示唆した永春館は、光尊・澤依・朴子の三子が誕生した館であり、光尊が幼年時代を過ごし、現に澤依の居館になっている由緒深い建物であったが、拠所ない都合で撤却することとなったので、光尊が嗣法時代に住んだ南殿をその代わりに玉櫛の隠居所とした。

当主の卒後、子女の「お腹様」は薙髪し、「お上通り」になってその家の家族として取り扱われるのが、大名や旗本の慣行であったが［三田村 1997b：367］(2)、明治初期の華族でも同様で、とくに生母は正妻に準じて待遇された。その最も手厚い例が玉櫛であったといえよう。

②娶妻と娶妾

さきに紹介した光尊あて遺言状の第四項に、

一、枝君者光耀院以来之続を以、相続候縁之事故婚姻之上は、中睦敷決而争等致間敷、能々可被心得事。［明如上人傳記 1927：213］

とあって、二一歳の光尊に枝君（枝子）という格別の縁のある婚約者がいたことが判明する。文中の光耀院とは光澤妻故祥子のことである。光澤に後嗣たるべき男子がなかったことから、祥子没後、光澤の甥を養って嗣とし、光威（1826〜68）と命名した。そして、祥子の実家・鷹司家の娘でかねて光澤の養女として育てていた幹（1841〜58）を光澤「実子」の振合いをもってその配となし［上原 1935］、二人の間に生まれたのが前記引用文中の枝子（1858〜1931）である。光威が法嗣になった三年後、光澤の妾玉櫛が光尊を産むという予期しない慶事が起きたので、光澤は実子の光尊を光威の養子と定め、光威のつぎに本願寺の法統を継承させることにした。ところが、光威が養父の光澤より早く四二歳で遷化したため、光尊が実父光澤の跡を直ちに襲うこととなる。

一、光威者有義理間柄に候得者、毛頭無粗略可尽孝養。

光澤が先の遺言状の第三項で、光威に粗略なく孝養を尽くすよう光尊に説諭した右の文面は、遺言状が光威の存命中に書かれたのであろうこと、また光威は襲職することなく隠退し、光尊遷化後直ちに光尊が法統を嗣ぐことに、光澤・光威・光尊三者の間で合意されていたのであろうことを、推測させるものである。こうした光威側の譲歩の代わりに、光威の娘枝子を光尊の妻とすることで事態の円満解決が図られたのであろう。そうであれば、光威には養父子関係に止まらぬ義理があり、枝子とは嫡母祥子（光耀院）以来の鷹司家との縁続きにもなるのであるから、結婚のうえは仲睦まじくせよと、第四項で諭したのであった。しかし、決して争いなどせぬようよくよく心得べし、とまで訓諭したところに、二人の結婚について光澤に懸念があったことを窺わせる。光尊は生涯にわたって父の遺言状の条項を忠実に遵守し、枝子と争いなどしなかったことであろうが、義理がらみの娶妻では仲睦まじくとは運びにくかった。

光尊と枝子との結婚式は、光澤の遷化から四年たった一八七五（明八）年五月、光尊二五歳・枝子一七歳のとき行われた。元来いとこ違いの間柄であり、しかも大谷家内部での義理の兄妹の結婚であったから、枝子は一旦東本願寺大谷光勝（1817〜94）の養女に貰われて戸籍を移した後、二条家の媒酌で婚儀を挙げた。この形式を整えるための養女縁組は、東西両本願寺和親の実を示すためとのタイムリーな理由が付加された。

ところが、娶妻に先んじて娶妾が進んでいた。光尊は七三年一〇月から長期間東京に滞在したのだが、光尊不在中の七四年一月一九日の「御日次」の条に、

一、藤事、此度東上致候に付、（中略）同人支度金十五円御台所へ申出し候、御手元よりちゝふ縞一端戴かせ候。

［柱本 1927：45］

との記事がある。藤とは、和歌山県士族、和歌山徳川家の元奥詰御殿医・松原某の娘、本願寺末和歌浦法福寺の娘分として光尊の妾になった女性である。東上して光尊に侍し始めた時、彼女は光尊より四歳下の一九歳であった。それから一年四カ月後、光尊は枝子と結婚し、さらにその一年三カ月後、藤を妾として入籍した〔石井 1997：113〕。

藤は東京常駐の侍妾ではなく、光尊が京都へ還れば藤またこれに扈従して帰洛したようである。七六（明九）年一二月二七日の「御日次」に、

一、藤事、午前二時比より催〔産気つき〕候に付き、早速李家たか彦、はゝ〔産婆〕花田つよよひに遣し候（下略）、

一、午前七時、御するすると御男子様〔峻麿、後の法嗣光瑞〕御誕生あらせられ候。

一、蓮界院様、夜前より何かと御世話遊はし候ゆえ別段申上す候、御裏様へ早々申上候事、なほ姫様御同様恐悦仰上られ候。〔柱本 1927：53〕

とあり、侍妾となってから三年後に藤が光尊の長男を「御するすると」（御無事に）産んだこと、すでに宗主夫人同様の待遇に取立てられた光尊生母の蓮界院が、夜前から何かと産婦の世話をしたこと、誕生早々「御裏様」（夫人）の枝子に報告がなされ、枝子ならびに妹の朴子から光尊にお祝いが言上されたことを知ることができる。ついで翌年、「御日次」七七年一二月一六日の条に、「午前五時、御するすると御姫様〔文子〕御誕生あらせられ候」〔同上：58〕とあるが、これまた藤の所生であろう。

一八七九年五月下旬、折から光尊は東京に出張中であった。「御法主様、御腹中御さし込御強、御ねつもよほとよほと被為有候」と東京から電信があり、追いかけて「たか丸様、藤召され候電報」が着いたが、二歳五カ月の峻麿の東上は無理、「急々支度いたし、藤、のふ御かいはうに参り候様」〔同上：63〜64〕との蓮界院の指図で、この両人がチフスに感染したらしい光尊の看護のために上京した。看護人は藤、のふはその助手であることはいうまでもない。妻

枝子は看護人としてはもちろん、非常事態の指揮者としても登場していない。指揮者といえばそれはふつう老女の役であるが、宗主の意思どおりでない指揮ができるのは、生母の蓮界院以外になかった。

さらに「御日次」八一年四月一一日の条に、「藤、午前五時前催しの様子御座候に付、百華園西の端御座敷御産所に御こしらへ出来御座候に付、早速夫に参り候」と、藤が産所に充てられた座敷に移ったとの記述につづいて、「誠に安産にて、御するする御男子様〔嶺麿〕御誕生成候、早そく方々様へ申上候、御歓仰上られ候」〔同上：72〕と記録されている。以後、八七年までなお男児二、女児一の出産があったが、いずれも庶子であって、枝子には一人の子もなかった。

義理ある婚約者と一両年のうちに結婚するのが決まっているのに娶妾したことや、妾がつぎつぎと子を産む一方、妻が一人の子も産んでいないことから、夫婦仲が睦まじかったとは推察できない。(3) 藤のほうは、七六年九月、したがって蓮界院に遅れること僅か一カ月で大谷家に入籍され、光尊の長男を懐胎した後早くも愛妾の地位を確立している。八一年といえば次男嶺麿を産んだ年であるが、その年八月二日の「御日次」に、「此度格別之思召を以て、藤、衣笠始法話聴聞仰付られ、即明日より三八に割合せ聴聞致候様御さた戴」〔柱本 1927：73〕とあるように、藤は老女の上席、女中の筆頭に位置づけられている。これは、蓮界院が光澤没後、薙髪して院号を名乗った後許された地位であった。(4)

他方、枝子は法嗣「実母」となって夫の光尊より二八年、法嗣光瑞（1876〜1948）の妻籌子（1882〜1911）よりも二〇年長命したが、「中年より不幸多病なりければ」〔明如上人傳記 1927：974〕と総括され、多病ゆえだけでない幸薄い生涯を送ったように見受けられる。

③庶子の嫡子成

嗣子を嫡子とよぶ当時の呼称に従っていえば、妻が産んだ男子だけでなく、養子も庶子さえも嫡子になることができた。妻の産んだ男子は長幼の序列によってほぼ生得的にその座が約束されていたが、庶子には嫡子成のために一定の手続きが必要であった。それは、妻によって「実子」と認められることである。

時代はやや下がるが、一八八五（明一八）年一一月七日の「御日次」に光尊の庶長男峻麿について、

一、峻麿様、此度御裏様御嫡子御願済に付き、（下略）。〔柱本 1927：95〕

とある。この記事の日付より前の前月二三日に、数え年一〇歳で峻麿が枝子の「嫡子」（実子）となり、大谷家嫡子たるの資格を充足させるとともに、枝子は「実子」をえて光尊妻たる実を充足させたのである。同年一二月五日、峻麿は得度して光瑞と名乗り、正式に本願寺法嗣となった。(5)

3　興正寺摂信日記『華園家乗』に登場する妾

興正寺第二十七世摂信は鷹司政通次男、幼にして興正寺の嗣となり、本願寺からの別派独立を実現して、中興上人と称される。さて、摂信が掲出の日記を綴った頃には妻没後すでに年をへていたが、彼自身六〇歳代後半の頽齢に及んでいたこともあって、日記の記載に関するかぎり妾のことは明瞭ではない。一八七五（明八）年五月下旬、東京での滞在を終わって帰宅したさい、身近な人々に土産を配ったそのリストのなかに、老女難波たまに続いて歌野・富尾という源氏名に類した女性名が登場する〔興正寺 1927：69〕。この二人のうち先頭の一人は彼の妾ではなかったかと想像されるが、それ以外に何の手がかりも日記に残していない。また、七七年一月現在の「親族報告書」にも妾の記載はみられない。しかし、系譜には五男一四女の名が挙げられている以上〔中島 1911：14〜15〕、妾が一人か二人はいた

と考えるほうが無難であろう。ともあれ、彼の子女についての記事に、本節にとって興味深い情報が含まれている。

①妾もちの華族に嫁した娘

摂信七女晟子は一八七一（明四）年二月二〇歳で公卿華族U（子、五〇歳）に嫁したが、その時彼には長は一二歳の男子から幼は二歳の女児まで合わせて四人の庶子がいた［興正寺史料集 1979：385］。のみならず、嫁して四年後の七五年三月には妾腹の男児が生まれている。晟子にはまだ子がないのに妾の出産が間近に迫っていることを聞いた東京出張中の摂信は、「当方御可給にても宜婦道を守るを善とす」と娘に書き送った［興正寺 1927：24, 47］。「御可給」の意味は不詳であるが、娘の心情を痛ましく思いやりつつも、忍耐して婦道を守るよう励ましたのであった。

四人も庶子があるUが三〇歳も年下の結婚経験のない娘を娶るに当たって、おそらく妾に暇を出し、そのことで摂信も娘を得心させたものと想像される。しかるに、前記のようにUが京都府平民の娘を妾としてそれに男児を生ませたことは、摂信にとって不愉快な出来事であったに違いないが、離縁など考えないで婦道を守るよう励ましたのには、別の理由がなくはなかった。当時、摂信は大教院を足場にして本願寺の傘下からの一派独立を企図し、運動のために多額の資金を必要としていた。興正寺の資力で賄えない部分は借金に頼らざるをえず、借金のための連帯保証人としてUを当てにしたことである。案の定、Uは依頼に気軽に応じて、七六年三月二百円、二五円、同年八月千円、同年九月百円、と度重なる借金の連帯保証人になっている［同上：212, 224, 278, 282, 427］。

七六年八月、晟子はUの庶子一三歳、一〇歳、七歳の三人を連れて摂信方に寄宿することとなった。他方、Uは妾に暇を出し、前年生まれの幼児をこれに託して上京したようである。夫婦別居であるが、「妾の周は十八日に目出度暇遣に成候由」［同上：276, 349］と、Uが妾を離縁したことを摂信は目出度いと喜んでいる。単身上京したUは、離縁したはずの妾を京都から呼びよせたのかどうか不詳であるが、摂信没後の七八年末、借金のため身代限りとなった〔『朝野新聞』1879.1.16〕。興正寺華園家は破産していないところをみれば、彼自身の借金のために身代限りとなったもので、理財観念の乏しさのゆえに気楽に摂信の保証人になったのかもしれない。さらに八二年七月には、不平党とかいう党派を募って官憲に逮捕されたという〔『東京日々新聞』1882.7.15〕。Ｕの子を一人も生まなかった晟子は、結局のところ離縁して実家に復籍した。

この事例で注目したいのは、妾をもつ男に娘を嫁がせる父親の憂慮、妾の出産で娘の立場を案じ、妾が離縁されたことで安堵する心情である。娶妾を習俗とする社会でも、妻の実家側が妾の存在に潜在的な警戒心をもったことを印象づける事例である。

②後嗣と次子それぞれの妾

摂信には男子が四人あったが、上二人は早世したため、三男澤稱（1852〜1912）が法統を継承することとなる。一八七三（明六）年三月、一四歳で嗣法澤稱の妻となった公卿華族萩原員光（子）の娘徳子は、七五年一月に流産し〔興正寺 1927：24〕、その後、子に恵まれないでいたところ、澤稱は加茂の元社家の出かと思われる岡本次子なる娘を妾とした。次子は妊娠し、七七年二月末、実家に帰って女児を産んだ。華園家では次子の籍を加茂村戸長から急ぎ送ってもらうよう連絡して、三月早々入籍を済ませている〔同上：390〜391〕。

澤稱より五歳下の四男信暁は、娶妻よりも娶妾が早く、京都府士族神原某の娘たつを妾にした。一五歳の妾は、澤稱の庶女児誕生の四〇日ほど前の七七年一月中旬、実家に帰って女児を産み、女児の入籍に続いて一月下旬には彼女も入籍された。実家のある下京東丸太町の戸長から下京華園町戸長への送籍証は、神原たつの族籍氏名の後に、「右之者今般該御町華族華園摂信次男信暁殿妾に罷取越候趣任其意、当町除候。送籍差出候。自今其御町へ加籍在之度候也。」［同上：364〜365］と記載し、妾入籍の具体的な手続きの一端を露にしている［浅古 1975：110〜111］。なお、信暁は後年、一一歳下の公卿華族東坊城任長（子）の娘を妻として分家した。分家して一戸をかまえなければ妻を娶るに及ばず、妾だけで過ごしたかもしれない。

摂信の二人の子息の場合、庶子が生まれるとすぐに妾を入籍させたことが注目される。当時、庶子を産んでもその母を入籍させるとは限らなかったことを考えると、特殊例かもしれず、またこの頃京都では戸籍に関する啓蒙が進んで、庶子を産んだ妾の入籍がかなり一般化していたのかもしれない。

二　新華族における娶妾

1　事例と資料

家柄によらず、勲功のみによる新華族の登場は、一八八四年の華族令によって制度化されたが、これを遡ること六年、まさに『華族戸籍草稿』が編成された頃、新華族の例が開かれた。大久保利通の嗣子と木戸孝允の嗣子の列華族である。本節では新華族第一号の大久保利通（1830〜78）に光を当て、『大久保利通日記』を基本資料として「志士型娶妾」の一事例を紹介する。併せて、勲功ある文武諸臣への授爵が定着した明治二〇年代末年に華族に列せられ男爵を授けられた尾崎三良（1842〜1918）に注目し、『尾崎三良自叙略傳』と『尾崎三良日記』を基本資料として「非志士型娶妾」の一事例を提供する。前節では、僧家華族における娶妾の二例を紹介したが、両者を比較するというよりは、本願寺の事例を中心に興正寺の事例を参考として添え、二例合わせて僧家華族の理解に資そうとした。比較を断念しているのは、比較可能な資料を入手できなかったからである。これに対し、本節では明治前半期について新華族の娶妾に「志士型」と「非志士型」を設定して、比較を試みようとしている。しかし、「非志士型」という、分析の不徹底さを表明する包括的な呼称を用いたことから看破しうるように、両者の比較は不十分であることをあらかじめ断っておかねばならない。なお、前章表25に照らしていえば、大久保は四〇歳代のBに、尾崎は三〇歳代のBに属し、ともに娶妾の事実は(主に)列華族以前のことである。

2　志士型娶妾の事例――大久保利通の場合

大久保利通は周知のように諸国の志士や公卿と交わって王政復古に偉功があった鹿児島藩士、維新政府においては大蔵卿・参議・内務卿として近代国家の基礎確立に尽瘁し、「実に社稷の臣、棟梁の材」〔林 1970：204〕と評された人物である。利通は一八五七(安政四)年二七歳の時に同藩士の娘で一〇歳年下の早崎ますを妻とし、五九年から六五(慶応元)年までの間に三人の男子をあげていた。しかし、激動の波浪渦巻く京都に上り、六六年二月から六八年六月までの二年数カ月、第二次征長の役、薩長土三藩盟約、討幕の密勅、大政奉還の上表、王政復古の宣言、戊辰戦争勃発、五箇条の誓文公示、などの大事件があいついだため、一度短期間帰国しただけで、京都に腰を据えることになる。京住まいが長びくことを覚悟した利通は、六六年春、京都上京の石薬師寺町で祇園の茶屋一力の娘分おゆうとの生活を始めた。おゆうは四七(弘化四)年生まれで利通より一七年下の一八歳、翌年七月、男子が生まれて達熊と命名した。

大久保の隠れ家は地所六〇坪建坪三〇坪足らずの狭さであったが、多くの志士が出入りした〔佐々木 2000：250〕。討幕の先陣で薩長軍の陣頭に翻るべき日月章の錦旗と菊花章の紅白旗を作るための大和錦と紅白緞子は、おゆうが西陣で工面したものと伝えられている[多田 1927a：62〜63、中原 1911：664、松原 1912：49〜51、勝田 1928：58〜59]。大久保は新政府の東京移遷によって六九（明二）年四月下旬単身京都を離れ、同年六月下旬おゆうは達熊を連れて東京麴町三年町（霞ケ関）三丁目の大久保邸に入った。利通は二六日の『日記』に「今日京師より家族着」と記している。こうして同居に復し、七〇年六月に駿熊、七一年七月七熊が生まれた。(6)

大久保は七一年の廃藩置県達成後、岩倉使節団副使として米欧諸国を巡廻し、帰国するや征韓論を乗り切り、七四年には佐賀の乱の鎮定と処分、琉球帰属問題解決に向けての台湾出兵、出兵による外交問題処理のための清国出張と、多忙な日程をこなしていた。北京から帰国した同年一一月二六日から、木戸孝允・板垣退助らとの大阪会議のために東京を発つ一二月二四日までの一月足らずの間に、東上をしぶる妻ます[下園 1940：58]と三男三熊、六九年七月生まれの雄熊の母子三人を鹿児島から上京させ、三年町の本邸に迎えた。利通は一二月九日の日記に、「今日彦之進伸熊始母子一同着ノ由参早々帰宅久々振面会安心イタシ候」[大久保家 1927：359]と記し、安堵と喜悦の真情を吐露している。長男の彦熊（彦之進）と次男伸熊は父の使節団に同行して七一年アメリカに留学したが、七四年に帰国して東京開成学校で学んでおり、母と弟達の上京に合わせて寄宿舎から帰宅したのである[勝田 1928：267〜272]。

大久保は芝二本榎西町に別邸をもっていた。地所は約三万坪もあり、米欧巡廻中に収集して持ち帰った果樹や蔬菜を区画して植えつけ、この一大園芸農場を馬車で回遊できる道も造ってあった[松原 1912：212〜213]。ます母子が出京してから、おゆう母子の住まいは高輪別邸とよばれるこの邸宅となった。大久保は一二月六日の休日に朝九時から高輪邸へ出かけて家作の手配をしているから、おゆう達はます母子東京着の一両日前には転居できたのであろう。大久保がつぎの休日である同月一一日の晩に高輪邸に立ち寄ったところ、「子共参リ居一同帰宅」したという。ます所生の子ども達がおゆうが生んだ弟達に会いに来ていて、一緒に本邸へ帰宅したというのであろうか。

その次に大久保が高輪邸へ立ち寄ったのは同月二三日午後のことで、夕方には本邸に帰り、翌日午前新橋駅を発って、横浜港で子どもたちの見送りを背に乗船し、大阪会議のため海路神戸に向かった。会議を成功裡に終えて翌七五（明八）年二月一八日朝神戸からの便船で横浜に上陸し、東京に帰る途中新橋駅の手前で下車して高輪邸へ立ち寄った。このように高輪邸のおゆう母子のところへ立ち寄るのは不規則かつ時折であったが、五日を超える出張がなかった同年三月から翌七六年三月までの一三カ月間、利通は原則として一、六の休日に、七六年四月に日曜全休・土曜半休と休日制が改定されてからは日曜に、高輪邸へ行った。立ち寄っただけ、というのは、やむをえない場合に限られたようである。高輪別邸行きの規則性は表28から窺われる。

一、六の休日は一月計六回、一三カ月で合計七八回となる。他方、利通の実際の高輪行きの合計は八六回（一月平均六・六回）とそれよりも多い。新休日制になった七六年四月には日曜が五日あったのに、高輪行きが三回に止まった。これは、同年一〜三月の休日が単純な計算でも一八日に上るのに対して、高輪行きは一二回と前年に比べて目立って減少したことと関連して

表28　年月別、大久保利通が高輪別邸へ行った日（1875〜76）

年月	上旬	中旬	下旬	回
75.3	2	11 16 18	21 26 29 31	8
4	1 4 6 10	11	21 26	7
5	1 5 6	11 16	21 25	7
6	1 6	11 16 17	21 24 26 29	9
7	1 6	11 16 19	21 26	7
8	1 4 6	11 16	21 26	7
9	1 6	11 16	21	5
10	1 6	11 13 16	21 25 26	8
11	1 6	11 15 16	21 25 30	8
12	1 5 8	11 16	21 26 30	8
76.1	2		21 31	3
2	6	16	23 29	4
3	6	11 16	21 26	5
4	2 9		30	3

資料：大久保家 1927。

いるとすれば、七五年の頻繁な高輪行きこそ、七六年一〇〜一一月の熊本神風連の乱、秋月の乱、萩の乱、七七年二〜九月の西南戦争をへて、翌七八年五月に暗殺されるまでの、利通の生涯で最も活発な、妾がらみの規則的な休日活動として注目されよう。

しかし、利通は休日におゆうや子ども達と水入らずの生活を楽しむために高輪へ行く、というものではなかったようである。だいたい、おゆうの名がこの期間の日記に登場するのはただ一回、七五年一〇月一三日午後の「伊東侍医入来由宇就不快診察相頼」という記事だけである。その前日、皇居で伊東方成侍医に面会したさいおゆうの体調がわるいことを告げて往診を乞い、一三日は休日でなかったけれど高輪邸へ来ておゆうのために天皇侍医の往診を迎えたのであった。このように、日記の記載の限りでは、高輪邸のおゆうの姿は背景に沈んで顕れないが（本邸のますも同様）(7)、高輪へ行く日の大久保の行動からおゆうの役割が推測される。

大久保は高輪邸へ来る途中、目黒辺・玉川二子村・池上辺などで、また高輪へ来てからは近辺で銃を手に遊猟を楽しみ、「大ニ獲物有之面白」と記す日もあった。日中でも狐狸が出没し、雉など数多いたからである。独りで行くこともあったが、友人と連れだって行くことのほうが多かった。また、季節によっては目黒村内田屋などへ花見に行くこともあったが、おゆうや子ども達を連れての花見ではなく、友人と同行している。さらに、高輪へ来る途中、あるいは来てから、外出して友人を訪問することも少なくなかった。しかし、一番多いのは、同道した客や訪ねてきた客と囲碁をして興ずることであった。この一四カ月八九回の高輪邸行きの間に、遊猟二一回、花見三回に対して、囲碁は二八回（高輪へ来る途中、あるいは来てから、人を訪ねてした囲碁は算入せず）が記録されている。遊猟や花見はほとんど漏れなく記録されたと考えることができるが、在宅でする囲碁は日常的であっただけに記入漏れのあることが察せられ、前記のように三回来たうち平均一回ではなく、三回に二回は囲碁を楽しんだと推測するほうが事実に近いのではないだろうか。

右のようにいうことは、高輪別邸は大久保が静かに休日を楽しむ場所ではなかったということである。麴町三年町の本邸は中央官衙に近接していたため、朝の出省（内務省）参朝（正院）前や退庁後は晩になっても、政府高官・下僚等の来訪が繁く、その用件は表敬でなければ差し迫った政治・行政問題であった。しかし、当時は東京の場末で人家も稀な高輪別邸への来客は、概して維新前後以来の僚友が多く、携えてくる用件も重大な政治・行政問題はめったになく、かりにあったとしても、碁をうちながら心を許して気楽に話あえる旧友たちが多かった。利通も碁友がもたらす情報や意見で情報を補充し、自らの判断の妥当性をチェックすることがあったのだろうが、利通にとって高輪は第一義的にはやはり休日を楽しむ場所、ただし賑やかに楽しむ場所であった。利通自身このような休日の過ごし方を望んだらしいことは、友人を「誘引」あるいは「同道」して高輪へ行ったと日記にしばしば記しているからである。出会った友人に声をかけ、自分の馬車に同乗させて高輪邸に行ったのは、多くの場合囲碁のためであった。一、六の休日にはきまって高輪へ行くこと、碁の相手が欲しいことを知っている友人達のほうから、接近してきたことも少なくないだろう。おゆうは利通がこのような休日の過ごし方をする高輪邸の主婦兼ホステスとして、僕婢を指揮して立ち働いた。

このような役割は、京都上京石薬師寺町の隠れ家で利通と連絡・密議するために出入りする諸国の志士達をもてなした時代に始まるおゆうの仕事であり、高輪邸を訪ねる新政府の顕官といっても、もとは京都の寓居でもてなした顔見知りの志士出身が多かった。この意味で、大久保が友人と交遊しながら寛ぐ高輪邸のホステスとして、おゆうはうってつけであるばかりか、シリアスな示談が多い本邸のホステス役もこなせたはずである。利通にとっておゆうは年齢の離れた同志的愛人であり、妻妾ともに夫の二等親という新律綱領の規定に整合する事例であった。大久保におけるおゆうを「志士型娶妾」というのは、大久保の志士時代に親密な関係が始まり、その時代のおゆうと来客との関係も今に持ち越されているだけでなく、大久保と来客との囲碁・遊猟・花見といった休日活動が男達だけで展開されるところに、志士時代に培われた「単身者主義」［神島 1977：98］の残像がみられるからである。

利通が日記にその名を留めた高輪邸への多数の来客のうち、さきの一四カ月の間に五回以上名を記録された人物を念のために挙げると、三八回吉井、二二回寺島、二一回松方、二〇回五代、一二回吉原、一〇回石原、八回木場・川村、五回大山・秀栄となる。各人について大久保との関係および政府での地位を摘記して左に掲げよう。（リスト中鹿児島藩士とのみあるのは、利通と同じ城下士かどうか未詳のもの。）

吉井友實　元鹿児島藩城下士、二歳年長、同じく誠忠組に所属し島津久光に従って上洛、宮内少輔。
寺島宗則　元鹿児島藩出水郷士、二歳年下、島津齊彬侍医、参議兼外務卿。
松方正義　元鹿児島藩城下士、五歳年下、島津久光側近、大蔵大輔。
五代友厚　元鹿児島藩士、五歳年下、早く辞官したが、大阪会議では利通を補佐。
吉原重俊　元鹿児島藩士、一五歳年下、七四年の大久保清国出張に随行、大蔵大丞。
石原近義　元鹿児島藩士、年齢不詳、利通末妹の夫。もう一人の妹はその兄に嫁す。
木場清生　元鹿児島藩士。
川村純義　元鹿児島藩城下士、六歳年下、戊辰戦争で会津若松城攻撃、海軍中将兼海軍大輔。
大山　巌　元鹿児島藩城下士、一二歳年下、戊辰戦争で会津若松城攻撃、陸軍少将兼陸軍少輔。
秀　栄　本因坊秀栄、大久保の碁の相手。

秀栄を除きいずれも元鹿児島藩士であって、若い時から新国家樹立のために大久保と苦労をともにした同僚あるいは後輩であるから、気のおけない碁の相手でもあった。(8) 大久保は藩主島津齊彬の没後、実権を握る久光に接近する手段として碁を始めたと伝えられるが［松原 1912：40～41、なお佐々木 2000：317～318］、この頃の利通にとって碁は最大の趣味となっており、激務のため寸暇もないはずの大久保がどうしてこうまで頻繁にと、不審に思われるほど碁が楽しみであった。もちろん、囲碁は友人と興ずるだけでなく、政治的な懇親の意味をもつ碁会が開かれることもあった。例えば、七五年五月一六日の日記に、

今朝九字ヨリ増上寺内薔薇ノ博覧会一見高輪邸ェ至一字ヨリ徳大寺公岩倉公三条公木戸子伊藤子鳥尾子吉井子等入来囲碁

とある。徳大寺公とは宮内卿兼侍従長実則（1839～1919）、岩倉公とは右大臣具視、三条公とは太政大臣実美［以上いずれも公卿華族］、木戸子とは参議孝允、伊藤子とは参議工部卿博文、鳥尾子とは陸軍少将兼陸軍少輔小彌太（1847～1905）［以上いずれも山口藩関係］、吉井子とは前段で紹介した友實（1828～91）その人である。大久保の僚友吉井を取持ち役、きわだって年少の鳥尾（二八歳）を病身の木戸の介添役とすれば、他は当時の府中・宮中の最高実力者達であった。吉井・鳥尾および大久保を含めて数えれば、公家出身三人、長州出身三人、薩摩出身二人となる。客のうち表28の期間中にすでに来訪したことのあるのは、遊猟かたがた二回の伊藤と、囲碁かたがた一回の岩倉であって、前記のように来訪回数が別して多い吉井は、伊藤・岩倉がそれぞれ来訪した折りも入来している。それゆえ、吉井の参加には取持ち役の意味が大きいとみるのである。残りの徳大寺・三条・木戸・鳥尾の四人は、この期間中まだ来訪したことがなかった。これらの状況を考慮するとき、先の大阪会議で合意された政治改革が漸次立憲政体樹立の詔勅発布によって一先ず目処が立った時点での、懇親会的な碁会ではなかったか、と思われるのである。そういう会合には別邸がふさわしく、ホステス役のおゆうもこれらの高官とは京以来の顔見知りであったに違いない。

高輪邸でもごく稀にシリアスな議論がなされることがあった。七五年五月二五日夕刻、元鳥取藩士で内務大丞兼戸籍頭になったばかりの松田道之（1839〜82）と大蔵大輔心得兼地租改正事務局三等出仕の前掲・松方正義（1835〜1924）が来訪して、「地租改正ノコトニ付討論」に及んだ。去る三月下旬に設置された地租改正事務局が内務・大蔵両省管轄のため、双方の担当者の協議が必要であったから、事務局総裁を拝命した内務卿の大久保は部下の松田と大蔵省の松方を引き合わせて腹蔵なく議論させたのであろう。終わって晩餐をともにした雰囲気は別邸ならではの寛いだものであったに違いない。日記に記録されたもう一度の議論は、同年一〇月一日夕刻、元鹿児島藩士で陸軍中将兼陸軍大輔の西郷従道（1843〜1902）と前出の大山巌（1842〜1916）が入来して、「朝鮮事件ニ付キ云々示談」したことである。両人は陸軍省では上司と下僚であったが、もともと従兄弟の間柄であり、大久保とは同じ鹿児島城下下加治屋町で育った仲である。おそらく、去る九月二〇日に日本側の挑発で起きたいわゆる江華島事件について、大久保胸中の戦略を軸に意見交換をしたのであろう。

麹町三年町の本邸にも大久保の旧友たちが来訪し、囲碁に興ずることがあったのはいうまでもないが、本邸を特色づけたのは職務関係の公的な用件を帯びた訪問と応対、つまりその官邸的機能である。例えば、当時懸案の琉球帰属問題については、七五年三月一四日午後四時、大久保の北京派遣に随行した政府お雇い仏人法学者ボアソナードと、長崎県士族で同じく北京随行の内務省七等出仕・池田寛治（?〜1881）が「同道入来琉球処分ノ事ニ付及質問」、同月二四日午後三時に「琉人池城親方與那原親方幸地親雲上入来」、九月二九日朝、琉球に派遣された前記の松田道之と元鹿児島藩城下士で参議の伊地知正治が「入来琉球応接ノ顚末承知」、つまり清国への朝貢および清国からの冊封という従来の対清関係を廃止するよう、首里城で琉球藩に命じた始末の報告をするために来訪した。

本邸では内務省本庁の下僚はもとより、県令の訪問も頻りだった。日記に記録された例としては、七五年五月二三日早朝、秋田県権令に任命された石田英吉（1839〜1901、元高知藩医）入来。同年七月一八日朝出省前に、福岡県令渡邉清（1835〜1904、元大村藩士）、長崎県令宮川房之（元熊本藩士）、鹿児島県令大山綱良（1825〜77、元鹿児島藩士）、大分県令森下景端（1824〜91、元岡山藩士）、三潴県令岡村義昌（1832〜?、元木更津県士族）ら九州の県令達が、前日の一七日に第一回地方官会議が終わって任地へ帰るので挨拶に来た。同年七月二四日朝出省前に、熊谷県権令楫取素彦（1829〜1912、元山口藩士）入来、同年七月二九日朝、新川県権令山田秀典（1835〜?、元熊本藩士）ら入来、同年九月一八日朝、名東県権令に任命された富岡敬明（1822〜?、元佐賀藩士）入来、同年一二月二四日夜、神奈川県令中島信行（1846〜99、元高知藩士）入来、などがある。最後の中島の例以外、朝、登庁前に訪問を受けたのは、本邸が中央官庁の近くだったから可能であった。

政府高官の訪問も少なくない。そのうち伊藤博文の動静を拾うなら、七五年七月二九日一二時に正院から退出した後へ木戸と伊藤が入来して、「左府公（元老院）議長兼任云々ノ事ニ付密議云々」という。政府の開明政策に不満で鹿児島へ引き込んでしまった左大臣島津久光（1817〜87）に何とかして上京を促す工作について、政権実力者三人で密議するさい、本邸が活用されたのである。同年九月一三日、午後三時内務省から退出した後へ伊藤が来て、「此内ヨリ木戸子板垣子云々進退ノ事ニ付種々尽力ニテ先折合候模様ニ付云々示談有之候」とのこと。先に大阪会議で意見の一致をみて参議に復した木戸と板垣の両人であったが、大久保の政治手法への不満から参議をやめたいというのを、大久保の意を受けた伊藤が種々尽力して先ず折り合いがついたという。これまた密議であった。結局のところ、その年の一〇月末、島津は左大臣を、板垣は参議を免官となり、翌年三月末、木戸も病気を理由に辞任を認められたことは、よく知られているとおりである。

このような本邸の公的活動のための官邸的機能と別邸の休日のための私邸的機能という分化は、旧幕時代の大名の上屋敷と下屋敷の分化に対応する。諸大名の江戸屋敷は一六五七（明暦三）年の大火災の後、上屋敷は登城の便から江戸城の近くに、下屋敷は江戸湾の湊口・河岸地を含めて江戸周辺に配置され、上屋敷は藩主やその家族が住む公邸、下屋敷は国許からの回漕物資の荷揚地・蔵地、併せて広大な敷地のなかに築山や園池を配した休息用の別邸、という機能分化が生じた。このような立地区分と機能分化を引き継いだのが本邸と別邸の区別と考えられるのである。（例えば、西郷従道は永田町に本邸、目黒に別邸をもっていた。）こうした邸宅の機能が本邸のますと別邸のおゆうの役割を規定し、自ずから妻と妾の地位に対応したが、利通にとって双方ともに必要であった。利通がどのように異なる色あいの感情を妻と妾に寄せたかは日記では全く窺い知ることができないが、彼のような幅広い政治活動をした人物にとって、主としてフォーマルなホステス役割を果たす女性と、主としてインフォーマルなホステス役割を果たす女性がいることで、大いに助けられたことは疑いえない。このような捉え方はもちろん、先の「単身者主義」も、現代の視点に立てば所詮男性本位のものであることはいうまでもないところである。

利通が一八七八（明一一）年五月に暗殺された後、同年一〇月おゆうは末男を産み、つづいて一二月にますが死去した。一九歳になった長男利和（彦之進）が跡を嗣いだが、大久保家には上は一一歳、下は当歳、本腹二人、妾腹四人、計六人の幼い弟妹が遺された。家政については利通末妹の夫、石原近義が後見人になり、子女養育の責任は挙げておゆう（時に三二歳）によって担われることとなった［華族戸籍草稿］。おゆうの没年を明らかにしないが、大久保侯爵家を嗣いだ正妻の子たちが（利和、その順養子となって相続した弟利武［三熊］）、後年おゆうを手厚く遇したのは［佐々木2000：256］、京都以来父を長年にわたって支えた功労に加えて、幼い弟妹の養育の恩義に報いようとするものであったのだろう。

3　非志士型娶妾の事例――尾崎三良の場合

①尾崎三良における妻と妾

尾崎三良は、一八七九（明一二）年前半に太政官で刑法草案の審査が行われたさい、存妾の立場から二度にわたって建白書を提出した大書記官であり［堀内 1973：234～236］、九六年六月に至り、幕末以来の勲功によって男爵を授けられた人物である。彼の妾のことは『萬朝報』が九八年八月三日号の「蓄妾の実例」欄で報道した。まず、この記事によって彼のケースを概観しておく。

> 尾崎三良　麻布区六本木町六七番地男爵貴族院議員尾崎三良は先妻英国人パサイヤ、カサリン、モリソンを離別し今は江州神崎郡種村本行寺前住職藤山沢証の女某を妻としながら自邸に同居せる戸田玉井の養女みち（四〇）を妾とす［黒岩 1992：86］

「蓄妾の実例」には数人の妾を抱える例が数多く暴露されているなかで、尾崎の場合は妾一人という単純な構成であるが、英国婦人との結婚歴がある点がユニークである。名門高格公卿・三条家家士(9)の戸田家養子として幕末動乱期の実美に仕えた縁で、尾崎は一八六八（慶応四）年三月実美世子公恭（実は甥）の従者として渡英し、二六歳から三一歳までの五年間かの地に留まった。ロンドン滞在中公恭とともに二年余りのモリソン（Morrison, William M.）宅寄寓の間、その家の一人娘で二歳近く年下のバサイア（Bathia, 1843.10生）と六九（明二）年三月英国の流儀で結婚して、英子（1870.12生）・政子（1872.1生）・君子（1873.10生）の三女を挙げたが、七三年一〇月妻子を残して単身帰国した。

「蓄妾の実例」が伝える情報の理解に必要な範囲で、とりあえず後日譚を記しておく。日本で妻妾をもつ身となった尾崎は、バサイアとの関係を清算する必要に迫られた。八〇（明一三）年在露公使館勤務を命じられて再度渡欧した機会に、彼はバサイアを露都ペテルスブルグに呼び寄せて同居したばかりか、尾崎の戸籍に入籍させて、日本へ連れ帰る気持ちが真実のものであることを示そうとした。しかし、日本に行くことに彼女が同意しなかったため、帰任の途次ロンドンに赴いて父モリソンに会い、養育費の未払い分を手渡すとともに「手切レ金」五五〇ポンドの分割支弁を約して離婚の協議を整えた。尾崎は帰朝の後、約束を誠実に履行し、また娘たちについては後年日本によんで世話をしている［尾崎 1991a：90〜145、佐伯 1990：188〜196、なお尾崎 1976：106、同 1977b：あとがき、『団団珍聞』1880.5.22］。

さて、七三（明六）年に英国から帰朝すると、尾崎は直ちに制度取調御用掛の末席ながら奏任官として新政府に登用され、法制官僚としての道を歩み始めた。かねて養母戸田玉井が嫁にと選定してあった彼女の妹（本願寺末本行寺住職藤山澤證妾千代浦）の娘八重（1855〜1943）を京都から呼び寄せ、玉井の養女となった八重と翌七四年二月に結婚した。尾崎三二歳、新妻八重一九歳と養母玉井、計三人の新世帯が、それに先立って召抱えた下女三人、執事一人、僕一人、別当一人、計六人の奉公人と、購入した乗馬一匹を従えて、旧主三条家の長屋に成立したのである［尾崎 1976：165〜167］。

同年八重が妊娠したが、翌七五年三月男児を死産する［尾崎 1976：195］。越えて七七（明一〇）年西南戦争が勃発するや、太政官権大書記官の尾崎は京都行在所に勤務することとなったが、ほどなく京都麩屋町姉小路上る所に家を借りて八重および男女雇人等を呼び寄せ、単身赴任を解消して経費の削減を図った［尾崎 1976：268］。同年九月、乱平らぐに及んで帰京した。

自伝および日記を通して尾崎の手記に初めて妾が登場するのは、七九（明一二）年四月七日の日記であって、「午前九時三十分参朝、後二時退出。午後妻妾引率向島ニ至ル。桜花遊覧、人烟如山。」［尾崎 1991a：30］というのがそれである。妾の名は道枝（美知枝）といい、京都上加茂社家加茂氏（藤木姓）の一族、元禁中執次役で右兵衛大尉正四位下に叙されたいわゆる官家士族の一人・藤木行顕の娘で〔尾崎 1991a：30，46〕、妻の八重より五歳若かった。美知枝を知る機会は、七七年の京都在勤の時代にまで遡らずとも、彼自ら三条家旧家士の出身で貧窮官家士族の救済に奔走した尾崎には、いくらもあったことであろう。はるか後年の一九〇二（明三五）年八月のことであるが、韓国へ同伴して釜山で死なせてしまった彼女を悼む尾崎の文章が、「良家の女にして性行温厚貞誠、予に仕へて忠実二十四年」〔尾崎 1977b：213〕という語句で始まるのを勘案すれば、彼女が妾として尾崎家に入ったのは、一八七九年早々（ただし、七八年〜七九年三月の尾崎日記は欠）、美知枝一九歳（尾崎三七歳、八重二四歳）の頃ではなかったかと思われる。それは八重が男児を死産した後、何年も子に恵まれない状態が続いた時期であった。

八重との結婚については、英国より帰朝早々、木戸孝允から良縁を世話しようかとの話もあったが、八重は養家に縁のある「所謂義理ある者」〔尾崎 1976：166〕なので、木戸の話は体よくことわって八重と結婚したという。尾崎は周到に考慮を巡らして行動する人であったから、美知枝を妾として家に入れるにも八重の同意、八重との折り合いに配慮したことであろう。それにしても、義理がらみではなく、何よりも自らの好みで美知枝を選んだことはいうまでもない。最初から、妻と妾とはこの点で違っていた。

イギリス人の先妻バサイアの父モリソンは、上級学校志望の青年の個人教師を職業としていた。彼から英語を学んだ日本人留学生を通して何らかの圧力がかかったためか、尾崎が妻子を置いて帰国し、さらに日本で結婚したことに対して、旧主の三条実美や外務卿井上馨から厳しく非難された。窮した尾崎はバサイアとの関係に決着をつける機会をつかむために、降等の不利を承知でロシヤ派遣を受諾したのであった〔尾崎 1977b：あとがき、同 1976：323〕。尾崎はロシアへ出発する直前の八〇年四月、八重を戸田家の戸主にするためという名目で離縁し、同月中にバサイアとの結婚の公許をえた〔朝日新聞社 1979：3〕。かくて、同年九月尾崎の赴任を心待ちにしていたバサイアとペテルスブルグで再会するや、彼女を正式に妻として入籍する手続きをとった。しかし、日本には性関係を公認された若い女性が二人も同居していることを知らされれば、それが日本の慣習であることを聞かされても、尾崎に連れられて日本に赴くことをバサイアが首肯するはずはない。そこで、翌八一年七月ロンドンで父モリソン立ち会いのもとにバサイアと離婚協議を遂げ、(10)同年九月に帰国するや直ちに離婚届を麹町区役所に提出して彼女を除籍した。そして同年一二月初旬、戸田家戸主を退隠した八重との婚姻届を区役所に提出する。他方、美知枝の入籍は翌八二（明一五）年一月一四日のことであるが、刑法はすでに施行されていたから、尾崎の戸籍に妾として入籍させることができず、戸田玉井の養女として戸田家の戸籍に入れたものと推定される〔尾崎 1991a：79，91，157，170，177〕。もしも妾として入籍させるつもりなら、それが可能な時間的余裕があったのに、尾崎の自由になる別の戸籍に入れたのは、妻八重と同じ戸籍に妾として入籍させることを、哀れと思ったからではないかと推測されるのである。

尾崎の自伝に美知枝が初めて登場するのは、日記に遅れること約一年の八〇（明一三）年五月末であって、彼がロシヤへ旅立つ記述のなかである。この時尾崎はまだ美知枝の懐妊が確かな事実であることを知らされていなかった。左掲の文章から尾崎に対する美知枝の深い愛着の情が窺われるが、それはまた、この文章を書いた時点での尾崎の美知枝に対する格別の愛着の思いを物語っているのであろう。

此時は少くも三年は不在の覚悟なりし故、此家族〔妻・妾・老母玉井〕等に別るゝは最も悲劇なりし。就中美知最も悲観し、予出発後数日涕泣せしと云ふ。尤も此時既に妊娠し且つ予出役の後は必ず再会すべしと云ふものの、或は之が生別かも知れぬとの観念ありし為めなりしと云ふ。〔尾崎 1976：324〕

後年、尾崎が美知枝をどう評価し美知枝との関係をどうとらえていたかは、彼女の死亡を記録する文章に続いて尾崎が認めた追悼の言葉によく要約されている。その書き出しはすでに紹介したが、それに接続する文章とともに全文を転写しておこう。

彼は良家の女にして性行温厚貞誠、予に仕へて忠実二十四年一日の如く、男女を生むこと十四人、内夭折するもの五人、健康なる者九人あり。正室にあらずといへども其情正室に異なることなし。予の終焉には介抱させんと期したりしに今此悲劇に遭ふ。予の不幸之より大なるはなし。［尾崎 1977b：213〜214］

名は妾であるが情において正妻と異ならず、一時の慰みものでなく正妻同様生涯の伴侶であった。この文章を読む限り、寵愛は正妻を超えるものがあったかの印象も否定しがたい。では、妻妾並び立った二十数年間、妻と妾にはどのような役割の分担があったのか。前項の大久保の妻は官邸的機能をもつ本邸の主婦兼ホステス、妾は休日休養のための別邸の主婦兼ホステスとして、家は一つでも分居して所帯を分かつ形で併立したが、尾崎の場合、妻妾同居であったから、両者間の地位役割の競合は深刻な問題となり、葛藤をミニマムに抑え込めるような役割分担と地位序列の構築が切実な課題となったはずである。

②妻と妾との役割分担

八重は、まず主婦として収支の管理を主とする家政を担当した。これは、結婚当初から二〇年余にわたって変わらない彼女の役割であった。尾崎は自伝でつぎのように述べている。一八七四（明七）年二月中旬、祝言翌日のことである。

是にて先づ一個の家庭を作り、其収入は政府より俸給一ヶ月百五十円なり。乃ち八重に対して、是よりそなた主婦の役目として家政を料理すべし。其入費は則ち是なりとて、政府より受けたる月給百五十円を其紙包のまま手渡したるときは、彼少し当惑の気味にてしくしく泣き居るから、何故泣くにやと詰れば、未だ斯くの如き大金を任せられたることなきゆゑ如何はせんと当惑心痛の余りなりと云ふ。依つて出入帳簿記入の仕様及び月末計算の方法等を教へ、傍ら珠算を教へたり。元暗愚の性にあらざれば、一ケ月も習熟して略々要領を得て、爾来数十年、家政は専ら彼に委任して大過なかりし。明治三十年前後に至り、家資も稍々豊かなるに随ひ金銭の出納も追々複雑になり、女子の手一つにては困難に趣きしより家扶を置き之に委任することとせり。［尾崎 1976：167〜168］

文中の、一八九七年前後に生じた家政管理上の変化とは、九六年六月男爵を授けられ、宮内省に家扶姓名を届け出る必要上従来の執事を家扶としたさい［尾崎 1977b：44］、彼に表向きの金銭の出納を委任したのであろう。しかし、奥向きの出納は依然八重の掌中に在ったのではないだろうか。八重は俗にいうしっかり者で、尾崎が家政管理者としての彼女に篤い信頼を寄せたばかりでなく、左記のようにその手腕を「女丈夫」と褒めあげたことさえある。（読者はむしろ、妻の立場とプライドを必死になって守ろうとする健気さにうたれることだろう。）

一八八六年四月一一日　旧宅の有楽町数寄屋橋内なる所は湿地にて熱病者多く、予の家には既に四人の熱病者あり。……依って転宅することと為し、妻八重に申付け、予の病中に高燥なる借家を見付けて転宅することとした。……此新宅を探し之に移転する等の事は、予の病院中に八重独り而も妊娠八ケ月の身にして且つ二歳三歳の小児を抱え、且つ隔日に病院にて予を看護しながら之を担当して不都合なく為したるは、女丈夫と云ふも過褒にあらざらん。［尾崎 1977a：126］

尾崎が自邸新築の地所を見に行くのに八重を伴い（八六年八月一〇日）、また新邸のために唐紙を注文したり（八八年一月一九日）物品を購買するのにも（同年三月七日）、美知枝でなく八重を伴ったのは、彼女の主婦的役割を傍証するものである。

つぎに、八重は尾崎の子どもたちの「母」であった。八七年五月、バサイアの生んだ長女英子（一六歳）が尾崎の希望で来日した時、尾崎は日本で住むのに必要な予備知識として「風俗」について話して聞かせるとともに、八重を養母とするよう、承諾をしぶる英子に一時間もかけて懇々と説諭した（八七年六月四日）。八重また尾崎の意を体して、英子の洋服仕立ての世話をし（同年六月一一日）、歯の治療のために英子を歯科医へ連れてゆき（同年六月二二日）、また英子の寄宿先へ入費を支払ったりするほか（同年一〇月二二日）、縁談のさいには尾崎に代わって仲介者を訪問するなど（九一年八月二〇日）、甲斐々々しく母役割を演じている。のみならず、前掲引用文中の「二歳三歳の小児」とは美知枝が生んだ子たちであるのに、八重はこれを「抱え」る立場にあり、美知枝が生んだ子に対しても「母」であった。例えば八九年二月、数えて二歳になる五男（庶子）望盛を四ツ谷角筈新町の高田友之助へ養子にやる時、高田方の祝宴に出席する尾崎に随行したのは、生母ではなく八重であった。

以上はいわば対内的役割であるが、社会に向かって夫の伴侶として振る舞う対外的役割が妻役割として重要である。具体的に言えば、（A）公的行事や社交の場への出席、表敬訪問、（B）他家の葬式・婚礼等への出席、（C）その他、公共的な意味をもつ場で夫に随行するのは、妻であって決して妾ではなかった。一事例にすぎないが、新華族の交際範囲を知るうえでも興味深い資料であるので、尾崎の日記（ただし刊本に省略のない一八九二年八月まで）と自伝（美知枝が死亡した一九〇二年八月まで）の記述から拾い上げうる限り、八重のみ伴った社交的イベントを右の（A）（B）（C）に分類して列挙しよう。ただし、自伝だけによる時期については、漏れなく記録されている保証はない。（括弧内の数字は月日を示す。）

一八八三年　（A）赤坂御所での観菊会に召される。参会者三百余人という（一一・一二）。

（A）鹿鳴館落成の夜会に招かれる。東京横浜の貴顕紳士無慮六、七百名（一一・二八）。

一八八四年（A）浜・延遼館での観桜会に召される（四・二五）。
一八八五年（A）新富町近源亭での有楽会に参加。聴衆華族官員数十名あり（一二・一三）。
一八八七年（A）青山御所での観菊会に召される（一一・八）。［モール（訳）1988：122〜124］
一八八八年（A）浜・延遼館での観桜会に召される（四・一九）。［モール（訳）1988：143〜144］
（A）蜂須賀家での園遊会に招かれる。宮、大臣以下二百名ほど参会（四・二八）。
（B）星ケ岡茶寮(11)での桜井小太郎送別会。参会の平安人およそ三十人（八・一）。
（B）三条公爵の招きで後楽園へ。会する者三条家近親ほか数名（一一・一八）。
（A）本郷前田侯爵邸での園遊会に招かれる。会する者朝野およそ二百人（一一・二四）。
一八九一年（B）青山墓地での三条家家扶・太田源二葬儀に参会（二・九）。
（B）三条実美逝去。この日から葬儀当日までほとんど昼夜三条家に在って要務に鞅掌（二・一八〜二五）。
（B）三条実美二十日祭が墓前で執行され、参列（三・九）。
（A）濱離宮（延遼館）での観桜会に召される（四・二二）。
（B）橋場の三条家別邸に故実美兄未亡人の病いを見舞う（一一・一）。
（C）濃尾大地震（一〇・二八）の救恤金三〇円（二〇円尾崎、一〇円八重名義）時事新報社に託す（一一・四）。
（A）赤坂離宮での観菊会に召される（一一・一〇）。
（B）閑院宮と結婚した故三条実美長女の里帰り婿入りの宴に招かれる（一二・二三）。
一八九二年（B）山尾庸三子爵夫人逝去につき八重代理弔問（二・八）。
（B）高輪御殿での佐々木高行伯爵嗣子の結婚披露宴に招かれる。参会数百人（四・三〇）。

一八九三年（B）故片岡忠教三女ます子を媒酌して祝言の式あり（九・一六）。

一八九七年（B）故三条実美嗣子公美と故松平慶永四女千代子の結婚式に招かれる（六・二三）。
（B）東久世伯爵嗣子通敏と土方久元伯爵妹玉子との結婚式に媒酌人として立会う（一一・九）
一八九八年（B）桜井能監の葬儀に会す（六・八）。

一九〇〇年（B）土方伯爵夫人の葬儀に参列（三・二〇）。
（B）男爵伊丹重賢逝去、角筈新町の私邸に弔問する（七・一五）。
（A）韓国公使李夏栄を訪問（七・二一か二二）。
一九〇一年（B）三条実美甥東三条公恭の葬儀に参列（一・二九）。
（B）故三条実美六女夏子と酒井忠興伯爵の結婚披露宴に招かれる（四・一四）。
一九〇二年（B）三条家親族懇親会に招かれる（三・七）。


宮中での式典や離宮・御所での観菊会・観桜会には夫人同伴であったが、夫人の服装は洋服と定められてからは、日本女性の例にもれず妻八重の洋服姿がさまにならないので、一八九一（明二四）年の観桜会以後彼女を伴うことをやめ［尾崎 1991b：92，同 1977a：259］、先妻バサイア所生の娘英子の来日後は彼女を連れてゆくことにしている。ここでの夫人は正妻でなければならないが、彼女は夫に花の飾りを添える儀礼的かつ装飾的存在であることが期待され、この期待が満たされないと夫が判断した場合、それだけで登場を控えさせられる点では妾と通ずるところがある。しかし、この領域の役割がみな儀礼的なものであったのではなく、三条家等のようにとくに深い関係の家の葬儀においては、前掲の事例に見るとおり、妻は夫を助けて実質的な役割を遂行した。

フォーマルな社会参加の同伴者は妻に限られたが、インフォーマルな、公的用務を帯びない外出の場合、同伴者は妻とは限らない。そのような外出を、（A）日帰りの外出と（B）外泊を伴うものとに分けて、同伴者が妻であったか妾であったかを点検しよう。（A）は尾崎の日記（自伝には此の種の記事なし）、（B）は日記および自伝を資料とする。これらを資料として用いた期間は、前段で資料に付した括弧内の註記のとおりである。

まず（A）日帰りの外出のうち、妻・妾を同伴した事例には、（A1）所用のための外出、（A2）遊覧のための外出、（A3）散歩がある。（A1）は、主婦役割、母役割、妻役割の項で挙げられた外出を除いたものであるから、例数は少ない。同一の外出で（A1）が（A2）あるいは（A3）を随伴したり、これらが組み合わさっていることが少なくない。主な性格によって判定したが、この区分はかなり便宜的なものである。また、日記に記載もれが予想され、それはとくに短時間の（A3）に多かったと推測される。尾崎は健康保持のためか、早朝および夜の散歩を励行し、妻・妾・子の誰かを伴うことが多かった。以下、年次順に、同伴外出の種類（A1）～（A3）、同伴者（Y＝八重、M＝美知枝、子どもの同伴は省略）、行き先と（A1）（A2）の場合外出目的、（月日）の順に、事例の記事を要約して一覧にしよう。

一八七九年　（A2）Y・M、向島の桜花見物（四・七）　（A2）Y・M、竜ノ口博物館（四・一七）
（A2）Y・M、勧工場（八・一〇）　（A2）Y・M、浅草向島（九・二四）
一八八〇年　（A1）Y、勧工場で買物（三・六）　（A2）M、本所亀戸の華族某邸宅見物（三・七）
（A3）Y、東中筋（三・一一）　（A1）Y、印刷局で写真撮影、ついで上野（三・二一）
（A2）M、上野公園（三・二八）　（A2）Y・M、向島で花見（四・一）
（A2）M、上野公園（四・七）　（A2）Y・M、日比谷大神宮・勧工場（四・一八）
一八八一年　（A2）Y・M、浅草から上野公園（一一・二三）
一八八二年　（A2）Y、上野博物館（四・三）

一八八三年　(A2) M、上野公園（一〇・一七）
(A2) Y・M、芝金杉温潮場（一二・八）
一八八四年　(A2) Y、芝金杉温湯（二・四）
(A2) Y、芝金杉海水浴（二・一七）
(A2) Y、上野公園（四・一四）
(A2) M、吹上御苑拝観（五・二二）
一八八五年　(A3) M、浅草公園（一〇・四）
(A1) Y、金杉・福田家屋等一見（一一・一二）
(A3) M（一一・一四）
(A2) M、王子、滝野川の紅葉（一一・二二）
(A3) Y、向島（一二・六）
(A2) M、芝金杉温泉（一二・二五）
一八八六年　(A3) M、松田（一・一）
(A2) M、芝金杉海水浴（一・一七）
(A2) M、神田秋葉原曲馬見物（一〇・八）
一八八七年　(A2) M、富士見軒（三・五）
(A2) M、上野花見と共進会（四・五）
(A3) Y、青松寺（五・一五）

(A2) M、芝金杉温潮場（一一・二四）
(A2) Y、芝金杉温泉（一二・一五）
(A1) Y、赤坂新坂町売邸見物（二・一〇）
(A2) M、上野から王子（四・六）
(A2) M、上野の絵画競進会（五・一七）
(A2) M、築地本願寺から上野動物園（一〇・一八）
(A2) Y、大森八景園、品川海蔵寺墓参（一一・一四）
(A3) Y、上野・浅草（一一・一五）
(A2) M、音羽護国寺・雑司ケ谷鬼子母神（一二・五）
(A1) Y、信濃町永井邸一見（一二・二〇）
(A2) M、芝金杉温泉（一二・二七）
(A2) M、芝金杉海水浴（一・一〇）
(A2) M、竜口勧工場（一・一九）
(A3) M、上野辺（三・一七）
(A2) M、向島秋葉公園、浅草橋（四・二〇）
(A2) Y、青松寺で講義聴聞（六・一〇）

(A2) Y、池上鉱泉入浴（七・二〇）
(A1) M、材木町の新邸掃除（八・二四）
(A2) Y、青松寺で講義聴聞（一〇・一七）
(A3) M、青山↓渋谷↓青山（一一・三）
(A2) M、世田谷へ望盛に会いに（一一・一〇）
一八八八年　(A2) M、世田谷へ望盛に会いに（二・六）
(A2) Y、広尾咲花園（三・一七）
(A2) Y、上野の勧工場・動物園等（四・八）
(A3) M、浅草（五・一四）
(A2) M、桜田町寄席（六・一六）
(A3) M（七・一四）
(A3) Y（八・二一）
(A2) M、浅草上野（一〇・二八）
一八八九年　(A1) Y、星ヶ岡茶寮平安社新年宴会（一・二三）＊
(A3) M、咲花園・本村町（五・一二）
(A3) M、山王神社（六・一五）
(A3) M（八・三一）
(A3) M、目黒祐天寺、中渋谷（九・二三）

(A2) Y、渋谷神泉谷精神亭（八・一六）
(A1) M、紅葉館で平安社大会（一〇・八）＊
(A3) M（一〇・二二）
(A1) Y、築地盲唖学校（一一・五）
(A2) M、広尾咲花園の菊花（一一・一三）
(A3) M、飯倉で買物かたがた（一・一三）
(A2) M、世田谷へ望盛に会いに（三・二九）
(A3) M、目黒（四・二〇）
(A2) Y、上野美術会（六・三）
(A3) M（六・二九）
(A3) M（八・一五）
(A1) Y・M、紅葉館で平安社大会（一〇・一三）＊
(A3) M、笄町・原宿等（四・二八）
(A3) Y（五・一三）
(A3) M、下渋谷氷川神社（七・二八）
(A3) M（九・七）
(A2) M、蠣殻町友楽館で演芸（一〇・六）

(A3) Y（一〇・一二）
(A2) M、上野博物館（一〇・二〇）
(A3) Y（一一・七）
(A2) Y、麻布西町今井花壇の菊見（一一・一〇）
(A3) M、赤坂辺（一一・一六）
(A2) M、堀内法華寺参詣、望盛訪問（一二・一）
(A3) M（一二・二三）
(A2) M、芝金杉海水浴（一二・二八）

一八九〇年　(A2) Y、一ノ橋海水浴（一・二）
(A2) Y、上野博覧会（四・一〇）
(A3) M（四・一五）
(A2) M、勧工場（九・二三）

一八九一年　(A3) M、広尾辺（三・二六）
(A3) M（五・七）
(A3) M、四辻（六・二〇）
(A3) M（七・二九）
(A3) Y、十番（八・一五）
(A3) Y（九・一三）

(A3) M、上野（一〇・一三）
(A3) M、青山墓地（一〇・二三）
(A2) M、麻布西町今井花壇の菊見（一一・八）
(A3) M、国府台（一一・一四）
(A3) M、上渋谷村（一一・二八）
(A3) M（一二・九）
(A2) M、愛宕山（一二・二五）

(A1) Y・M、星ケ岡茶寮京都人懇親会（一・一八）＊
(A2) Y、玉川上水堤上花見（四・一一）
(A2) Y・M、木挽町歌舞伎座見物（四・二四）

(A2) M、浅草公園凌雲閣・パノラマ等（五・二）
(A3) M（五・一〇）
(A3) Y、青山墓地（七・一四）
(A3) M（八・一二）
(A3) Y（九・一）
(A3) M、麻布氷川社（九・一六）

(A3) M (九・一八)　(A3) Y、青松寺 (九・二〇)
(A3) M、笑花園 (九・二七)　(A2) M、世田谷代田村へ雄盛に会いに (一〇・一一)
(A2) M、浅草凌雲閣等見物 (一〇・一七)　(A2) M、王子・飛鳥山方面へ (一一・八)
(A2) Y、国会議事堂見学果たさず (一一・一五)　(A2) Y、国会議事堂内各室見学 (一一・一九)
(A3) M (一一・二九)　(A2) Y、貴族院傍聴 (一二・一四)

一八九二年　(A1) Y、鎌倉へ新築別荘検分 (三・二)　(A3) M、泉岳寺 (四・三)
(A2) Y、向島へ大学競漕会見物 (四・九)　(A3) M、笄町 (五・八)
(A3) Y (七・二二)

以上のインフォーマルな外出での同伴件数を、年次別、八重・美知枝別、外出の種類別にまとめると表29のとおりとなる。

露国駐劄のため半年以上海外に在った一八八〇年と八一年を別にしても、早朝・夜など短時間の散歩について、年により記載の小まめさにかなりの差異があるように、表29から感知される。また、同伴の事実も美知枝の場合のほうが記載されることが多かったのではないかと想像されるが、もしこの点のバイアスがないと仮定すれば、同伴者として出現する頻度を妻と妾とで比較することができる。

まず合計を見ると、妻のみ同伴四三件、妾のみ同伴七八件、妻妾とも同伴一一件で、妾のみが圧倒的に多い。八重にはこの外にすでにふれた主婦役割 (三)・母役割 (三)・妻役割 (一九) での同伴が括弧内の数だけあるから、これらを合算すれば六八件となるが、それでも美知枝の同伴件数のほうが依然として優勢である。

妻妾とも同伴は、まだ子どもがなかった露国派遣以前の主な同伴形態であったが、帰国以後は稀となり、両人同伴

表29　年次別妻妾別、インフォーマルな日帰りの外出の種類別同伴件数
(1879〜92)

年次＼同伴者	八重			美知枝			八重・美知枝			合計
	(A1)	(A2)	(A3)	(A1)	(A2)	(A3)	(A1)	(A2)	(A3)	
79年								4		4
80年(5月まで)	2		1		3			2		8
81年(9月から)								1		1
82年		1								1
83年		1			2			1		4
84年	1	3				3				7
85年	2	1	2		5	2				12
86年					4	1				5
87年	1	4	1	2	5	3				16
88年		3	1		4	6	1			15
89年	1	1	3		6	14				25
90年		3			1	1	1	1		7
91年		3	5		4	10				22
92年(8月まで)	1	1	1			2				5
合計	8	21	14	2	34	42	2	9		132
	43			78			11			

は例外的にしか起きていない。子どもが増え家政規模も大きくなるにつれて、妻妾のどちらか、できれば妻が家に留まるように努めたのかもしれない。また、子どもも使用人も多い日常生活では、尾崎と妻妾それぞれとの意思疎通が損なわれかねないので、一方のみ同伴する外出の機会を作って意思の疎通を図ったとも考えられよう。

インフォーマルな日帰りの外出における同伴リストを見て印象づけられるのは、尾崎が妻と妾になるべく同じ楽しみを同じように味わわせようと小まめに努力していることである。例えば、八九年一一月、麻布西町今井花壇の菊見に美知枝と行き、その二日後に同じ所へ八重と子どもたちを連れて行っている。これは、尾崎がよほど菊が好きだったからだけではないだろう。また、八四年五月の早朝、美知枝を伴って吹上御苑を拝観しているのは、赤坂御所での観菊会にもまた浜離宮での観桜会にも、彼女を連れて行けぬことの償いのように見受けられる。京都人の

結社・平安会(12)の新年宴会や懇親会に、妻と妾を同時にか別々にか同伴しているところにも、インフォーマルな社交の場へは二人を同じように伴おうとする姿勢が現れている（＊印）。他方、国会議事堂見学や貴族院傍聴に連れて出たのは八重のみであるとか、散歩にはより多く美知枝を伴い、そのため彼女の同伴総数が多くなっているというような、両者に対する取り扱いの差異があって、これらは夫妻関係と夫妾関係の性格差を暗示する看過できない相違とも思われる。

つぎに、（B）外泊を伴う外出、私的な旅行と呼びうる外出の同伴者を尾崎の日記と自伝によって調べ、記録された限りの妻・妾同伴の事例を網羅的に列挙する。（A）日帰りの外出でも（A2）や（A3）には妻妾のほかにしばしば長男洵盛らを伴ったが、（B）旅行には避暑・避寒・転地療養を始めとして子どもたちを巻き込んだものが多い。事例挙示の期間はフォーマルな外出について先に述べたのと同じ。（＃印は妻のみ、＊印は妾のみ同伴、＃＊は妻妾とも同伴を示す。）

一八七九年七月二日〜八月八日　官家士族授産事業を発足させるためおそらく美知枝を伴って上洛し、京都で彼女の両親に会うとともに、同伴して近辺各地を遊楽した後、彼女を連れて帰宅した［尾崎 1991a：46〜49］。＊

一八八一年一〇月四〜三〇日　欧州からの帰国後、上京して彼を迎えた八重とともに京都に行き、滞欧中の寓居住まいの養老母と美知枝に会う。京都滞在中、八重と同車して大阪にその父を訪ね、滋賀県能登川の八重の里・本行寺を訪問して二泊。また、美知枝を同道して上加茂の里を訪れて一泊。帰京のさいは妻妾と小児を伴う。この時の日記に、「此行一家四人、余人ヲ雑ヘズ甚愉快ナリ。生涯ノ歓楽此時ニ在リ。後日追懐感慨ニ耐ヘズ」と書き加えている［尾崎 1991a：158〜166］。＃＊

一八八二年五月二一〜二四日　熱海に滞在、八重同道［尾崎 1991a：189〜191］。＃

一八八三年四月二二日～五月二〇日　熱海に転地療養。八重、児洵盛を携え、婢よね、僕彦十を倶す［尾崎 1991a：296～300］。＃

同年一二月二九日～八四年二月二日　熱海に避寒旅行。美知枝、洵盛同道、婢うた、僕米蔵等を倶す［尾崎 1991a：335～342］。＊

一八八四年七月二三日～八月九日　八重、児洵盛を携え僕銀蔵を倶し、江島、小田原、湯本をへて熱海へ［尾崎 1991a：368～371］。＃

一八八五年一月一九日～二月二〇日　避寒の為め熱海へ。洵盛、盛貞［美知枝所生、三男］、美知枝、谷口、乳母はる等を倶す［尾崎 1991a：397～402］。＊

一八八六年一一月三～二八日　高山寺での父母改葬塔供養のため木曽街道を経て京都へ。美知枝同道、塩尻まで僕銀蔵を倶す。供養を営んだ後、琴平・善通寺・多度津・厳島・広島・神戸を遊覧して帰京［尾崎 1991b：48～70］。（木曽山中の紅葉遊覧・西国遊覧を兼ねた二人旅に、八重でなく美知枝を伴った。）＊

一八八七年一月四～一〇日　転地療養の為め熱海へ。八重、洵盛、寿子［八重所生四女］、婢こうおよび青木直次郎を倶す。妻子を残して帰京［尾崎 1991b：79～81］。＃

同年八月六～八日　美知枝、洵盛を携え、島野を倶し、鎌倉、江ノ島、大磯で潮水浴［尾崎 1991b：132～134］。＊

同年一二月三〇日～八八年一月四日　美知枝を携え箱根から熱海へ。供なし［尾崎 1991b：170～172］。＊

一八八九年一月二～一二日　熱海へ転地療養。八重、洵盛、寿子を携え、若林駒之輔およびこう等を倶す［尾崎 1991b：245～249］。＃

同年八月二～六日　八重、洵盛、虎吉等を倶し横浜富岡村にて潮水浴［尾崎 1991b：304～305］。＃

同年八月一一～二三日　美知枝、洵盛、谷口を倶し、鎌倉で海水浴［尾崎 1991b：306～308］。＊
同年八月二三日～九月六日　美知枝、谷口帰京し、八重、寿子、季、花房庄次等東京より至る［尾崎 1991b：308～311］。♯
一八九〇年一月三～四日　美知枝、洵盛、寅治を倶し、大磯で温浴［尾崎 1991b：351］。＊
同年八月二四日～九月二日　美知枝、洵盛、寅吉を倶し相州鵠沼に至り海浴［尾崎 1991b：414～416］。＊
同年九月二〇～二一日　八重、洵盛、ワカを倶し鎌倉へ。八重は転地療養のため一〇月一日まで滞在［尾崎 1991b：420～423］。♯
同年一二月二九日～九一年一月五日　美知枝、洵盛、従者虎吉を倶し熱海へ［尾崎 1991b：448～450］。＊
一八九一年七月二〇日　八重、盛貞、昌盛［美知枝所生四男］、谷口、タツ、ハナを倶して鎌倉へ、海水浴のため。八重は八月一〇日頃まで滞在、尾崎はその間単独であるいは子どもを連れて東京と鎌倉の間を往来する［尾崎 1991b：506～515］。♯
同年一二月三〇日～九二年一月六日　美知枝、洵盛、橘隆友等を倶し、熱海へ［尾崎 1991b：554～557］。＊
一八九二年六月二〇～二九日　鎌倉の新築別荘に至り、八重、繁盛［美知枝所生六男］、花房等を伴い静養。尾崎は一度東京へ往復［尾崎 1991b：603～604］。♯
同年六月三〇日～七月七日　養母戸田玉井死去により、八重を伴って京都に向かい葬儀を執行、八重を残して帰京［尾崎 1991b：605～607］。♯
同年七月九～二一日　洵盛、貞盛、昌盛を携えて鎌倉別邸に入り、翌々日美知枝を迎える。京都からの帰途鎌倉に立ち寄った八重とともに帰京。美知枝は八月末まで鎌倉に留まり、その間尾崎は幾度も東京と鎌倉の間を往復

する ［尾崎 1991b：607～618］。＊

一八九三年五月一九日～六月二三日　興津をへて京都への旅行に美知枝を伴い、彼女を上加茂へ残して岡山まで足を延ばしたが、帰途京都から伴い帰る ［尾崎 1977b：14～19］。＊

同年一二月二七日～九四年一月九日　美知枝、洵盛、盛貞、昌盛、繁盛を携え従者二名を随えて熱海へ ［尾崎 1977b：24］。＊

一八九五年二月一五～一八日　先づ八重に洵盛、寿子および下婢従者を伴って一月の初めより熱海に滞留させ、そこに合流した ［尾崎 1977b：32］。＃

同年一二月三一日～九六年一月一日　美知枝および遠藤を倶し大磯へ ［尾崎 1977b：37］。＊

一八九六年四月二四日～五月一一日　転地療養のため美知枝、遠藤を倶し熱海へ ［尾崎 1977b：41］。＊

同年一二月二九日～九七年一月一一日　美知枝、洵盛、寿子、繁盛を伴い下婢二名を倶して熱海へ ［尾崎 1977b：55～56］。＊

一八九七年七月二三日～八月二五日　美知枝、子ども等と避暑のため鎌倉へ ［尾崎 1977b：61～62］。＊

同年一二月三一日～九八年一月一〇日　美知枝、寿子、朝子［美知枝所生六女］、てつ、長谷川奎三を倶して熱海へ ［尾崎 1977b：65］。＊

一八九八年八月二四～二七日　美知枝および画工吉田光美を伴い日光へ ［尾崎 1977b：73～75］。＊

一八九九年一月二～一〇日　美知枝、草川てつを伴い熱海へ ［尾崎 1977b：83］。＊

一九〇〇年一〇月一九～三一日　亡実父五十回忌法会を京都高山寺で営むために、八重、洵盛、昌盛、寿子、賀子［美知枝所生五女］、朝子を伴い、婢ちゑ、ろくを倶して京都へ ［尾崎 1977b：115～118］。＃

一九〇一年五月八〜一八日　平安義会総会等のため美知枝および家従松野嘉吉を倶して海路京都に出張し、兼ねて嵯峨・奈良を遊覧する〔尾崎 1977b：138〜142〕。＊

同年一〇月二五日〜一一月三日　京釜鉄道会社の要務で家従宮崎友太郎を従えて出張中、大津の旅舎にて病気が悪化し、看護のために美知枝を東京より呼寄せる。よい介抱人を得てとみに病苦を忘れ、奈良・和歌山を巡回して帰京〔尾崎 1977b：174〜177〕。＊

同年一二月二九日〜翌〇二年一月一一日　転地療養のため美知枝、宮崎を倶し熱海へ〔尾崎 1977b：199〜200〕。＊

一九〇二年七月一四日〜？　避暑のために鎌倉の別荘へ。前々日着いた洵盛、斉藤福之助〔六女朝子の婚約者〕、美知枝および男女二、三人の迎えを受ける〔尾崎 1977b：206〕。＊

同年八月一七日〜　京釜鉄道事業を指揮監督するため、常務取締役として韓国京城へ派出駐在することとなり、美知枝、妻木義雄および岸清松を会社員として伴い、従者西池茂、下婢がわりの妻木の妻やすゑ、料理方桑原勇蔵を倶して東京を出発〔尾崎 1977b：207〕。＊

以上を通覧すると、尾崎の露国駐在中に留守家族が住んだ京都寓居を引き払って一家が帰京する旅行に、一度だけ妻妾がともに尾崎に随伴したことがあるが、日帰りの外出とは異なって妻妾の同時同伴は通常の旅行にはみられない。美知枝が鎌倉の別荘を発って帰京した日に八重が代わって東京から鎌倉へ来るとか〔八九・八・二三〕、美知枝が居る鎌倉へ八重が立ち寄っても、その日のうちに帰京するという具合で〔九二・七・二二〕、妻妾が尾崎の旅中に同時同宿することを避け、どちらか一方が尾崎に付き添ったようである。これはどちらかが在宅して家政を取りしきるのを便としたからでもあろう。また、初期には妻妾が交代で、子ども連れの避暑・避寒・病気療養の転地、およびその他の旅行に伴われたようであるが、一八九〇年頃から同伴者は美知枝に傾き、九六年以降は専ら彼女の役割になって、平安義会や京釜鉄道会社といった半ば公共の用務のための出張にも、妻に代わって美知枝が随伴している。この会社の常務取締役として京城に駐在する尾崎に伴われることは、美知枝に「妻」の地位を享受させるはずであったが、彼女は京城への赴任途上で死去した。

妻八重は、夫に随伴せずとも主婦として使用人の指揮監督、来客の応対、家計処理等家政管理の責任があったし、家に残された子ども達の養育や訓育にも配慮せねばならなかった。八重が尾崎に同行した場合は、美知枝がこれらの役割を一時代行したことであろう［例えば九一・七・二〇］。では妻妾同居の日常生活において、妻がリーダーで妾はサブ・リーダーもしくはリーダー補佐つまり女中頭のような縦の分業が主体であったのか、それとも担当領域を分かつような横の分業が主であったのか。あるいは、時と場合によりどちらかの分業体制が適宜取られたのであろうか。この問題は後段で考察することとしよう。

美知枝が旅行随伴の専任担当者になっていった要因として、尾崎の社会的活動が展開するにつれて家政規模も拡大し、一八九六年六月に男爵を授けられてからは一層、主人の不在中主婦が家を離れることが困難になったという、客観的な事情も否定できない。しかし、どの旅行にも妾を同伴するに至っては、インフォーマルな機会の同伴者として尾崎が選好するような女性に美知枝がなっていったのではないかと思わせる。先に見たように、八九年頃には彼女を散歩に頻々と伴うようになっており、尾崎が彼女との二人旅を楽しんだように観察されることは、この推測を支持するものである。

このような人情の機微に探りを入れるためには、主人・主婦という集団的地位に即した役割よりは、家族内部での夫対妻、夫対妾という関係的地位に即した役割に注目しなければならない。その一局面である妻妾の介護役割が、尾崎の自伝には妻妾の分担ではなく全面的協働の姿で描かれている。以下に掲げる最初の事例は、あわせて嫡母対庶子、生母対実子の介護役割にも注意を促すものである。

一八八三年二月一二日　長男洵若肺焮衝の重病に罹り、……同一八日に至り已に死に瀕し、……百方手を尽すといへども何の効能もなく、最早定業とあきらめ、親族、出入の者相集り葬儀の準備に取掛りたり。未だ看護婦の設はあらず、故に八重は初発の看護に昼夜一睡もせずに心痛と労苦とに仆れ、起つこと是亦看護を要し、美知枝も看護の為め仆れかかり、予は此時程困りたることはあらじ。［尾崎 1977a：19］

一八八六年三月二三日～四月一一日（尾崎がマラリア熱の一種と痢疾を混交した病気に罹り駿河台佐々木病院に入院）病院中は専用看護婦の外、八重、美知枝、外に女中一人づつ、毎日二人づつ交代して看護せり。此時は未だ電話あらず、私宅数寄屋橋と駿河台病院との間、日々往来頻々なりし。而も八重、美知枝の両人は何れも妊娠八ケ月にて、病院二階の階段の上下には随分労苦せしならん。感謝に堪えず。［尾崎 1977a：125］

一八九六年三月一一日　俄然発熱四十度に上り苦悶甚だしく、……是は正しく肺炎なりとて……、看護婦二名に妻妾総掛りにて介抱し、……。［尾崎 1977b：40］

長男重病のさいには、妾腹の子であるのに嫡母の八重が先立って献身的な看護をしているのが、夫への勤めを果たそうとする正妻の心情を思わせて哀れである。あと二つの尾崎重病のケースでは、妻妾総掛かりであったのに対して、先述のように、一九〇一（明三四）年一〇月旅先の大津で病んだ時には、美知枝が独り看護に来津した。これは一面において事態に適合した妻と妾の役割分担であるが、「此好介抱人を得て頓に病苦を忘る」とまで尾崎が喜んだあたり、看護の役割期待における美知枝への傾斜が窺われるといえよう。

尾崎は自認していたように病身で、前記の引用ほど重篤でない病臥はしばしば経験するところであったから、彼にとって介護サービスは重要であった。では、比較的軽症で一人の介護ですむ場合、妻妾のいずれがまずこれを担当したのであろうか。そのことと関連するのは尾崎の身の回りの世話であって、日記につぎのような四男出生時の記事がある。

一八八四年一〇月二七日　午後七時三十分道枝分娩男子生ル。是ヨリ先キ午後五時過庭前ニ下リ射弓ノ矢拾ヒヲ為サシム時ニ少々腹痛アリト云。依テ房ニ入リ休息セシム。六時三十分腹痛漸ク強シ。……間モナク分娩両人共壮健賀スベシ。〔尾崎 1991a：381〕

臨月の美知枝に射弓の矢拾いをさせていたという記事は、尾崎の身辺にあってその世話をするのが彼女の役割であったことを窺わせる。介護もまずは美知枝の役割であったのだろう。尾崎が大津で病んだ時、八重でなく美知枝が看病に来たのは、けだし当然の成り行きであったのである。

では、セックス・パートナーとしての役割では妻妾の間にどのような分担と、そして競合があったのだろうか。年齢差の小さい妻妾の間の潜在的競合は、セックス・パートナーとしての役割においてもっとも激しかったと思われる。この役割の分担や競合の相を推測させる記事を彼の日記にも自伝にも見出すことができないが、役割遂行による子女出産の妻妾別成果は明らかである。

一八七五年三月　八重、男子を死産。
一八八〇年一一月二九日　美知枝、長男洵盛を産む。尾崎の露国駐劄中に出産。
一八八二年八月八日　美知枝、二男琉二郎を産む。尾崎の琉球滞在中に出生し、かつ死亡。
一八八三年九月四日　美知枝、三男盛貞を産む。二カ月後に八重の伯母・戸田玉井の養子とする〔尾崎 1991a：326〕。

一八八四年一〇月二七日　美知枝、四男昌盛を産む。
一八八六年五月一二日　八重、四女寿子を産む。（八重には長女、先妻バサイアに三女子あり）
一八八六年六月一二日　美知枝、五女賀子を産む。
一八八七年七月二日　美知枝、五男望盛を産む。世田谷村猪又雄蔵の妻に託して乳養させていたが、一歳七カ月のとき角筈村高田友之助方へ養子にやる［尾崎 1991b：155，256］。
一八八八年九月二一日　美知枝、六女朝子を産む。命名した日に、乳養のため麴町居住の士族岩上某の妻に託す［尾崎 1991b：226］。
一八九〇年六月二〇日　美知枝、六男繁盛を産む。
一八九一年八月二四日　美知枝、七男雄盛を産む。命名した翌々日、乳養のため世田谷代田村鈴木金次郎の妻に託す［尾崎 1991b：522］。
一八九二年一〇月六日　美知枝、八男弥盛を産む。夭。
一八九五年一月一日　美知枝、七女元子を産む。
一八九六年二月二四日　美知枝、八女季子を産む。季子ゆえかく命名。夭［尾崎 1977b：42］。
一八九九年一二月八日　美知枝流産し一時重態となる［尾崎 1977b：102］。
一九〇〇年九月八日　美知枝流産し容体はなはだ危険、百手を尽くし漸く回生［尾崎 1977b：112］。

以上を要約すると、妻八重のほうは女児一人を産んだほか男児一人を死産したのに対し、妾美知枝の生殖力は圧倒的で、男八人（内二人夭折）女四人（内一人夭折）を産んだほかに流産を二回経験している。八重は二〇歳の時に男児を死産したのが始めで、一一年後三一歳の時に長女を産んで生殖活動を終わったが、美知枝は二〇歳で長男を産んだのを皮切りにつぎつぎと産み、とくに一八八七年以降は彼女だけが産みつづけ、尾崎が「季子なり」(13)と宣言した後は危険な流産となり、心臓麻痺に因る死の二年前、四〇歳の流産が最後となった。このように、彼女の旺盛な生殖活動は二一年間継続し、嗣子を含めて九人の成年に達する子女を尾崎にもたらした。ただし、前記リストの示すように、美知枝が産んだ五男・六女・七男は生まれて間もなく里子に出され、そのうち五男はやがて他家に養子に遣られ、さらに手もとで育てられた三男も八重の伯母の養子となった。これは単に育児負担を軽減するための処置ではなく、自分の産んだ子どもがたった一人しかない八重への心遣いのように思われるのである。

子女出産の点で美知枝はこのように八重を遥かに凌駕する成果を挙げた。両人の生殖力に大差があったようであるから、出産子女数の差がそのまま両人のセックス・パートナーとしての役割遂行度の差異を反映するものでないことは云うまでもないが、先にふれた尾崎の旅行同伴者としての役割を美知枝が独占することになる過程をこの子女出産歴に重ねてみると、尾崎のセックス・パートナーとしても美知枝が優位に立つようになっていったことが推測される。おそらく、八重は家政管理を主たる役割とし、美知枝はセックス・サービスを含めて尾崎の身の回りの世話を主たる役割とするといった、妻と妾との間に横の役割分担が成立していったのであろう。換言すれば、主婦＝妻の諸役割のうち、主婦としての集団役割と妻としての対外的関係役割は八重が、夫に対する配偶者としての対内的関係役割はまず美知枝が担当するという分業である。この分業形態が尾崎・妻・妾三者の相互作用過程のなかでしだいに暗黙の合意として成立したというよりは、尾崎が妻妾二者間の顕在的潜在的葛藤を裁定する形で、一八八〇年代の末あたりに彼の選好に基づく意思として明示的に両人に提示されたのかもしれない。ともあれ、この分業を前提とするとき、一九〇一年一〇月、旅先で病む尾崎の介抱のために美知枝が急ぎ来津した一件も、またその翌年九月、美知枝の急逝に遭った尾崎がこれを惜しんで書いた文章の一節「予の終焉には介抱させせんと期したりしに」も、一層よく理解できるのではあるまいか。

③妻妾の地位序列と夫との愛情関係

正妻は権妻の上位に立つべきものであった。尾崎は正式の外出に八重を措いて美知枝を「携える」ことはなかった。それは所属する官僚社会も、交際する「世間」も許さぬことであった。また、自伝の記事はもとより、日記でも八重、美知枝と記す順序を逆転させることはなかった。これは妻妾の序列についての社会規範の内面化を示すものである。問題は、妾と妾が産んだ子との序列である。妾奉公の慣習があったように、妾は奉公人の一人であり、せいぜい女中頭であって、所詮使用人の分際と言ってよかった。その場合には、妾が産んだ子は主人側であり、序列は明白である。しかし、尾崎は避暑や避寒の転地に伴った家族員の名を書き上げるさい、ほぼすべて美知枝の名を子どもの名に先立って掲げた。子どもの母に準じた扱いであり、八重の場合とほとんど異ならなかった。しかし、子どもに八重と美知枝をどのように区別して呼ばせたのであろうか。

地位における妻妾の優劣は明らかであるが、それは夫からの愛情関係の強弱に直結しなかった。もし直結するものなら、妾は不要になるかもしれない。しかし、妾の存在自体両者が直結しないこと、むしろ逆でありうることを示唆している。すでに前々項末尾でふれたように、尾崎の場合はその一例であったと思われるのである。そのように考えうる証拠を自伝のなかから示そう。

一八九八年八月二五日　（美知枝と画工吉田光実を伴い日光に旅行したときのこと）早朝日光旅店神山を発し中禅寺及び湯本に至らんとす。美知枝一人山駕籠に乗り予及び吉田は歩して従ふ。［尾崎　1977b：73］

同年同月二七日　天晴れたるに依り霧降ノ滝を一見せんとて、又山駕籠に美知枝を乗せ、予等両人歩して行く。

〔尾崎　1977b：75〕

尾崎と、日光の景勝を描かせるために伴った画工の吉田とは坂路を歩行し、美知枝だけ山駕籠に乗せている。尾崎にとって美知枝は使用人では決してなかった。ここには、日光の絶景を楽しませてやりたいという、伴侶にたいする尾崎の愛情のこもった配慮が感じられるのである。日光だけでなく、美知枝と二人、あるいは従者一人のほか余人なしという旅行の記事には、いつも感じられるところである。

一九〇二年八月一九日　（京釜鉄道会社の常務として京城へ赴任するため神戸に到着）船待の為め美知枝を伴ひ須磨、舞子を遊覧し、舞子の割烹旅店萬亀楼に大三輪を訪ひ、此辺の風光明美を賞し、夕刻神戸に帰り自由亭にて共に洋食を喫し、夜月に乗じ海岸散歩して宿に帰る。是れ美知枝の為めに終身の快楽幸福の時なりしが如し。〔尾崎　1977b：208〕

一八八六年一一月三日〜　（父母改葬塔供養のため上洛せんとて美知枝を伴い木曽街道を旅す）風光の美、旅中の楽境、岐蘇道中記別冊あり。今之を略す。今此老衰の時（七十六歳）に於て、当時の境界を回顧して寧ろ想恋の情に堪へず。当時の伴侶たりし美知枝は既に逝けり。哀涙の襟を湿ほすを覚えず。〔尾崎　1977a：133〕

以上二つの記事の末尾は、ともに美知枝を追憶する文である。後者の記事内容は前者に遥か先立つが、記録は最晩年のものである。いずれにせよ、記録に挿入された（後年の）感情はまさに人生の「伴侶」に対するものであった。自伝の記事に関する限り、これほどまでの感情の流露は八重に対しては見られない。美知枝を追悼する文章のなかで、「正室にあらずといへども其情正室に異ることなし」と尾崎は述べているが、その情むしろ正室に勝る、といってもよいのではあるまいか。美知枝の急逝を「予の不幸之より大なるはなし」と捉えたところに、その思いが滲み出ている。(14)

尾崎家での生活は妻妾同居であったが、先述のように美知枝は戸田家に入籍され、戸籍のうえでは妻妾分離であった。尾崎は戸籍帳簿上の別立に内容を与える努力をし、情において正室に異なるところがないばかりか、実質的にも美知枝を正室に匹敵するものにしようとした。以下四点はその例証である。

(1)　一八八七（明二〇）年一〇月二二日、麻布霞町の阿部邸内の新築借家を借りうけて、戸田玉井の養子となっている三男盛貞（四歳）の住居とし、実母美知枝といっしょに移転させた。そして、翌八八年二月材木町に新邸を求めて全家合流するまでの四カ月間、尾崎は本宅と別宅の間を行き来し、ほぼ半ばを別宅で過ごしている。それも、朝別宅へ来て翌日の夕方本宅へ帰るというパターンがしばしばくりかえされ、別宅で来客を迎え、読書もし、別に日記帳を置いて霞町にいるときの記事はすべてこれに認める有様であった。したがって、単なる妾宅ではない。生活と活動の本拠を正妻がいる内幸町の本宅と美知枝母子が住む霞町の別宅とに分けた感があるのである。旅行同伴は妻妾同居解消の期間となったが、別宅の四カ月は旅行同伴よりも長期で安定した「妻」として別立できる期間を美知枝にもたらした〔尾崎 1991b：151〜180〕。

(2)　一八八九（明二二）年九月二六日、尾崎は前記の三男戸田盛貞を実母美知枝の養子とする手続きを開始した。事実上の母子関係を法的保護を受けうる母子関係とし、彼の死亡後美知枝が法的に親族関係から疎外されないよう戸籍上の措置を講じたのである。この配慮をみるとき、美知枝は尾崎の副妻というのが当たっている。その日の日記の記事を引用しよう〔尾崎 1991b：316〕。

此日戸田盛貞ノ戸主ヲ退隠シ、美知ヲシテ家督相続セシム。……但シ盛貞ハ従来玉井ノ養子ニシテ、美知トハ養姉弟ノ間柄ト為ル。将来予死去ノ後、此両人ノ間民法上親等薄キモノナルヲ以テ、盛貞ヲ改テ美知ノ養子ト為サント欲ス。然レドモ弟ヲ以テ姉ノ養子トスルハ成規ノ許サヾル所ナルヲ以テ、先ヅ養家ヲ離縁シ実家ニ復シ、然ル後更ニ美ノ養子ト為サントス。然ルニ戸主ヲ直ニ離縁スルハ府ノ特許ヲ得ザレバ能ハズ。事甚面倒ナルヲ以テ、一旦退隠シテ離縁スルハ容易ナリトノ指示ニ随ヒ其手続ヲ為ス。

(3) 尾崎は有望な銀行や鉄道・汽船会社などに投資して財産形成に努め、彼、八重、嗣子洵盛名義のほか、美知枝、盛貞名義の資産をも蓄積した。一八八七年七月区長に届けた（おそらく一年間の）所得金額は、尾崎家分（年俸を含む）合計五、〇四六円にたいし、戸田家分つまり美知枝と盛貞名義の合計が五八五円を算した。当時、華族がその体面を保つために必要な最低年収は五百円以上と言われたことに鑑みて、戸田家の所得金額は、美知枝が別個の生活単位をなしても心配のないように、尾崎が早くから心を砕いていたことを示している［尾崎 1991b：130］。

八重と美知枝への資産配分比は不詳であるが、大差がなかったであろうことを窺わせる出来事を紹介しておく。それは、一八九一（明二四）年三月三〇日、尾崎が勲二等に叙せられて瑞宝章を賜わり、法律取調事務勉励につき慰労として金八百円を下賜された日、帰宅後家族および使用人にこの恩命を披露し、賜金の幾分かを配分したさいのことである。「三拾円ヅヽ、八重、美知両人。三円ヅヽ、谷口、花房。一円ヅヽ、島野、虎治。五拾銭ヅヽ、国福門番共ニ、三人。五拾銭ヅヽ、婢七人。〆七拾三円」と日記に記されている［尾崎 1991b：474］。尾崎が妻と妾に三〇円づつ配与したことは、妻妾を実質的に同等に扱おうとする彼の態度を端的に示しており、新律綱領が妻妾をともに二等親に列したのを想起させる出来事であった。

(4) 一九〇二（明三五）年九月美知枝は六〇歳になった尾崎に随従して朝鮮に渡り、病をえて釜山で死亡した。尾崎の実父母には院殿号が贈られているから、後年の八重死去のさいもおそらく院殿号が贈られたものと推測される。院殿号は叶わぬにせよ、美知枝には嗣子を生んだ妾の例により、可能な限り高格の戒名が贈られた。尾崎が東本願寺釜山別院の僧と相談して付けさせた戒名は、静貞院釈憪淑美知大姉であった。一つ一つの文字の選択に、美知枝に対する尾崎の思いが込められている。なお、手厚い葬儀と供養の法会をもって美知枝に報い［尾崎 1977b：214，220，272］、青山墓地内新造営の戸田家墓所に建てた墓碑には、美知子と刻銘していわゆる「格直り待遇」を明らかにしている。(15)

後日談となるが、美知枝死亡の翌一九〇三年、二度にわたる熱海への転地療養に尾崎は八重（四八歳）を伴っている。しかし、翌年からは避暑避寒の際ですら八重の同伴が記録されることは稀となり、公式の場には娘を伴って八重の姿はない。のみならず、遠方への旅行にも八重は全く同行していない。自伝の記録は不完全であるにせよ、八重では美知枝の代わりにならない美知枝の存在の重さ——セックス・パートナーたるに止まらず、尾崎に慰藉と悦びを与える存在であったこと——を確認させるとともに、そのために修復しようもなく拡がった尾崎と八重の心の隔たりを推測させる事柄である。

尾崎は一八九二年八月左遷を拒んで官を罷めた時のことを回想して、「此時の家族は妻、妾一人、子女男女八、九人の外に、予の救助に依り生活せし老姉あり」［尾崎 1977a：335］と記している。「妾一人」とは、二人にも三人にもなりうるのが、妾であるからである。しかし、尾崎は生涯妾一人であった。しかも、彼女はその急逝にさいして尾崎に「予の不幸之より大なるはなし」と嘆かせるほどの好伴侶であった。美知枝に関する限り、手段的役割より表出的役割、しかも夫個人に対する表出的役割が卓越し、役割を超えた女と男の関係、さらに言えば人と人の関係になっている。美知枝が果たした役割を、どちらかといえば手段的役割優先の、志士時代に造られたパターンを引きずった大久保におけるおゆうの役割と比較するとき、「非志士型娶妾」の一つの特色が浮かび上がってくる。これを当面の仮説として提示しておく。

註

（1）光澤には後段記載のほか一八三二（天保三）年に生まれて翌年夭折した女子があり、その母は家女房村田登子という［明如上人傳記 1927：8］。薙髪を仰せ付けられた女中の筆頭大淀とは、登子のことかもしれない。

（2）鳥取池田家の菩提寺であった鳥取興禅寺（黄檗宗）には、藩主・夫人・子女の位牌に加えて、藩主生母の位牌も祀られていた［鳥取県立博 1990：629〜631］。また、鍋島家の菩提寺であった佐賀高傳寺（曹洞宗）の鍋島家墓所の藩主生母の墓碑は、彼女らが正妻に準じて待遇されたことを示している。

明治になって届出主義の普及により、生母たる妾の「格直り」が早まったのかもしれない。平戸松浦家では、世子が元服し叙位せられたので、一八七六（明九）年一二月三〇日、世子の生母である当主妾を老女の上席に進め、家籍に編入した［松浦伯爵家 1930b：180］。したがって、『華族戸籍草稿』にその名が掲げられている。彼女は主人没後九年の一九一七（大六）年六月死去し、染井霊園の松浦家墓所に末席ではあるが家族の一員として葬られた。

松江松平家の『華族戸籍草稿』には、五男（庶子）とともにその生母である妾Aが記載されているが、五男は後に分家して生母もこれに伴われたようである。本家は、養子として他家に入っていた三男（庶子）が復籍して一三代を継いだ。東京護国寺の「松平家墓」には、一三代以降の当主夫妻等が合葬されており、一三代の生母Bも墓碑にその氏名を刻まれて家族扱いになっている。ただし、松平姓でないのは、当主の生母でも妾は戸籍に登載することができない時代に入っていたからであろう。他方、『華族戸籍草稿』記載の生母Aは、分家の墓に松平の姓を冠して葬られたものと思われる。

（3）江戸初期のことであるが、二代将軍秀忠の娘和子（一三歳）が後水尾天皇（二四歳）の女御として入内する以前に、天皇が於四ノ局を寵愛して皇女を産ませた。幕府はこれを問題にして、和子の入内が決まっていながら、天皇が他の女を近づけてそれに子を産ませるとは言語道断、と厳しく抗議した。朝廷側としては、天皇の私事への幕府の露骨な干渉を不快に思いながら、やむなく天皇の側近を流罪や閉門謹慎などの厳重な処分に付して、幕府に陳謝した［大石 1998：15］。この事件は幕府側の絶対的な優位のもとに、その強大な権力を朝廷側に思い知らせるために起きた特殊な事件であるが、婚約者が決まっているのに娶妾することは、「蓄妾制度の時代」［同上：17］といわれる近世社会においても、婚約者の親族側に不快感を与える行為であったことを示唆している。

江戸初期と明治初期と時代は異なるにせよ、類似の事情にありながら枝子側が何らの反応も示していない。枝子の両親はすでになく、異母兄も本願寺の連枝として宗主の支配下にあり、全く無力であったから、居ないも同然に扱われても、形だけの妻に甘んずる他なかったことであろう。若くとも義理ゆえに充てがわれた深窓育ちの妻より、自分の好みで選んだ美しい容姿の、頭がよくて機転のきく妾に、身分の隔たりを超えて夫の愛情が傾くのを、抑止できる人はいなかった。

（4）藤が光尊没後は宗主光瑞の生母として、光尊生母・蓮光院に与えられたような夫人同様の待遇を受けたのかどうか。一九二七年刊行の『明如上人傳』における光尊子女の記述には藤への言及が全くなく、知らない人が読めば四男三女悉く枝子所生であるかの印象を与えられるが、それは藤が厚遇されなかった証拠とはいえない。思うに、大谷家内部では宗主生母にふさわしい手厚い待遇を与えられたにせよ、表向きには宗主は枝子の「実子」とされていたから、大谷家の私事である藤の処遇を一般社会に見える公共的な場面へ出すのを控えたのであろう。またそこに、妾をめぐる時代環境の大きな変化が投影されていると考えなければならない。

（5）光尊は父光澤妻祥子の没後に生まれた庶子であり、光澤は再娶妻しなかったので、父の妻の「実子」となることによって嫡子となる道が閉ざされていた。その代わり、数え年八歳で父の養子光威の「養子嫡子」となることによって、本願寺大谷家の正嫡である資格をえた。その資格に基づいて、代々の嘉例に従って直ちに家元九条家の猶子となり、社会的にも嫡子と認められることとなる。そして、三年後一一歳で得度して正式に本願寺法嗣となったのである［柱本 1927：6；明如上人伝記 1927：20～21，26～27］。

ところで、一八六八（明元）年天皇家において猶子の制を廃したことから、この慣行が急速に廃れるなかで、摂家の猶子成を慣例とする家ではその取扱いに苦慮した。本願寺では、光瑞得度の後、猶子成の件に決着をつける協議が九条家との間でなされた結果、従前通りには執行しがたいので、得度後初めて九条家を訪問するさい祝盃を交わすことで代えることに決まり、八七年三月二六日、九条家の招きで光瑞が参上して、礼服などもなく平服のまま、当主と歓盃を交わした。それでも、大谷家から祝儀目録を贈り、翌日答礼の使いを出すなどの例は守られた、という［柱本 1927：18］。

（6）日月の錦旗は天皇から征夷大将軍に下賜されるもので、一八七〇年三月二三日、静岡藩知事徳川家達が家伝の錦旗を政府に奉還している［『法令全書』］。薩長軍はそのような意味をもつ日月の錦旗を準備した上に、天皇家の家紋菊花の紅白旗を陣頭におし立てたのである。

（7）大久保利通の伝記［勝田 1910］は彼の政治活動に焦点を置いているので、妾はもとより妻の影も見えないが、同じ伝記者が逸話をまとめた書物には妻妾が登場するものと期待して一読したところ、ますの写真を掲げるだけで彼女への言及が全くなく、高輪別邸の記述の中におゆうの姿が出てこない［勝田 1928：267〜273］。また、大久保の家庭教育について彼の正妻の子たちに語らせた記事は、大久保が子ども好きであったことを強調するだけで、母にもおゆうにもふれるところは全くない［松原 1912：207〜219］。次男牧野伸顕の伝記に至っては、大久保の八男一女すべてます所生の印象を与える［下園 1940：70］。では、実際にそれほど影の薄い存在であったのだろうか。著者はこれを疑い、妾の存在が華族社会で隠されるようになった時代の価値観を反映するものではないかと考える。維新の元勲大久保に妾があったことを窺わせる文章は意識的に差し控え、そのために妻についての記述も割愛されたのではないか。一九二一（大一〇）年に発掘された『大久保利通日記』にますがその名で登場せず、おゆうは侍医来診に関連して一度だけ出現したに過ぎないのも、削除の結果ではないかと疑うものである。

（8）大久保の政治上の提携的人間関係の推移を接触頻度の推移によって推定するために、『大久保利通日記』を資料として政治的意味をもつと推測される者との期間別接触頻度を計算した板垣哲夫によれば、一八七五（明八）年一年間に接触が三〇回以上記録された者は、出身別回数（括弧内）の多い順に、吉井（一一〇）五代（八九）吉原（五〇）松方（四九）西郷従道（四四）大山（三九）得能良介（三九）黒田清隆（三七）川村（三四）寺島（三三）奈良原繁（三〇）［以上旧鹿児島藩出身者］、伊藤博文（五四）木戸孝允（三五）［以上旧山口藩出身者］、岩倉具視（四四）三条実美（四〇）［以上公卿出身者］の一五名である［板垣 1977：60］。政治的意味がきわめて乏しいと推測される者（例えば旧鹿児島藩出身の石原）はこの計算から除かれている。大久保の高輪邸への頻回来訪者に限った本文掲載のリスト（右のリストでは氏のみ掲げた）と比較すれば、高輪邸訪問のインフォーマルで気晴らし的余暇活動的性格が一層鮮明になる。

（9）尾崎三良は山城国葛野郡西院村（現・京都市右京区西院）の里正で仁和寺宮に仕えた尾崎盛之の三男、一八六二（文久二）年三条家家士戸田家の養子戸田雅楽と名乗り、最下級の士分である青士、のち近習格として三条実美に仕えたが［尾崎 1976：41］、二代以下の家士であったため維新後は平民となった。そこで、戸田家を去って尾崎姓に復帰し、他方、戸田家の断絶を回避するため養母玉井が戸田家の戸主となり、三良は玉井の養女となった八重と結婚する。

（10）この時の離婚約定書では、バサイア夫人が尾崎と一緒に日本へ行くことを拒絶したことが離婚の直接の原因となっている［内外人民結婚雑件「尾崎三良妻英人バサヤカスレーン離婚の件」外務省外交史料館所蔵］。バサイアが日本行きを拒絶した理由は、尾崎が日本ですでに重ねて結婚しており、日本の法律では夫が二人の妻を所有することが可能であることをバサイアが知っていたからであるという［小山 1995：135］。尾崎の離婚戦術は見事に効を奏したのである。

(11)　一八八四（明一七）年に麹町公園内に設立された上流社会一五〇名ほどの会員制のクラブ。赤坂に近い日枝神社界隈にあった。初代の料理人は京都から呼び寄せたという。

(12)　平安社は一八七九（明一二）年四月二六日、東京上野精養軒に東京在住の官家士族在官者約八〇名が集まって結成した親睦団体。青蓮院宮諸大夫出身で尊王攘夷運動の志士だった元老院議官伊丹重賢を社長、尾崎を副社長に選出し［尾崎 1991a：33］、官家士族の救済運動を展開した。

(13)「季子なるを以て季子と命じ」という文は、生殖を終わらせる強い決意を表明したかに見える。あるいは、この子で終わりであれかしと願って命名した事実に、そのとおりになったという後年の思いが畳み込められて、この表現になったのかもしれない。ともあれ、この後二回の流産があり、それで打ち止めになったことと関連させて理解するべき事柄であろう。

(14)　外山正一は一八九〇年の論説で、「昔日ノ蓄妾ハ已ムヲ得ザル理由ノ為メニ行ハレタル者ナリ。今日ノ蓄妾ハ情慾ノ為メノ故ニ行ハル、者ト謂フベシ」と論じ、「往時蓄妾ノ必要ナリシ時ニ在テハ、妻妾ノ別自ラ立チタリ。……蓄妾ハ夫子情慾ノ為メノ故ニ存在スルノ今日ニ在テハ、甚シキニ至リテハ、妻妾ノ地位ヲ全ク顛倒シテ本妻ヲ擯斥シ、特リ妾ノミヲ寵愛スルノ弊風ニ流ル、モノサヘ鮮ナカラザルナリ。」［外山 1890］とする。やむをえない昔日の蓄妾とは大イエ環境での娶妾であり、情慾のための今日の蓄妾とは小イエ環境での娶妾とすれば、妾を偏愛した尾崎の事例は外山が言う今日の蓄妾の弊風を現わすものであり、「非志士的娶妾」は多かれ少なかれ外山の指摘に該当するというべきかもしれない。

(15)　養母戸田玉井までは京都高田房の戸田家墓所に埋葬されたが、一九〇二（明三五）年一一月麻布善福寺での本葬が終わった後、美知枝は墓参がしやすい青山墓地に新たに造営された墓所に葬られ、彼女の法名を刻んだ墓碑が建てられた。戸籍上の取り扱いにそのまま対応する墓所配置であって、偏に尾崎の配慮に依るものであったことはいうまでもない。盛貞ら美知枝の跡を嗣いだ子孫は、一九五八（昭三三）年に至ってこの墓域に建てられた「戸田家之墓」に合葬されることとなる。

尾崎は一九一八（大七）年一〇月七六歳で逝去した。父母の墓所は出身地である京都西院の浄土宗高山寺に築いたが［尾崎 1977a：132〜134］、青山墓地の戸田家墓所の近くに新たに尾崎家の墓所を定めてあったので、一周忌に当たって「正二位勲一等男爵尾崎三良墓」と彫った彼の墓碑がそこに建てられ、三条公爵家から贈られた石灯籠二基が参道を飾った。妻八重は八八歳の長寿を保って一九四三（昭一八）年一月に亡くなったが、尾崎のとペアになるべき彼女の墓碑は建てられず、「尾崎家之墓」なる総合墓の脇の扁平な石に、物故子女の名の上段に尾崎三良君、同配八重子君と夫妻の名を並べて刻銘してあるところから、この墓に八重子も合葬されていることを知りうるのみである。一九四三年といえば、尾崎の墓碑と並ぶような墓碑を建立できにくくなった時代であるが、美知枝没後の扱いと比べる時、八重の影の薄さがここに極まった感を免れない。

「尾崎家之墓」が建てられた一九三三年頃には、美知枝所生の長男洵盛が男爵家を嗣いで妻子七人とともに赤坂区青山南町に住み、八〇歳に近い高齢の八重は麻布区飯倉片町に独りで別居していた。本邸・別邸がある階層での親子別居はふつうのことであり、また三良在世時代からの居住形態を維持していたのにすぎないのであろうが、なお八重の疎外された立場を映し出しているように思われるのである。

第四章　娶妾習俗の崩壊とその要因

華族社会の娶妾習俗を制度史から考察し、ついで統計と事例から観察した前三章を受け、これが習俗としての地位をどのように喪失していったか、その要因は何かを明らかにするのが本章の課題である。まず、娶妾習俗がまだ複合的な機能を発揮していた近世末期の大イエ大名家の当主でこの習俗を背負って明治維新期に入った人々と、その次代とを比較して、大名華族におけるこの習俗の推移を考察する。娶妾を機能的に必須とした大イエが解体すれば、この習俗は存在の社会的基盤を失うことになるのだが、習俗崩壊の引き金となるような明治期の出来事を探り出すべく、華族社会を藩屏とする皇家と皇族の娶妾習俗が内外の諸条件の推移のなかで露にした変化を跡づける。最後に、そのインパクトのもとに華族社会の娶妾習俗が明治後期以降辿った崩壊の行方を追跡しよう。

一　大名華族における娶妾習俗

第三章第二節で取り上げた尾崎三良は、その後半生において廃妾の時運に遭遇したと考えられる。そこで、この習俗の崩壊過程に探りを入れるために、幕藩体制の末期に大名家の当主であった人たちのうち、尾崎と同じ出生コーホートに属する当主の娶妾行動を観察し、彼らの後嗣の代ではそこにどのような変化が生じたかに注目することとする。尾崎の生年は一八四二年であるから、これを中央値として、生年が一八三七〜一八四六年の一〇年間におさまる旧大名家の当主を尾崎と（七二ページの旧藩主四名とも）同じコーホートに属する人々と規定しよう。彼らのうち妻妾に関して何らかの資料がある者を生年順に掲げるなら、徳川慶喜（1837～1913, 1866継承、ただし将軍家）、島津忠義（1840～97, 58継承）、松浦詮（1840～1908, 1858継承）、津軽承昭（1841～1916, 1858継承）、柳沢保申（1846～93, 48継承）、蜂須賀茂韶（1846～1918, 1868継承）の六名となり、いずれも大政奉還（1867）以前に、遅くとも版籍奉還（1869）以前に、巨大イエ将軍家もしくは大イエ大名家の当主となった人物である。彼らは、旧幕時代の大名家における娶妾習俗を引きずって明治期に入った。大イエの解体、そして明治前期における妾の地位の法制的変化のもとで、彼らにつづく世代ではこの習俗にどのような変化が起きたのであろうか。六名の事例のコーホート内比較によって、娶妾習俗の変化を考察するための基準点を確定し、つぎに世代間比較により、嗣子世代に起きた変化を見定めるのがこの節の狙いである。

1　徳川慶喜の場合

徳川慶喜（公爵）は一五代将軍であって大名ではなく、一八六八（慶応四）年五月七〇万石の領知を許されて静岡藩主となったのは徳川家一六代の家達であって慶喜ではない。しかし、慶喜の妾についての資料は将軍時代のものではなく、同年七月、静岡に謹慎・蟄居した後のことであるから、慶喜をここに含めても差し支えはないだろう。

慶喜の夫人美賀子（1835～94）は、摂家一条忠香の養女（実は清華家今出川公久長女）で慶喜より二歳年上、彼がまだ一橋家の当主であった一八五五（安政二）年に入輿した。三年後に女児を生んだが、名付けに至らずして早世し、再び子に恵まれることはなかった［日本史籍協会 1975：18］。慶喜は大政奉還後、新政府によって謹慎を命ぜられ、水戸をへて、静岡藩主となった徳川宗家のもとに身を寄せた。謹慎の間は一室に籠もって読書し、女中等を一切近付けず、夫人とも対面しない例であったから［渋沢 1966：113, 289］、遠慮のため夫人を静岡に伴うことなく、謹慎が解けた翌一八六九（明二）年に至って初めて彼女を呼び寄せた。夫人は没年まで慶喜と同居したが、『家扶日記』によれば、慶喜が伊豆の温泉へ湯治に行くときには二人の侍妾を伴い、慶喜らが帰邸した後、美賀子が単独で湯治に出かけるというすれ違いの生活で［松浦 1997：202］、著者が資料源の一つとして利用した遠藤幸威『女聞き書き徳川慶喜残照』［1985］などでも甚だ影が薄い。

慶喜は謹慎が解けてからも徳川宗家の隠居として歳月を重ねた後、一九〇二（明治三五）年に至って公爵を授けられ、宗家から分かれて一家を興した。当主の夫人ならさまざまな公的社交的役割があるが、夫が隠居身分ではそのような役割はないも同然であった。美賀子は慶喜の宗家附籍時代が終わるのを待たずに逝去したから、公爵夫人として表に出ることがついになく、それに生んだ一人の女児すら育たなかったことも、夫人の影を薄くしたのであろう。

慶喜の身辺にあって多くの子を生んだのは、二人の愛妾である。慶喜には若い頃数人の侍妾がいたと伝えられるが、静岡謹慎のさいほとんどの侍妾に暇を出し、幸・信の二人が残された［遠藤 1985：162］。旧藩時代の大名は目を付けた家臣の娘を侍女にしたり［同上：34］、あるいは女絵を示して絵図に合う緻縹格好の女を探させたという［阿形 1930：62〜63］。慶喜は一八六八年頃、その当時珍しかった写真で何人かの候補者のなかから侍妾を三人選び出したうちの、二人が幸と信であった［遠藤 1985：227］。幸は少々色の黒い大柄な美人、信は見るからに色白なやせ型の美人で、ともに家禄二五〇俵ていどの旗本の娘であったが、慶喜の小姓頭取を勤める旗本の養女となって慶喜に仕えた。どちらも一八四九〜五〇（嘉永二〜三）年頃の生まれといわれるから［同上：156, 157, 226］、六八年には、慶喜三二歳、夫人三三歳、二人の侍妾は一八〜一九歳ぐらい、ということになる。夫人は一橋家よりも高格といえる最高級廷臣の養女、侍妾は将軍家の家来筋の娘であり、出自からみても両者には主従にひとしい格差があった。

慶喜は幼少の頃から、敵が不意に襲って来ても利腕を斬られぬため、右手を下にして寝るように躾けられ、右下の片寝が老後まで常の習慣になったという［渋沢 1968：286］。また、床下からの刃物の突き上げを避けるため、厚さが一尺もある藁蒲団の上に羽二重蒲団を敷かせて寝たという［遠藤 1985：199］。静岡へ移った当初、幸・信の二人と一部屋にYの字型に毎晩寝ていた、と伝えられる。もし暗殺者が侵入しても、四角の部屋にY字型に寝ておれば、真っ暗な部屋のなかで慶喜を見分けにくいばかりでなく、四面のどちら側から入っても必ず誰かにつき当たり、それがもし慶喜でなかったなら、その僅かな間でも何らかの対応がとれたからだろう、とは大久保利謙の推測である［同上：197］。

暗殺の心配がなくなると、二人の侍妾は一晩交代で夜のパートナーとなった。これでは夫人の出る幕がない。侍妾は夜伽当番の日、自分もお局で入浴した後、化粧を夜化粧に改めて、慶喜の夜食が終わるのを次の間で控えて待つのである。夜の非番の日はお湯殿当番で、一日交代で慶喜の入浴の世話をした［同上：77］。現役の妾を交代制で使う方針に支えられて、二人は姉妹のように仲がよく、育った合計一三人の子どもの誰がどちらから生まれたのか、子どもたちはその区別を意識しなかったそうである［同上：102，227］。

慶喜の子女リスト末尾の女児死産二週間後の『家扶日記』一八九一（明二四）年六月一六日の項に、「お幸お信、厚き思召しを以て、夜の御伽御免の旨申し達し候事」とあり、それぞれに金一百円が下付され、お伽以外の勤め向きは入浴の世話を始めとしてこれまで通り、となったことが記されている［左方 1998：97］。両人は慶喜の静岡謹慎の六八年頃以来としても九一年まで足かけ二四年間、慶喜のセックス・サーバント兼子女の産母としての役割を勤めたのである。この時四一、二歳になっていたから、お伽ご免は旧大名家では順当な、というより親切な取り扱いとみなされたのだろう。慶喜が五四歳で二人の愛妾を退役させた後、新たに若い侍妾を召し抱えたという記録も、また召し抱えなかったという記録もない。二人のうち信はそれから一四年近くたった一九〇五（明三八）年二月死亡し、以後、幸が毎晩襷がけで慶喜の背中を流したという〔遠藤 1985：201，157〕。幸は信より一〇年長く生き延び、慶喜の没後二年をへて一九一五（大四）年一二月死去した。

二人の侍妾が生んだ慶喜の子どもの出生年月と名はつぎのとおり〔同上：160〜162；日本史籍協会 1975：38〜43〕。Kは幸、Nは信の生んだ子、K?、N?は推定、?はK・Nいずれか不詳。生母とは別に公式の母が明示されている場合、括弧づきで示す（Mは夫人美賀子）。

一八七一年（明四）六月	長男敬事（早世）	?	
同　年　九月	次男善事（早世）	?	
一八七二年一〇月	三男琢磨（早世）	?	
一八七三年　六月	長女鏡子（のち伯爵徳川〔田安〕達孝夫人）	N?	（K）
一八七四年　二月	四男　厚（八二年一一月分家し列華族、のち男爵）	K	（M）
一八七五年　四月	次女金子（早世）	K?	
同　年一〇月	三女鉄子（のち伯爵徳川〔一橋〕達道夫人）	N	（K）
一八七六年　七月	四女筆子（のち侯爵蜂須賀正韶夫人）	K	（K）
一八七七年　八月	五男仲博（のち侯爵池田〔鳥取〕輝知養嗣子）	N	（M）
一八七八年　八月	五女修子（早世）	?	
同　年一一月	六男　齊（早世）	?	
一八八〇年　八月	六女良子（早世）	N?	（K）
同　年　九月	七女浪子（のち男爵松平齊夫人）	K	（K）

一八八二年	一月	八女国子（のち子爵大河内輝耕夫人）	K	(K)
同　年	九月	九女経子（のち伏見宮博恭妃）	N	(K)
一八八三年	九月	十女糸子（のち侯爵四条隆愛夫人）	K	(K)
一八八四年	八月	男児死産	K?	
同　年	九月	七男慶久（のち慶喜後嗣、公爵）	N	(K)
一八八五年	九月	八男　寧（早世）	?	
一八八七年	三月	十一女英子（のち侯爵徳川［水戸］圀順夫人）	N	?
同　年一〇月	九男	誠（一九一三年一一月分家し男爵）	K	?
一八八八年	八月	十男　精（のち伯爵勝安芳養嗣子）	N	?
一八九一年（明二四）	六月	女児死産	?	

右のリストから判明するように、幸と信は二〇歳そこそこの一八七一年から、ともに四〇歳を越え慶喜は五〇歳代の半ばに近い九一年までの足かけ二一年間、早世を含めて計二一人の子をほぼ交代といってよいくらいの、どちらにも偏しないペースで生んだ。死産を含めると二三人となり、どちらもほぼ半々という［遠藤 1985：51］。慶喜が二人の妾を交代制でセックス・サーバントとしたことに照応する成果であって、成人した子もほぼ同数というバランスのよさであった(1)。

合計一三人の成人した子女のうち、慶喜後嗣と男爵家初代のほかは、やがて旧三家・旧三卿・旧家門・旧有力大名の養嗣子あるいは夫人、宮妃、旧高格公卿夫人となって、徳川一族の族的結合を強め、華麗な閨閥を拡げた。子女たちが慶喜の子として夫人の生んだ子と変わらぬ地位を与えられていることに目をみはる思いがするが、これは生得的にその資格をもっていたからではなく、縁組に当たり夫人の実子もしくは養子と認められたからであろう。妾腹の子を本腹の子に準じた身分とする夫人の権能が、養子の制度によって支持されていた時代である。

では、自分が生んだ子どもに対して生母である妾はどのような地位を占めたのだろうか。――子どもたちは美賀子を「おたあさま」と呼び、生母を二人称でも三人称でも幸とか信とか名を呼び捨てにした。子どもは慶喜や夫人と同じく主人側であり、妾は子どもの生母でも使用人の一人にすぎなかったからである。それで、生みの親に対するような言葉を掛けたことが少しもないことに、成人した女の子などは内心気の毒に思っていたという［遠藤 1985：102〜103，156］。

妾は主人の身辺近く仕える女中であるから、主人に対してセックス・サーバントの役割を果たすほか、入浴時の世話役についてはは先にふれたが、食事時の介添えも妾の役割であった。ただし、女中が飯を盛って幸に手渡した茶碗を、幸の手から慶喜が受けとる、という具合であった［同上：193］。主人が病気をした時の、主人の身体に直接ふれる介抱も妾の役割であったことだろう。その他、夫に対する妻の関係的役割の一切を、女中の補佐のもとに二人の侍妾が交代でもしくは分担して行ったものと思われる。

夫人は装飾的儀礼的な公的存在であり、他方、妾は妻の私的関係役割を果たしたとしても所詮使用人の分際であるのなら、慶喜家の主婦の役割――常の家における妻の準公的集団役割――を誰が担当したのだろうか。慶喜が公爵に叙せられて一家を興し、東京は小日向の第六天町に転居してから、旧大名の家にあるオモテとオクの分化が明らかとなる［同上：153〜155］。慶喜家の公的ないし社交的側面を担当するオモテには家令がいて取りしきったが、オクは老女つまり女中頭が慶喜家の日常生活を取りしきり、主人側から指名された支配人として主婦的な役割を担当したのである。それが須賀（1838〜1927）であった。

須賀も旗本の娘で慶喜より一歳年下、六歳の時から大奥に上がった。幸・信の登場以前侍妾として慶喜に仕えたとの説もあるが、オキヨ（主人の手がつかず）で老女となったという説もある。主人の子を生んだ妾よりも、奥向き一切の取り締まりに任ずる老女のほうが上位で［遠藤 1985：35，163，102］、妾もまた他の女中とともに老女の支配に属したのである。小日向第六天町の徳川邸での式日の儀式には、老女の須賀を先頭に幸・信の三人が黒紋付の裾を引いて慶喜の前に出るのが例だったという［同上：178］。もし夫人が存命なら、慶喜と並んで女中たちの敬礼を受けたことであろう。

慶喜の妾のうち信が、慶喜よりもまた幸よりも早く一九〇五（明三八）年二月に死亡した時、「格直り待遇」となり、これまでの「信」あるいは「お信」から「信子殿」と改められた［同上：243］。慶喜後嗣の生母ゆえに使用人側から主人側に引き上げられたのである。東京谷中の神式で構成された徳川慶喜墓所には、中央に慶喜と夫人美賀子それぞれの背の高い墓標と土饅頭形の墓が並び立ち、慶喜の墓の背後に中根幸と新村信子の小さな墓標と土饅頭墓が二つ並んでいる［同上：158］。墓標に刻まれた中根幸の氏名は彼女が「格直り待遇」を受けなかったことを示しているが、墓標および土饅頭の大きさには新村信子のと差異はなく、その位置関係はむしろ幸のほうが上席であったことを示唆している。ともあれ、主人の子を何人も生んだ侍妾は、夫人より劣位であるにせよ、妻役割を事実上担った者として遇されたことが、彼女らの墓の配置に表明されている。なお、初め二人の侍妾よりも上位にあった老女一色須賀は、最も長命で一九二七（昭二）年一〇月に没した。生家の墓地に埋葬されたが、ただそのささやかな、おそらく遺髪を納めた墓碑のみ、慶喜の石塔の右手に、侍するかのように石塔に向かって建てられている［同上：158］。

2　島津忠義の場合

薩摩鹿児島七七万石の大名島津家二九代忠義（公爵）は、二七代齊興が侍妾由良に産ませた久光（初め重富島津家を嗣いだが宗家に復帰し一八七一年九月別家して華族に列せられる）の長子（母は島津忠公娘）で、二八代齊彬の嗣子となる。一八五八（安政五）年先代の死によって襲封し、以来死去に至るまで三九年間当主の座にあった。

忠義は生涯に三人の夫人と少なくとも二人の妾をもった。最初の夫人は先代齊彬の三女で一一歳年下の暐姫（1851～69、妾於須磨所生）である。一八六九（明二）年三月一八歳で女児を出産したが、即日死亡し、房姫と命名された女児も二歳で早世した。継夫人は一三歳年下の齊彬五女寧姫（1853～79、生母同、近衛忠熙養女）で、七九年五月二六歳で男児を産み、本人は出産翌日に死亡、忠宝と命名された男児も三カ月で早世した。このように、島津家では齊彬の血統を伝えてお家の安泰を図ろうとしたようであるが、[2] 結局断念するほかなく、第二継夫人には板倉勝達（元福島三万石、子爵）の次女棲子を迎えた。彼女は子を生むことなく、八六年五月に没している。このように、三人の夫人をつぎつぎと迎えながら、二人しか子に恵まれず、生まれた二人とも早世した。以後、忠義は夫人を迎えなかった。その代わり、最初の夫人の死亡後娶ったかと思われる夫人より一歳年かさの寿満子（1850～1927、鹿児島県士族山崎拾娘）、寿満子が四〇歳になって引退しその後任として娶られたかと思われる久（菱刈実近娘）、という二人の妾によって多くの子女に恵まれた。その出生年月と名は左掲の通りである［鹿島 1978：428～430，527～528：尚古集成館 1985：128～130：霞会館 1996a，1996b］。Sは寿満子、Hは久が生母であることを示し、生母とは別に公式の母が定められている場合、その名を末尾に括弧づきで示す（Yは寧姫）。徳川慶喜の二人の妾は平行して子を産んだが、忠義の妾の場合、Sが産み終わった後、Hが産み始めている。

一八六九年（明二）三月　房姫（二年で早世）　夫人暐姫（出産即日死亡）
一八七一年　四月　長女清子（のち侯爵黒田長成夫人）　S　(Y)
一八七三年　二月　次女充子（のち侯爵池田詮政夫人、伯爵松平直亮継夫人）　S　(Y)
一八七四年　二月　三女常子（のち山階宮菊麿継妃）　S　(Y)
一八七五年　八月　四女知子（のち伯爵徳川［田安］達孝継夫人）　S　(Y)
一八七六年一二月　五女普姫（早世）　S
一八七八年　二月　六女貞子（のち伯爵久松定謨夫人）　S
一八七九年　五月　長男忠宝（三カ月で早世）　継夫人寧姫（出産翌日死亡）
同　　年一〇月　七女俔子（のち久邇宮邦彦妃）　S
一八八一年　六月　八女和姫（早世）　S
一八八三年　七月　次男徳之助（早世）　S
一八八四年　七月　三男邦丸（早世）　S
一八八五年　九月　九女正子（のち公爵徳川［宗家］家正夫人）　S
（一八八六年五月、第二継夫人棲子死亡）
一八八六年一〇月　四男忠重（忠義後嗣、公爵）　S
一八九一年　五月　五男忠備（九三年三月分家し男爵）　H　(S)
一八九二年一〇月　六男忠弘（九五年九月分家し男爵）　H　(S)
一八九四年　一月　七男久範（のち伯爵佐土原島津家養嗣子）　H　(S)

一八九五年　一月　八男康久（のち分家創立）　H（S）
一八九七年（明三〇）五月　十女為子（のち侯爵徳川［和歌山］頼貞夫人）　H（S）

忠義は二九歳から五七歳までの二九年間に一九人（八男一一女）の子を挙げた。うち二人の妾によるもの一七人、とくに寿満子が多くの子をもたらした。彼女は二一歳から三六歳まで（一八七一〜八六年）の足かけ一六年間に忠義の子を一二人（三男九女）産み、うち八人（一男八女）が育って、島津宗家の後嗣を確保したばかりでなく、皇族妃および有力大名華族夫人を輩出して、宗家の華麗な閨閥を固めるのに貢献した。彼女は一八七八年に二八歳で島津家に入籍された後、「格直り待遇」によって寿満子と呼ばれるようになる（それまでは寿満あるいは於寿満）。上掲のリストで判明するように、四男と五男とを隔てる五年の空白の間に、産み手が寿満子から久へと交替している。久（生没年不詳）は九一年から九七年（忠義五七歳）までの足かけ七年間に五人（四男一女）の子を生んで、島津一族の繁栄に貢献した。久の父の身分は不詳であるが、おそらく寿満子の父同様に島津家の旧家臣であろう［鹿島 1978：445］。後嗣を含めて多くの子を生んだ寿満子は、後任の久が生んだ子どもたちの公式の母の地位、したがって準夫人的地位を与えられていることに注目したい。

3　松浦　詮の場合

肥前平戸六万石の大名松浦家三七代詮（伯爵）は、先代の甥として生まれたが、のちその嗣子となって宗家を嗣ぎ、死去するまで実に五〇年間当主の座にあった。（一九〇七年の改正華族令まで華族は隠居を認められなかった。）最初の夫人は分家大名松浦皓の娘、一歳上の浩子（1839〜71）である。彼女は一八五七（安政四）年一八歳で嫁し、一九歳で長男源三郎を生んだが、二カ月で早世、二五歳で生んだ長女宣子が成人した。さらに二七歳で生んだ三女隆子は二歳で早世し、彼女自身一八七一（明四）年三二歳の若さで亡くなった。継夫人は青山幸哉（元美濃八幡四万八千石、子爵）の次女澄子（1843~1924）で詮の三歳下、七五年三一歳で嫁し、三五歳のとき七女冏子を生んだだけで終わった。したがって、二人の夫人合わせて一男三女、うち成年に達したのが、女子一人づつにすぎなかった。

詮を子福者にしたのは、谷本千恵子（C）・西沢琴子（K）・滝川軒子（N）という三人の妾であった。そのうち最初に娶られたと推定される千恵子（1843~1917）は、大阪府平民の娘で詮の三歳下、始め縫緒といい、詮が東観の途次大阪藩邸を足場としたことから、一八六一（文久元）年に貰い受けられたようである。七男三女を産んだ。琴子は一男一女を産んで七二（明五）年に東京で亡くなり、軒子は一男を産んだ後、没年を明らかにしない。この二人の出自は不明である。左に、家譜によって出生順に子女をリストアップし、生母の名を掲げる［松浦伯爵家 1930a：15-20］。

一八五九年（安政六）二月	長男源三郎（江戸で生まれ二カ月で早世）	夫人浩子
一八六二年（文久二）四月	次男宗吉郎（平戸で生まれ二カ月で早世）	C
一八六四年（元治元）六月	三男　厚（平戸で生まれ、夫人の養子、詮後嗣、伯爵）	C
一八六五年（慶応元）四月	長女宣子（平戸で生まれ、のち侯爵前田利嗣夫人）	夫人浩子
同　年　五月	次女逸子（のち伯爵松平［高松］頼聰弟頼温夫人）	C
一八六六年（慶応二）三月	四男　靖（のち分知末家・子爵松浦豊養嗣子）	K
一八六七年（慶応三）六月	三女隆子（二年で早世）	夫人浩子
同　年　七月	五男正縄（のち子爵稲葉［淀］正邦養嗣子）	C
一八六九年（明二）二月	四女都子（のち伯爵伊達［仙台］宗基夫人）	C
同　年　七月	六男義準（のち男爵佐竹義壽養嗣子）	N

一八七〇年　九月　　五女賀子（一四歳で早世）　K
一八七一年　八月　　七男信常（のち侯爵大限重信養嗣子）　C
（この年一二月、夫人浩子平戸で死亡）
一八七三年一二月　　八男正復（のち子爵本多［駿河田中］正憲養嗣子）　C
一八七六年　六月　　六女正子（のち子爵松井康義夫人）　C
一八七九年　一月　　七女冏子（のち侯爵伊達［宇和島］宗徳四男武四郎夫人）　継夫人澄子
一八八〇年　三月　　九男　廉（のち末家松浦恒養嗣子）　C
一八八四年（明一七）七月　十男勝純（のち子爵井上勝養嗣子）　C

松浦詮は一九歳から四四歳まで足かけ二六年間で一七人の子女（男子一〇女子七）をえ、うち四人（男子二女子二）を除く一三人が成人した。一三人のうち、夫人・継夫人所生の女子二人以外は三人の妾が生んだ子たちであった。なかでもごく初期から最後まで二三年にわたって詮の子を生みつづけた谷本千恵子は、松浦家後嗣を含めて九人（他に早世男子二）と断然多く、西沢琴子は一人（ほかに早世女子二）、滝川軒子も一人に止まった。千恵子所生の三男厚（1864〜1934）が世子として元服しかつ叙位された一八七六（明九）年、千恵子は老女の上席に進められ、松浦家の戸籍に編入された。幕末から明治初年にかけて並立した夫人と三人の妾のなかで、千恵子は唯一人生き残り、継夫人の婚入後も、詮は嗣子ほか多くの子女を生んだ千恵子を準夫人的に厚く待遇した。

詮は伊香保入湯、日光・塩原遊覧、鎌倉転地静養、銚子方面漫遊の旅や、晩年には旧藩地平戸への旅にも、継夫人でなく千恵子を伴っている。継夫人の還暦祝賀の後、継夫人より四カ月早い生まれの千恵子のためにも還暦の賀宴を張った。一九〇八（明四一）年四月詮が死亡した時、葬列の身内女性の先頭を継夫人らの馬車が進み、その末尾を千恵子らを乗せた馬車が従ったように、また染井霊園の松浦家墓所では、継夫人の墓碑が詮のそれと並んで正面に立っているのに対して、千恵子の墓碑は右手の家族の末席に置かれているように、両者の地位には大きな隔たりがあったが、生涯を貫いて詮に連れ添った女性は千恵子であり、千恵子こそ詮のセックス・サーバントに止まらない生涯のパートナーであったといっても過言ではない〔松浦伯爵家 1930a, 1930b〕。

夫人所生の男子がないため、前記のように妾腹最年長の三男が松浦家を嗣いだが、一歳の時夫人の養子となっていることに注意したい〔松浦伯爵家 1939：2〕。他の子女はおおむね大名華族の養嗣子あるいは夫人となり、松浦一族の養嗣子となった者、新華族の養嗣子となった者もあって、閨閥の拡充、一族の絆の強化に貢献した。

4　津軽承昭の場合

陸奥弘前一〇万石の大名津軽家一二代の承昭（伯爵）は、熊本藩主細川齊護の四男に生まれて先代順承の嗣となり、一七歳で襲封してから七五歳で死去するまで実に五八年間当主の座にあった。最初の夫人常姫（1839～61）は先代順承の娘で二歳上であった。彼女が子を残すことなく結婚四年後、二三歳で死亡した後、八年をへて、津軽家が宗家と仰ぐばかりでなく先々代で縁約があった摂家近衛家から、尹子（1848～1900）を継夫人に迎えた。彼女は承昭より七歳下の二一歳であったが、子どもは結局生まれなかった。しかし、承昭にはタツ（T）・アヤ子（A）・千賀（C）という三人の妾があり、継夫人の輿入れ前から生まれ始めて、左記七人（男三人女四人）の子女をえた。もっとも、うち四人が早世し、三人だけ成人した〔津軽承昭公傳 1917〕。

一八六八年（慶応四）六月　長女貴子（弘前で生まれ一年で早世）　T
一八六九年（明二）四月　長男敏丸（弘前で生まれ三カ月で早世）　A

一八七二年一〇月　次女阿栄（九カ月で早世）　T
一八七五年　七月　三女理喜子（のち分家・男爵津軽行雅夫人）　C
同　年一一月　次男昭徳（一年で早世）　T
一八七八年　七月　三男楢麿（八九年一月分家し男爵、一九〇四年九月亡）　T
一八八六年（明一九）二月　四女寛子（のち男爵徳川義恕夫人）　T

一八七七年、五人の子どものうち長男・次男を含めて四人まで早死にさせた承昭は、まだ三六歳であるのに後嗣たるべき男子がえられないものと速断して、一人だけ生き残った妾腹の三女（三歳）の行く行くは婿にとの思惑で、継夫人の甥に当たる近衛家の次男英麿（五歳）を養嗣子とした。この幼童は妾腹で、近衛家から生母石川千坂が付き添って東京の津軽邸に移り住んだ。ところが、その翌年、侍妾タツに男児が生まれた。英麿（1872～1919）を養嗣子とした以上これが長男であり、軽々しく廃嫡することはできない。結局、タツ所生の楢麿は一一歳で別戸させ、官に乞うて男爵を授けてもらったが、未婚のまま二六歳で死去した。他方、養嗣子は一四歳でドイツ留学の旅に発ったまま帰国せず、一八年後三二歳になって帰国した時には、三歳下の家付き娘とは結婚する意思がなくなっていた。承昭はやむなく小倉の旧藩主小笠原伯爵家の娘を迎えて娶せた。折角妾腹の子女が三人成人したのに、早過ぎた決断が仇となって、自らの子に家系を継承させることができなかったのである。三人の侍妾のうち、次男三男を含めて五人の子を産んだタツ（1848～1920）は、東京府平民田中某の娘、鋁の名で津軽家に入籍された。谷中霊園の津軽家墓地では、承昭生母や英麿生母よりはやや狭小とはいえ、囲いを廻らした墓碑に祀られている［秋元 1998：662］。

5　柳澤保申の場合

大和郡山一五万余石の大名柳澤家七代の保申（伯爵）は、先代保興の妾腹の末男であったが、妾腹の兄たちがみな夭折したため、わずか二歳で襲封し、四七歳で死去するまで当主の座にあった。同い年の一条忠香次女明子（照憲皇太后姉）を妻としたが、子はなく、三人ほどの妾が九人の子を生んだ。名を明らかにしうる生母二人をそれぞれY（八重子）、S（竹内志奈子）と略記して、左に表示しよう［霞会館 1996b：756；松田 1978：35］。

一八六七年（慶応三）　長女芳子（早世）　Y
一八八〇年（明一三）八月　次女秀子（のち養嗣子保恵夫人）　S（一八歳）
一八八三年　二月　三女幾子（早世）　S（二〇歳）
一八八七年　九月　四女悦子（のち朝倉文夫夫人）　？
一八八八年一二月　長男保承（のち八代保恵養嗣子）　S（二六歳）
一八九〇年一一月　五女菅子（のち遠山景久夫人）　？
一八九一年　八月　六女武子（のち岩崎豊弥夫人）　？
一八九二年　三月　次男信保（のち武田やう養嗣子）　？
一八九三年（明二六）一月　三男保篤（のち分家）　？

前掲リスト中の一八六八年から七九年に至る一二年間の空白は、妾がYからSへ交替したことを物語り、九〇年から九三年まで毎年子どもが生まれたことは、妾がSの他に少なくとも一人いたこと、あるいは増員されたことを暗示するが、詳細は明らかではない。

一八八六年、四〇歳の保申はすでに三女をえていたが、うち二女はともにわずか二歳で夭折し、六歳の次女のみ掌中に残されていた。嗣子が生まれることに深刻な懸念があったのか、保申は越後黒川一万石の大名であった分家の長男、秀才の誉高い一六歳の少年光敏を養嗣子にもらい受けて保恵（1870〜1936）と改名させ、次女の婿に予定した。ところが、その二年後に侍妾志奈子に長男が生まれる。津軽承昭と同じく早すぎた決断を悔いた保申は、承昭が実子楢麿を分家させて男爵を授けてもらったのにならって、養子保恵を分家させて授爵の栄を受けさせ、家督は長男に譲りたいと願って運動したが、成果を収めることなく逝去した［明治五年『授爵録』］。

6　蜂須賀茂韶の場合

阿波徳島二五万八千石の大名蜂須賀家一四代の茂韶（侯爵）は先代の実子、二一歳で襲封してから六一歳で亡くなるまで、五〇年間当主の座にあった。最初の夫人斐は一族の娘、子はなく茂韶二八歳の時離縁した。それから五年たって、旧桑名藩主松平定敬と離縁したばかりの旧水戸藩主徳川慶篤長女随子（1854〜1923）を継夫人に迎えた。彼女は茂韶より八歳下の二五歳、評判の美人であった。継夫人にも子は生まれなかった。

茂韶には一一人の妾がいたという。その一人旧家臣内藤数孝の妹が女子を二人生んだが夭折し、三人目に生まれたのが嗣子となった正韶（1871〜1932）である。随子が輿入れした時に彼は八歳になっていた。茂韶は随子を迎えるにあたり、その強い希望で一一人いた妾すべてに暇を出し、その代わり随子が実家からつれてきた萩原京という若くて美しい侍女を妾にした。京にも子が生まれず、成人した茂韶の実子は正韶一人であった。

資料とした蜂須賀［1957］は、遠藤［1985］と読み比べてみると信用しがたい記述が少なくないようにみえる。そこで、蜂須賀の本のなかの誤りが少ないと思われる部分をなぞって叙述してみたのであるが、この本には夫人と妾の棲み分けについて興味深い具体的な記述があるので、著者の解釈を加えて紹介しておこう。

蜂須賀家の邸宅は明治から大正にかけて東京の数カ所にあり、茂韶は三田綱町の本邸と白金の高輪邸に住んだ。ただし、夫人随子がいる本邸に一週のうち月水金の三日、愛妾お京がいる高輪には火木土日の四日と、判でついたように日を決めて両邸を行き来した。茂韶が高輪から三田へ来る時は、お京もついてきて夫人のご機嫌を伺うのが例であって、三田の邸内にはお京の住む一角も用意されていた。ということは、夫人に対する妾の分際を示すもののようであるが、実は茂韶がいつもお京を伴っていたということに他ならず、主人の身の回りの世話をする侍妾の役割が透けてみえる記述である。それに、本邸内のお京が住む一角の存在は、棲み分け以前の妻妾同居時代を偲ばせる。

蜂須賀家の公式の住居である三田の本邸は、五万坪の敷地に建てられた約二千坪の大名屋敷風の建物をもち、邸内には老女を含めて三、四〇人の女中が仕えていた。当主の座敷は一五畳敷四間からなる広間で、旧家臣が伺候したり来客がある時は、当主と夫人が正面に並んで応対した。広間のうち南に面した一五畳が当主の常の部屋で、いつもそこで寝起きし食事もした。食事時にも夫婦差し向かいではなく、茂韶のそばに夫人が並んで座り、老女一人、女中二人、お膳所から食物を運んで来る女中二人、計五人の女中が向かいに控えて給仕するのである。しかし、夫人はいっしょに食事をするわけでも、また給仕をするわけでもなく、ただ横に並んでいるだけの役で、茂韶が一人だけ食事をした。これが大名家のしきたりであったという［蜂須賀 1957：39，80〜81］。

以上、有力大名華族六家の当主いずれにおいても、夫人は後嗣をもたらさず、代わって妾がこの役割を果たした。妾は後嗣を産むことで小イエ大名家の家系の存続に貢献し、さらに所生子女の縁組によって大イエ頭首の絆を固め、閨閥を拡充するうえに大きな貢献をした。その機能は近代ではすぐれて社交的なものであるが、近世ではむしろ政治的であり、中世から近世への兵馬騒乱の時代にはすぐれて軍事的であった。大イエの存続と繁栄に対する娶妾の積極的な機能、つまり大名家の「家」戦略に叶う機能が、気に入りの若い娘をセックス・サーバントとして座右に侍べらせることを正当化したのである。その結果、生殖力豊かな夫人も子を産むことから疎外される傾向があったことは否めないだろう。

新華族となる大久保利通の場合、妻は藩士の娘であったのに対して妾は町人の養女、また尾崎三良の妻は平民ながら士族に準ずる身分の出であり、妾は官家士族の出身であって、妻妾の出自に大きな身分差のないことが、両家ともに小イエであることと相まって、妻妾の間に決定的な身分差を創り出さなかった要因と考えられる。他方、大イエをなした有力大名華族では、妻はほぼ互角対等の家の娘であるかその養女、または自家の家付き娘もしくは一族の娘であるのに対し、妾は家来筋の家もしくは平民の娘あるいはこれらの養女であって、出自にすでに主従の差異があり、この身分差が妻と妾との間の主人側と使用人という身分差に引き継がれていた。

有力大名華族では、徳川家や蜂須賀家の例で言及があったように、老女がオクの支配人として女中や生活財の管理運営を担当し、妻はこれから全く解放された実用的意義の乏しい存在であったが、夫人の位座を占めているだけで、社交的政治的に象徴的な意義を担った。他方、家政規模の小さい新華族の小イエでは老女を置く必要はなく、もっぱら妻が主婦として支配人の役割を担当したから、妻は実用的意義の大きい存在であった。別邸分居の妾も別邸限りの主婦であり、同居の妾は副次的に主婦補佐と女中頭の機能が混淆した役割を帯びつつ、主として主人へのパーソナル・サービスを担当したといえよう。これに対して大名華族の妾は、老女の指揮下にあったにせよ、その補佐的な役割はなく、主人の身の回りの世話に役割が特化していたと考えられる。家内的地位を異にする女性（妻・妾・老女）間の役割の分化と統合の相違は、家それぞれの慣習の差異を別とすれば、主に大イエと小イエとの家政規模の差によっ

表30　六家の当主と嗣子の生没年と子女出生期間

（暦年）

当主				嗣子				
姓　名	出生	子女出生期間	死亡	名	出生	結婚	子女出生期間	死亡
徳川慶喜	1837	1858，71〜91	1913	慶久	1884	1908?	1909?〜1922	1922
島津忠義	1840	1869〜97	1897	忠重	1886	1911	1912〜1919	1968
松浦　詮	1840	1859〜84	1908	厚	1864	1882	1884〜1906	1934
津軽承昭	1841	1875〜86	1916	英麿	1872(養)	1907	−	1919
柳澤保申	1846	1867〜93	1893	保恵	1870(養)	1900	1901〜1902	1936
蜂須賀茂韶	1846	1871	1918	正韶	1871	1895	1896〜1903	1932
参考：尾崎三良	1842	1875〜1900	1918	洵盛	1880	1909?	1910〜1928	1966

て生じたのであろう。

7　六家の嗣子世代にみる変化

おおむね複数の妾がいた明治初期の有力大名華族では、嗣子世代でも妾があり、娶妾習俗が世代的に保持されていたかどうか、これがここで問うべき問題である。先に観察した六家についてその嗣子世代を点検する前に、この二つの世代の生没年と子女出生期間に関する資料を表30に整理して、両世代が位置する時代の差を把握する便としよう。

当主世代は同一のコーホートに属するように生年の散らばりを一〇年幅以内に限ったのであるが、嗣子世代の生年は二〇年幅に広がり、かなりの分散を示している。それでも、両者は当然のこととして明確に分離しており、当主世代の子女出生が終わってからおおむね十数年をへて嗣子世代の子女出生が始まることに注意しておこう。以下、当主世代の記述順序を踏襲せず、嗣子の生年の早い者から嗣子世代を取り上げる。

①　松浦　厚

一八八二（明一五）年、一八歳で三歳下の侯爵浅野長勲養女益子（1867〜1925）と結婚、八四年から一九〇六（明三九）年までの二三年間に三男四女を挙げたが、みな夫人の所生であって妾の影は認められない［松浦伯爵家 1939：7～9］。ただ、一九二五（大一四）年の夫人没後（厚六一歳）二八（昭三）年継夫人を迎えるまでの間に、若い女性を連れて来て同棲を始め、世間の評判になったので、実弟の大隈信常が湘南二宮の寓居を訪ねて詰問したという［山口 1932：185～186］。妻でない女性一人との同棲すら、あからさまであれば非難の目で見られる時代になっていることを暗示する逸話である。

②　柳澤保恵

大和郡山の宗家の嗣となって学習院初等中学科に入学し、高等科からさらに大学科に進んで一八九四（明二七）年七月に卒業した。在学中から統計学に興味をもち、とくに優等の成績を挙げたので、卒業の年の一〇月、宮内省からドイツ留学を命ぜられた。滞欧中さらに三年延長して前後六年間、ドイツ・オーストリア・ベルギーの諸大学で統計学・国家学・社会学等を修め、一九〇〇年九月に帰朝した。先代保申が早くも一八九三年一〇月に死去したため、保恵は学習院大学科学生の身で柳澤家の戸主になっており、保申未亡人、婚約者である保申次女、その弟妹六人、そして保申妾を含む家族を保護すべき立場にあった。帰朝早々二〇歳になった婚約者と結婚し、一男一女を挙げたが、わずか三年三カ月で夫人の逝去に逢い、さらに長男も夭折した。保恵は一九一三（大二）年七月柳澤統計研究所を東京柳澤邸内に設立し、自ら総裁となって研究事業と啓蒙活動を指揮するとともに、統計の専門的な学識をもつ貴族院議員として日本の国勢調査制度の確立に貢献するなど、ユニークな社会活動を展開した。夫人亡きあと再婚せず、亡夫人の実弟である保承（先代庶長男）を養嗣子として養父の男系の血統に柳澤家を還し、一人娘は外交官に嫁がせて中継戸主の使命を全うした［森岡 1997c］。彼の伝記は「故伯爵は東京市芝区田町の本邸に孤独の生活を続けて居られた」［故柳澤伯 1937：2］と伝えるのみで、身辺に侍妾の影を留める片言隻句すら遺していない。

③ 蜂須賀正韶

一八九五（明二八）年イギリス留学から帰朝した二四歳の正韶は、五歳下の徳川慶喜四女筆子（1876〜1907）と結婚し、九六年から一九〇三年までの八年間に一男三女を挙げた。その頃は父の茂韶も水戸徳川家から入輿した夫人随子もまだ健在であったから、父たちが住む大奥・中奥に加えて、本邸に新たに設けられた新奥が正韶夫妻の住居だった［蜂須賀 1957：31，39］。

正韶には妾がいなかった。長女の年子は、父に側室がいなかった点で、母は人間的に幸福だったといえる、と書いている。しかも、夫人筆子が一九〇七年三一歳の若さで亡くなった後、正韶は一生再婚せず、夫人の侍女であった柏せいという女中が身辺の世話を勤めていたが、周囲の予想に反してこれすらも妾にしなかった［蜂須賀 1957：36，53］。

④ 津軽英麿

ドイツ留学から帰国した後、一九〇七（明四〇）年に至って三五歳で一五歳下の伯爵小笠原忠忱の長女照子（1887〜1972）と結婚したが、子に恵まれず、一九（大八）年四七歳で死去した［津軽承昭公傳 1917］。ここでも妾の影は認められない。（尾張徳川家の分家に嫁した先代四女の次男義孝［1907〜 ］が後嗣となって津軽家を相続する。）

⑤ 徳川慶久

七歳下の有栖川宮威仁次女実枝子（1891-1933）と結婚、一九〇九（明四二）年？から一三年までの五年間に一男二女をえた。夫人は男児出産後結核を患い、転地療養をしたが、その間、夫人が里の宮家からつれてきた女中の一人、テツコという仙台生まれの若い女性を主人づきにしたところ、慶久は彼女を愛して一九二一（大一〇）年に女児を生ませ、翌年彼が事故死した後、もう一人の女児が生まれた。テツコは夫人の怒りに遭って暇を出され、後、医者に嫁したという。二人の女児は夫人の子として育てられた［遠藤 1985：274〜280，284：榊原 1996］。ここにも妾が容認されなくなった世相の反映が見られる。

⑥ 島津忠重

一九一一（明四四）年、二四歳で二歳下の侯爵徳大寺実則六女伊楚子（1888〜1971）と結婚、翌一二年から一九一九（大八）年までの八年間に四男一女をえた［鹿島 1978：444〜445］。ここでも妾の影は認められない。

以上、六家の嗣子世代について、公刊された文献に掲載される形ではどの家でも妾の存在が伝えられていないこと、津軽家を除いて夫人が何人もの子を生んだばかりか、柳澤家を除き後嗣を含めて成年に達した夫人所生の子が何人もいることが、注目される。要するに、娶妾習俗に当主世代と嗣子世代との間で明確な断絶が生じていたのである。では、このような断絶は何によってもたらされたのか。またそれはいつ頃起こったのであろうか。

表30によって子女出生期間に注目すると、当主世代の子どもたちの生年は幕末から明治初期・中期にわたるのに対し、嗣子世代の子どもたちのそれは明治後期から大正期にわたり、両者分布の分界線をおおよそ一八九〇年代後半に引くことができる。それはまた、嗣子世代が結婚した一八八二（明一五）年〜一九一一（明四四）年の、ほぼ中間に相当する。したがって、当主世代はすべて妾を娶り、嗣子世代はすべてこれをもたないという世代差を生じさせた一連の事情は、右の分界線あたりで生起したのではあるまいか。

前段で見当をつけたところを華族社会全体について確かめるために、『帝室統計書』に拠って一八八六（明一九）年

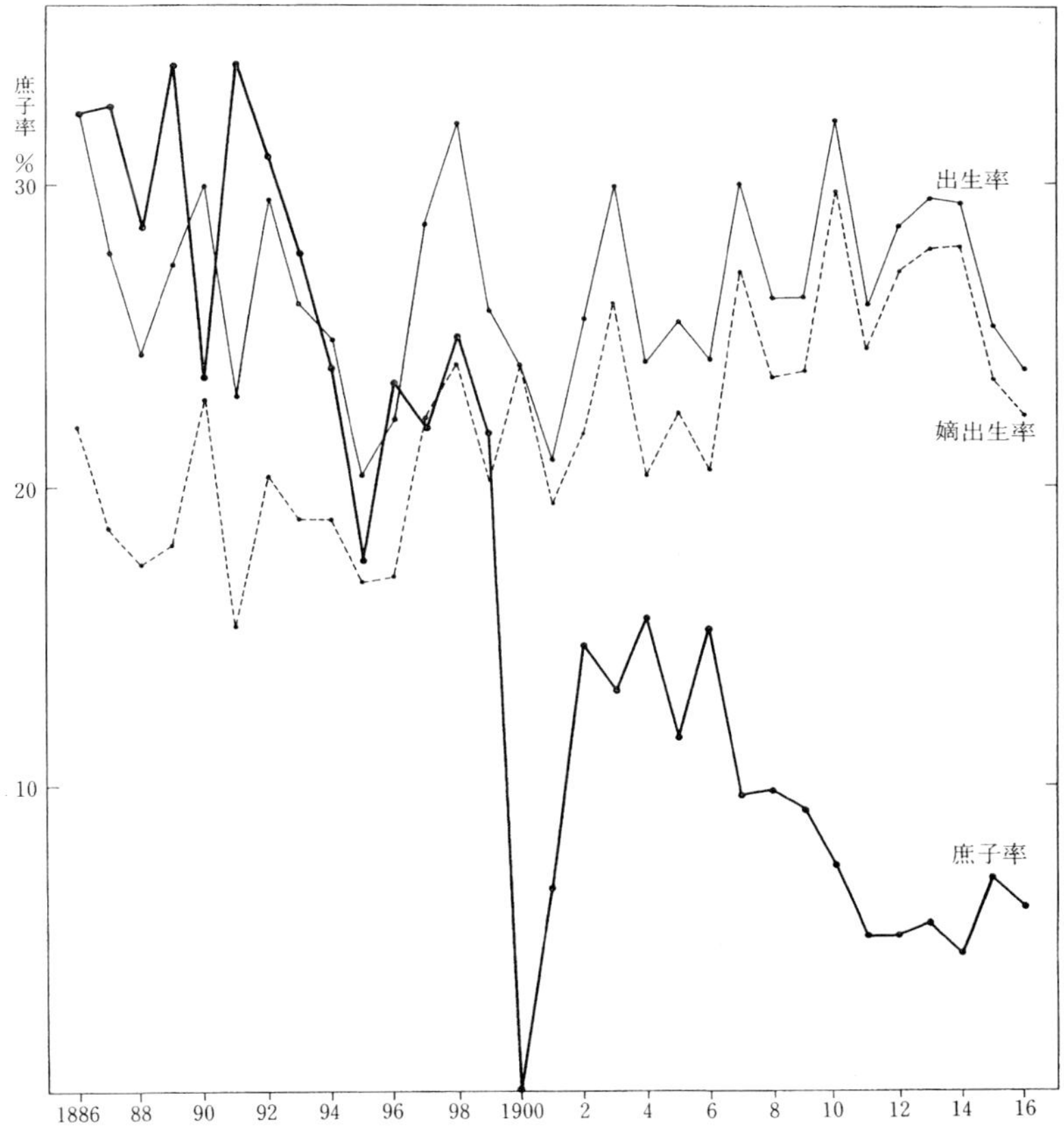

資料：『帝室統計書』

図1　出生率・嫡出生率・庶子率の推移（1886～1916）

から一九一六（大五）年に至る三一年間の各年出生総数に対する庶子数の割合、すなわち庶子率を計算し、その年次推移をグラフに描いたのが図1であり、五年平均で推移を捉えやすくしたのが表31である。一八八七～九一年は三〇％の高さであったが、九二～九六年で二五％に低下し、さらに一八九七～一九〇一年は一六％に急落している。そこで、この間の動きを子細に点検すると（図1）、九八年二五％、九九年二二％であったのが、一九〇〇年には一気に急落してなんと〇％

表31　華族戸数・人員・出生児数、平均員数・出生率・庶子率・庶子頻度(1887〜1916)

年次	a戸数（戸）	b人員（人）	c出生（人）	d庶子*（人）	平均員数(b/a)	出生率(c/b)	嫡出生率(c-d/b)	庶子率(d/c)	庶子頻度(d/a)
1887〜1891	2943	18863	500	152	6.41	26.5	18.4	30.4	5.2
1892〜1896	3161	20134	493	124	6.37	24.5	18.3	25.2	3.9
1897〜1901	3701	23696	621	99	6.40	26.2	22.0	15.9	2.7
(1897〜99	(2145	13736	397	92	6.40	28.9	22.2	23.2	4.3)
(1900〜01	(1556	9960	224	7	6.40	22.5	21.8	3.1	0.4)
1902〜1906	3963	25260	655	92	6.37	25.9	22.3	14.0	2.3
1907〜1911	4552	28909	815	68	6.35	28.2	25.8	8.3	1.5
1912〜1916	4617	29884	819	47	6.47	27.4	25.8	5.7	1.0

資料：『帝室統計書』

註：表頭のa，b，c，dは5年間(内訳については3年間か2年間)の合計。出生率は‰、その他の率は%。

＊原表の「庶子入籍」は、出生後間もなくの入籍と想定して庶子出生に合算した。
嫡出子出生(c-d)は原表の出生に「出生届漏」を合算してえた。届漏の例数は少ない。

に低下し、その後反転して一九〇二年には一旦一五%まで回復するが、その後増減のジグザグコースを辿りながら低下してゆく。ここで顕著なことは、一八九〇年代早々の三〇%から一九一〇年代の五%に至る一貫した低下傾向と、その中間の一九〇〇年における驚くべき急落である。一八九九年あたりで華族社会が娶妾習俗変革の嵐に見舞われたことを推測することができよう。

庶子率の逆落としの急落と反転、その後の一貫した低下傾向は、出生率にどのような変化をもたらしたか。この点を先の図1と表31によって検討しておこう。出生率は一九〇〇年二四・一‰、一九一〇年三二・二‰で、国民全体のそれぞれ三二・四‰、三四・八‰より低いことは、貴族社会における産児制限技術の浸透を暗示し、とりわけ庶子率〇%を記録した一九〇〇年の出生率が国民全体より八・三‰も低かったことは、庶出に対するこの技術の広範で徹底した適用を推測させる。(3) ともあれ、出生率は年毎にかなりの上下を示して動向をつかみにくいものの、嫡出子だけの出生率の変動と比較すると、前者はこの期間の後期一〇年間にいくらかの上昇が観察されるにすぎないのに対して、後者は両者の差がゼロとなる一九〇〇年を画期として以後かなり明らかな上昇傾向を示し、出生率の折線と嫡出生率の折線との間隔が狭くなってゆく。ということは、出生率に対する庶子の貢献が低下し、他方、嫡出子の貢献が高まったこと、すなわち、実質生殖活動において妾の影が薄くなり、妻の姿が一段と濃くなったことに他ならず、この転換期を一八九〇年代末と推定することができよう。以上、庶子率・出生率の推移を点検した結果、娶妾習俗改革の動きを探るためには、先に大名家について見当をつけた一八九〇年代後半に、とくに注目しなければならないことが判明した。

二　皇家および皇族における娶妾習俗

華族社会の娶妾習俗に変革を促した事件を探るためには、皇家および皇族における娶妾習俗を視野に収めて考察する必要がある。(4) 一八八〇(明一三)年、元老院における刑法審査修正案の審議で、議官柴原和が皇統に言及しつつ大上段から存妾論を展開したように(二五二ページ参照)、娶妾制度の改廃は華族の家の継承の問題を超えて皇統継承の問題、したがって日本の国体保持の問題とからんでいた。一八七八年三月、右大臣岩倉具視が「民法草案廃妾ノ意」に対応して設置を建議した奉儀局の調査儀目に、「一夫一婦ノ主義異同ニ付侍御局有無」［小林・島 1996：295，297］が掲げられていたことは、廃妾論に宮内省が敏感に反応していたことを暗示するものである。それゆえ、刑法の条文から妾の字を削ること以上の実質的な娶妾習俗の改廃は、皇家や皇族における娶妾の在り方によって基本的に規定されていたと考えねばならず、また華族社会におけるこの習俗改廃の事情を追跡するためには、皇家や皇族における娶妾の実態、およびこの習俗に加えられたと推定される改革を問わなければならないのである。

1　皇族側室制度の問題

皇室典範制定に向けての作業が、一八八六（明一九）年に首相兼宮内大臣伊藤博文のもとで開始されたと推定されている。この作業の初期の成果である宮内省立案の第一稿「皇室制規」に、「皇族庶出ノ子女ハ私生トシ皇族ノ待遇ヲ与ヘス」との条項があった。これは、当時の皇族のなかでも久邇宮朝彦には妾腹の子女が早世を除いてなお一二人あり、もし皇族に関する新しい方針に依って、庶男子も宮家を創立し、しかも「奕世之王」つまり永世皇族となるなら、皇族費の膨張を抑止できなくなることを憂慮したからである。しかし、「皇族之多ニ過る掛念は、畢竟妾腹之制限なきに因る」［井上 1971：122］との観点から、改訂案文には皇族庶子の規定を除き、その代わり庶出の根本である皇族側室の制限が俎上に上った［高久 1981c：415〜420］。

皇室典範制定の直後、宮内省臨時帝室制度取調委員を兼ねていた元老院議官尾崎三良の日記一八八九（明二二）年五月二八日の項に、「柳原ヨリ書面来ル。皇室側室制度ノ事ニ付宮内大臣ヨリ諮詢ノ事アリ。其答議案ヲ封入ス。」とあり、二日後の五月三〇日の項に、「柳原ヘ書面遣シ、皇族側室制度ニ付宮内大臣答議ニ同意ノ旨返答遣スナリ。」と記録されている［尾崎 1991b：287］。宮内大臣土方久元（1833〜1918）から皇族側室制度について諮問を受けた元老院副議長で臨時帝室制度取調委員長の柳原前光が、委員の尾崎に答議案を送って意見を求めたのに対し、柳原の答議案に同意の返事をしたという記事である。当時、皇室諸制度の制定に関連して、また民法草案審議における庶子の問題もあって、皇族の娶妾習俗が重要議題となっていたことが判明する。

答議案の内容について尾崎は寸言をも記していないが、一八九一年の作成と判断される「皇親繁栄ニ関スル件」と題する文書が伊藤博文編『秘書類纂』のなかにあり、この問題に対する対策がほぼどのようなところに落ち着いたかを推測する手がかりを提供してくれる。該文書は表題の「皇親繁栄」が与える印象とは異なって、皇室費抑制の観点から皇族繁栄（増加）の抑制策を論じており、皇族の側室についてはつぎのように述べている。

皇族増加ノ問題ニ関シ講究ヲ欠ク可カラザルモノハ庶出ノ皇族ナリ。典範ニ於テハ已ニ庶出ヲ認メタリト雖モ、私生児ヲ認知シテ庶子ト為スニハ相当ノ内規ヲ設ケザル可カラズ。蓋シ皇室ガ庶出ノ根本タル皇族ノ側室ニ対シ、相当ノ内規ヲ設クルハ皇位継承ノ統属ニ神聖純潔ナル血系ノ保存ヲ擁護スル所以ナリト謂ハザルベカラズ。幸ニ現在成年皇族ノ賢明ナル、品位ト栄誉トヲ重ンゼラル、ヨリ近年新タニ側室ヲ置カル、ノ事アルヲ聞カズト雖ドモ、予メ之ガ制限ヲ立ルハ実ニ彝倫ト栄誉トヲ重ンゼラルベキ皇室ノ執ルベキ至当ノ道ナリト謂フコトヲ得ベシ。即チ妃ノ健康状態ニアラザル場合ノ外ハ側室ヲ置クヲ許サヾル事トシ、止ムヲ得ズ之ヲ置クトキハ其身分操行ヲ選択スル事トシ、若シ許可ヲ得ズシテ側室ヲ置キタル場合ノ如キハ其庶出子女ハ之ヲ認知スルヲ許サズ。況ンヤ其他ノ場合ノ如キ断ジテ之ヲ排斥セラル、ノ方針ヲ執ルニアリ。〔伊藤 1970b：109〜110〕

主張するところは、皇室典範の規定によって庶出の皇族も皇位継承権を認められている以上は、皇位継承の統属に神聖純潔な血統の保存を擁護するため、庶出の根本である皇族の側室に対して、相応の内規を設ける必要がある。内規の要点は、人倫と栄誉を重んぜられるべき皇室としては、妃の健康の都合上、妃の性役割代行ともいうべき側室を置く必要がある場合を除き、側室を置くことを許さないこと、かようにやむをえず側室を置くときは、その身分を選びかつ操行の点で問題のない女性を選ぶこと、もし許可なく側室を置いた場合には生まれた子女を庶出子女として認知することを許さない、つまり皇族としての身分と特権を認めないこと、というにある。もし「神聖純潔ナル血系ノ保存」だけのためなら、側室候補の「身分操行ヲ選択スル事」でよいはずなのに、「妃ノ健康状態ニアラザル場合ノ外ハ側室ヲ置クヲ許サヾル事」とあって、原則として皇族の側室の新規採用を認めない姿勢が明らかにされている。

そのさい、皇室費抑制の観点よりも人倫と栄誉を重んずるべき皇室の立場を強調して、皇族の娶妾習俗に対する人倫と栄誉の観点からの改廃の動きが、ここに歴然とその姿を表したことが注目される。また、やむをえず側室を置く場合は候補について勅許（皇室会議の同意が前提、実務的には所管庁である宮内大臣の同意が前提）が必要であり、許可なくして側室を置いた場合庶出子女の認知を許さない（宮内大臣による拒否）とされていることも、注目に値しよう。

では、皇族の娶妾の実態について、さきに大名華族の親子両世代に対して行ったような点検を試みてみよう。ただし、大名華族に比して皇族の人数ははるかに少ないので、親世代も子世代も世代幅を拡げねばならず、また情報も乏しいので、該当する皇族のうち子のある人々に限って、左の四組をえた。庶子があれば側室の存在を推定できるが、庶子の生母の他に側室がいた可能性は否定しえない。同様に、子のない皇族、庶子のない皇族についても側室がいなかったと断言できないが、子世代については時代環境を考慮してその場合には側室なしとみなすこととする。

親世代　→　子世代

久邇宮朝彦（1824～91、伏見宮邦家第四男子）　庶出一六人（生母五人）（妃なし）
→　賀陽宮邦憲（1867～1909、久邇宮朝彦第二男子）　嫡出一人

有栖川宮幟仁（1835～95）　嫡出二人、庶出六人（生母五人）
→　有栖川宮威仁（1862～1913、有栖川宮幟仁第四男子）　嫡出三人

北白川宮能久（1847～95、伏見宮邦家第九男子）　嫡出一人、庶出八人（生母三人）[5]
閑院宮載仁（1865～1945、伏見宮邦家第一六男子）　嫡出四人

伏見宮貞愛（1858～1923）　嫡出二人、庶出二人（生母二人）
→　伏見宮博恭（1875～1946、伏見宮貞愛第一男子）　嫡出二人

親世代は一八二四〜五八年生まれ、それに対して子世代は一八六二〜七五年生まれで、さきにみた大名華族六家の親子両世代の生年分布にほぼ照応する。四組のうち真の親子は三組（↓付き）、残り一組は実は兄弟であるが、これも生年の差からみて親子に準ずるものとみて掲載した。僅かな事例ながら、親世代では庶出の子があり、側室がいたことが明らかであるのに対し、子世代では嫡出子ばかりで庶出なく、その限りでは側室の痕跡は認めがたい。子世代四人のなかで一番年長の有栖川威仁が成年に達したのは一八八二（明一五）年であって、この年妾の字を削った刑法が施行されて一般男子の娶妾が法律で保護されない時代がきたことが、子世代には実際にも側室がなかったのではないかと推測する一つの根拠である。こうした状況も皇族の側室問題に対する先述の方針が策定された背景をなすが、皇族の場合皇家に直接するだけに、皇家の側室制度の動向によってより強く規定されたはずである。

2　皇家内廷の典侍制度

皇家には古い伝統をもつ側室の制度があった。幕末から明治にかけて側室として天皇の身辺に仕えた女性とは、後宮（内廷）の内侍部に所属する女官・正権典侍である。彼女らは摂家・清華家といった高格公卿の姫ではなく、平上である羽林家・名家の中でも上の部の大納言直任の、したがって爵位制のもとでは伯爵に叙せられた家の娘で、その家格でない子爵の家の娘も典侍の家の養女（実は猶子）になれば最初から典侍として勤務できた［下橋 1979：17；河鰭 1949：19］。さきに掲げた皇族・親世代の生年幅にその生年が含まれる明治天皇（1852〜1912）の皇子女を、出生順に関連情報を添えて一覧にすればつぎのとおりである。摂家一条家の姫である皇后美子（1850〜1914）には子がなく、一五人の皇子女はすべて権典侍の所生であった。出生年月順に名と生母姓名を掲げれば左の通りとなる。

		生母	天皇
一八七三年（明六）九月	稚瑞照彦尊（早世）	①権典侍葉室光子（二一歳）	二一歳
同　年　一一月	稚高依姫尊（早世）	②権典侍橋本夏子（一七歳）	二一歳
一八七五年　一月	薫子内親王（早世）	③権典侍柳原愛子（二〇歳）	二三歳
一八七七年　九月	敬仁親王（早世）	同（二二歳）	二五歳
一八七九年　八月	嘉仁親王（皇后の実子[6]となって皇嗣）	同（二四歳）	二七歳
一八八一年　八月	韶子内親王（早世）	④権典侍千種任子（二六歳）	二九歳
一八八三年　一月	章子内親王（早世）	同（二八歳）	三一歳
一八八六年　二月	静子内親王（早世）	⑤権典侍園　祥子（一九歳）	三四歳
一八八七年　八月	猷仁親王（早世）	同（二〇歳）	三五歳
一八八八年　九月	昌子内親王（のち竹田宮恒久妃）	同（二一歳）	三六歳
一八九〇年　一月	房子内親王（のち北白川宮成久妃）	同（二三歳）	三八歳
一八九一年　八月	允子内親王（のち朝香宮鳩彦妃）	同（二四歳）	三九歳
一八九三年　一一月	輝仁親王（早世）	同（二六歳）	四一歳
一八九六年　五月	聡子内親王（のち東久邇宮稔彦妃）	同（二九歳）	四四歳
一八九七年（明三〇）九月	多喜子内親王（早世）	同（三〇歳）	四五歳

①葉室長順次女光子（1852～73）。一八六七（慶応三）年一〇月二一日「光子を召して典侍と為し、今参と称す」［宮内庁 1968：534］。時に天皇一五歳、光子一五歳。「今参（いままいり）」とは新しく典侍に上がった新参者のことで、六九

（明二）年二月、新典侍の職名を与えられる〔下橋 1979：16：河鰭 1949：19〕。同年一〇月、三典侍に昇格。七一年八月の内廷改革により権典侍（五等官、月給一三三両）〔宮内庁 1969a：214，507〕。七三年九月一八日永田町御用邸で第一皇子稚瑞照彦尊誕生、即時死亡。納棺の二二日光子死亡〔同上 1969b：130〕、二一歳。護国寺に葬る。

②橋本実麗三女夏子（1856〜73）。一八六九年一〇月新典侍、一三歳。七一年八月の内廷改革により権典侍〔宮内庁 1969a：214，507〕。七三年一一月一三日青山御用邸で激烈な子癇症を発し、人工をもって娩出、第一皇女稚高依姫尊誕生、即時死亡。翌一四日夏子死亡〔同上 1969b：159〕、一七歳。護国寺に葬る。

③柳原光愛次女愛子（1855〜1943）。初め孝明天皇の女御九条夙子（1833〜97）に仕えて梅の井と称したが、女御のもとで見染めた明治天皇に召されて一八七二年権掌侍となり、翌七三年二月権典侍に任じられて早蕨典侍（さわらびのすけ）と称した〔松崎 1998：57〕。同七五年一月二一日青山御所内新殿で第二皇女薫子内親王誕生、愛子二〇歳。七七年九月二三日青山御所内梅御殿（青山御産所）で第二皇子敬仁親王誕生。七九年八月三一日青山御産所で第三皇子嘉仁親王誕生、愛子二四歳〔宮内庁 1969b：387：同 1970：265，742〕。

④千種有任長女任子（1855〜1944）。一八七一年皇后に召し出されて権掌侍となり桔梗と称したが、のち天皇に召されて権典侍に任ぜられ花松と改称。八一年八月七日青山御産所で第三皇女韶子内親王誕生、任子二六歳。八三年一月二六日第四皇女章子内親王誕生、任子二八歳〔宮内庁 1971a：434：同 1971b：9〕。

⑤園基祥次女祥子（1867〜1947）。源氏名小菊。一八八六年二月一〇日第五皇女静子内親王誕生、祥子一九歳。以後、第四皇子猷仁親王、第六皇女昌子内親王、第七皇女房子内親王、第八皇女允子内親王、第五皇子輝仁親王、第九皇女聡子内親王を産み、九七年九月二四日第一〇皇女多喜子内親王誕生、祥子三〇歳〔宮内庁 1971b：544：同 1973b：311〕。親王二、内親王六、計八人、他の四人の権典侍所生の皇子女は親王三、内親王四、計七人。

権典侍は俗にいう「お妾さん」(7)で、天皇の身のまわりの世話を担当した。お内儀（オク）に天皇が来られた時は交代で一人は始終お側に詰め、何かのご沙汰があればその取り次ぎをした。天皇のための配膳は洋食の場合宮内省内膳職の官吏が担当したが、平常は女官の仕事で、内膳職から女嬬に届け、命婦・掌侍の手をへて、天皇に献進するのは権典侍の役であった［伊藤 1970a：467］。夜の勤めも、オクの天皇の寝台の側に出る一人と、一間隔てた次の部屋で宿直の権掌侍と一緒に休む人との交代制であった。他方、掌侍・権掌侍は主に皇后の身の回りの世話を担当する女官である。（権命婦以上は奏任官。）山川（旧姓久世）三千子（1892～1965）が権掌侍として仕え始めた一九〇九（明四二）年頃、天皇の寝台の側に交代で侍る権典侍は、源氏名緋桜の小倉文子（1861～1929）と園祥子の二人だけであった。権典侍は本俸のほかに化粧料を給与される特別の存在で、表向きの仕事を担当するスケサン（お役女官）に対してオソバサン（お后女官）と通称され［高橋・所 1998：147］、公式の場所には一切出られないことになっていた［山川 1960：8～9，15～16，19～20，131］。天皇の入浴のさい背中を洗うなど「お流し」も権典侍が担当した［河鰭 1992：30～31］。園祥子は一八八六（明一九）年から九七年までの足かけ一二年間に八人もの皇子女を産んだのに対し、相役のオソバサン・小倉文子は一人も皇子女を産まなかったが、先帝寵愛の犬が皇后没後文子に下賜されたという［梨本 1975：124］。

山川三千子によれば、一九〇九年頃、源氏名新樹の高倉壽子（1840～1930、六九歳）と柳原愛子（五四歳）の典侍二人、千種任子（五四歳）、小倉文子（四八歳）、園祥子（四二歳）、源氏名藤袴の姉小路良子（1857～1926、五二歳）の権典侍四人が勤務していた。高倉はもと一条家の女房、美子入内に従って参仕した皇后付き女官出身で、一八七三年典侍に昇格した。尚侍（勅任女官）欠員のため女官長を兼ね、天皇が侍妾以外の女官に手を出さぬよう目を光らせていたという［所 1990：28～29：淡野 1990：130］。権典侍の姉小路も高倉同様オソバサン出身ではなく、高倉不在のときはその代理を勤める役であった。一九〇二年典侍に昇格した柳原愛子は、身体も小さく、嘉仁親王（のちの大正天皇）誕生のさいは大変な難産で、皇子が仮死状態で生まれたため、まだ二四歳であったが、以来「その向のお勤めはお断り申し上げ」た、という〔山川 1960：8〜9，18〕。愛子と同年の千種任子は、折角生まれた内親王が二人とも早世し、愛子についでオソバサンの役を退任したものの、まだ権典侍どまりである。こうして、先にふれたように小倉文子と園祥子の二人だけが現役のオソバサンであったが、一九〇九年には小倉文子はもちろん園祥子も、当時の女性に期待された子産みの年齢を超えていた。

先に掲げた皇子女出生リストによって生母の名を検すると、一八八〇年代前半までは権典侍の補充が行われたと推測される。(8) しかし、これを一九〇九年現在のオソバサンたちの名および年齢と対照し、表32の権典侍人数の推移を参看するとき、一八八〇年代後半以降権典侍補充の動きが鈍り、皇子女の出生のない一八九〇年代末以後は全く新任がなかったと想像される。(9) しかし、最後の内親王出生の一八九七年には天皇は四五歳という人生の盛りにあり、山川が仕え始めた一九〇九年頃でもまだ五〇歳代後半であったから、華族諸家の例からすれば若い権典侍の補充があっても何の不思議もなく、補充による新任がなかったように推測されることのほうが説明を要するといっても過言ではない。

先に有力大名華族六家の事例と華族の出生統計の考察から婜妾習俗の崩壊開始を一八九〇年代末頃と想定したことを、皇子女の出生が一八九七年に終わっていることと思い合わせて、皇族側室問題に結論が出た時点につづく一八九〇年代の後半に焦点を置いて『明治天皇紀』の記事を探索したところ、驚くべき文章に遭遇した。九六（明二九）年四月二八日の項に見えるつぎの記事である〔宮内庁 1973b：61〕。

侍従長侯爵徳大寺実則、御側女官を召出されんことを情願す、天皇、皇男子に乏し、国民竊かに之れを歎き、是れ皇室の繁栄を増進し、国家興隆の基礎を致す所以にあらずとなす、仍りて侯爵山縣有朋・伯爵松方正義等有志

表32　皇后宮職資格別女官・旧女官人数(1888〜1910)

	勅任	奏任	うち典侍	権典侍	権典侍心得	判任	等外(雑仕)	雇	合計	今上帝奉仕旧女官 奏任	判任	合計
1888	-	28	?	?		32	11	3	74	8	15	23
1889	-	28	?	?		34	14	2	78		(以降不詳)	
1890	-	27	?	?		31	12	2	72			
1891	-	27	?	?		34	11	-	72			
1892	-	26	?	?		35	11	1	73			
1893	-	27	?	?		35	11	-	73			
1894	-	27	?	?		35	11	-	73			
1895	-	-	-	-	(資料欠)	-	-	-	-			
1896	-	27	?	?		36	11	-	74			
1897	-	27	2	4		37	11	-	75			
1898	-	27	2	4		37	11	-	75			
1899	-	27	2	4		38	11	-	76			
1900	-	25	2	4		36	12	-	73			
1901	-	25	2	4		37	10	-	72			
1902	-	23	2	4		37	11	3	74			
1903	-	23	2	4		37	11	3	74			
1904	-	26	2	4	1	36	11	-	73			
1905	-	23	2	4		34	11	3	71			
1906	-	23	2	4		35	10	5	73			
1907	-	22	2	4		34	11	4	71			
1908	-	26	2	4		34	12	-	72			
1909	-	25	2	5		35	11	1	72			
1910	-	26	2	5		34	11	1	72			

資料：『帝室統計書』

の臣僚屢々之れを実則に謀り、速やかに御側女官を召出し、皇男子を得て、将来陸海軍に従事し、三軍統率の任に当てさせられんことを冀幸し、実則をして情願せしめんとす、実則奏請期あるを思ひ、未だ奏する所あらず、既にして大本営解散せられ、国家全く昌平に帰したるを以て、是の日密かに書を上りて此の事を伏奏す、曰く、是れ敢へて逸楽のために召させたまふにあらず、誠を国家に致し、皇祖皇宗に対する大孝を全うせらるゝの所以に外ならずと、天皇遂に聴したまはず、

侍従長の徳大寺実則が薩長両藩

閥の巨頭で総理経験者の山縣有朋・松方正義らの意を受けて、日清戦争の全作戦計画統轄のために設置された大本営が去る四月一日をもって解散となり、平和が全面的に克復された機会に、天皇に御側女官（オソバサン）の新任を密かに願い出た。出願に当たって述べられた情実は、皇男子が一人しかいないことであって、天皇が皇男子をえて皇室の繁栄を増進し、国家興隆の基礎を固めることは、国家に誠を尽くし皇室の祖宗に大孝を全うせられる所以に他ならない。新たに御側女官を召されたとて、決して天皇個人の逸楽のためではない、とまで進言した。臨月の権典侍園祥子はすでに二九歳になっており、小倉文子には懐妊を期待できない。そういうなかでの陳情であったが、天皇ついに聴許したまわず、すなわち天皇自身の意思で補充が行われないことに決まったという。『徳大寺実則日記』の同日の記事に、「本日陛下昼御坐へ出御、意見書奉呈ス、女官召出サル、コト」とあるから、意見書の上申は事実であろうが、ここに述べられた経緯だけで権典侍を補充しないことになったのかどうか。刑法から妾の字を抹消し、皇族の側室を制限する方針を決めた時代の流れに浸して考える時、あえて疑うに値する『明治天皇紀』の記述である。しかし、臣僚の情願にもかかわらず、天皇の意思によって補充新任が行われなかったという形で、明治天皇の側室制度を更新しない方針が表明されたこと、加えて後世からみるとき、遠からず天皇の側室制度一般に終止符をうつ意義深い一歩が印されたことが、ここに示唆されている。一九〇九年段階で、四八歳・四二歳といった女盛りをはるかに過ぎた権典侍しかいない状況はこうして出現したのであろう。

これに関連して注目しなければならないのは、一八八〇年代末から一〇年ほどの間に出現し、あいまって典侍制度廃止の気運を確実にした宮廷における出来事、すなわち、①女官をすべて皇后宮職所属とし、権典侍を隠して一夫一婦の体裁をとるべしとの意見提出、②皇子女養育法の改善、③皇太子妃選定基準の見直し、の三つである。

3　典侍制度の廃止へ

①　女官をすべて皇后宮職所属とし、権典侍を隠して一夫一婦の体裁をとるべしとの意見

明治天皇と年齢が近く、一九歳から学友として宮中に出仕し、天皇の信任がとくに篤かった侍従藤波言忠(1852~1926)が、一八八五(明一八)年帝室厩組織等調査のため欧米に派遣されたさい、あわせてヨーロッパ諸国の宮廷に関する調査を行ない、それに基づいて八八年三月内閣総理大臣伊藤博文ならびに宮内大臣土方久元に一三カ条にわたる長文の意見書を提出した。そのなかの「女官ヲ皇后宮職ニ属スルノ件」と題する箇条では、「従来御内儀ニ於テハ陛下左右ノ御常用ハ女官ノ職トシテ奉仕スル処ナリト雖モ、元来女官ハ皇后宮ニ奉仕スルモノトスルコト正当ナルベシ。然ラバ女官ハ専ラ皇后宮ノ左右ニ奉仕スルコトトシ、従来女官ノ奉仕シタル陛下左右ノ御常用ハ帝僕之ニ代リテ専ラ奉仕スルコトトナラバ、此ヨリ御内儀ノ風ヲモ改良スルノ端緒ヲ開クコトヲ得ベシ」〔伊藤 1970a：472〕という。天皇の左右から若い女官を遠ざける改革が実施されれば、自ずから権典侍補充新任の契機を制約することだろう。

これにつづく「侍嬪ヲ別格ノ者ト為スノ件」こそ、藤波が「之ヲ思フコト既ニ久シ言ハント欲シテ未タ言フノ時機ヲ得サリシ」最重要事項であった。すなわち、今や欧州諸国の王室も「一夫一婦ヲ以テ倫理ノ正当トシ其婦ノ所生ニ非サレハ之ヲ私生児トシテ正統ノ家系ヲ相続セシムルコト」がないのに、「我独リ旧来ノ風ニ依リテ之ヲ改メサルトキハ、皇統ノ連綿トシテ万世ニ傳フルコトモ正当ノ御結婚ヨリ生シタル御子孫ニ非サルカ故ニ誇レリトスルニ足ラサルノ憾少ナカラサルニ似タリ、或ハ又彼ノ蔑視スル所トナルモ計リ難シ、是レ黙視スルニ忍ヒサル所ナリ、故ニ遂ニハ侍嬪ノ廃セラレンコトヲ望ムト雖モ、皇胤御繁栄ノ上ニ其影響ヲ及ホスコト大ナレハ、俄ニ之ヲ廃セストモ仮リニ(女官とは)別格ノ地位ニ置テ待遇シ、(其の姓名をも世に公示せず)以テ之ヲ隠レタル者トシ、其ノ所生ノ皇子皇女ハ直

ニ皇后宮ノ生ミ玉フ皇子皇女ト遊ハサレンコトヲ希望スルナリ」〔藤波家文書№159〕と述べている。欧州諸国王室の一夫一婦の制に照らしていえば権典侍を廃止するのが望ましいが、皇胤繁栄のため俄に廃止できないのなら、隠れた存在という別格の地位でこれを待遇し、所生の皇子女は直ちに皇后所生の皇子女として内外に公示することを希望するという。伊藤博文旧蔵の秘書類が印刷に付された時、この「侍嬪ヲ別格ノ者ト為スノ件」だけ削除されたことが暗示するように、天皇の信任の篤い彼ならではなしえない、宮廷のタブーを破る意見表明であった。女官所属の件とは異なり、直ちに実施を検討しうる提案ではないが、典侍制度の改廃を関係者に促す効果をもったことであろう。

② 皇子女養育法の改善

さきのリストに明らかなように、一八八七（明二〇）年までに生まれた皇子女は殆どが早世している。第四皇子猷仁親王が八八年一一月僅か一歳で夭折した直後、陸軍軍医総監橋本綱常（1845～1909）・海軍軍医総監高木兼寛（1849～1920）および天皇侍医は、皇子養育法について下問を受け、養育要綱五条（住所・空気・光線・食物・生活法の五条）を奏陳した。同年誕生の常宮昌子内親王診察御用の内命を受けた橋本は、同月二七日さらに皇子養育のことを詳述した意見書を上った。『明治天皇紀』はその要点をつぎのようにまとめている〔宮内庁 1972：159～160〕。

曰く、従来皇子・皇女夭折する者多く、其の病因を問へば皆慢性脳膜炎ならざるはなし、(10)（中略）彼の脳膜炎の如きは、蓋し先天に稟けて、所謂不治の症に属するものなりと雖も、衛生・養生の精に因りて、豈未発に防遏することを得ざらんや、方今医学各科を分ち、専門あり、宜しく侍医局中に於て小児科医を特選し、専ら常宮健康保全の任に当らしむべし、（中略）唯臣の冀ふ所は、皇子をして身体を強固ならしめ、病を発せしめざるにあり、而して其の要は前に奏上せる五条の要綱に出でず、即ち住所・空気・光線・食物及び生活法の五者各々其の当を得しむるに外ならざるなり、而して之れを為すは保育者其の人を精選し、之れに養育を託するより宜しきはなく、且其の人は既に小児を生育し、強壮に成長するを得しめたる経験あり、卻りて宮中の事情に通ぜざる士族にして、夫婦倶に奉仕せしむるを可とす（下略）、〔日本赤十字社 1936：109～113参照〕

先にふれた侍従藤波言忠も、「一日天皇・皇后に謁を請ひ、従来の御養育の法徒らに尊重に過ぎて自然に反すること多きを指摘し、速かに委員を設けて改善の法を講じ、深宮に於て女官に一任するの因習を一洗せられんことを奏請」〔宮内庁 1972：161〕し、橋本の意見書と藤波の奏請によって皇子女養育法が改善されることとなった。かくて天皇外祖父の中山忠能邸で養育する慣例を改め、前記一八八八年九月誕生の常宮昌子、ついで九〇年一月誕生の周宮房子の両内親王の養育が伯爵佐々木高行（1830～1910、元高知藩士）に委託され、以後此の例が踏襲された。

旧来の皇子女養育法に関する断片的な証言を紹介しておく。一つは、一八七五～七八（明八～一一）年頃東京女子師範学校の生徒であった女性が内廷に仕えている命婦から聞いた話として、「皇后が病身で子がないところから、誰が皇子を生むかが問題で、女官に子供が出来ても無事に生めないように、朋輩があらゆる妨害をくわえることは、『源氏物語』の時代そっくりらしく、明治天皇に幾人皇子があってもただ一人のほか育たず、その一人も病弱だったのはふしぎでないということでした」、という裏話がある〔山川 1956：50〕。また、一九〇〇（明三三）年に梨本宮妃となった鍋島侯爵家の娘伊都子（1882～1976）は、「明治の御代は、お子様がお腹にいらっしゃる時でも、お生母さんはお勤めをしなければならなかったのです。妊婦ともなれば、節制ある生活をしなければならないのに、お勤めがおありになるから、ご自分の身体のことばかりかまっていられません。そこで身体の養生が悪いのです。生まれたお子様も発育が悪く、その上に健康管理も行きとどいていなかったのでしょう」と伝聞したところを回想している〔梨本 1975：129〕。天皇家のことではなく仙台伊達家の六歳の病児のことであるが、彼を往診したベルツ（Baelz, E. von,

1849〜1913）が一八七九年四月二日の日記に、「この児は至極虚弱に発育し、きゃしゃで、りこうだが、かんが強く、これは極度に愚劣な甘やかしによるところが多い。十数人という男女の召使が、子供をなでたりさすったりするよりほかには何もせず、気管支カタルやマラリアにかかった可哀そうな子供にとって危険至極というほかはないような騒ぎを演じている。これが、従来すべての大名の子供の教育であったのだ」と記している［ベルツ 1951：55］。以上三つの話のなかではやはり医師ベルツの証言が、天皇家における一八八〇年代末頃までの皇子女養育法、とくに藤波の奏請にいう「深宮に於て女官に一任するの因習」の何たるかを推測する一助となることだろう(11)。

改善以前の一八八七年八月までに誕生した皇子女九人のうち二〇歳に達したのは一人だけであったが、改善の議論が始まる直前の八八年九月以降、御側女官補充一件の九六年四月までに誕生した皇子女四人のうち実に三人が二〇歳に達したところに、橋本たちが予見したとおりの養育法改善の結果が示されていた。これなら、皇后が皇子を産みさえすれば、あえて御側女官を置かずとも皇位継承者を確保しうる蓋然性が高まる。皇女たちはまだ幼年であったが、養育法改善の成果が挙がりつつあることに力をえて、「天皇遂に聴したまはず」との結論がくだされたのではないだろうか。

③　皇太子妃選定基準の改正

こうなると、皇后が皇子女を何人も産むことができる丈夫な身体の女性であることが要請される(12)。皇后美子の健康はどうであったかというと、さきに内廷勤務の命婦の証言を引用してその一端にふれたが、女御に選定された時の観察では、「天資蒲柳の質にして屢々病に冒されしも、幸にして大患に罹ることなし」という状態であった。そのような体質にもかかわらず何故女御に選ばれたかといえば、伝統的に皇后を出す家柄である宮家と摂家については、有栖川宮の姫と一条家二人の姫、計三姫が候補に上がったうち、一条美子の声誉がもっとも高く、温良恭倹の徳を具えていたからだという〔宮内庁 1968：503〕。そこでは、天資蒲柳の質は殆ど問題にされず、皇子女を産む可能性については何の考慮も払われなかったと推測される。皇后が皇子を産まなくても御側女官がその役割を果たせばよい時代であったからである。一八七六（明九）年九月に東京女子師範学校に来臨した皇后は、「小柄で青白く、頬がこけて美しいながら弱々しくさみしい感じ」であったと、当時の生徒は観察している〔山川 1956：48〕。その時までに権典侍三人がそれぞれ一人づつ早世の皇子女を産んだが、二六歳の皇后には一人の子もなかった。

では、一八七九年生まれの皇太子の妃の選定において、明治天皇女御選定の場合とは異なった基準、つまり健康状態をとくに重視するような選定基準の改正があったのだろうか。

『明治天皇紀』によれば、九三（明二六）年五月、皇太子明宮（一四歳）の妃候補として、伏見宮貞愛第一女子禎子（1885～1966、八歳）が内定され、九六年一二月、天皇ついで皇后が伏見宮邸を訪問して一一歳になった禎子に直接会った。こうして婚約は整ったかにみえたが、『明治天皇紀』九九年三月二二日の条に、「禎子女王を以て皇太子妃と為すの内約を解かしめたまふ」とあり、破談となったことが記録されている。その日の記事には、禎子を選定するに至った事情が破談の事由に附記されているので、その概要を紹介しておきたい〔宮内庁 1973b：613～615〕。

皇太子妃候補は皇族中、旧摂家中、旧清華家中、自余の公侯爵中の順序に求める方針のもと、まず皇族および公爵の娘で皇太子の配としてふさわしい年齢の者を月数回高輪御殿に集めて昌子・房子両内親王の遊嬉の伴侶たらしめ、養育係主任の佐々木高行らにこれら女児の容姿性行を審察させた(13)。長期に渉る観察の結果、禎子が群を抜いて最適と判断されるとの報告があり、これに基づいて内定に至ったという。内定六年後の一八九九年になって皇太子妃決定のことが頻りに議題に上り、改めて一四歳の禎子の健康診断をすることとなった。何人かの権威ある医師の診察では、

「右胸部に水泡音聞え、其の健康猶憂慮すべきものあり」とされ、「皇統継続の上より果して奈何」との意見が大勢を占めた。両三年待ったうえで適否を決してはとの慎重論もあったが、「肺疾あり、皇太子と同症なり」との強硬論に押されて内定取り消しとなる。(14) この過程を通覧する時、皇統継続のための皇嗣を産みうる健康状態が、皇太子妃選定の最重要基準の一つになっていることが判明する。この基準は九三年の候補内定の時点ではまだ強調されなかったが、九六年の御側女官補充中止の決定の頃とくに重視されるようになったものと思われる。こうして「綸言汗の如し」の古諺を裏切る前代未聞の天皇違約のやむなき事態に立ち至ったのであろう。

伏見宮禎子に代わって皇太子妃候補に指名されたのは、彼女より一歳年上の旧摂家九条公爵の娘節子（1884〜1951）であった。健康診断を担当した橋本綱常から梨本宮妃伊都子が聞いた裏話によると、「丈夫なガッチリした身体の女性」であることが選定基準とされたことが判明する。(15)

皇太子さま〔大正天皇〕はお身体が弱いから、丈夫なガッチリした妃殿下でなくてはいけないという陛下〔明治天皇〕の思召しにより、関係者は華族女学校に行ってお探しになったのです。その候補が浮び上がると、宮内省に関係していた私に秘密の命令が下されたのです。そこですぐ体格検査に行きました。九条さまは身体ががっちりしており、運動競技でもなんでもなさるご活発なお方、昔風にいうとオテンバさん。申し分のないお身体ですと報告したものです。〔梨本 1975：53〕

さきに伏見宮禎子の健康診断に加わった独人雇教師ベルツによれば、一九〇〇（明三三）年二月八日有栖川宮威仁を座長とする会議があり、元勲伊藤博文・元帥大山巌・前宮相土方久元・宮相田中光顕・陸軍軍医総監橋本綱常・侍医局長岡玄卿およびベルツが出席して、皇太子の成婚を事情の許すかぎり速やかに実現すること、時期は五月初旬とすること、および二月一一日の紀元節に婚約を発表することが決定された。ついで三月二三日には葉山御用邸で皇太子の健康状態と五月の成婚に関する会議があり、「あらゆる東洋の風習とは全然反対に」、二〇歳の皇太子が結婚前に他の女性に触れられないようにするため、成婚をこれ以上延ばさないことに決定をみたという［ベルツ 1952：10、12〜13］。この最後の記事は、健康な皇太子妃の確保、皇子女養育法の改善とあいまって、皇室における典侍制度廃止への布石が整ったことを示唆している。同年五月一〇日成婚式が行われた。その二日後つまり同月一二日のベルツの日記に、「東宮は、新婚の夫として至極幸福のように見受けられた」とあるのは、成婚の事情に通じた医師の、意味深長な観察として興味深い［ベルツ 1952：21］。

皇太子妃は成婚の翌年一七歳で第一皇子（皇太孫、後の昭和天皇）、翌々年一八歳で第二皇子（後の秩父宮）を産み、皇統の継承にほぼ問題がなくなったことが、典侍制度廃止の方針を揺るぎないものにしたのであろう。(16) その間、皇太子妃がそれまでの女官に代って皇太子の身の回りのことをほとんど一人で世話するという、新しい関係が育まれていた［原 2000：63］。結婚後かなり年をへて三人の皇子が育ちつつあった明治末期のことであるが、「いつも皇太子様［大正天皇］ご参内の時には、年若の女官は別の御用の方にまわり、年輩の人たちがおもてなし申し上げるのです」と記録されているように［山川 1960：81］、成婚後の皇太子と若い女性との接触を抑止するべく内廷でも特別に気を遣ったことは、典侍制度廃止後の逸話として注目される。

4　典侍制度廃止への促進要因

では、一八九〇年代の典侍制度廃止への歩みを促した要因は何であったのだろうか。内生的要因としては、八〇（明一三）年公布の刑法において妾の字が削除されたことが挙げられるが、妾の字の削除は直ちに娶妾習俗の廃止を含意したわけでなかったし、この改正自体内生的要因に因るというよりは、条約改正という当時最大の外交課題の解決を視野に入れての対応であったことを想起すれば〔福島 1962：154～155〕、やはり外生的要因、なかでも宿願の条約改正達成の妨げとなる問題を芟除しようとしたことを仮説的に挙げなければならない。しかし、この点の理解のためには、権典侍所生の皇子女が公式にどのように待遇されたかを知っておく必要がある。

まず、嫡出と庶出との待遇差が崩れつつあったことを指摘しなければならない。七五年一月太政大臣から宮内卿あて内達の皇子女誕生諸式第一三条において、皇子女には先規に従って親王宣下がなければならないのだが、嫡出は誕生七日後の命名の即日親王宣下、庶出は誕生後百日あるいは満一年等において叡慮をもって親王宣下あるべき規則を定め、これによって嫡庶の別を立てるよう指示された〔宮内庁 1969b：386〕。ところが、同月誕生の梅宮薫子の満一年に当たって、前記第一三条を削除し嫡庶ともに命名の即日親王・内親王と称すべしとの改正案が上申され、七六年五月、「皇子女御降誕ノ節ハ自今宣下ニ及ハス直ニ親王内親王ト称セラルヘク被仰出候」〔同上：605〕と布告された。嫡庶の別のあった親王宣下の手続き自体が廃されたのである。親王宣下は中古以来の制であるとし、往古の制に復することをもって改正の理由としているが、親王宣下を例とする四親王家の制廃止の効果を別とすれば、むしろ嫡庶の別を廃することに狙いがあると解される改正であって、嫡出の皇子女の出生を期待できなくなった事態を反映するものであろう。

また、前出七五（明八）年の皇子女誕生諸式第一五条において、嫡出の皇子の誕生に当たっては各国に通知し陸海軍において祝砲の式を行うが、自余の皇子女誕生の節は各国通知および祝砲式を行ってはならないと定めていた。ところが、七七年九月の第二皇子誕生をうけて庶出皇子皇女誕生諸式が制定され、外国君主および外国公使には報知しないものの、太政大臣が誕生を天下に布告し、命名式の日陸海軍礼砲式を行うことに改められた〔宮内庁 1970：265：宮内庁書陵部所蔵「皇族御取扱例規」〕。

皇子女誕生諸式のうちより重要な規定はその第一四条であって、嫡出の皇子がない時は庶出の皇子を皇后の養子とするとし、皇后の養子となれば庶出の皇子も真の嫡出の皇子とみなされる旧例を確認し、この手続きの根拠を「庶出ノ皇子ト雖トモ皇胤勿論ナレハ」という事実に求めている。この規定に従い、夭折を免れた唯一の皇子である嘉仁親王が数えの九歳に達した八七（明二〇）年の誕生日（八月三一日）に、天皇は彼を皇太子とし「皇后御実子」と定めた［宮内庁 1971b：799］。註（6）で述べたように、「実子」とは実の子同様の養子であって、諸式第一四条にいう「養子」と同義である。

皇庶子に与えられる皇嫡子に次ぐ待遇、とりわけ庶男子も嫡男子に次いで皇位継承権をもち、皇后の実子と定められることによって皇太子となりうる日本の制度は、ナポレオン三世家憲以外に私生児公認の制度がないヨーロッパ諸国の外交使節にとって、甚だ理解しがたいものであった［井上 1971：123：モール（訳）1988：105］。そこで、条約改正を達成するためには、これ以上皇庶子が増えることは望ましくないという外交上の配慮から、典侍制度廃止をめざす政治的決断に達したとする仮説がなりたつ。しかし、条約改正は九四年七月、日本側の大幅の譲歩によって実現し、九九年七月の発効を待つばかりとなっていた。したがって、この仮説は支持されないが、条約改正の後、欧米列強の仲間入りを果たすためには、典侍制度の廃止は依然として避けえぬ課題だったことは否定できないであろう。

他方、内生的要因がなかったかといえば、九八（明三一）年六月に公布されるべき民法第四編親族および改正戸籍法への対応に迫られていたことを挙げなければならない。民法第八二七条二項に「父カ認知シタル私生児ハ之ヲ庶子トス」と規定され、かの民法草案の審議において存妾派が主張した「庶子」の法認堅持が実現したのだが、皇族の庶子についてはここに難問のあることが判明したのである。というのは、皇族その人は民法の規制を受けないが、皇族を父とする私生児の母は皇族ではないから、必ず民法の制約を受け、父である皇族が私生児認知の民法上の手続きを了するまでは、その子は皇族の庶子となることができない。この関係は皇庶子の場合も同一である。すなわち、皇庶子の母である御側女官は必ず華族の家族であって、その本籍地もしくは寄留地の戸籍簿に登録されている。その母が臣籍にあるという理由で皇庶子の身分取扱いは民法・戸籍法に準拠すべきものとすれば、庶子と認知した子の出生を父である天皇が戸籍吏（市町村長）に届出なければならないことになり、明らかに不都合である［伊藤 1970b：167～170］。この問題は帝室制度調査局において皇族の私生児一般の問題に含めて審議された結果、「宮内大臣皇室典範第三三条ニ依リ出生ヲ公告スルノ外民法上ノ手続ヲ要セズ」と決定され、皇庶子は皇嫡子と全く同一の取扱いとすることが暗示された［伊藤 1970c：34］。ここにみる民法・戸籍法を超越した皇庶子の扱いは、皇庶子を認めていこうとする意志の表明であるかにみられるが、実は逆に、いわば超法規的取扱いをしてまで皇庶子を認めることは今後避けようという、暗黙の意志を蔵するものであった。帝室制度調査局総裁の伊藤博文が皇室誕育令の原案第一一条に庶子認知の規定があったのに強く反対して、「本令ノ如キ大典ニシテ庶子認知等ノ事ヲ規定スルハ皇室ノ尊厳ヲ保ツ所以ニ非ズ、恐ラク失体タルヲ免カレザルナリ。故ニ庶子ニ関スル一切ノ規定ハ之ヲ不言ノ中ニ於テ無限ノ制裁ヲ存スルコトトシ、本条ハ削除セラレムコトヲ希望ス」［伊藤 1970d：65、傍点著者］といったなかに、この意志の紛れもない表白を認めることができる。したがって民法・戸籍法も、それへの屈折した対応を暴いてみれば、典侍制度廃止への内生的要因の一つに数えうると考えるものである。

前記の決定条項に対する説明のなかに、皇族男子の私生児認知が勅許されない場合があること[17]について、「一定ノ場合ニ勅許ヲ拒否シ給ヘルハ皇室ノ出費ヲ未然ニ減少スルノ一法タルベシ。又経済上ノ理由以外ニ於テ庶子ノ制ヲ盛ニスルコトヲ望マザル所以ノモノハ茲ニ言述スルノ要ナシ」［伊藤 1970c：34］と記されている。経済外の理由とは先にふれた、「人倫と栄誉」の観点のほか、いま述べた超法規的取扱いをなるべく避けようとしたこともその一つであろうが、九七（明三〇）年一二月に出た妾契約の私法上の効力に関する大審院の判決もそれに含めてよく、ひいてはこれまた内生的要因の一つに数えることができよう。

大審院の判決に至る発端となった訴訟は、原告X女が妻あるY男との間で「内縁ノ妻タル身分上ノ関係ヲ永遠ニ鞏固持続セシムル為メ其違約ノ約款トシテ金円ヲ贈与スルノ契約」を結び、これに基づいてその履行を請求するものであった。第二審の大阪控訴院が「夫妾ナルモノハ法律上善良ノ風俗ニ反スルモノトシ未タ之ヲ禁制シタル規制アルニアラス却テ我カ慣習上其人アルヲ認ムルモノトス」と論じて、Y男に対するX女の約定金請求を認めたので、Y男はこれを不服として大審院に上告した。大審院は九七年一二月四日、「妾ナルモノハ男女間ニ於ル内輪ノ関係ニシテ一夫一婦タル善良ノ風俗ニ反スルモノナレハ法律上其関係ヲ認ムルコトヲ得ス従テ妾ナル人格ハ正当ノ身分トシテ之ヲ認ムルヲ得ス而シテ原院ノ認定ニ由レハ被上告人〔X〕ハ上告人〔Y〕ノ妾トナリ其関係ニ基キ甲第一号証ノ契約ヲ取結ヒ其約旨ニ従ヒ本訴ノ請求ヲ為スモノナリ然ラハ該契約ハ法律ノ認メサル関係即チ不法ノ原因ニ基ツクモノナレハ其効力ナク随テ裁判上之カ履行ヲ許容スヘキモノニアラス」〔『大審院民事判決録』〕と判示して、原判決を破棄した。法律は明文をもって畜妾を禁じていないばかりか、畜妾容認の跡を留める民法第四編が準備されていた時代に、九六年四月公布（九八年七月施行）の民法第一編第九〇条「公ノ秩序又ハ善良ノ風俗ニ反スル事項ヲ目的トスル法律行為ハ無効トス」に基づき、妾契約は一夫一婦の善良な風俗に反するゆえに法律の認めぬ不法の原因に拠るものでその効力なし、と断じた大審院判決の意義は大きい(18)。その後の判例がこれを基本線として展開され、大審院判決の影響を拡大したといわれるが〔中川 1973：422〜425〕、他方、皇家および皇族の側室制度廃止の機運を陰に加速する効果をもったことであろう。

三　娶妾習俗に対する世論の動向

内生的要因の一項目として与論を掲げることは、明治中後期でも当を失したことではないだろう。与論によって政策の方向が左右されるというよりは、政策によって与論の方向が左右される時代であったにしても、与論の動向は無視できない。

条文から妾の一字を削除した刑法が施行されて、娶妾習俗の歴史に新しい一頁が加えられた八二（明一五）年に、福澤諭吉は漫言「妾の効能」なる一文を草した。「若しも当時妾を放逐して正室のみに任したらば、大名の家は迚も三百年を持続す可らず。今其然らざるは之を妾の功力と云はざるを得ず」と喝破し、「抑も妾なる者は寒貧の家より出身して大家の奥に乗込み、尋常一様ならざる馬鹿殿様の御意に適し、尋常一様ならざる衆宮女の機嫌を取り、遂に玉の輿に乗て玉の如き若様を生むものなれば、其才智決して尋常一様の人物に非ざるや明なり。此非常の才智を以て非常の無智に接し、有智無智相互に調合平均して、先づ以て末世の大名にも中々の人物を生じたることならん」と論じた。[19]「漫言」の名に恥じず表現は痛快を求めて度を過ごした嫌いなしとしないが、これまで他の論者が指摘しなかった事実の一面を衝き、廃妾論が勝利を占めた時代に大名家における妾の効能を説いたことは興味深い。福澤は早くから廃妾の陣営に組みしたが、森有禮のような原理的廃妾論者でなかったことは、この一文にも窺うことができる［慶応義塾 1960：15～16］。

「妾の効能」談から十数年をへて、「天皇御側女官の補充を聴許せず」との確認が宮廷でなされた九六（明二九）年には、福澤の論説も新たな展開を示している。「我邦にて本妻の外に妾を置くは古来の習慣に怪しまざる所なれども、彼国人の眼より見れば恰も公然一夫多妻の実を行ふものにして驚かざるを得ず。」と指摘し、他方、「西洋の耶蘇国に於ては、男女の関係、甚だ潔白にして人に語る可らざるものなし」とは、「単に彼の表面を見たる談にして、裡面に立入りて其内幕を摘きたらば、言ふ可らざるの醜事甚だ多きこそ事実なれ」として、日本人の公然の醜と西洋人の裡面の醜を対比したうえで、「今の文明の大勢に反する国風の独立は甚だ難きを知る可し」という立場から、西洋流に「只その裡面の醜を裹んで外に現はさず、表面は飽くまでも清潔にして体裁を美にすること、文明世界に処する日本人の心掛なりとして之を大切に思ふ者なり」と結論している。つまり、妾を置くなとは言わず、ただこれを隠して秘密にせよと主張したのである〔慶応義塾 1961a：542～546〕。公然たる蓄妾の習俗が正当性を失って解体し、密かに隠れて行われる醜事となる過渡期の動向を、福澤の議論が先取りしてその道を直くしたとみることができよう。

妾契約無効の大審院判決が出た年の翌九八年、改正戸籍法によって、妾の肩書で戸籍に登載されていた女性が其の肩書を抹消され、続柄の記載のないまま元の家の家族として留まることになった。妾が秘匿されるべき存在となったことが、ここにも暗示されている。

同年に起きた特筆するべき事件は、七月七日から九月二七日まで、黒岩涙香（1862～1920）主宰の『萬朝報』が「弊風一斑　蓄妾の実例」〔黒岩 1992〕なる見出しの記事を連載したことである。蓄妾は世にときめく人々はもちろん、およそ甲斐性のある男の間ではふつうのこと、したがってなお習俗として是認されており、公然とはするな、密かにせよ、という意見が漸く支配的となろうとしていた時代に、蓄妾をあからさまに「弊風」ときめつけ、隠しているものを摘発して実態を暴いた。大審院判決に激励されたことはいうまでもないこととして、ジャーナリストの嗅覚が嗅ぎつけた宮廷の方針転換こそ、朝野の有名人の蓄妾を暴露しても新聞が潰されることはないとの黒岩の判断を支えるものであったと思われる。

掲載された話は締めて五一〇話に上る。同一人が何度か取り上げられたこともあるので、五一〇件というわけではないが、連日多数の実例が槍玉に挙げられ、脛に疵もつ者は今度は己の番かと恐怖の念をいだいて、毎朝の『萬朝報』を眺めていたという〔現代教養文庫版解説 1992：197〕。記事になった蓄妾例のうち、華族は少なくとも七二人（華族戸主の一割に相当）を数えるが、先に例示した六人の大名華族当主は含まれていない（ただし、島津と柳澤はそれ以前に死亡）。世間周知のいわゆる側室よりも、密かに隠して蓄えている妾を暴露することにキャンペーンの力点があったとも、また習俗としての正当性を認められていたものは「恕すべき所以のあるもの」〔無記名 1899：69〕として摘発を控えたとも、推量することができる。いずれにせよ、男性の玩弄物の地位にある妾に同情を披瀝し、妾を蓄える男性の反省を促す立場から、朝野の有名人や宗教家の醜態を暴露した黒岩の連載記事は、たちまち都市住民の人気を博して、『萬朝報』は潰されるどころか東京第一の発行部数を誇るまでに成長し、蓄妾批判の与論を喚起するうえで大きな力となった。

さて翌九九年七月、改正条約が発効して外人の内地雑居が始まる。福澤はこの年を中心にかつて例のない多数の秘妾論を書き、西洋諸国と対等の立場で交際するには、文明世界の大勢に従って、妾は少なくとも秘密にせよ、妾腹の子を表に出さずに処置せよと説き、さらに遊廓は外人の眼にふれぬ場所に移し、芸妓は宴席に出すな、と主張した。これらの主張は九六年段階の議論の域を出るものではなかったが、「既に西洋諸国と対等の地位に立ち、いよいよ文明世界の交際場裡に入らんとするに当り、斯る蛮風は到底許す可きに非ざれば、蓄妾の習慣は断じて廃止せざる可らず」と力説した点は新しいといえる。しかし、直ちに「或は遽に廃する能はざるも、極めて之を秘密にして、一般世間は申す迄もなく、知己朋友の間にも絶えて知らしめざるの風を催ほすは必然の勢にして」と続けるあたり、自ら革新性を薄め、原理的廃妾論者でない姿勢を遺憾なく露にしている。実を言えば、秘妾論こそ七五（明八）年の「男女同数論」以来の彼の持論であった［慶応義塾 1961b：543，同 1962：552］。先に紹介した侍従藤波言忠の秘「権典侍」論はこれと隠微に呼応している。

福澤の常識的で受容されやすい言説は、弊風征伐的な『萬朝報』のキャンペーンとあいまって、娶妾習俗打破の方向に与論を導いた。宮廷における改革はこの動向と微妙に相互作用しつつ根を下ろし、一九〇一年四月の皇太孫（後の昭和天皇）の誕生をもってほぼ成就する。(20) かくて、大正天皇の時代に皇室が初めて一夫一婦制を採用したと総括される新事態が出現するのである［河鰭 1992：62］。

四　娶妾習俗崩壊のゆくえ

本章第一節では、有力大名華族六家の事例と華族の出生統計を手がかりとして、一八九〇年代末から一九〇〇年頃、華族社会の娶妾習俗に歴史的な断絶が生じたのではないかと推定した。第二節では、このような習俗崩壊の動向は、皇家における側室制度の終焉によって基本的に方向づけられたと仮定し、制度廃止の過程と誘因を解明するとともに、前記の推定が事実であることを確認した。第三節で、娶妾習俗の広範な崩壊を促進した世論の動向に注目した。最後に第四節では、A娶妾習俗の本格的崩壊が始まった時期の事例二つと出来事一件、B崩壊後に起きた大正期の事例と宮内大臣の地位にあった人物の所見、C昭和期の統計資料および事例を紹介し、これら断片的資料を手がかりとして習俗崩壊のゆくえを跡づけたい。

A1　御側女官新任の献言を天皇が聴許しなかったという、九六（明二九）年四月二八日付けで『明治天皇紀』が記録した事件は、側室制度廃止への意義深い一歩であったことはすでに述べた。かつて宮内省臨時帝室制度取調委員を兼官したことのある尾崎三良の自伝に、「明治二九年二月二四日、（妾）美知分娩女子出生、其季子なるを以て季子と命じ」［尾崎 1977b：42］という文章があるのは、妾の出産を終わらせる強い決意を表明したものと推量される。同じ自伝の「美知枝を浜町の岩佐病院に入れしむ。看護婦一人、すえ、草川付添ひ、つり台に乗せて送る。去る八日流産し一時重態なりし。漸く軽快したるも後摂養の必要あり」なる九九年一二月二〇日の記事、および「美知枝流産の為め容体甚だ危険なりしも、専門家医博士相会等を聘し百方手を尽し漸く回生したり」なる一九〇〇年九月八日の記事は［尾崎 1977b：102, 112］、美知枝にかつて難産の経歴がなかったことと、「季子」と決意した後の出来事であることを想起すれば、単なる流産ではなく、愛妾の中絶失敗の苦い体験を記録したものと解釈される。九六年六月勲功によって男爵に叙せられた尾崎は、長年法制官僚として重きをなし、側室制度廃止を期した宮廷の事情にも通じていた。そのことが、宮中内廷の動きに対する華族社会の敏感な対応に、先んずる行動をとらせたのではないだろうか。

A2　皇太子の成婚が決まり、改正条約が発効した一八九九（明三二）年のことである。さきに家計困難の故をもって爵位を返上した元常陸下館二万石の石川家が、財政破綻を克服して再授爵を申請したのに対し、財政回復のこと、当主重之の行状ならびに学業のこと、庶子二人の生母の身元のこと、庶子認知の年月遅延のこと、の四項について調査が行われた。第三項にいう庶子とは、九四年一一月生まれの浚、九九年一月生まれの瓏という二人の男児であって、生母は旧藩士村瀬某の娘鶴（七三年九月生）、当主重之（六七年一二月生）が九二年五月彼女を「妾ノ名義ヲ以テ雇入レ」たのであった。調査報告は第三項について、「妾ヲ蓄フノ正義ニアラサルハ固ヨリ論ナキヲ以テ此一事ハ品行観察上ノ問題トシテ多少難点トナラサルヲ得ス」と前置きしたうえで、「然レトモ一方ヨリ之ヲ観レハ旧来ノ習慣上殊ニ華族ノ家庭ニ於テ未タ正配ヲ求ムルニ及ハスシテ先ツ妾ヲ蓄フル如キ事ハ往々行ハル、所ニシテ一概ニ悪徳破倫ノ行為トシテ之ヲ擯斥スヘキニアラス本項ノ事実ハ蓋シ此習慣ニ因リタルモノニシテ旧臣中ノ重ナル者ニ於テモ当人ノ性行等ニ付是認シタル上雇入レタリトノ事ヲ以テスルモ此蓄妾ノ一事ヲ以テ品行上ノ欠点ト認ムルハ穏当ニアラサルニ似タリ」〔明治三二年『授爵録』〕と娶妾を容認している。重之の場合は家計困難のため家格相応の家から妻を娶ることができず、とりあえず「習慣ニ因リ」妾を雇うことで間に合わせたことが審査側の同情を惹いたのであろう。とにかく、この調査報告によって再授爵が認められ、九九年一〇月重之は子爵を授けられた。著者が引用した文章のうち、娶妾が容認された事情もさることながら、妾を蓄えるのは正義にあらずとの断定に注目したい。当時の華族社会では依然として娶妾が容認されたにせよ、九九年の段階ですでに、それは正義に反することと言明してかからねばならぬまでに、建前としてであれ、娶妾習俗否定論が浸透していたことを窺うことができるからである。

A3　一九〇〇（明三三）年の大晦日に福澤諭吉の慶応義塾で「世紀送迎会」が開催され、「階級制度の弊害」などとともに「蓄妾の醜態」の風刺画が一斉射撃によって燃やされた。象徴的な出来事として記憶に値しよう〔『東京新聞』2000.12.10〕。

B1　つぎに大正期の事例とは、本章第一節で登場させた有力大名華族の嗣子世代とほぼ同じコーホートに属する、彦根二五万石の大名井伊家一八代（伯爵）直忠（1881〜1947）の娶妾である。大正天皇（1879〜1926）が側室を置かない皇室の例を開いた時代に、有力大名華族の嗣子世代がこれに倣うように（公然とは）妾を蓄えなかったが、それに対して直忠は、妾をもった代わりに生涯妻を娶らず、所生の庶子に家系を継承させた。両者の差異を強調していえば、前掲嗣子世代の場合は従来の大名家における妾役割を妻が統合した形であり、井伊家の場合は逆に妻役割を妾が統合した形である。娶妾が一般に悖徳として非難される時代になっても、元老西園寺公望（1849〜1940）のような高名な例と同様、妾のみというのは内縁関係の一種として社会的に容認される婚姻形態であった。

直忠の妾斎藤ふく（1882〜1946）は彼より一歳下で元旗本の娘、女学校を出て日本赤十字社の看護婦となり、付添看護婦として直忠の身の回りの世話をしていた縁で結ばれ、一九一〇（明四三）年、二八歳で双子の男児を産んだ。しかし、夫人を迎える前に妾にできた子どもを井伊家に入籍させることに、旧彦根藩士の家政相談役の間で異議が出たため、双子の兄弟は旧藩士某の子として入籍された。しかし、直忠があくまでも夫人を迎えようとしないので、双子は二、三歳になって漸く井伊家の子どもとして入籍され、改めて直愛・直弘と命名された〔井伊 1995：121〜122〕。

直忠は父直憲（1848〜1902）の死亡により二一歳で家督を嗣いだ。以来、ハイカラ好みの性格が変わったように社交的なことは一切断り、家に籠もってひたすら能楽の修業に打ちこんだ。訪ねて来た来客にも自身で面接することはほとんどなく、まして自ら人を訪ねるために外出するようなことは皆無であった。子どもが代役ができる年頃になると、双子の兄弟に父に代わって重要な来客の接待をさせ、また正月・年末・暑中見舞など季節の筋目々々に親戚回りをさせた〔井伊 1995：125，146〜148〕。社交の場に出るには夫人の同伴こそ必要で、代わりに妾を伴うことは認められなかったが、世間に出る気がなければ夫人なしですませることができた。そういう条件のもとで、妾が妻役割を統合しえたのである。

双子の弟・直弘（のち子爵戸澤家の養嗣子となって正弘と改名）によれば、生母のふくは「極めて賢婦人」であったという〔井伊 1995：122〕。小説『迷路』に描かれた「江島宗通」「側室とみ」のモデルがそれぞれ井伊直忠・斎藤ふくであることを、作者野上弥生子自身認めたうえで、「彼〔井伊伯爵〕について私がもっていた知識は、正夫人をめとらなかったこと、生涯を能に託したこと、梅若万三郎のパトロンであったことくらいに過ぎず、その他はすべてフィクションである」と明言している〔野上 1984b：648〜649〕。「なによりも恐ろしくあたまのいい女であった。宗通が考えていること、望むこと、命じようとすることは、べつに長い言葉にする必要はなかった。「とみ」そう呼ぶだけで用事が足りた。」〔野上 1984a：270〕というとみにかんする描写は、フィクションであるにせよ、気むずかしい直忠によく仕えたふくの評判を十分に映し出しているのであろう。それでも、宗通が生涯正夫人を娶らずしかも妾も唯一人であったことの説明としては、上記では不十分である。そこのところを補う野上のつぎの文章は彼女の解釈を示すものとして興味深い。「(宗通は)年齢にしては強い肉慾をもっているが、とみよりほかに女沙汰はなかった。これは身持が固いより、ひとつは極端なきれい好きからで、馴れないものの肌に触れる、というようなことは彼には考えられないのである。」[野上 1984a：293]

先代の夫人が有栖川宮幟仁第三女子であった井伊家では、ふくがいくら当主気に入りの無二の愛妾で周囲の人々から尊敬を集めていても、夫人の座に直ることは許されなかった。しかし、第二次大戦直後、直忠より一年早く死亡した時、清操院福賢貞純大姉という嗣子を産んだ妾にふさわしい戒名を贈られた。墓碑は東京世田谷豪徳寺の井伊家墓所の直忠墓碑の向かって右隣に建てられ、小ぶりの大きさといいやや後方の位置といい、死後も主人に侍するがごときたたずまいを示している。井伊家で準備した現代の家譜には忠直夫人の位置に名を記載され、次男正弘は夫人なみの「清操院殿」の戒名で生母を記憶している[井伊 1995：124]。

B2　一九二一(大一〇)年二月から二五年三月まで宮内大臣を勤めた伯爵牧野伸顕(1861～1949)は、大久保利通の次男伸熊その人であって、娶妾習俗のなかで成人した人物の一人である。彼が大臣在職中にまとめた華族制度改善意見は華族令改正等の形で陽の目を見るに至らなかったが、華族社会の指導者が庶子したがって妾をどのように見ていたかを窺わせる点で興味深い。すでに本書六九ページ註(15)で言及したように、意見の第一は「襲爵ノ資格ヲ法定ノ推定家督相続人タル実系嫡出ノ男子ニ限ルコト」であった。その趣旨説明に曰く、「法定ノ推定家督相続人(先代ト同一戸籍ニ在ル其ノ直系卑属)ニシテ実系(養系ヲ除ク)嫡出(庶出ヲ除ク)ノ男子ニ非ザレバ襲爵者タルヲ得ザルモノト為サントスルナリ。眼目ハ先代ノ養子ニ襲爵ノ資格ヲ拒否スルニ在リ。輓近ノ風潮ヲ観ズルニ庶出ノ地位益々低下セントスルノ傾向アルハ社会風教ノ為メ寧ロ喜ブベキ所ナリトス」〔牧野伸顕文書〕。すなわち、襲爵の資格を推定家督相続人たる男系の男子に限るばかりでなく、これを実子に限定し、かつ嫡出子に限る意見である。一定の条件を満たす限り養子にも襲爵の資格を認め、嫡男子に次いで庶男子に資格を認めた一九〇七年の改正華族令と比較すれば、明らかに華族の世襲を抑制しようとするもので、個人本位の新華族にはなじみうるとしても、庶子や養子を不可欠の補充要員として相伝してきた家本位の伝統貴族には受け入れがたい提案であろう。ともあれ、「庶出ノ地位益々低下セントスル」傾向にあるということは、大正時代も後期となれば、妻の他に妾を娶る行為の正当性が失われて、福澤が予見した以上に蓄妾は世間の目を憚る所業に転落し、庶子はますます肩身の狭い存在となって、娶妾習俗が全く崩壊したことを示唆している。

C1　華族全戸に対する一九三六（昭一一）年末現在の自記式調査の結果が、「華族相互ノ家庭ヲ知ルノ便ニ資センガ為メ」『華族家庭録』として印刷に付され、七七三戸（華族総数の八一％）が登載された。これを基本資料として華族の世帯構成と家族構成を分析し、国勢調査資料による全国民の世帯構成と比較したところ、華族の家庭に顕著なことの第一として、庶子が多いこと、その母は当主の内縁の妻といえる稀な事例では記載されており、大多数においては背後に隠されているが、事実上の妾の存在が推測されること、第二に、華族の世帯形態の一つの特色は単独世帯が比較的多いことであるが、中高年での単独世帯は妾的な女性の存在によって可能になったことが推測され、庶子が記載されていない場合でも妾の存在を推定できること、が明らかになった〔森岡 1996：210〕。かつて娶妾習俗を婚姻機能補完制度とした華族社会の昭和戦前期におけるこの習俗の落魄した姿態、つまり地下に潜った隠れ蓄妾の相貌がここに垣間見られる。

C2　最後に昭和期の事例とは、久留米二一万石の大名有馬家一四代（伯爵）頼寧（1884〜1957）の三男頼義（1918〜

80）に見る新しい形態である。長男は夭折し、次男は病人で、一九四〇年頃には三男の頼義が推定家督相続人であったから、その結婚相手は家格相応の家の娘でなければならなかった。のみならず、有馬家には一九〇二（明三五）年制定の家範があり、第五条に「戸主及ヒ推定家督相続人ノ配偶者ハ成ルヘク同族以上ヨリ之ヲ選ムヘシ」と規定されていた。「同族以上」とは華族もしくは皇族から選ぶという趣旨の規定であって、事実、彼の母は北白川宮能久第二女子であり、祖母は公爵岩倉具視五女であった［森岡 1997a：(19)］。しかるに、小説家の彼は元芸妓○○と結婚したいと言うので悶着が起きたが、妥協の余地はない［祖田 1993：3〜9］。結局、有馬家側では、①○○の籍を頼義の戸籍に入れることに限り承諾する。それ以上は何も要求せぬこと、②結婚式披露、親類廻り等は一切行わない、③○○の実家との交際は有馬家としてはやらない、④頼義・○○の間に男子が生まれた場合はその人を有馬家の後継者とする、等の条項を含む「結婚条件覚」を作成し、長女誕生の二年余り後の一九四三年に親子の間で取り交わされた［有馬頼寧関係文書］[21]。頼義は遊蕩のゆえをもって学生時代に両親から勘当されていたが、ここで正式に伯爵家を嗣ぐ権利を放棄して、愛する女性との結婚を実現させた。きわめて特異な出来事ではあるが、妾的な身分に軸足を置きながら、恋愛結婚の形で妻役割と妾役割を妻役割において統合し、先の井伊直忠とは異なる新しい形態を具象して、第二次大戦後の華族社会に起きるべき新しい動向を先取りすることとなるのである。

註

（1）一八七七（明一〇）年提出の『華族系譜』徳川家（静岡）の冊末尾に、七六年七月に生まれた筆（筆子）までの慶喜子女の名が登載されているが、生年月日も母の名も記されていない。しかるに、その次のページには七七年八月生まれの博（仲博）から八四年九月生まれの久（慶久）まで七人の子女の名・生年月日・母の名を朱書した宮内省用箋が貼り付けられており、前ページの鏡（鏡子）から筆まで五人の子の母の名が同じ朱筆で書き込まれている。記載された計一二人の子女のうち、男子の厚と博のみ母は（慶喜夫人の）美賀、女子の母はことごとく妾幸と記されている。妾所生の男子も公的には夫人を母とする慣行が守られているが、女子にはこれが適用されず、その上、男子も一二人のなかでは末尾の久の母は、妾幸となっている（本文の慶喜子女一覧を参照）。夫人は九四年まで存命していたから、妾所生の男子の公式の母は、夫人がおれば夫人がなるという慣行が廃れつつあったと解されるし、また、慶喜と夫人との冷えた夫婦関係も慶喜によるこのような裁定を促す要因であったのだろう。諸書の伝えるところでは、幸と信が公平に取り扱われたはずであるのに、女子については生母のいかんにかかわらず幸が母となり、ついには男子の母も同様に幸がなるという、準夫人的地位を幸が獲得しているのが注目される。信は慶喜後嗣慶久の生母ゆえ「格直り待遇」となったが、これは死亡して与えられたに過ぎず、谷中墓地の慶喜の墓の後方に控える二人の侍妾の墓の位置関係も、幸が先で信が後という序列を表している。公平に扱うといっても、大イエの序列社会では隅々まで先後の序列なしではすまなかったのである。

（2）久光の三男で重富島津家を嗣いだ珍彦は、八歳下の齊彬四女典子（1852〜1903、生母於須磨）を娶り、一八七一（明四）年には長子壮之助をえた。齊彬の血統は保持されたわけである。珍彦は後年、少年の身で宗家を嗣いだ忠義四男忠重の後見人となり、島津一族の要として重きをなした［鹿島 1978：466，527］。

（3）「懐妊を欲せざるもの八月経止んでより十四日乃至十六日を経て後交合なすべし」、との勧めを骨子とした避妊自在法を説く末永崎次郎著『懐妊避妊自由自在』が一八九三（明二六）年に刊行されており、「懐妊を望む御婦人は用ゆべからずこれを用ゆるときは懐妊せざればなり」と効能を謳った「子宮ザック」（一名きよごろも）の販売広告が、一九〇〇年一月に『毎日新聞』に登場したことなど、一八九〇年代後半の貴族社会における産児制限技術の浸透を推測せしめる証拠が散見する。

（4）皇家とは皇室のこと。第二部第一章で用いた天皇家、それも小イエ天皇家というに等しい。明治初年の人員調・戸籍表では皇家の語が使用されている。本節で取り上げた主題が現在の皇室に直結するものではないので、誤解を避けるため皇家の語を採用した。

（5）北白川宮能久にはこの他に落胤の男児が二人あり、宮が九五（明二八）年一〇月台湾で戦病死した後、この跡始末がなされる。二人の男児とは、元侍女・栃木県平民申橋某（日光輪王寺宮元家司に申橋姓あり）の娘カネに生ませた山本芳之（八九年三月生）と元侍女・福井県士族前波某の娘栄に生ませた永田正雄（九〇年七月生）である。「当時故宮殿下ヨリ御生誕発表ノ儀ハ暫ク相見合スヘク御沙汰之処家従安藤清五郎ニ於テ永ク民籍ニ据置奉ルヘキ御旨意ト誤承シ不取敢一時」（山本芳之除籍願・永田正雄除籍願）他家の子として入籍したというが、宮妃富子が証言しているように、「右両人共故能久親王之実子ニ候処当時無余義事情之為め隠蔽いたし有之」というのが実情であったと思われる。「余儀なき事情」とは、皇族の側室に関する宮内省筋の方針が家務監督をとおして非公式に北白川宮家に伝えられており、二人の出生は本章三六七ページ引用の「許可ヲ得ズシテ側室ヲ置キタル場合」

もしくは「其他ノ場合」に該当する虞れがあったことであろう。というのは、右の方針が固まる以前に王庶子女を生んだ側室は事実上認可をえた存在とすれば、能久にはすでに中橋幸子・岩浪稲子という王庶子女を生んだ二人の側室があり、男児の生母たちはまだその中に含まれていなかったと考えられるからである。ところが、宮の末子（九五年五月生）の生母は浮山幾年といい、これも前記の方針に抵触することが予想されるのに、庶出王女として皇親譜に登載されたのは、一つには女子で皇位継承にかかわりがなかったのと、もう一つには、近衛師団を台湾鎮定に派遣して師団長の宮を瘴癘の第一線に赴かせることへの代償の含みがあったのかもしれない。前記二人の少年に関する除籍願が北白川宮家務監督・家令・家扶の証明をもって受理され、一旦民籍から削った後、親王妃および親王の兄弟六名の実子証明をもって九七年七月、芳之は二荒、正雄は上野とそれぞれ賜姓のうえ伯爵を授けられる。これも、宮が蕃地に遣わされて戦病死じ、皇族の役割PRに殊勲があったことに対する密かな論功行賞であるのかもしれない［引用の文言は明治三〇年『授爵録』に拠る。なお宮内庁 1973b：273参照］。

北白川宮が輪王寺宮公現法親王であった一八六八（慶応四）年、江戸を逃れて仙台に赴き、奥羽越列藩同盟の盟主に推戴されて東武皇帝と名乗ったと云われる。同盟崩壊の後京都に移送され、翌六九年一〇月まで京都刑法官の監視のもとで謹慎した。七〇年から七年間ドイツ留学を命じられてプロシャ陸軍大学校に学んだのは、実は遠島の刑ではないかとの説もある［藤井 2000：165］。後年台湾に派遣されたのも同じ伝で言えば、側室増員不可の政府の方針に反して、侍女に手をつけて子を産ませつづけ、その跡始末で政府を悩ませたことへの一種のペナルティの側面があったのかもしれない。なお森［1908］参照。

（6）　実子とは実の子同様に待遇される養子を意味し、近世以降は猶子はもちろん一般の養子よりも親子関係の重いものとみなされた。養取の場合の外、庶子を嫡子に立てる場合にもこの手続きが用いられ、近世後期には庶出の皇嗣は嫡配の后妃の実子となるのが常例となっていた。明治天皇が一八八七（明二〇）年八月数え年九歳に達した嘉仁親王を皇太子と治定し皇后（三八歳）の実子と定めたのは、その最後の例である［宮内庁 1986：106〜107］。なお、この制度は皇室典範によって廃止された［井上 1968：94］。

（7）　一八八〇（明一三）年四月、元老院において刑法審査修正案の審議が紛糾した時、存妾論の議官が皇統に言及したのに対して、内閣委員村田保が「典侍ノ如キハ所謂妾ニアラス」［福島 1962：143］と反論した。これはすでに七三年一月段階で非公式ながら政府見解として示されたものであった。すなわち、同年一月八日の民法会議において仏人法律顧問ブスケ（Bousquet, G. H., 1846〜1937）が、「日本皇帝ニ后皇ノ外妃嬪アレハ即チ妾ナルヘシ」と糺したのに対し、司法卿江藤新平は妃の類はみな女官であって妾ではないと答えている。より正確に言えば、妃嬪は妾であるが、現在妃嬪は置かれていないから妾はいない、また典侍は女官であって妾ではない、ということであろう。しかし、若いブスケは典侍は女官であるゆえに何故妾ではないのか、問い返していない［福島 1962：48］。村田委員の反論は、一般の戸籍では妾も妻と並んで正式に登載されうるのに対し、典侍は皇室の大統系図においてそのような待遇を受ける天皇の配偶者ではないことを根拠とするものであったかもしれない。だが、それは詭弁であって、典侍は妾の役割に職務が特化した女官であることは争いえない。

(8) 岩倉具視が後年西園寺公望に語ったところによると、明治天皇が権典侍でない女官に手をつけたことから、皇后との間に「下様でいう夫婦喧嘩」が起こり、岩倉の仲裁で仲直りの宴がもたれた。岩倉はその宴からの帰途、赤坂喰違坂で刺客に襲われる。一八七四（明七）年一月一四日の晩のことであった［岩井 1997：19；篠田 1996：79〜82］。

(9) 一八八六（明一九）年現在で柳原愛子（三一歳）千種任子（三一歳）小倉文子（二五歳）園祥子（一九歳）、以上四名の権典侍がいたが、同年五月五日の『徳大寺実則日記』に、

一女官被召抱ニ付人撰方之事華族之娘ニ而両三名権典侍ニ被任之事

との注目すべき記事があり、若い権典侍の補充が日程に上ったことが判明する。しかし、権典侍の新任はついになかったようである。それは適任者を得られなかったためかと推測され、典侍制度が内側から崩壊に瀕していたことを暗示するものといえよう。

『帝室統計書』の「女官職名別人員及俸給」によれば、一八九七（明三〇）年以降明治末年に至るまで、典侍は二名で変化がない。権典侍は始め四名であったが、一九〇四年に年俸千円の権典侍心得が一名新任された。子爵今園国映四女文子（一五歳）である。権典侍の年俸が二千四百円（当時）であるところからオソバサン候補かと思われたが、翌年には姿を消している。さらに、一九〇九年になって一名増員されているが、掌侍の年俸が二千円どまりなので、これ以上の待遇が必要な場合は権典侍（年俸二千八百円）のポストに転じさせなければならないため、増員の形となっただけで、オソバサンが増員されたわけではないと推測される。

(10) 一八八七年までに皇子女が計九人も出生したのに、皇太子嘉仁親王を除いてみな夭折し、誕生即時死亡の二件以外の初発の病名は、ことごとく慢性脳膜炎であった［一八八八年『帝室統計書』］。（唯一生存の皇太子自身誕生後間もなく脳膜炎様の大患にかかり、ためにその後も常に病患が多かった［原 2000：19］。）ところが一九二三（大一二）年に至って、京都帝国大学小児科教授平井毓太郎（1865〜1945）が「いわゆる脳膜炎」（脳膜炎様病症）は慢性鉛中毒症であるとの研究成果を発表し、乳児に接する母親や乳母または養護者の含鉛化粧品を禁ずることが、その予防法であることを明らかにした。鉛あるいは水銀を原料とする白粉の製法が近世初頭に明から導入され、京白粉がとくに有名で、禁裡院中の女子がもっぱらこれを用いたから、皇子女の脳膜炎様病症は、

白粉から母親の体内に入った鉛毒・水銀毒が母体の胎盤をとおして胎児に吸収され、あるいは授乳者の乳を飲み乳首周辺の肌にふれることで鉛毒が乳児の体内に吸収されて起こったと推定される。一八八八（明二一）年当時はまだその因果関係が不明とされていた。しかし、八七年四月の天覧歌舞伎で勧進帳が上演され、義經を演じた福助が痙攣を起こして台詞もしゃべれぬまま、守田勘弥に抱えられて退場するという事件があり、陸軍軍医総監で日赤中央病院長の橋本がこれを含鉛白粉中毒による慢性腎炎と初めて診断した［松田 1978］。橋本は皇子女の脳膜炎様病症と含鉛白粉との因果関係を直ちに推定できたはずであり、さればこそこの時点で皇子女養育法の改善が緊急議題となったのであろうが、表向き脳膜炎様疾患を先天性で不治の病と診断し、実際に皇子女を鉛毒から遠ざける効果をもつ養育法改善策を上申したと推測することができよう。かくて八八年以後生まれの皇女四人が夭折を免れたものの、なお皇子女二人が脳膜炎で早世したことは、病巣の深さを暗示するものであろう［徳大寺実則日記 1894.8.16；1899.1.11］。

一八八八年・八九年の『華族統計書』によれば、両年次の公家系・武家系三歳未満児の死亡合計三一件のうち、死因別件数で最も多いのは脳膜炎一二件（三八・七％）であった。皇家ほどではないにせよ、伝統貴族の間では鉛毒による脳膜炎様病症で夭折する小児の割合は著しく高かったことが明らかである。なお、一八八八年から二年間、明治天皇の宮廷に勤務したドイツ貴族モールの観察を参照せよ［モール（訳）1988：179］。

一九〇七（明四〇）年三月一日付け『時事新報』に掲載された伊東胡蝶園の「御園《みその》白粉」の広告文に、「忝くも皇室の御用命を戴き、皇后陛下、及び皇太子妃殿下の御料として調進する名誉の品、日本に唯一の完全なる無鉛白粉」とあるのは、上流階級といわず凡そ有識階級ではすでにこの段階で、従来の製法による含鉛白粉の害が周知の情報となっていたことを証するものである［森 1969：254］。

(11)　一九〇一（明三四）年九月、生まれて間もない皇太孫が母親である皇太子妃の手から離され、養育係伯爵川村純義(1836〜1904) に預けられていることについて、ベルツはこれを不自然で残酷な風習と批判し、「自分が聞かされた理由なるものは、すべて全然根拠がない。例えば、妃の側近には、子供については何も知らない老嬢－女官－しか居ないからというのだ」と憤慨している。彼は改善された皇子女養育法にも満足せず、ドイツやイギリスの王室を範とせよと主張した［ベルツ 1952：44〜46］。

川村が後年語ったところによると、一九〇一年から七年間、旧主家の島津公爵家の子息五人と起居を共にしてその養育に当たった英国女性E・ハワードの意見が、皇太孫を預かって育てるに当たりもっとも参考になったという［長峰 1989：24］。川村がイギリス上流家庭の子供の養育法を参考にしたことを、ベルツは知らなかったのである。なお、ハワード［(訳) 1999：282］を参看されたい。

(12) 大日本帝国憲法本文と皇室典範の起草を担当した井上毅が、最晩年になって医師の井上通泰 (1866～1941) に不妊婦割合についての調査をさせたのは、このことと関連があるのかもしれない［井上 1975：76～77］。

(13) その第一回は一八九一 (明二四) 年四月三日、神武天皇祭の日に赤坂離宮で催された摘草の遊びであって、召された娘たちはつぎの一〇名であった。伏見宮禎子 (1885.6生)、北白川宮満子 (1885.10生)、同宮貞子 (1887.8生)、九条籌子 (1882.11生)、同節子 (1884.6生)、徳川国子 (1882.1生)、同經子 (1882.9生)、同糸子 (1883.9生)、毛利萬子 (1883.7生)、岩倉米子 (1885.11生)［津田 1970：738］。皇族女子三名につづく二名は旧摂家九条公爵の娘、つぎの三名は旧将軍家徳川公爵 (慶喜) の娘、そのつぎは旧山口藩主家毛利公爵の娘、最後は維新の元勲岩倉公爵家の娘である。生年は一八八二年から八七年に分布し、皇太子より三～八歳下となるが、一八八七年生まれの一名は皇女常宮・周宮の遊び相手となることをとくに考慮したものとすれば、三～六歳下となる。この年ごろの皇族女子および公爵の娘で召されなかったのは、久邇宮純子 (1884.3生) と旧鹿児島藩主家島津公爵 (宗家) の娘正子 (1885.9生) の二人だけであった。この最初の一〇人のなかに、伏見宮禎子はもとより、九条節子も含まれていた。

(14) 内約取消しの使者に立った土方久元 (約定当時の宮内大臣) が、土方一個人の意見であるがと断わって、北白川宮恒久と縁約なさるのはいかがと申入れ、宮内省から内々北白川宮能久未亡人に打診したところ、未亡人は故宮の直兄小松宮彰仁に相談の上、この縁談に「異存アリ不調トナル」［徳大寺実則日記 1899.3.22］。こうして、伏見宮は自ら招いたわけでない不本意な事態に再度直面したが、土方と同じ元高知藩士で明治天皇の信任の篤い佐々木高行が伏見宮禎子のために旧藩主山内侯爵家の当主豊景 (七五年九月生) との結婚を斡旋し、一九〇一 (明三四) 年四月首尾よく結婚式にこぎつけた［津田 1970：957］。そのさい、禎子に皇室から特旨をもって支度料金七千五百円が贈与されたばかりでなく、年を隔ててではあるが、豊景の弟豊静が一九〇六年一二月の分家にあたり男爵に叙せられる［『明治天皇紀』］。子弟の分家にさいして二人まで男爵を授けられるのは勲功ある公爵四家に限られ、侯爵の山内家が同じ扱いを受けたのは、これまた特旨に由ると言わねばならない。なお、「肺疾あり」と診断された禎子は、子こそ産まなかったけれど、八一歳の高齢まで存命した。

(15) 皇太子嘉仁親王の教育主任を勤めたことがあり、また常宮・周宮両皇女の養育主任であった佐々木高行の伝記が、九条節子の美質に言及した文章のなかで、「御体格は生れて以来殆んど病気に罹りたる事なく、華族女学校の体格検査にも常に甲種に認定され、学業の成績も良好にて卒業あり」と、とくに体格のよさを強調している［津田 1970：954〜955］。

(16)　一九〇〇年の皇太子の成婚によって、東宮職に新たに女官一七名が配置され、従来の女官つまり皇后宮職所属の七三名と区別された。東宮職の奏任女官五名には、皇后宮職のような典侍・権典侍・掌侍・権掌侍等の職名がない。大正天皇の践祚後はこれまでの東宮職は皇后宮職となり、一九一三（大二）年に女官も二二名から六一名に増員され、奏任女官に典侍以下の職名がみられるが、おそらく主に地位と俸給の格差を示すもので、典侍・権典侍のかつての職務が復活したわけではないだろう［『帝室統計書』］。

(17)　一八九九（明三二）年の皇族家費予算総額二四万六千六九九円のところ、決算は三六万二千九二五円と四七％の超過となり、これに対応して翌一九〇〇年の予算額が三六万一千四二五円に増額された。その結果、同年の決算は一宮家新設にもかかわらず三八万八千六四一円（八％超）に収まったが、なお皇族家費の増大は宮内省の頭痛の種であったことだろう［『帝室統計書』］。

(18)　大阪控訴院はおそらく民法第一編第九〇条を念頭に置きながら、娶妾は「法律上善良ノ風俗ニ反スルモノ」とはいえないと判示したが、大審院は「一夫一婦タル善良ノ風俗ニ反スルモノ」と全く逆の判断を示した。これは、一夫一婦を善良な風俗とみる婚姻観の受容なくしては達しえぬ判決であるが、「天皇御側女官の補充を聴許せず」との宮廷での確認が、司法当局の方向転換を可能にした直接の要因だったのではないだろうか。

(19)　福澤はこの大名観を一八九六〜七年発表の『福翁百話』で繰り返し、「……所謂大名にして、十中の七、八、無学無識、心身共に薄弱にして言行常なく内行修まらず、放奢淫逸、甚だしきは菽麦を弁へざる白痴さへも少なからず。生理学の一偏より見れば社会最下等の人種にして、士君子の風上にも置かれぬ者」［慶応義塾 1959b：234］と極言する。

(20)　一八九八（明三一）年以降も皇胤の子が誕生する可能性はあった。かりに誕生しても皇庶子の手続きをとらない方針であれば、妊娠した女官を宮廷の外に出し、誕生すれば然るべき人物の戸籍にその子として登録するほかない。どの天皇よりもズバ抜けて多い明治天皇ご落胤譚の根は、実はここに在るのではないだろうか。といっても、多くのご落胤譚のどれかは事実であろう、と主張するものではない［『天皇家　謎の御落胤』1995］。

(21)　この「結婚条件覚」が交わされた後、長らく頼義に男児が生まれなかった。有馬家の家名相続が危ぶまれたので、旧津和野藩主亀井伯爵家に縁づいた頼義の姉の三男（一九三九年生）を養嗣子とすることに内々決まっていたが、一九五九年に嗣子が生まれ、この縁組は取り消された。

第四部　伝統貴族の子弟教育と家政運営

「家」戦略の近代的課題

華族社会の「家」戦略の重要な柱は、いかにして家系を首尾よく継承してゆくか、また家格相応の婚姻をいかに取り結び、後継子をいかに確保するかの問題、つまり継承と婚姻の問題であって、本書もこの属性面に重点を置いて考察してきた。「家」戦略のもう一つの重要な柱は、家の安泰な存続のために、家系を担う子弟をいかに教育し、家政をいかに運営するか、つまり子弟教育と家政運営の問題である。この業績面のうち家政運営については、すでに先学による優れた研究業績の積み重ねがあるので［岩井 1977：安岡 1984：後藤 1986，1988：千田 1986，1987，1989：小田部 1986：星野 1986：伊牟田 1987 など］、それらと細部において重複することを避け、本書の視点からとくに重要と考えられる諸点を中心に考察するに留めたい。

第二部から第三部にわたって究明を重ねた華族社会における継承と婚姻の特色は、皇室の藩屏たるの地位にふさわしく天皇家の継承と婚姻の制度に照準することにあり、そのために公式非公式の規制が課せられた。他方、第四部で取り上げる子弟教育と家政運営の特色も、皇室の藩屏たる貴族にふさわしい実力の獲得と維持を目的としたことにあるが、その達成のために受けた天皇家からの庇護と政府からの支援は特筆されるべきであろう。

近世では、僧家や神職だけでなく公卿にもまた大名にも家職があって、これを伝持することを眼目としたから、後継子は自らのあるいは所属する大イエ・小イエのなかで、将来担うべき家職にふさわしく幼少期から躾けられ、教育され、家政また家職にふさわしい型どりのもとに運営されていた。したがって、不慮の事故や災害以外の平常時には、子弟教育と家政運営に関する「家」戦略はおおむね潜在していたといえよう。ところが、明治維新期の政治社会の革命的変動によって、公卿も大名も家職を失い、大イエは小イエへと縮小を余儀なくされた結果、家政の運営は「家」戦略のさしあたっての最重要課題となる。また、明け初めた業績社会のなかで、国家須要の西欧新知識摂取と官僚育成の機関として整備されゆく学校制度に対応し、貴族にふさわしい高い学歴を身につけさせ、家職の支えを失った代わりに学歴を支えとして身分の世代的維持を図ることが、「家」戦略の新しい課題となって対処を迫った。では、「家」戦略の業績面での近代的課題に、伝統貴族はどのように対処したか、子弟教育から検討してゆこう。

第一章　伝統貴族の子弟教育と職業経歴

一　学校制度の「家」戦略的利用

近代の教育制度が整い始めるまでの伝統貴族の教育は、例えば信濃田野口藩主の嫡子で一八五九（安政六）年生まれの伯爵大給左の場合、「家庭教師ニ就キ学修」と記録され、その内容は出雲松江藩主の子、一八六五（慶応元）年生まれの伯爵松平直亮について「鱸松塘、西村茂樹ニツキ修学」と記録されたのに似たものであったことだろう。あるいは、この両人より一〇歳ほど若い平堂上の清岡家の嫡子で、一八七五（明八）年生まれの子爵清岡長言が、「兵庫県伊丹町太田北山漢学塾卒業」と記され、また伊予小松藩主の家を嗣いだ一八七三年生まれの子爵一柳直徳が、「外人ニ付キ語学及博物修業」と記された私塾のような、いずれにせよ近代の学校以前の形態で行われた［いずれも『華族家庭録』による］。

華族子弟の教育機関・学習院は、一八七七年一〇月東京に開院される。初め華族会館が管轄する私立学校であったが、八三年一二月の徴兵令改正（免役料上納による兵役免除の制廃止）に対処して、徴兵猶予に関する官立学校生徒の特権享受のため、翌八四年四月宮内省所管官立学校となった。同年七月、第一部第一章で論じた華族令が発せられ、その第一〇条で「華族ハ其子弟ヲシテ相当ノ教育ヲ受ケシムルノ義務ヲ負フヘシ」と規定された。これに拠って、同年九月制定の学習院規則第一条は「学習院ハ専ラ勅諭ノ旨ニ基キ華族ニ適シタル教育ヲ施シ真才ヲ養成センカ為メ其子弟ヲ教育スル所トス」と定め、同年一二月宮内省達の華族就学規則は華族子弟の学習院就学の義務をつぎのように具体的に規定した。

第一条　華族令第十条ニ従ヒ華族又ハ華族ノ子弟タル者ハ学習院ニ入学セシムヘシ

第二条　華族ノ男子満六歳以上満二十歳以下学齢ニ当ル者ハ学習院ニ入学シ一定ノ学課ヲ修ムヘシ

第八条　華族及華族ノ子弟就学年齢ニ至リ故ナク学ニ就カサル者アレハ宮内卿ハ其戸主又ハ後見人ヲ督責スヘシ

若シ正当ノ理由ナクシテ仍ホ就学セシムルヲ拒ム者ハ懲戒ノ処分ヲ免レサルヘシ

このように華族子弟の学習院就学が義務化されたため、それまで各年度の入学者が二〇名前後にすぎなかったのが、八五（明一八）年一月から八月までの間に八九名も入学するという急増を示した〔学習院 1981：197〕。華族就学規則はその後何度か改正され、学齢期間には若干の揺らぎがあったが、概していえば満六歳から一四年間以上、履修すべき一定程度の学課とは学習院の初等学科六カ年と中等学科六カ年の計一二年であった。八六年制定の小学校令が尋常小学校四カ年を義務教育と定め、中学校令が五年制の公立尋常中学校を各府県一校に限定したのと対比するとき、一般国民を遥かに超えるレベルの学校教育を華族に義務づけたことが明らかである。しかも、入学のさいはもちろん初等学科から中等学科への進学にも選抜試験を課さず（試験の実施は入学後の等級を決めるため）〔同上：195〕、かつどのレベルの教育に対しても授業料を免除して（徴収開始は一九二四年）、その達成を容易にしたのである。なお、一八九四年の華族令追加により、正当の理由なく就学しない者に対する懲戒処分とは華族の礼遇停止であることを明示した。

学習院では、一八九三年の帝国大学令改正に対応して、高等学科三カ年の上に置いた別科三カ年を大学科と改称し、卒業者には学習院学士の称号を与えた。しかし、「華族ニ相当セル」大学レベルの教育を自前で維持しようとする体制は長続きせず、大学教育は官立大学で受けさせることに方針を修正したため、宮内省所轄の学習院高等学科を文部省所轄の帝国大学に接続させることが懸案となる。文部省は一九〇三（明三六）年六月に至って、学習院高等学科に官立高等学校大学予科と同等の学科程度を備えることを認め、卒業生で帝国大学への進学を希望する者については、官立高等学校からの進学希望が定員を上回る分科大学の入学試験は受験できないが、欠員がある分科大学には無試験で入学させることとした［同上：626］。京都帝国大学は一八九七年に設置されており、ここに東京と京都の両帝国大学への接続の橋頭堡が築かれた。

それから一五年たった一九一八（大七）年一二月、改正高等学校令によって高等学校が大学予科の性格を脱却し、男子の普通教育の完成を目的とすることに改められた結果、学習院高等科卒業者が大学入学については高等学校高等科卒業者と見做される道が開かれ、一九二一年四月の皇室令と文部省令でこれが正式に確認されて、翌二二年の卒業者から適用された。こうして、二二年三月改正の学習院学則は、初等科（六年）では尋常小学校、中等科（五年）では中学校、高等科（三年）では高等学校高等科の程度により教育を施すものと定め（第三条）、各科とも文部省の規定に準拠することを初めて明記した。のみならず、学習院の旧学制は「華族ニ適シタル教育」「華族ニ相当セル教育」「華族タルノ特性ヲ涵養スル」ことを謳ったが、新学制は単に「華族ノ男子ヲ教育スル」といい、教育の力点を「人格の陶冶及国家思想ノ涵養」と改めたのは、新しい大学令ほか諸学校令における教育目的の重点に準拠したものである。

かくて一九二二年の高等科卒業者三六名、そのうち八名が定員を上回る志願者がいた帝国大学の学部を志願して選抜試験を受け、四名が合格、不合格の四名も欠員があった学部に入り、全員が東京帝国大学（二九名）もしくは京都帝国大学（七名）に入学した［同上：628］。

学習院が本格的に整備充実され始める一八八四年から前記の一九二二年に至る三八年間の展開を通観するとき、つぎの二つの表裏する動向があらわになる。第一は、華族社会の私立学校として出発し、「勅諭ノ旨ニ基キ華族ニ適シタル教育ヲ施」（八四年学習院規則）すべく、大学教育レベルまでいわば自己完結的な教育システムを構築しようとしたが、一般高等教育の発達が著しいことと、一般教育制度によるほうが卒業者が近代社会の諸分野で活躍しやすいことから、宮内省所管の立場を維持しつつも、規則上では学習院教育の独自性を薄めて文部省の諸学校令に準拠し、大学教育は帝国大学への合流によって達成するという歩みであったことである。

第二は、華族の子弟に対する学校教育制度が学習院の充実、官立大学への接続という形で整備されていく一方、早くも一八八二年柳原前光が岩倉具視に「大学卒業生ヲ官途ニ使用スルノ道ヲ開」くことを提案したように［多田1927b：970］、学歴が一般国民に社会的上昇の機会を与えるのみならず、社会的威信をも拡大させる資源であることが確認されていった。それに従って、華族諸家の側でも学歴が家職の喪失で失った社会的威信の幾分かを補填する財であることを理解し、かつ貴族にふさわしい学校教育に対する関心が喚起されてゆき、それだけ高学歴の取得が「家」戦略の新たな対象になったと考えられることである。ただし、「勅諭ノ旨ニ基」づく華族教育に対する政府の特別扱いによって、本来業績主義的な高学歴の取得が属性主義的に容易にされ、華族身分の保全に有効に機能したことが、華族の「家」戦略発動の印象を弱め、むしろ天皇家の「家」戦略の一端が透視される結果となったということもできよう。

では、華族子弟はどのような学歴を達成したか。これを華族の戸主あるいは嫡子が獲得した最終学歴についてみることとしよう。世帯成員各人の最終学歴・職業（勤務先と地位）情報を含む一九三六（昭一一）年末編成の『華族家庭録』を基本資料とし、それより幾分遅い一九三九年早々までの情報を一部伝える『華族大観』で補足して、一八七二（明五）～一九〇一（明三四）年生まれ、したがって一九三六年末で三五～六四歳の戸主もしくは嫡子について学歴を調査した。この期間に出生して学校教育を終了した者でも、一九三六年末現在で生存していなければ調査の対象にならず、また一家で戸主と嫡子の双方が対象になる場合には一戸に一人として当主のほうを採用した。華族諸カテゴリーのうち伝統貴族に限り、かつ貴族性の淡い男爵と旧高三万石未満の子爵を除いた集計結果は、表33のとおりである。表側では対象を貴族性の濃淡により公侯爵・伯爵・子爵の三級に分け、公（公卿、僧家を含む）武（大名）に再分した。また、それぞれについて非該当（戸主にも嫡子にも対象年齢の者がいない家）の戸数を示して該当戸の数量的位置づけの便とした。非該当は三〇％前後で、この比率には爵別にみても公武別にみても微差しかない。該当事例が全体の約七割

職業関係（1936年、35～64歳）

職業経歴													非該当	合計
官公吏			教職					実業						
宮内省関係	その他官公吏	陸海軍将校	研究教育職	教員	神職・住職	芸術関係	貴族院議員	農業関係	その他実業	無職	不詳	計		
4	−	1					1					6		
4	1	1					3					9		
8	1	2					4					15	4	19
−		3					6					9		
2		−					3					5		
2	−	3					9					14	7	21
10	1	5	−	−	−	−	13	−	−	−	−	29	11	40
4					2		1		1		−	8		
9					−		1		1		2	13		
13	−	−	−	−	2	−	2	−	2	−	2	21	10	31
5		1					2	2		1	2	13		
1		1					3	−		−	6	11		
6	−	2	−	−	−	−	5	2	−	1	8	24	9	33
19	−	2	−	−	2	−	7	2	2	1	10	45	19	64
6	3	4	−	−	2	−	4		5		2	26		
10	4	3	2	1	1	1	−		7		1	30		
16	7	7	2	1	3	1	4	−	12	−	3	56	30	86
8	2	6	1	−			3	1	4		14	39		
4	1	1	−	1			5	1	3		12	28		
12	3	7	1	1	−	−	8	2	7	−	26	67	26	93
28	10	14	3	2	3	1	12	2	19	−	29	123	56	179

表33　爵別・公武別、戸主もしくは嫡子の最終学歴、

		年齢	①	②		③		④	⑤						⑥	不詳	計
			学習院	東京帝国大学	京都帝国大学	陸軍士官学校	海軍兵・経理学校	欧米大学・大学院	慶応大学	早稲田大学	明治大学	東京農業大学	その他の私大	専門学校	学習院初中科相当		
公侯爵	公	64～50	1	2	–	1	1	1									6
		49～35	2	3	2	1	1	–									9
		小計	3	5	2	2	2	1									15
	武	64～50		3	–	4	1	1									9
		49～35		3	1	–	–	1									5
		小計	–	6	1	4	1	2									14
	計		3	11	3	6	3	3	–	–	–	–	–	–	–	–	29
伯爵	公	64～50	1	3	1									1		2	8
		49～35	3	–	2				2	3	1		1	1		–	13
		小計	4	3	3	–	–	–	2	3	1	–	1	2	–	2	21
	武	64～50	2	5	1	1		2		1		1				–	13
		49～35	–	6	3	–		1		–		–				1	11
		小計	2	11	4	1	–	3	–	1	–	1	–	–	–	1	24
	計		6	14	7	1	–	3	2	4	1	1	1	2	–	3	45
子爵	公	64～50	4	8	1	3	1	–	2	–	2		1	1	2	1	26
		49～35	3	6	6	3	–	1	–	1	3		3	2	1	1	30
		小計	7	14	7	6	1	1	2	1	5	–	4	3	3	2	56
	武（3万石以上）	64～50	11	11	2	2	2	5	1			3		2	–		39
		49～35	7	10	5	–	1	–	1			1		2	1		28
		小計	18	21	7	2	3	5	2	–	–	4	–	4	1	–	67
	計		25	35	14	8	4	6	4	1	5	4	4	7	4	2	123

資料：橋本 1937、西邑 1939。

に上ることから、これをもって爵別公武別の特色を論ずることができるだろう。

表側をさらに六四〜五〇歳（一八七二〜八六年生）の老年と四九〜三五歳（八七〜一九〇一年生）の壮年とに分けたのは、教育（とくに高等教育）制度の拡充に対応する華族社会の学歴の変化（とくに多様化）に探りを入れるためである。老年層は学習院の草創期から発展期にあたり、壮年層は発展期から帝国大学への接合が図られた時代に相当する。

表頭では、最終学歴を①学習院、②帝国大学、③陸士・海兵、④欧米大学・大学院、⑤私立大学・専門学校等に区分した。まず、就学を義務づけられた①学習院で終わる者もいた。程度は初等学科中退・卒、中等学科中退・卒、高等学科中退と区々であるが、学習院就学が主要な唯一の学歴である者はすべてここに含める。②③④はもとより⑤に進学した華族の戸主や嫡子は、短期間であれ概ねその前の教育を学習院で受けていることは、学習院への就学義務を裏書するものである。つぎに、②帝国大学は高級官吏候補の養成と西洋の科学技術の摂取のための最高学府として貴族子弟にふさわしく、③陸軍士官学校・海軍兵学校等は一八八一（明一四）年と八九年両度の沙汰書で達示された「本院学生は宜しく率先して軍務に服せよ」との聖旨に沿うものとして、学習院学生にふさわしい進路であり、④欧米留学は七一（明四）年一〇月の華族に対する勅諭のなかで奨励されて以来、したがって帝国大学へのルートが開かれる以前から、華族子弟にふさわしいコースであった。⑤私立大学と旧制専門学校はまずまずのコースであり、末尾の⑥学習院初等中等学科相当とは、東京府外居住その他学習院に入学しがたい事由のある者に認められた標準以下の進路である。

①〜⑥のうち②〜④をもってエリートコースとみなし、総数に対する②〜④の和の比をとれば、全体で六〇％という高い数値となる。爵別にみると、公侯爵九〇％、伯爵五六％、子爵五四％と、爵位が高いほど比率が高く、とくに九割の公侯爵と五割強の伯子爵との落差は大きい。公武別を加味すれば、それぞれ公侯爵で八〇％、一〇〇％、伯爵

で二九％、七九％、子爵で五二％、五七％と、武家のほうが高く、とくに武家伯爵は公侯爵に匹敵する。爵位が高い家ほど、また公家よりも武家のほうが、一般にエリートコースに進学させて家格の保全を図る必要とそれを可能にする家計の余裕があり、したがって動機づけも高かったと解釈することができよう。要するに、華族諸家、なかでも公侯爵および武家伯爵は、貴族の地位保全のために学校制度をきわめて有効に活用していること、その目的のために学習院が特別仕掛の装置として機能していることが明らかであろう。なお、②〜④の和の比が高いほど、当然のこととして①⑤⑥への分散度が低い。また、壮年組で京都帝大がふえたこと以外に世代間多様化傾向は認めがたい。

二　職業経歴にみる貴族の特色

学歴自体一つの重要な社会的地位であるが、それが単なる象徴的価値に止まらない実質的な価値を担うのは、高学歴が比較的大きな財的報酬をもたらす、あるいは社会的に高く評価される職業へと学歴保有者を水路づけうるからである。高い前近代的身分に伴う家職を失った旧公卿・旧大名にとって、財的報酬が大きく社会的に高く評価される職業に就くことは、失った地位を回復あるいは再興する可能性に繋がることも、エリートコースへの進学を動機づけたと考えられる。そこで、最終学歴の場合と同じ情報源によって職業を調べ、表33に付け加えた。ただし、エリートコースへ進学した者がどのような職業についたかに焦点を置かず、最終学歴と同様に、爵位別・公武別・壮年老年別に職業経歴を観察した。

華族には侍従・式部官等宮内省に職をえる者が多い。陸士・海兵が貴族にふさわしい進学コースであったから、陸海軍将校になる者も少なくなかった。また、満二五歳に達した公侯爵は貴族院議員となり、伯爵以下は互選によってこれに選ばれる特権を有したから、『華族家庭録』の職業欄に貴族院議員と記入されていることが多い。そこで、この三つを軸として、表33の表頭のように職業を区分した。一年志願兵制度によって予備役陸軍少尉になる華族男子が多く、職業欄にその旨記載されることがあるが、これは職業とはいえないから除き、佐官以上に限って陸海軍将校に数える。また、貴族院議員は公侯爵の場合でも職業とはいいがたいので、他に職業とみなすことのできる記載がない場合に限ってこれを職業として扱う。

公侯爵では、宮内省関係（皇后宮大夫・宗秩寮総裁・侍従長・式部長官・掌典長・主猟官等）、陸海軍将校、貴族院議員でほぼすべてを占める。伯子爵ではやや多様化して、この三者の他、宮内省以外の官公吏、農業、その他の実業、研究教育職、神職住職と分散している。公武比較では、宮内省勤務・神職住職・その他の実業は公家華族に多く、陸海軍将校・農業関係は武家華族のほうが多い。全体として、職業というに足るほどの長期的就業が少なく、例えば宮内省勤務といっても式部官・主猟官として勤めたことがあるといった程度のものが少なくない（陸海軍将校は職業だが、それでも佐官どまりで予備役に編入されたのが多い）。実業関係では農場をもって経営する場合を除き、取締役社長などといっても名目的看板的で非常勤が多く、監査役に至っては明らかにしかりであって、職業の名に値するフルタイム就業でないものが多い。要するに、長期のフルタイム就業者が多くなく、ある時点では無職である者が少なからず、なかに趣味を追求して生涯無職の者さえあるのが、就業形態にみる華族の特色である。有馬頼寧（伯爵）のように、富裕な貴族としての社会的地位への責務感から、私財を投じて社会事業・社会運動にかかわった例は稀である［有馬 1953：197〜231］。

職業活動へのコミットメントが乏しいのは、就業せずとも生活できるだけの豊かな資産収入があるからであって、とくに武家華族のなかには、山内・細川・立花・上杉・鶴岡酒井・松浦・三田九鬼等旧藩地の多額納税者になった者が少なくない。華族としての社会的威信を帯びる一方、勤労所得に依存する必要性がないため、看板として名目的な会社役員を委嘱されるのみならず、地方的全国的NPOの会長など「名誉職」にかつぎあげられる。その結果、職業欄は職業とは呼べない各種の名誉職で埋まるか、名誉職もない場合、空欄となって職業不詳と判定される。表33の伯爵で二二%、子爵で二四%に達する不詳はこうして出現した。不詳の事例のない公侯爵のなかから名誉職の多い代表例四つを挙げよう。

公家公爵老年組　一条実孝（学習院予備科卒、海軍大学校卒）後備役海軍大佐、貴族院議員、貴族院制度調査会・神宮関係施設委員会・国際観光委員会・石油業調査委員会の各委員。

公家公爵壮年組　鷹司信輔（学習院高等学科卒、東京帝国大学理科大学動物学科卒）貴族院議員、華族会館長、大日本鳥学会会頭、鳥の会・大日本聯合猟友会・風景協会・桜の会の各会長、風景院院長、国際観光委員会委員。

武家公爵老年組　島津忠重（学習院初等学科中等学科卒、海軍兵学校、海軍大学校卒）予備役海軍少将、貴族院議員、財団法人島津奨学資金・財団法人造士会の各総裁、学習院評議会議長、華族会館長、海防義会・日英協会・在倫敦日本協会の各副総裁、帝国愛蘭会・花卉同好会・日本ダリア会の各会長、久里浜ゴルフ倶楽部理事長。

武家侯爵壮年組　徳川頼貞（学習院初等学科中等学科高等学科卒、英国剣橋大学留学）貴族院議員、南葵育英会総裁、日本赤十字社常議員、国際文化振興会副会長、比律賓・日希・日白耳義・日伯中央各協会の会長。

右記事例の役職のうち傍点の地位を職業とみて表33に算入したが、公侯爵の世襲終身貴族院議員には歳費が支給されない代わり出席も稀であったといわれるから、職業というほどのものではない。学歴において②〜④への集中度が比較的高くない公家伯子爵では、勤労所得を産む職に就いた者が多いが、武家伯子爵には右に例示の公侯爵に類似した者が少なからず、とくに挙げるほどの名誉職がない場合表33では職業不詳となって、この人数が三分の一強に達する。表33の数値やこれらの事例から、華族は高い教育を受けて高い報酬のある実質的地位に就く側面（前出一条実孝の海軍大学校→海軍大佐、島津忠重の海軍大学校→海軍少将）とともに、NPOの総裁・会長など高い威信が伴った象徴的地位に就く側面のあることが判明する。前者は能力さえあれば士民でも達成できたが、後者は伝統的威信の光背を担う高位爵の華族にしてはじめて可能であった。豊かな資産収入がある彼らにとって、実質的地位さえも象徴的価値において意味をもった。華族が学習院から進学して達成する高学歴は、このような実質的地位の獲得とあわせて象徴的地位の確保を容易にするものであり、両々あいまって、資産と名誉とを併有する伝統貴族としての社会的地位の回復あるいは再興が可能となった。子弟教育にかかわる華族の「家」戦略はここに照準し、学習院に与えられた特権に支えられてこの目的の達成を志向したのである。学習院の教育課程を順調に辿った者に、その後②〜④のコースを進み、学校卒業後はそれ相応の高い社会的地位を達成した者が多いのに対し、学習院教育のコースを逸れた少数者は、学歴においても職業においても一般中間層と異ならぬ成果に止まったことを付言しておこう。

NPOの役職は、手当が伴わないどころか相応の寄付行為を期待される全くの名誉職であるが、手当がつく営利会社の役職の場合、華族は経済の実情に疎いだけに、営業に名義を利用されて、家計補助のつもりが予期せぬ損失を被ることもあった。一八九九（明三二）年四月、負債のため伯爵の爵位を返上した旧三卿の徳川篤守は、彼の「名義を借りて世人の信用を得たる上」〔『毎日新聞』1899.11.18，3面〕鉱山事業で一山当てようと目論んだ山師の、家政整理に助力しようという甘言に釣られて破産に至った。無名の起業家が世間の信用をえて事業を展開しようとする時、華族、なかでも資産があるはずの大名華族の名義は、実質的地位に象徴的地位を積み上げた経済的価値をもったから、家政運営が家令扶に「丸投げ」されている華族においては、破綻は眼前にあったということができよう。そこでつぎに家政について「家」戦略の成否を探ってみよう。

第二章　家政における「家」戦略の成否

一　家政破綻と資産形成

本書序論でふれたように、金禄公債証書発行条例発布により華族の家政が蒙るであろう激動に備えて、一八七六（明九）年九月、督部長岩倉具視が華族を招集し、家政を令扶に委託する旧習を改めて発奮勉励自ら家事を判理し、宗族互いに戒めあって家政を整えるよう訓示した。のみならず翌七七年五月、岩倉は華族が保有する金禄公債証書を資本として第十五国立銀行を開業させ、華族の資産を永く保全させようとした。ところが、華族のなかには窮乏して負債に陥り、銀行に加入するための準備金を支出できない家がかなりあった。そこで、宮内省に斡旋してそうした華族に拝借金を受けさせ、これによって銀行に加入し、銀行配当金のなかから借金を弁済したあと、手許に残る余分で家政の再建ができる道をつけさせた。該当戸の大部分五九家が出願して拝借金の貸与を受け、第十五国立銀行の株主となって、きわめて有利な配当金の恩恵に預かったのである〔岩倉具視関係文書一一四、内閣文庫旧蔵〕。

前記五九家のうち大名華族は一五家、当時の全大名華族の五％にすぎず、後年の伯爵一家を除きすべて旧高三万石以下の子爵であった。他方、残りの四四家は公家華族で、当時の全公家華族の二六％と断然高率であるだけでなく、その内訳は後年の公爵二家、侯爵二家、伯爵六家、子爵二〇家、男爵一四家となり、高位の爵からも債務に苦しむ家が出ていることと、最も禄券（金禄公債証書）高の少なかった藤氏系奈良華族二〇家（みな男爵）のうち実に一三家（六五%）が名簿の末尾に名を連ね、持株数も最低の一六株以下であることが注目される。ここから三つのことが指摘できる。①大名華族の旧高は一万石以上であったのに対し、公家華族のそれは最高でも約三千石に過ぎなかったから、表34が示すように禄制改革で破格の優待を受けたにせよ、公家華族の禄券高は一般に少なく、禄券高の少ない家ほど財政面が脆弱で家計の破綻を来す危険が大きかったこと、②拝借金額最高（七万五千円）の中川家（旧高七万石、伯爵）の破綻が、銀行類似の事業等に乗り出して大債を招いたためであったことが暗示するように、公債利子以外の所得に係る「家」戦略要因が成否を分ける鍵であったこと、③破綻の救済において宮内省（皇室）の支援が決定的な意義をもったこと、である。（禄券高分布の公家武家比較は二六四〜五ページ表24参照）

表34　改訂家禄比較（石）

宮・公卿華族・旧官人		大　夫　・　士	
元　高	改訂（現米）	元　禄	改訂（現米）
5,000	1,250	4,000～5,000未満	135
3,000	750	2,000～3,000未満	105
1,000	250	800～1,000未満	65
500	125	400～600未満	45
100	25	80～100未満	13
50	12.5	40～60未満	9

資料：1870.12 太政官布告、1869.12 太政官布告。

それから約一〇年後一八八〇年代末の高額所得者名簿によれば、三万円以上の高額所得者が六〇人、その内訳は実業家二七人、地主五人、旧大名二六人、旧公卿二人となる〔大橋 1971：17〜19〕。旧大名二六人は爵位別に公爵五人（総数五家）、侯爵一二人（総数一五家）、伯爵八人（総数三三家）、子爵一人（三万石以上総数九三家）となり、旧高が大きく、したがって禄券高が大きいばかりでなく、おおむね高位の爵を授けられた階層ほど、成功裡に資産形成を遂げたことが推測できる。

他方、旧公卿はたった二人でいずれも公爵であったが、家格によって公爵を授与された旧摂家ではなく、偉勲を考慮してとくに公爵に叙された旧清華家・三条と旧平堂上・岩倉の両家であった。旧摂家のうち◎九条と◎一条の両家は後に資産家に数えられるが、△近衛と△鷹司は前記一八七七年の拝借者リストに名を残している。旧摂家の禄券高は、近衛：五万九千九一二円余、九条：六万一千七〇円余、一条：二万九千一三八円余、二条：三万五千円、鷹司：一万一千四五九円余であったから、◎資産形成か△家計破綻かには、先の中川家の事例が示唆するように、公債利子以外の所得に係る「家」戦略要因が作用したとみなければならない。高額所得者名簿に名を連ねた三条（六万五千円）と岩倉（六万二千二九七円）の禄券高は括弧内の通りであって、鷹司の三倍強、一条・二条の二倍ほどの大きさであるが、五摂家のうち最高の九条と近衛を幾分凌駕するに過ぎず、金禄公債利子は年利五分で三条が三千二五〇円、岩倉が三千一一四円であった。しかるに、前記八〇年代末の所得はそれぞれ三万四千二八三円、四万二千二六円となっていて、公債利子以外の所得が九割以上を占めている。三条実美と岩倉具視はともに政府最高の官職に止まり、とくに高額の官俸関連所得とさまざまな名目による莫大な恩資金が「家」戦略の成功を容易にした。その点では公卿華族一般の家政運営を代表するものではないが、門閥公卿華族の家政保全と資産形成の特色を示すものとして注目されるのである。

二　岩倉家の場合

前記の金禄公債利子三千一一四円の他に、具視は右大臣として年額七千二百円の俸給を受け、外国公使等接待費として一八七三（明六）年から年四千五百円（七九年に六千円に増額）を特賜として給与され、盆と歳暮には恩賜金として七六年頃で一回に七百円（八〇年には一千五百円）づつ受けた。兼官は本官給の半額が支給される建前であったから、宮内省内規取調局総裁心得（八二年任命）や宮内省編纂局総裁心得（八三年任命）を兼ねた時には相当の俸給を加算されたはずである。以上で毎年二万円弱の定収入があったと推定される。これに加えて、七三年職務勉励のゆえに一千円、七六年金禄公債証書への改定による収入減に対して三万円の賜金があり、公爵に叙せられた時に公債証書で家門永続資金三万八千円が下賜された［岩井 1977：320］。

まとまった額の金禄公債利子と甚だ高額の俸給等で年約二万円弱、莫大な恩賜金が時折これに加わるという所得規模は、一八八一年の官立学校訓導（判任）の年俸が最高で五四〇円、最低で一四四円、警視庁巡査（等外）の年収（月給一二ヵ月分）が一二〇円以下七二円以上［『明治史要附表』：206〜208，252，247］という当時の中級下級公務員の年収と照らし合わせ、また、七九年一二月の函館大火の被災者二千余戸に対し下賜された救恤金千円、東京日本橋界隈の大火による罹災一万余戸に対し下賜された救恤金二千円［宮内庁 1970：829］と比較すれば、法外に大きいと言って差し支えないだろう。勅勘を蒙って壮年期の数年間不如意な生活に耐えた岩倉、そして督部長として華族に対し計画的な家事運営を自らの手で実行するよう繰り返し説諭した岩倉のことであるから、所得が非常な高額だからといって恣に費消するはずはない。高額の所得を蓄積と投資に回して、きわめて有利な第十五国立銀行の株式を三千株近く引受け（筆頭から一三位、旧大藩諸侯なみ、公卿華族では第一位）、千葉県で二四町歩もの土地を取得するなど、資産を形成していった。八三年七月に岩倉が死去した時、約三百万円の遺産があったと伝えられている［尾崎 1976：226］。

具視はまた息子たちを貴族社会に定位することに意を用いた。一八六八（慶応元）年徳川慶喜追討令が発せられるや、一七歳の次男具定を東山道鎮撫総督、一五歳の三男具経を同副総督に任命した。具経は復命後その功によって堂上（公卿）に列せられ、家禄として現米四〇石を与えられる。旧幕時代には稀であった公家社会での堂上家創立である。長男具義は一三歳で出家して興福寺正知院住持になっていたが、六八年還俗、翌年岩倉家に復帰し、二七歳で一代堂上に列せられて現米四〇石を与えられ、南岩倉と改称した。これも七六年には永世華族に昇格する。具視は次男具定を家に残しながら、公家社会の慣習に従って同じ平堂上の富小路政直の次男具綱を養嗣子として長女に娶せ、彼らの末子に嫡孫具徳をえた。具徳は八三（明一六）年三歳で分家し、同年七月一三日、具視死亡の直前に華族に列せられる一方、同年九月その父である具綱が具視の跡を継承したが、翌八四年七月七日、華族令による第一回叙爵の初日に、具綱が隠居し直ちに具定が本家を継承する。そして、翌七月八日、具視の偉勲により具定が公爵を特授され、同日具経、具義の養嗣子具威、具徳の三人が「一新後華族ニ列セラレタル者」として男爵を授けられた。

具視はこのように生前すでに長男、三男、養嗣子（長女の夫）嫡男の三人を華族に列させていたのに加えて、最晩年に生まれた末子（四男）道倶が具視没後一三年の一八九六年一五歳で分家し、勲功ある公爵には男子二人まで授爵しうるとの内規により、男爵を授けられた。（長男は元興福寺学侶として列一代堂上、三男具経は自らの勲功により列堂上、養嗣子嫡男と四男の二人が具視の勲功により、それぞれ列華族、授爵。）こうして、具視は生前から没後にわたり四戸の華族分家を派生させ、公家社会に例をみない族的発展を示したことも、「家」戦略の成果として言及に値しよう。

三　三条家の場合

前記三千二五〇円の金禄公債利子の他に、実美は太政大臣の俸給九千六百円、交際費六千円（七六年段階、後に増額されたはず）、盆と歳末に岩倉と同様に受けた恩賜金、修史館総裁と賞勲局総裁の兼官俸給を合して、二万五、六千円の年収があり［尾崎 1976：216］、さらに、岩倉と同様七三年に職務精励のゆえをもって一千円を下賜されている。これほどの莫大な収入がありながら、三条は岩倉と違って「何と云うても高貴の生れ故、財利計算のことは殆ど無能」で［尾崎 1976：232］、旧幕時代から諸大夫として勤めてきた家令に経理関係を任せきりにしたため、彼らの投機的事業の失敗と詐取によって巨額の負債を負い、破産に瀕した。では、どのような負債があり、それをどのように償却して、高額所得者名簿に名を連ねるに至ったのか。大債が発覚した一八七六（明九）年春から実美の要請を受けて家政整理に当たったのは、新政府で法制官僚として重きをなしつつあった尾崎三良である。彼は若年の頃青士として三条家に仕え、七卿落ちの実美に随従した、三条家にとくに係りの深い人であった。彼の自伝の記事によってこの事情を探ることは、門閥の政府首脳が負債から脱却するために発動された「家」戦略の一端を露にすることになるだろう。

負債はガラス製造創業のため家令たちが横浜の英一商店から高利で借りた九万円であった。外国資本ゆえ情実談で値切るわけにゆかず、年利一割五分の利子を加えれば殆ど一〇万円になる。この風評を案じていた木戸孝允と伊藤博文に尾崎が善後策について相談し、品川に建設中の板ガラス製造場を工部省に買い上げてもらうこととなった。(1) 当時工部卿であった伊藤の手配でこの件は問題なく処理され、その代金四万円、さらに金禄公債証書への改定による収入減を名目として御手許金三万円の下賜を受ける。その頃三条家は品川に一万坪ほどの地所を所有していたが、一万円でも買手のない有様なので、近い姻戚（先代夫人の里）の高知山内家に頼みこみ、助勢の意味で一万五千円で買ってもらった。また、旧家令が和歌山徳川家とともに採掘権をもっていた広島地方の鉱山の旧家令持分を悉皆譲ることとして、その代償一万円を和歌山家から出してもらい、以上四口で九万五千円をえた。不足の五千円は他から都合して漸く一〇万円をつくり、三井を仲介として外国人に元利悉皆弁済することができた。近い姻戚の財的援助を別として、御手許金の下賜、工場施設の政府買上げ、この間の政府高官の介在、以上三者が結合した支援は政権中枢の門閥家でなければありえぬところであろう。

こうして借財を償却したものの、三条家の家計は多人数の使用人を抱えて収支償いがたい実情であった。そこで冗費を削るべく、従来男の料理番が三人いたのをやめて女子の料理番とし、馬も四頭いたのを二頭にし、御者馬丁等もこれに準じて減らして、使用人の三分の一を解雇した。こうして七六年夏の頃には家政改革をやり遂げ、収支あい整うようになったが、臨時の出費があれば忽ち困却するのは目に見えていた。

一日井上馨を訪ねて此の懸念を話したところ、そもそも三条家と毛利家とは維新の大業において不可離の間柄であったのだから、毛利家として知らぬ顔はできないと言って、金一〇万円を無利息一〇カ年賦で借用できるよう取り計らってくれた。この金で一割利付の公債を買入れ、毎年その利子一万円を毛利家に返せば一〇年で負債を償却し、一〇万円はそのまま手許に残る計算となる。たまたま公債の時価が下落していて、実際には額面一一万円の金禄公債を買うことができた。以来、改革したとおりに家政を執行し、他面、宮内省からの拝借金で苦境を凌いで、一〇年後の一八八六（明一九）年には毛利家の負債を悉皆償却し、政府から公債の払戻しを受けて、えた現金一一万円で日本鉄道会社株・第十五国立銀行株・日本郵船会社株を買って利殖を図った。話は前後するが、毛利家から家政上の援助を受けた後、これを聞きつけた熊本細川家から、近い姻戚（先代夫人の里）として傍観しているわけにゆかぬとて一万円を贈ってきた。この金も第十五国立銀行株に投資した。八二年には次子公美が華族に列せられ、特旨で実美に五千円の賜金があり、八四年公爵を授けられた時には公債証書で家門永続資金三万五千円が下賜される。このようにして、八〇年代末の高額所得者名簿に三条家が名を連ねるまでに家道の回復をみたのである。

九一（明二四）年二月に実美が死去し、遺託によって家政相談人となった土方久元、清岡公張、尾崎、桜井能監の四人が三条家の資産を取調べたところ、所有の有価証券は時価に見積もって一八、九万円、その一年の収益は一万六、七千円と見込まれた。実美在世中は私財から生ずる所得と官俸年金を合して三万四、五千円の年収があったのに、俄にその半額にも足りぬ額に減少した以上、今後はただ倹約して支出を抑制する他なしということになり、差し当たって贅沢に属する馬車を廃せざるをえないと相談人たちは腹を決めた。

尾崎は総理大臣山縣有朋（1838～1922）を訪ね、明治中興第一の元勲三条公が死ねば忽ちその妻子の乗るべき馬車もなくなるというのでは、朝廷薄恩の感慨も起きるのではないかと話したところ、山縣は何とか工夫するから馬車を廃することは見合わされよとのことにて、後日、とくに帝室資産の内より整理公債五万円が下賜された。他方、伊藤博文に働きかけた結果、九歳の三男公輝に分家を仰せつけられ、華族に列して男爵に叙し、これに家門永続資金一万円が下賜されることになった。合わせて整理公債六万円、年利五分として三千円の所得増となり、漸く年収約二万円の見込みがたって、辛うじて二頭挽馬車を維持できた。元勲の家政支援のため、宮内省御手許金が下賜され、勲功ある公爵家の男子二人まで華族に列せられる内規がタイムリーに適用されていることに注意したい。

当時、実美の女子七人はまだ一人も嫁していなかったから、相応の支度をして嫁がせねばならず、それに具視の跡を嗣いだ一六歳の当主公美もゆくゆくは夫人を迎えねばならない。これらの経費に備えて歳入の幾分かを蓄積に回すため、相談人協議のうえ先代の遺志と称して家憲を制定した。華族令追加以前に制定された家憲は、しばしばこのような家政の内部事情に対応して作製されている。

九一年四月一七日制定の「三条家家憲」［三条家文書］は六章三五条からなるが、要点は第三一、三二条に定めた事項、つまり歳入の三分の一を根基財産に組入れて貯蓄し、残りの三分の二をもって家計を立てること、しかもそのうち一〇分の二を臨時予備費として控除し、重要事件のほか消費しないこと、にある。二万円の歳入としても経常費はその半ば、毎月一千円以下でやりくりすることになったのである。

以来、三条家の主従心を一にして家憲を遵守し、その間渋谷で購入した地所一万五千坪を数年の後に売り払って約五、六万円の利益をえたこともあって、家計は豊かになっていった。かくて、七人の女子にはそれぞれ相応の支度をして輿入れさせ（長女智恵子は閑院宮載仁妃、次女美佐子は毛利公爵夫人、三女章子は東本願寺大谷伯爵夫人、四女高子は平松子爵夫人、五女篤子は高倉子爵夫人、六女夏子は酒井（姫路）伯爵夫人、七女末子は山尾子爵夫人）、当主公美には松平（福井）侯爵の娘を娶り、分家して男爵家を創立した三男公輝には毛利（長府）子爵の娘を娶った。それぞれ莫大な婚礼費用を支弁したにもかかわらず、家道はますます豊かになり、一九〇七（明四〇）年試みに財産調査をさせたところ、分家公輝分を含めて有価証券の時価総額百万円（この外に約五〇万円の邸宅）を算し、年収五万円に達したのである。

三条家の「家」戦略の発動において、実美夫妻の影が薄い。実美は長年勤めた家令扶に家政を丸投げして巨額の債務に陥ったのだから、小イエの建前からすれば破綻の源は彼に在るといって差し支えない。この点では従来どおりの姿勢を改めぬ夫人も責めを免れない。尾崎はつぎのようなエピソードを記している。

投機的事業のために横浜英一商店に大債を作った家令扶を放逐した後、尾崎は実美の希望で登退庁の途次三条家会計所に立ち寄って指図などしていた。その折り夫人に「凡そ一家の家計は其主婦たるものの役目なれば、雇人を当てにせずに御前自ら老女を指揮して大体丈にても御担任なさるべし」と忠言を試み、横浜の商店へ返すべき九万円余の紙幣を文庫に入れて奥へ持参し、「外国人へ渡す迄の間御預りなされ」と申したところ、夫人は当惑の色で老女浪江を呼んで「そなた預り置け」と命じたという。小イエ家政における主婦の役割を念頭においた忠言に対し、鷹司家から入輿した夫人は金銭に直接手をふれず、老女にこれを担当させる中イエ的行動パターンで対応して、尾崎を失望させたのである。

次男で三条家を嗣いだ実美は、兄公睦の長子公恭を実子相続人としていた。公恭は武家華族木下某の娘を妻としながら素行修まらず、花柳界に出入りして乱行が募り、そのため負債が嵩む有様であったから、実美は余儀なくこれを廃嫡し、代わりに彼の長子公美を呼び戻して本家相続人とし、公恭とその妻子を公美が分家創立した男爵家に入籍させた。三条家の資産形成が長く停滞したのは、一つには公恭の浪費のゆえであって、彼は「家」戦略の阻害要因でしかなかった［尾崎 1976：205〜232：同 1977a：253〜258，271〜272］。

三条家の「家」戦略において死活を制する役割を果したのは、旧臣尾崎三良ら実美側近であった。宮内省、三条家の親戚、維新回天の事業における同志たちも、尾崎らの周旋を介して救援の手を差し伸べ、恩賜金下付、列華族の制度適用、政府の公的資金投入という、士庶の民では全く手の届かない形の支援が成立したのである。いうなれば、尾崎らをコーディネーターとする最上層社会のネットワーク的支援のなかで奏功した「家」戦略であった。第三部第三章二、3で言及したように、尾崎は三条家近親の招宴や結婚披露宴等に妻同伴で度々招かれ、没後、東京青山墓地の尾崎家墓地参道を飾る石灯籠二基が三条家から贈られたことからも、三条家がいかに尾崎の尽力を多としたかが察せられよう。

三条家の場合、危機におけるネットワーク的支援が顕著であるが、平常の有利な投資活動には制度的支援があり、その主なものは岩倉具視の主導によって設立された第十五国立銀行と日本鉄道会社であった。

岩倉は前述のように、家禄処分が華族の家政にもたらす危機を危惧して華族を戒める一方、家産保全のために華族の金禄公債証書を結集して銀行を設立することを企画し、一八七七（明一〇）年五月、四八四名の華族の参加によって第十五国立銀行の開業をみた(2)。設立時の資本金千七八二万円は当時の国立銀行全株式の四七％に達するという、巨大な華族銀行の出現である。計画段階で示された利子見込みによれば、金禄公債証書額面百万円の家の場合、年利五分として五万円の収入を生むのに加えて、額面百万円の公債証書は六〇万円の銀行資本となり、当初の配当金年五分から銀行創立諸費を控除した残余を四分としてその利子二万四千円、二口計七万四千円の安定した年収を生むという有利な投資であった［多田 1927b：492：霞会館 1966：612］。この配当金は八〇年には一割五分に急上昇し、出資者の資産形成に貢献する［後藤 1986 : 7］。

さらに八一年一一月、華族および後に新華族になる高官、その他有志の協同企画が岩倉の尽力で実って、東京から青森に至る鉄道の敷設と営業を当面の業務とする日本鉄道会社が設立された。鉄道敷設の用地のうち官有地は無償貸付け、民有地は政府買上げのうえ会社に払下げ、土地に対する国税は一切免除、会社の純益年八分に達しないときは八分までの不足を一定期間政府で補給するという、保護の厚い国策会社であった［多田 1927b : 810〜811］。創立にさいして第十五国立銀行およびその株主である華族は積極的にこの事業に参加し、同行の資金運用の重点がこの会社の株式所有と貸付けに移行していった。

政府はまた、華族が家産を保全して家の安泰な存続をかちとるのを助成するべく、一八八六（明一九）年四月華族世襲財産法を公布した。すなわち、毎年五百円以上の純益を生ずる不動産・動産（ただし政府発行の公債証書またはこれに準ずる株券）を世襲財産として宮内大臣の認可を受ければ[3]、世襲財産は宮内大臣の監督下に置かれ、戸主といえども売却譲与、質入れ書入れが禁じられ、債主の差押えもまた禁止される。これは、世襲財産を設定した華族の家に一種の法人格を認め、時々の経済的浮沈にかかわらず存続を確実ならしめようとするものであった。しかし、伝統貴族系全体の世襲財産設定率は九九年段階で約四割、公侯爵で七割、伯子爵で五割弱、男爵で〇%という著しい格差があり、かつ大名華族に比べて公卿華族の侯伯子爵で低かった［帝室統計書］。世襲財産非設定の主な理由は世襲財産として認可を受けるに足る財産がないことだったと推定され[4]、第十五国立銀行の創立によって華族の没落を防ごうとした方策も、侯爵以下の公家華族で配当金の恩恵の薄い者の困窮を救うことができなかったのである［後藤 1986 : 10］。

このため、京都在住の公家華族から宮内省に対して繰り返し救恤の訴えが提出された。一八八三（明一六）年、京都御所の宮殿および修学院離宮・桂離宮保守のために、彼らを宮内省職員たる殿掌等として雇用することになったのは、訴えに対する対応の一つであって、この時、四四家から少なくとも一人ずつ、多い家では親子孫三人が採用されている［宮内省関係書類(39)］。公家華族の訴願は、九〇年奈良在住華族（元興福寺僧侶）の拝借金願、同年八月旧清華四侯爵家から家計困窮につき貴族院世襲議員として登院するための歳費下付陳情書［三条家文書］（その結果一時金千円づつ下賜、［徳大寺実則日記］）等とつづいた。事実彼らの窮状は、第十五国立銀行の武家華族所有株数が年々増加しているのに、公家華族のそれは逓減していること、一戸当たり持株数に公爵と侯爵以下とで甚だしい差異があることを指摘する、九一年早々の雑誌記事と思しき記録にも窺うことができる［品川弥二郎文書］。かくて九四年三月、天皇の結婚二五年祝典にさいして皇室と永い縁故関係がある公卿華族に一九九万円の下賜があり、これを元資としてその果実の中から毎年、公侯爵家各三、伯爵家各二、子爵家各一の割合で保護金が分賜されることとなった［美濃部 1935：48］。[5]これを定めた一九一二（明四五）年七月の旧堂上華族保護資金令（皇室令三号）公布のさい、あわせて男爵華族恵恤金恩賜内則の通達があり、奈良華族・神職華族等にも保護救恤金が分賜されたのである。

門閥の伝統貴族（および新華族となる政府高官）を主たる対象とする随時の恩賜金は「御手許金」から支出されたのであるが、その大本をなす皇室財産は、八四年から九〇年にかけて、帝国議会が開設される前後の過渡期に、国有財産の名義を変更するだけの手続きにより無償で設定され、その膨大さはロシヤの帝室を除いて世界に冠たりといわれた［澤 1917：95，附録9～11，15：岩井 1997：58］。「華族ノ貧富盛衰ハ国体ニ大関係ヲ有スル」［福島 1962：236］との見地から華族世襲財産法が制定されたように、華族の「家」戦略はこれを藩屏とする巨大イエ天皇家の「家」戦略と深くかかわって成立しえたのである。

註

（1）　このガラス製造所のことは、「品川のガラス製造局」の見出しで一八七九年五月五日付け『東京日々新聞』にその状況が報道された［石田 1934：248］。

（2）賞典禄などで複数の加入者がある家若干と、他方、ごく少数の非加入戸があった。

（3）世襲財産からの最低年収額を五百円以上とした理由は、この収入で「中等ノ生活」を営むことができること、またこの基準ならば五二七戸の華族のうち四三三戸（八二％）が世襲財産を設定できると見込めたことであった［福島 1962：213，214］。

（4）ただし、無設定者には、高額の金禄公債証書受給者であり、かつ第十五国立銀行の大株主であった著名な華族もいる。上位一〇人を爵順に列記すれば、徳川家達・近衛篤麿（以上公爵）、蜂須賀茂韶・徳川圀順・中御門經資・西園寺公望（以上侯爵）、松平頼壽・大村純熈（以上伯爵）、毛利元敏・吉川經健（以上子爵）である［後藤 1988：86］。

（5）一九三三～三五（昭八～一〇）年頃の公爵で、当時の大臣の年俸に匹敵する年間六千円の配分があったという［金沢ほか 1968：139～140］。

結語　華族の「家」戦略とその変化

「家」戦略の変化

「家」戦略の目標は、超世代的直系的、一言でいえば系譜的な、家の安泰な存続であるが、この目標達成の方策としての戦略は、華族の「家」を取り囲む諸条件の変化によって変わることはいうまでもない。華族の「家」を取り囲む諸条件は、一八六九(明二)年に華族と改称された公卿・大名、広くとっても七五年頃までに華族に列せられた伝統貴族諸家と、華族令により勲功のゆえに新たに華族に列せられた士族たち、いわゆる新華族とで、大きく異なっている。そこで、本書は伝統貴族を中心に考察することとし、まず彼らの存在形態を規定した諸条件の、近世末から近代にかけての変化に注目した(第一部第二章)。

そのような諸条件の変化として、近世社会に聳え立った巨大イエ・大イエの解体、近代の巨大イエ天皇家のもとでの伝統貴族の小イエとしての再編成と華族社会の形成、天皇家の藩屏たるの特権的地位ゆえの皇室制度による規制と庇護といった、イエ的構成の変化が重要であって、いずれも新華族には間接的なあるいは第二義的な意義でしか係らない。

「家」戦略は帰属面では継承要員の調達に示される。したがって、条件が変化すれば継承要員の調達に変化が現れるはずである。資料を細かく点検したところ(第二部第一章)、近世では大イエ境界の拘束を強く受けた継承要員(男子)の調達が、大イエが解体した近代では当然のこととしてかつての大イエ境界を越えるものとなっている。また、もともと大イエの境界を越える傾向があった結婚相手（女子）の調達は、近代では一層その傾向を強めるとともに、勲功華族や財閥華族を相手に選び、さらに非華族の名門富豪とも婚を通ずる傾向が露となってゆく。

安泰な存続のための「家」戦略は、家訓・家憲に示されることが多いのでこれに注目すると（第二部第二章）、近世大名家の家訓は当主だけでなく家老などいわば経営スタッフをも対象とした訓戒を中心とするのに対し、近代の大名華族の家憲は継承や家政に関する規則を中心に小イエ向きに構成されている一方、家の実情を反映しつつ華族関連法規に即応することを旨としている。

後嗣確保と後嗣候補の供給による大イエ結束の維持強化のため、かつて婚姻の補完制度とされた娶妾習俗が、大イエの解体によって社会的基盤を大幅に喪失した。にもかかわらず、娶妾は華族社会の習俗として命脈を保ったが、皇家における側室制度の廃止によって正当性の支えを失い、他方、子女養育法の改善によって後嗣の産育を妻役割に期待できるようになった結果、娶妾は悖徳のレッテルを貼られて地下に潜っていった（第三部）。

要するに、かつて大イエの冠をなし、大イエを担いつつ大イエに守られて安泰な存続を克ちえてきた貴族の家が、明治維新期の大イエ解体の後、天皇家巨大イエの傘下で小イエとして再編され、継承・婚姻要員の調達方策を新しい社会状況に即応するように改めつつ、戦略目標の達成を期した、ということができる。この要約が最も適合するのは冒頭でことわったように大名華族であるが、石高が少なかった公卿華族は、かつて天皇家大イエ傘下の中イエあるいは小イエとして、親近の中イエ・小イエと連合して継承要員調達ネットワークを構成した。ここでも、天皇家旧大イエの解体と巨大イエの形成、旧公卿小イエの再編成が色濃く影を落としていることは、随所で指摘したとおりである。

「家」戦略は業績面では子弟教育と家政管理に窺うことができる（第四部）。明治維新期の大改革によって大イエ体制が崩壊し、伝統貴族は家職を失って経済的基盤に激変を蒙った。宮内省所管の華族学校たる学習院は、華族に中等教育以上の履修を容易にするとともに、帝国大学へのトリック的橋渡しによって、伝統貴族が喪失した社会的威信を回復し近代的地位を獲得するのを支援した。また、伝統貴族のアキレス腱ともいうべき家政管理については、華族銀行と俗称される第十五国立銀行を創立して有利で安全な利殖の道を準備し、華族世襲財産法により華族の家に法人格を与えて財産の保全を助ける等、天皇家巨大イエ体制から強力な梃子入れがなされた。この間とくに目を惹くのは、不如意を訴える門閥貴族への天皇「御手許金」の気前のよい下賜であった。このように、子弟教育と家政管理はともに天皇家の庇護と政府の支援に彩られ、自律的な家政運営を家風とする華族は別として、手厚い保護に依存しかつこれを期待する華族において「家」戦略は自ずから生彩を欠いた。かくて、華族のある者は「家」戦略の低迷によって没落の道を辿り、他の者は無謀な「家」戦略によって没落を早めたのである。

「家」戦略の準拠点

「家」戦略には準拠点があった。準拠点とは不動の究極的原点のことであって、これに繫留することによって個々の「家」戦略は漂流を免れ、家存続の目標達成に向けて努力を重ねることができる。それは内と外と二つあり、内側の準拠点は先祖、外側のそれは自らの属するイエの頭首であった。この二つが連なる場合と乖離する場合とがあり、前者では準拠点は安定して不動となり、後者では矛盾を抱えるがゆえに多かれ少なかれ不安定となる。

近世大名諸家、とくに徳川家門および譜代大名家の外側の準拠点は巨大イエの頭首・将軍家であり、それと彼らの内側の準拠点である先祖とが連なったことは、延岡内藤家の家訓①（二〇六ページ参照）にみるとおりである。他方、近代の華族諸家の外側の準拠点は天皇家であり、これと内側の準拠点たる先祖が連なることは、同様に内藤家の家範第一条によって確認することができる。一八七七（明一〇）年二月、華族会館長岩倉具視が華族子弟の就学を奨励した告示のなかで、「天皇ノ寵恩」と「祖先ノ恩」を並べて強調したことは、同一の信念から発するものである〔学習院1928：42〕。近世でも近代でも、外側の準拠点が内側の準拠点を吸収統合できない場合、外側の支配を確かなものにするため、統合されうるかのように擬制した（近世では名字拝領・一字拝領、東照宮・藩祖霊の鎮祭など）。近代の家族国家観は、天皇家を外なる準拠点と観念しがたい国民一般を対象として、提供された擬制モデルといえよう。

近代華族諸家の外なる不動の準拠点は万世一系の天皇家であり、そこに接近して繋留することによってのみ、華族諸家は華族の家として「家」戦略を安定させることができた。半面、華族諸家がそのように行動することによって、天皇家は彼らの不動の準拠点として万世一系たりえたのである。皇室が不動の準拠点たるためには、華族諸家がこれを不動の準拠点としてそこに接近して繋留することが必要であった。華族は皇室の藩屏という教説の核は、実にこの相互依存性にある。

「家」存続のコストと報酬

戦略目標である家の存続を達成するために、他方でコストが支払われている。家の社会的地位の保持を第一義として、結婚相手の選定においては当事者の個人的属性の適合性よりも家自体の属性の適合性が比較検討され、家の社会的地位にふさわしい人が配偶者として選ばれる。誇張して言えば、この選定手順は官僚制組織において一定の職位に就くべき人を選任する手続きに酷似している。その結果、家の社会的地位にふさわしい夫人もしくは婿養子がえられたとしても、妻もしくは夫としてふさわしいかどうかは自ずから別であって、しばしばミスマッチとなる。そうした場合、夫側の欲求不満は娶妾によってある程度救われても、妻側の欲求不満は高まりこそすれ、緩和されることはない。信心など自らの内なる世界に逃避できなければ、しばしば離婚に導かれることだろう。一八八八、八九両年次中に結婚の許可をえた華族男子計四九名のうち一八名（三六・七％）、女子六三名のうち一七名（二七・〇％）が再婚以上であり［華族統計書］、一八八六年から八九年までの四年間の婚姻合計一四二件に対して離婚合計は五七件、実に四〇％に上る［帝室統計書］。短期間の数値であるが、離婚が頻繁に起きたことを示唆しており、華族諸家系譜や戸籍の附籍に頻出する離婚女子の記録からも、「家」戦略の犠牲者が少なくなかったことを印象づけられる。

華族は養嗣子を取る時、政治的法的正当性のためにこれを男系の血族から選ばねばならず、情愛の対象であっても姉妹や娘の男子は斥けざるをえないことがあった。家のいわば公的な都合で宛てがわれる配偶者といい、総じて当事者の私的な感情的満足が犠牲にされる傾向がある。これは「家」戦略のコストといわなければならない。

このようなコストに耐えてなお、家の存続を「家」戦略の目標とするのは何故か。それは、家の存続が大きな象徴的実質的報酬を関係者に約束するからに相違ない。では、家の存続からどのような大きい報酬を関係者が引き出しうるのであろうか。まず現在の家成員の生活と社会的地位を守り、さらに将来の家存続の手がかりを固めるという実質的報酬に加えて、先祖の祭祀を維持できるという象徴的報酬が挙げられよう。本書が考察の主な対象とした明治期の華族社会では、祭祀の義務を託された者がこれを断絶させることは最大の不孝とみなされ［穂積（訳）1917：127］、先祖祭祀の維持は何にもまさる家存続の報酬と考えられた。先祖こそ「家」戦略の内なる準拠点であるからであり、外なる準拠点に従属するようでいて、実はこれをも吸収する潜勢力をもつ原点であったからである。

このようにみるとき、華族社会の「家」戦略の考察は、華族諸家における先祖祭祀を射程に含めなければ十全のものたりえないことが判明する。常民の家においても先祖祭祀は重要であったが、大イエたりし来歴を有し、かつて藩祖の祭祀が藩士・藩民を統合する機能を担った伝統貴族諸家では、先祖祭祀の維持は常民の常識では計り知ることのできない深さと広さと重さをもつのであろう。本書では、大名家大イエの解体に伴う菩提寺・祈願寺・墓地の処分に言及し、知藩事家が旧藩地を去って大イエが全く解体を遂げた後、藩祖等が県社などに奉齊された各地の例にふれるに止まったが、ここにおいて、貴族の「家」を取り囲む諸条件の変化により彼らの先祖祭祀がどのように変化したかを、「家」戦略との関連で解明することこそ、残された課題として銘記しなければならない。

初出一覧

序論　華族社会の「家」戦略　書き下ろし。

第一部　第一章　華族制度の設置・展開・終焉　［森岡1997b］に加筆。

　　　　第二章　旧大名家大イエの解体　［森岡2000b］に加筆。

第二部　第一章　継承・婚姻要員の調達と供給　書き下ろし。

　　　　第二章　家訓・家憲にみる「家」戦略　［森岡1997a］を全面的に修正。

第三部　第一章　妾の法的地位の推移　［森岡1999］の一部。

　　　　第二章　娶妾の統計的観察　［森岡1999］の一部。

　　　　第三章　日記・自伝にみる娶妾の実態　一、［森岡1999］の一部。

　　　　　　　　　　　　　　　　　　　　　二、［森岡1998］に加筆。

　　　　第四章　娶妾習俗の崩壊とその要因　［森岡2000a］に加筆。［森岡1996］の一部、および［森岡1997c］の一部を吸収。

第四部　第一章　伝統貴族の子弟教育と職業経歴　書き下ろし。

　　　　第二章　家政における「家」戦略の成否　書き下ろし。

結語　華族の「家」戦略とその変化　書き下ろし。

文献

凡例

(1)既刊文献は著者・編者・筆者氏名のABC順に掲げ、同一名については刊行年次順に掲げた。
(2)論文題名末尾の数字は掲載ページを示す。
(3)未刊文献は既刊文献の次に所蔵者別に掲載した。
(4)編者を特定できない既刊文献は、「その他」として最後にまとめて掲載した。
(5)長い編者名は本文中の引用では簡略化して示したが、その表記と刊行年で文献を特定することができる。

阿形龍彰、1930「妾の社会的地位」『社会学雑誌』七五号、57～84.

会田雄次ほか、1997『徳川慶喜と賢侯の時代』中央公論社（中公文庫）。

秋本典夫、1962「近世大名の〝家〟と家臣団――黒羽藩大関家の場合――」『歴史教育』一〇巻一二号、47～54.

秋元茂陽編、1998『江戸大名墓総覧』金融界社。

有馬頼寧、1953『七十年の回顧』創元社。

有賀喜左衛門、1968『有賀喜左衛門著作集』Ⅵ、未来社。

朝日新聞社編、1979『朝日新聞一〇〇年の記事にみる　①恋愛と結婚』朝日新聞社。

浅古　弘、1975「明治初期における妾の地位」『法律時報』四七巻一三号、104～113.

浅見雅男、1991『公爵家の娘――岩倉靖子とある時代――』リブロポート。

浅見雅男、1999『華族たちの近代』NTT出版。

ベルツ、トク編・菅沼龍太郎訳、1951『ベルツの日記』一部上、岩波書店（岩波文庫）。

ベルツ、トク編・菅沼龍太郎訳、1952『ベルツの日記』一部下、岩波書店（岩波文庫）。

千葉彌一郎、1932『廃藩置県前後之荘内秘話』荘内史料研究会。

太政官統計院編、1882『甲斐国現在人別調』太政官統計院。（1968覆刻、芳文閣）。

太宰　治、1950『斜陽』新潮社（新潮文庫）。
遠藤幸威、1985『女聞き書き徳川慶喜残照』朝日新聞社（朝日文庫）。
藤井甚太郎、1926『明治維新史講話』雄山閣。
藤井徳行、2000「東武皇帝と奥羽越列藩同盟」『歴史読本』（新人物往来社）四五巻一一号、160～165.
藤波家文書研究会編、1993『大中臣祭主藤波家の歴史』続群書類従完成会。
藤野　保編、1981『佐賀藩の総合研究』吉川弘文館。
福島正夫編、1962『「家」制度の研究』資料篇II、東京大学出版会。
福島正夫編、1967『「家」制度の研究』資料編III、東京大学出版会。
学習院編、1928『開校五十年記念　学習院史』学習院。
学習院百年史編纂委員会編、1981『学習院百年史』一編、学習院。
ゴードン、ベアテ・シロタ、1995『一九四五年のクリスマス――日本国憲法に「男女平等」を書いた女性の自伝――』柏書房。
後藤到人、1997「明治における華族社会と士族社会――明治の「お家騒動」をめぐって――」『文化』（東北大学文学会）六〇巻三・四号、94～111.
後藤　靖、1986「日本資本主義形成期の華族の財産所有状況」『立命館経済学』三四巻六号、1～40.
後藤　靖、1988「華族世襲財産の設定状況について」『立命館経済学』三七巻四・五号、69～102.
Griffis, William E., 1876, *The Mikado's Empire*, Book II.（グリフィス、山下英一訳、1984『明治日本体験記』平凡社［東洋文庫］）
蜂須賀年子、1957『大名華族』三笠書房。
原　武史、2000『大正天皇』朝日新聞社（朝日選書）。
Hareven, Tamara T., 2000, *Families, History, and Social Change: Life-Course and Cross-Cultural Perspectives*, Westview.
Hareven, Tamara T., 2001, *The Silk Weavers of Kyoto: Family and Work in a Changing Traditional Industry*, University of California Press.
橋本　悟編、1937『華族家庭録』華族会館。
柱本瑞俊編、1927『明如上人日記抄』前編、本願寺室内部。

林　泉、1982『藤堂高虎公と藤堂式部家』林　泉。
林　泉、1984『藤堂姓諸家等家譜集』林　泉。
林　董、1970『後は昔の記　他――林董回顧録――』平凡社（東洋文庫）。
林　次敏編、1908「黒田略系図」松崎　留（福岡地方史研究会編、1999『福岡藩分限帳集成』特別付録、海潮社）。
原口　清、1962「藩体制の解体」岩波講座『日本歴史』一五（近代二）、1～51.
土方梅子、1976『土方梅子自伝』早川書房。
本田　肇、1933『因伯藩主池田公史略』鳥取史蹟刊行会。
堀内　節編、1973『明治前期身分法大全』一巻（婚姻法一）、中央大学出版部。
星野誉夫、1986「明治前期の鉄道政策と華族の鉄道建設運動」『武蔵大学論集』三四巻二・四号、31～44.
Howard, Ethel, 1918, *Japanese Memories*.（ハワード、島津久大訳、1999『明治日本見聞録－英国家庭教師婦人の回想－』講談社学術文庫）
Hozumi, Nobushige, 1912, *Ancestor-Worship and Japanese Law*, Yuhikaku. (Rev. ed.)（穂積陳重、穂積厳夫訳、1917『祖先祭祀ト日本法律』有斐閣）
茨城県神社誌編纂委員会編、1973『茨城県神社誌』茨城県神社庁。
井伊正弘、1995『わが感懐を――井伊家の歴史と幼時の思い出など――』AYA工房。
伊牟田敏充、1987「華族資産と投資行動――旧大名の株式投資を中心に――」『地方金融史研究』一八号、1～49.
稲垣知子、1997「近世大名の家格と婚姻――御三家を事例として――」『法研会論集』（愛知学院大学大学院）一二巻二号、1～70.
稲垣知子、1998「近世大名の家格と婚姻　再論――一般大名の場合――」林董一博士古希記念論文集刊行会編『近世近代の法と社会――尾張藩を中心として――』清文堂、169～198.
稲垣知子、2000「近世大名の婚姻範囲――享保九年・宝暦一三年の幕府婚姻奨励法令について――」『法制史研究』五〇、117～135.
猪熊兼繁、1968「維新前の公家」山川菊栄ほか『明治維新のころ』朝日新聞社、53～101.
井上毅傳記編纂委員会編、1966『井上毅傳』史料篇第一、国学院大学。
井上毅傳記編纂委員会編、1968『井上毅傳』史料篇第二、国学院大学。

井上毅傳記編纂委員会編、1971『井上毅傳』史料篇第四、国学院大学。
井上毅傳記編纂委員会編、1975『井上毅傳』史料篇第五、国学院大学。
井上毅傳記編纂委員会編、1977『井上毅傳』史料篇第六、国学院大学。
石田文四郎編、1934『新聞雑誌に現れた明治時代文化記録集成』前編、時代文化研究会。
石井研堂、1997『明治事物起源』一、筑摩書房（ちくま学芸文庫）。
石井良助編、1954『明治文化史』二（法制編）、洋々社。
石井良助、1961『続江戸時代漫筆』井上書房。
石井良助、1974「明治初年の婚姻法」中川善之助ほか編『結婚』（家族問題と家族法II）、酒井書店、200〜231.
石井良助編、1980『太政官日誌』四巻、東京堂出版。
石井良助、1987「相続」『国史大辞典』八巻、吉川博文館、562〜563.
石井紫郎（校注）、1974『近世武家思想』（日本思想体系二七）、岩波書店。
維新史料編纂会編、1974『華族略譜稿本』国書刊行会。
磯田道史、1999「近世大名家臣団の相続と階層」EAP九月セミナー報告原稿。
板垣哲夫、1977「維新後における大久保利通の政治上の人間関係」『史学雑誌』八六編一一号、35〜66.
井戸田博史、1986『「家」に探る苗字となまえ』雄山閣。
伊藤博文編、1970a『秘書類纂一九　帝室制度資料　上』原書房。（復刻）
伊藤博文編、1970b『秘書類纂二四　雑纂　其壱』原書房。（復刻）
伊藤博文編、1970c『秘書類纂二五　雑纂　其弐』原書房。（復刻）
伊藤博文編、1970d『秘書類纂二六　雑纂　其参』原書房。（復刻）
岩井　護、1998「大名の良妻・悪妻」『別冊歴史読本』（新人物往来社）五二号（徳川将軍家冠婚葬祭百科）、166〜171.
岩井忠熊、1977「明治前期の皇室財産と恩賜金」『立命館大学文学部創設五十周年記念論集』立命館大学文学会、311〜326.
岩井忠熊、1980a「成立期近代天皇制と身分制——華士族制度を中心として——」『日本史研究』二一一号、5〜26.
岩井忠熊、1980b「華士族制度の展開——近代天皇制の成立と身分制の再編——」藤井松一・岩井忠熊・後藤靖編『日本近代国家と民衆運動』有斐閣、1～28.

岩井忠熊、1989「華族と国家統一」『日本の肖像』八巻、毎日新聞社、78～83.

岩井忠熊、1997『明治天皇――「大帝」伝説――』三省堂。

岩井忠熊、2000「華族とは何だったのか――近代天皇制の八十年――」『歴史と旅』二七巻六号、28～35.

岩尾光代、1989「〈殿さま稼業〉往来」『日本の肖像』一巻、毎日新聞社、84～87.

岩崎徂堂、1908『日本現代富豪名門の家憲』盛林堂。

鹿児島県編、1941『鹿児島県史』三巻、鹿児島県。

鹿児島県維新史料編さん所、1977『鹿児島県史料　忠義公史料』四巻、鹿児島県。

鹿児島県維新史料編さん所、1978『鹿児島県史料　忠義公史料』五巻、鹿児島県。

鹿児島県維新史料編さん所、1979『鹿児島県史料　忠義公史料』六巻、鹿児島県。

貝出寿美子、1973「森有礼〈妻妾論〉の歴史的思想的背景」『日本歴史』三〇二号、83～97.

神島二郎、1977『日本人の結婚観』講談社（講談社学術文庫）。

金沢　誠・川北洋太郎・湯浅康雄編、1968『華族――明治百年の側面史――』講談社。

唐澤富太郎、1956『教科書の歴史』創文社。

鹿島晃久編、1978『しらゆき――島津忠重　伊楚子　追悼録――』島津出版会。

鹿島市史編纂委員会編、1974『鹿島市史』中巻、鹿島市。

霞会館編、1966『華族会館史』霞会館京都支所。

霞会館華族家系大成編輯委員会編、1996a『平成新修旧華族家系大成』上巻、霞会館。

霞会館華族家系大成編輯委員会編、1996b『平成新修旧華族家系大成』下巻、霞会館。

霞会館華族史料調査委員会編、1986a『華族会館誌』上巻、霞会館。

霞会館華族史料調査委員会編、1986b『華族会館誌』下巻、霞会館。

霞会館諸家資料調査委員会編、1985『華族制度資料集』霞会館。

勝田孫彌、1910『大久保利通傳』上巻、同文館。

勝田孫彌、1928『甲東逸話』富山房。

勝田政治、2000『廃藩置県――明治国家が生まれた日――』講談社（講談社選書メチエ）。

河鰭実英、1949『大奥秘話　女官』風間書房。

河鰭実英、1992『宮廷の生活』霞会館。

慶応義塾編、1959a『福澤諭吉全集』五巻、岩波書店。

慶応義塾編、1959b『福澤諭吉全集』六巻、岩波書店。

慶応義塾編、1960『福澤諭吉全集』八巻、岩波書店。

慶応義塾編、1961a『福澤諭吉全集』十五巻、岩波書店。

慶応義塾編、1961b『福澤諭吉全集』十六巻、岩波書店。

慶応義塾編、1962『福澤諭吉全集』十九巻、岩波書店。

警醒社編、1921『信仰三十年基督者列傳』警醒社。（1996、大空社復刻）

木村　礎ほか編、1988a『藩史大事典』七巻、雄山閣。

木村　礎ほか編、1988b『藩史大事典』一巻、雄山閣。

木村　礎ほか編、1989a『藩史大事典』五巻、雄山閣。

木村　礎ほか編、1989b『藩史大事典』三巻、雄山閣。

木村　礎ほか編、1989c『藩史大事典』二巻、雄山閣。

木村　礎ほか編、1990『藩史大事典』六巻、雄山閣。

小林　宏・島善高編、1996『明治皇室典範』上（日本立法資料全集一六）、信山社。

小林丈広、2000『明治維新と京都――公家社会の解体――』臨川書店（臨川選書）。

近藤　齊、1975『近世以降武家家訓の研究』風間書房。

興正寺編、1927『葵山遺稿　華園家乗』一、興正派興正寺。

興正寺史料集刊行会編、1979『興殿諸記』下、同朋舎。

小山　騰、1995『国際結婚第一号――明治人たちの離婚事始――』講談社（講談社選書メチエ）。

小山静子、1986「明治啓蒙期の妾論議と廃妾の実現」『季刊日本思想史』（ぺりかん社）二六号、48～68.

小柳常幸、1976『慧日山高傳禅寺』高傳寺。

故柳澤伯記念事業実行委員編、1937『伯爵柳澤保惠正傳』故柳澤伯記念事業実行委員。

小崎弘道、1938『自叙傳』（小崎全集三巻）、警醒社。

工藤武重、1938『近衛篤麿公』大日社。

熊谷開作、1989『日本の近代化と「家」制度』法律文化社。

宮内庁編、1968『明治天皇紀』第一、吉川弘文館。

宮内庁編、1969a『明治天皇紀』第二、吉川弘文館。

宮内庁編、1969b『明治天皇紀』第三、吉川弘文館。

宮内庁編、1970『明治天皇紀』第四、吉川弘文館。

宮内庁編、1971a『明治天皇紀』第五、吉川弘文館。

宮内庁編、1971b『明治天皇紀』第六、吉川弘文館。

宮内庁編、1972『明治天皇紀』第七、吉川弘文館。

宮内庁編、1973a『明治天皇紀』第八、吉川弘文館。

宮内庁編、1973b『明治天皇紀』第九、吉川弘文館。

宮内庁編、1983『皇室制度史料　皇族一』吉川弘文館。

宮内庁編、1986『皇室制度史料　皇族四』吉川弘文館。

宮内庁編（後藤靖・大澤寛解題）、1993『帝室統計書』明治三二～大正五年、全九巻、柏書房。

黒岩涙香、1992『弊風一斑　蓄妾の実例』社会思想社（現代教養文庫）。

久留米市史編さん委員会編、1985『久留米市史』三巻、久留米市。

Lebra, Takie S., 1993, *Above the Clouds: Status Culture of the Modern Japanese Nobility*, University of California Press.（リブラ、竹内　洋・海部優子・井上義和訳、2000『近代日本の上流階級――華族のエスノグラフィ――』世界思想社）

リブラ、スギヤマ・タキエ、1995「母性に見る自然と文化の境界――近代日本の貴族層と母子関係――」脇田晴子、S・B・ハレー編

『ジェンダーの日本史』下、東京大学出版会、543〜584.
丸山真男、1964『現代政治の思想と行動』(増補版)未来社。
松原岩五郎、1988『最暗黒の東京』岩波書店(岩波文庫)。
松原到遠編、1912『大久保利通』新潮社。
松田敬之、1999「堂上格・華族格に関する一考察」『芸林』四八巻三号、26〜58.
松田　武、1978「一大名家の系図過去帳よりの統計的観察」『医学史研究』四九、33〜40.
松平家編、1890『松平春嶽公・巽嶽公履歴略』松平家。
松平直亮、1934『松平定安公傳』松平直亮。
松浦伯爵家編修所編、1927『松浦詮伯年譜』松平伯爵家編修所。
松浦伯爵家編修所編、1930a『松浦詮伯傳』一、松浦伯爵家編修所。
松浦伯爵家編修所編、1930b『松浦詮伯傳』二、松浦伯爵家編修所。
松浦伯爵家編修所編、1939『松浦厚伯傳詩文鈔』松浦伯爵家編修所。
松浦　玲、1997『徳川慶喜』中央公論社(中公新書、増補版)。
松崎敏弥、1998「天皇の母・妻の実家」『歴史読本　天皇家と華族』新人物往来社、54〜59.
明治神社誌料編纂所編、1975a『明治神社誌料』上巻、講談社。(復刻)
明治神社誌料編纂所編、1975b『明治神社誌料』中巻、講談社。(復刻)
明治神社誌料編纂所編、1975c『明治神社誌料』下巻、講談社。(復刻)
美濃部達吉、1934〜35「華族制度概説」『国家学會雑誌』、四八巻一一号、1〜12、四九巻一号、30〜50.
見田宗介、1978『近代日本の心情の歴史——流行歌の社会心理史——』講談社(講談社学術文庫)。
三田村鳶魚、1997a『武家の生活』中央公論社(中公文庫)。
三田村鳶魚、1997b『大名生活の内秘』中央公論社(中公文庫)。
水野慶次、1914『華族大系』目黒分店。
茂木陽一・鶴巻孝雄編、1996『明治建白書集成』五巻、筑摩書房。

Mohl, Ottmar von, 1904, *Am japanischen Hofe*, Berlin.（モール、金森誠也訳、1988『ドイツ貴族の明治宮廷記』新人物往来社）
毛利敏彦、1997「徳川幕府はいかにして滅んだか」会田雄次ほか『徳川慶喜と賢侯の時代』中央公論社（中公文庫）、227〜245.
森林太郎、1908『能久親王事蹟』春陽堂。
森　鉄三、1969『明治東京逸聞史』二、平凡社（東洋文庫）。
森岡清美、1959「真宗教団における寺連合の諸類型」喜多野清一・岡田謙編『家――その構造分析――』創文社、319〜346.
森岡清美、1962『真宗教団と「家」制度』創文社。
森岡清美、1967「家族の類型と分類」森岡清美編『家族社会学』有斐閣、9〜16.
森岡清美、1978『真宗教団における家の構造』御茶の水書房。
森岡清美、1984『家の変貌と先祖の祭』日本基督教団出版局。
森岡清美、1985「なぜ男女別有配偶人口に数万の差があるか」『統計』三六巻一一号、55〜56.
森岡清美、1992「家憲と先祖祭祀」『国立歴史民俗博物館研究報告』四一集、135〜149.
森岡清美、1996「昭和戦前期華族の世帯構成と家族構成」『淑徳大学研究紀要』三〇号（II）、197〜228.
森岡清美、1997a「華族の家憲と家の継承」『淑徳大学社会学部研究紀要』三一号、(1)〜(28).
森岡清美、1997b「華族制度の展開と政治的機能」『淑徳大学大学院研究紀要』四号、19〜49.
森岡清美、1997c「柳澤保恵と柳澤統計研究所」『統計学』七二号、34〜42.
森岡清美、1998「一勲功華族における妻と妾――男爵尾崎三良の場合――」『淑徳大学社会学部研究紀要』三二号、107〜129.
森岡清美、1999「明治初期の華族社会における妾」『淑徳大学社会学部研究紀要』三三号、99〜141.
森岡清美、2000a「華族社会と娶妾習俗の崩壊」『淑徳大学社会学部研究紀要』三四号、81〜119.
森岡清美、2000b「明治維新期における大イエの解体」『淑徳大学大学院研究紀要』七号、1〜40.
牟田和恵、1996『戦略としての家族――近代日本の国民国家形成と女性――』新曜社。
向井　健、1958「『民法口授』小考」『慶応義塾創立百年記念論文集』一部、慶応義塾大学法学部、493〜517.
明如上人傳記編纂所、1927『明如上人傳』明如上人二十五回忌臨時法要事務所。
長峰八州男編、1989『日本の肖像』八巻、毎日新聞社。

長峰八州男編、1990『日本の肖像』九巻、毎日新聞社。

長野　暹編、1987『「佐賀の役」と地域社会』九州大学出版会。

中川良延、1973「近親婚と重婚」青山道夫ほか編『講座　家族』三（婚姻の成立）、弘文堂、407〜426.

中原邦平、1911『訂正補修忠正公勤王事蹟』防長史談会。

中島慈応、1911『真宗法脈史』法文館。

中嶋繁雄、1995『日本の大名家はいま』学習研究社。

中村彰彦、2000『脱藩大名の戊辰戦争――上総請西藩主・林忠崇の生涯――』中央公論社（中公新書）。

中村孝也、1983『徳川家康公』全国東照宮連合会。

中野禮四郎、1920a『鍋島直正公傳』三編、侯爵鍋島家編纂所。

中野禮四郎、1920b『鍋島直正公傳』六編、侯爵鍋島家編纂所。

中野禮四郎、1921『鍋島直正公傳』年表・索引・総目録、侯爵鍋島家編纂所。

梨本伊都子、1975『三代の天皇と私』講談社。

日本赤十字社病院編、1936『橋本綱常先生』日本赤十字社病院。

日本史籍協会編、1974『続再夢記事』五、東京大学出版会。

日本史籍協会編、1975『徳川慶喜公傳』史料篇一、東京大学出版会。（底本は1918刊）

西邑木一編、1939『華族大観』華族大観刊行会。（1990、復刻版は『華族大鑑』）

野上弥生子、1984a『迷路』上、岩波書店（岩波文庫）。

野上弥生子、1984b『迷路』下、岩波書店（岩波文庫）。

小川煙村、1910『維新情史　勤王芸者』日高有倫堂。

小城町史編集委員会編、1974『小城町史』小城町役場。

荻生徂徠、1987『政談』岩波書店（岩波文庫）。

大橋隆憲、1971『日本の階級構成』岩波書店（岩波新書）。

大石慎三郎、1998「将軍家と大名家の血族制度」『別冊歴史読本』（新人物往来社）五二号（徳川将軍家冠婚葬祭百科）、6〜24.

岡部牧夫・小田部雄次編、1986『華族世襲財産関係資料』全二巻、不二出版。

岡田米夫、1976「神宮・神社創建史」『明治維新神道百年史』二巻、神道文化会、3〜182.

大久保家編、1927『大久保利通日記』下巻、日本史籍協会。

大久保利謙、1962「藩閥」『新週刊』（新週刊社）二巻八号、166〜169.

大久保利謙、1977「版籍奉還の実施過程と華士族の生成」国学院大学史学会『国史学』一〇二号、1〜28.

大久保利謙、1990a『岩倉具視』（増補版）中央公論社（中公新書）。

大久保利謙、1990b「華族と華族令」『日本の肖像』九巻、毎日新聞社、78〜83.

大久保利謙、1993『華族制の創出』（大久保利謙歴史著作集三）、吉川弘文館。

大沢俊吉、1985『松平家四百年の歩み——長篠城より桑名城、忍城へ——』恒文社。

小田部雄次、1986「一九二〇年代における華族世襲財産の変様——華族世襲財産に関する新資料を中心に——」『日本史研究』二八八号、58〜72.

大藤　修、1989「近世　二武士の家と社会」関口裕子ほか編『日本家族史——古代から現代へ——』梓出版社、130〜162.

大月　隆、1895『吾家の憲法』文学同志会。

大内兵衛・土屋喬雄編、1933『明治前期財政経済史料集成』八巻、改造社。

尾崎三良、1976『尾崎三良自叙略傳』上巻、中央公論社。

尾崎三良、1977a『尾崎三良自叙略傳』中巻、中央公論社。

尾崎三良、1977b『尾崎三良自叙略傳』下巻、中央公論社。

尾崎三良、1991a『尾崎三良日記』上巻、中央公論社。

尾崎三良、1991b『尾崎三良日記』中巻、中央公論社。

尾崎三良、1992『尾崎三良日記』下巻、中央公論社。

小澤富夫訳、1985『家訓』講談社（講談社学術文庫）。

佐波　亘編、1938『植村正久と其の時代』二巻、教文館。

佐賀市史編さん委員会編、1977『佐賀市史』二巻、佐賀市。

佐伯彰一、1990『近代日本の自伝』中央公論社（中公文庫）。
西園寺公一、1951『貴族の退場』文芸春秋新社。
榊原喜佐子、1996『徳川慶喜家の子ども部屋』草思社。
酒巻芳男、1987a『華族制度の研究――存りし日の華族制度――』霞会館。
酒巻芳男、1987b『華族制度の研究』霞会館。
坂本一登、1997「伊藤博文と宮中」『国学院大学日本文化研究所報』No.一九四、9～11.
左方郁子、1990「大久保満寿」『歴史読本』（新人物往来社）三五巻五号、50～56.
左方郁子、1998「中根幸」『歴史読本　徳川慶喜をめぐる女たち』新人物往来社、94～99.
作並清亮編、1915『東藩史稿』渡辺弘。
参議院事務局編、1995『貴族院秘密会議事速記録集』参友会。
佐々木克、1987「華族令の制定と華族の動向――旧華族間の対立をめぐって――」『人文学報』（京都大学）六二号、1～47.
佐々木克、2000『志士と官僚――明治を〈創業〉した人びと――』講談社（講談社学術文庫）。
澤　来太郎、1917『帝国国有財産総覧』澤政務調査所出版部。
千田　稔、1986「華族資本の成立・展開――一般的考察――」『社会経済史学』五二巻一号、1～37.
千田　稔、1987「華族資本としての侯爵細川家の成立・展開」『土地制度史学』一一六号、40～59.
千田　稔、1989「華族資本の成立・展開――明治・大正期の旧土浦藩主土屋家について――」『社会経済史学』五五巻一号、1～36.
千田　稔、2000「爵位返上の諸相」『歴史と旅』（秋田書店）二七巻六号、88～93.
仙臺市史編纂会編、1955『仙臺市史』二（本篇二）、仙臺市役所。
渋澤栄一編、1966『昔夢会筆記――徳川慶喜公回顧談――』平凡社（東洋文庫）。
渋澤栄一、1968『徳川慶喜公傳』四、平凡社（東洋文庫）。
島津男爵家編輯所、1922『島津図書久治及先世事歴』島津長丸。
下橋敬長、1979『幕末の宮廷』平凡社（東洋文庫）。
下園佐吉、1940『牧野伸顕伯』人文閣。

篠田鉱造、1996『明治百話』上、岩波書店（岩波文庫）。

白石市史編さん委員、1971『白石市史』四（史料篇上）、白石市。（「奥羽盛衰見聞誌」収載）

尚古集成館編、1985『島津家資料　島津氏正統系図（全）』島津家資料刊行会。

衆議院事務局編、1996『帝国議会衆議院秘密会議事速記録集』（一）、衆栄会。

祖田浩一編、1993『好色艶聞事典』東京堂。

杣田善雄、1985「幕藩制国家と門跡――天台座主と天台門跡を中心に――」『日本史研究』二七七号、1～34.

外岡茂十郎ほか編、1967a『明治前期家族法資料』一巻一冊、早稲田大学。

外岡茂十郎ほか編、1967b『明治前期家族法資料』一巻二冊、早稲田大学。

外岡茂十郎ほか編、1968『明治前期家族法資料』二巻一冊、早稲田大学。

外岡茂十郎ほか編、1969『明治前期家族法資料』二巻二冊上、早稲田大学。

外岡茂十郎ほか編、1970『明治前期家族法資料』二巻二冊下、早稲田大学。

末永崎次郎、1893『懐妊避妊自由自在』末永崎次郎。

鈴木国弘、1998「日本中世のオヤ・コ研究の現状と若干の問題点」『比較家族史研究』一二号、28～46.

鈴木正幸、1993『皇室制度』岩波書店（岩波新書）。

鈴木真年、1880『華族諸家傳』上・中・下、杉剛英ほか。

多田好問編、1927a『岩倉公実記』中巻、岩倉公旧蹟保存会。

多田好問編、1927b『岩倉公実記』下巻、岩倉公旧蹟保存会。

高橋　紘・所　功、1998『皇位継承』文芸春秋（文春新書）。

高久嶺之介、1981a「近代皇族の権威集団化過程――その一　近代宮家の編成過程――」『社会科学』（同志社大学人文科学研究所）二七号、156～208.

高久嶺之介、1981b「近代皇族の権威集団化過程――その二　皇族の権威の社会化過程――」『社会科学』二八号、56～95.

高久嶺之介、1981c「天皇の家――明治期における皇族の位置――」同志社大学人文科学研究所編『共同研究　日本の家』国書刊行会、407～444.

高久嶺之介、1983「大正期皇室法令をめぐる紛争（上）――皇室裁判令案・王公家軌範案・皇室典範増補――」『社会科学』三二号、159～200.

高柳真三、1936「妾の消滅」『法学新報』（中央大学法学部）四六巻九号、1～30.

高柳真三、1987『明治前期家族法の新装』有斐閣。

武田秀章、1996『維新期天皇祭祀の研究』大明堂。

武田泰淳、1959『貴族の階段』中央公論社。（2000、岩波現代文庫）

竹内利美、1969『家族慣行と家制度』恒星社厚生閣。

玉城　肇、1936『家族論』三笠書房。

田中　彰、1991「岩倉使節団と華族の海外留学」『日本の肖像』一二巻、毎日新聞社、78～83.

淡野史良、1990「大奥と後宮」『歴史読本』（新人物往来社）三五巻五号、126～131.

田岡嶺雲、1909『明治叛臣傳』日高有倫堂。

手塚　豊、1957「元老院の〈妾〉論議」『法学セミナー』（日本評論新社）№一五、42～43.

手塚　豊、1965「鶴田皓の〈妾〉論」『法学研究』（慶応義塾大学）三八巻九号、90～93.

戸田貞三、1926『家族の研究』弘文堂。

所　京子、1990「明治天皇の后妃と女官たち」『別冊歴史読本』（新人物往来社）四号（明治天皇――その激動の生涯――）、26～29.

徳川義宣、1997「伝統的なことはしない伝統」『日本「名家・名門」総覧』（別冊歴史読本シリーズ）、新人物往来社、198～199.

徳富健二郎・徳富あい、1929『富士』一巻（蘆花全集六〇巻）、蘆花全集刊行会。

東京帝国大学史料編纂所編、1929～30『復古記』全八冊、内外書籍。

鳥取県編、1969『鳥取藩史』一巻、鳥取県立博物館。

鳥取県編、1972『鳥取藩史』別巻、鳥取県立博物館。

鳥取県編、1981『鳥取県史』四巻（近世　社会経済）、鳥取県。

鳥取県立博物館編、1989『贈従一位池田慶徳公御傳記』四、鳥取県立博物館。

鳥取県立博物館編、1990『贈従一位池田慶徳公御傳記』五、鳥取県立博物館。

鳥取県立博物館編、1992『贈従一位池田慶徳公御傳記』別巻、鳥取県立博物館。
遠山茂樹、1951『明治維新』岩波書店（岩波全書）。
外山正一、1890「廃娼論者存娼論者ニ告ク」『大日本私立衛生会雑誌』八三号、239～267.
坪内玲子、1995「鹿児島島津藩における家系継承をめぐって」『龍谷紀要』一七巻一号、17～25.
津田茂麿、1970『明治聖上と臣高行』原書房。（復刻）
津軽承昭公傳刊行会編、1917『津軽承昭公傳』津軽承昭公傳刊行会。
内田修道・牧原憲夫編、1990『明治建白書集成』二巻、筑摩書房。
上原芳太郎、1935『光顔院籌子夫人』興教書院。
梅原三千・西田重嗣、1959『津市史』一巻、津市役所。
和歌山県史編さん委員会編、1978『和歌山県史』近現代史料四、和歌山県。
山口愛川、1932『横から見た華族物語』一心社。
山川菊栄、1956『女二代の記』日本評論新社。
山川三千子、1960『女官』実業之日本社。
山中永之佑、1973「明治維新の変革と家族」青山道夫ほか編『講座　家族』一（家族の歴史）、弘文堂、197～230.
山中立木、1930『光雲神社々誌』報古会。
柳　教烈、1995「華族と地域——明治憲法体制の確立期を中心に——」『神戸大学史学年報』一〇号、1～18.
安岡重明、1984「商家・財閥・華族の財産管理」『アカデミア　経済経営学編』（南山大学）八三号、1～25.
安岡重明、1985「近衛公爵家の家憲」『同志社商学』三七巻二号、1～18.
横江勝美、1929a「徳川時代に於ける大名の階級的内婚（一）」日本社会学会編『社会学雑誌』六四号、73～83.
横江勝美、1929b「徳川時代に於ける大名の階級的内婚（二）」日本社会学会編『社会学雑誌』六七号、62～78.
横江勝美、1932「徳川時代に於ける大名の階級的内婚に就いて——特に松平諸大名の婚姻を中心としての考察——」日本社会学会編『季刊社会学』三輯、60～83.
横江勝美、1935a「大名の身分的内婚に関する統計学的考察」『綜合科学』一巻九号、15～23.

横江勝美、1935b「徳川幕末期に於ける大名の階級的内婚」日本社会学会年報『社会学』三輯、270～271.
米村千代、1991「〈家〉と家憲――明治期における家規範と国家規範――」『社会科学ジャーナル』(国際基督教大学)三〇号、131～150.
米村千代、1999『「家」の存続戦略――歴史社会学的考察――』勁草書房。
無記名、1898「蓄妾始末」『社会』一巻一号、69～70.

＊　＊　＊

国立公文書館所蔵

『太政類典』
『公文録』
『岩倉具視関係文書』(内閣文庫)

国立国会図書館憲政資料室所蔵

『有馬頼寧関係文書』
『宮内省関係書類』
『牧野伸顕文書』
『三島通庸文書』
『尾崎三良文書』
『三条家文書』
『品川弥二郎文書』

宮内庁書陵部所蔵

「皇族御人員調」(一八六八年)
「皇族御取扱例規」
『帝室統計書』(一八八八～一八九八年分)
『伊藤公雑纂二　坤』

『授爵録』
『華族系譜』全二六七冊（一八七六～七七年提出）
『華族戸籍草稿』全四冊（一八七八年四月調）
『在京華族親族報告書』全二冊（一八七七年一月提出）
『侍従長徳大寺実則日記』写本一〇冊（徳大寺実則日記と略称）

総務省統計局図書室所蔵

「皇家皇族国分戸籍表」（一八七四・七五年一月一日調）
「皇家皇族方戸籍表」（一八七六年一月一日調）
『華族統計書』（一八八八・八九年分）
『壬申政表』

外務省外交史料館所蔵

『内外人民結婚雑件』

学習院大学史料館所蔵

『阿部家文書』

国学院大学図書館所蔵

『藤波家文書』

宇和島伊達家所蔵

「宇和島伊達家家範文書」（安岡重明氏収集）

*　*　*

その他

『徳川諸家系譜』第二（続群書類従完成会、一九七四年）
『徳川諸家系譜』第三（続群書類従完成会、一九七九年）
『柳営秘鑑』（内閣文庫所蔵史籍叢刊、五巻、史籍研究会、一九八一年）

『明治史要附表』（東京大学史料編纂所蔵版、東京大学出版会、一九九八年覆刻）
『法令全書』
『大審院民事判決録』一（新日本法規出版、一九六六年）
『黒田家譜』六巻下（文献出版、一九八三年）
『日新録』（『大郷町史』史料編一、宝文堂、一九八三年）
『天皇家　謎の御落胤』（別冊『歴史読本』二〇号、新人物往来社、一九九五年）

華族社会の「家」戦略（オンデマンド版）

Digital Publishing

2017年10月1日　発行

著　者　森岡清美《もりおかきよみ》

発行者　吉川道郎

発行所　株式会社 吉川弘文館
〒113-0033 東京都文京区本郷7丁目2番8号
TEL 03(3813)9151(代表)
URL http://www.yoshikawa-k.co.jp/

印刷・製本　株式会社 デジタルパブリッシングサービス
URL http://www.d-pub.co.jp/

森岡清美（1923～）
ISBN978-4-642-73738-8

© Kiyomi Morioka 2017
Printed in Japan

JCOPY 〈㈳出版者著作権管理機構　委託出版物〉
本書の無断複写は著作権法上での例外を除き禁じられています．複写される場合は，そのつど事前に，㈳出版者著作権管理機構（電話 03-3513-6969，FAX 03-3513-6979，e-mail: info@jcopy.or.jp）の許諾を得てください．

著者略歴

一九二三年　三重県に生まれる
一九四八年　東京文理科大学哲学科卒業
東京教育大学教授、成城大学教授をへて
現　在　淑徳大学大学院特任教授

〔主要著書〕
『真宗教団と「家」制度』（創文社、一九六二年）
『家族周期論』（培風館、一九七三年）
『近代の集落神社と国家統制』（吉川弘文館、一九八七年）
『新宗教運動の展開過程』（創文社、一九八九年）
『決死の世代と遺書』（吉川弘文館、一九九三年、補訂版）
『現代家族変動論』（ミネルヴァ書房、一九九三年）

華族社会の「家」戦略

二〇〇二年（平成十四）一月十日　第一刷発行

著者　森《もり》岡《おか》清《きよ》美《み》

発行者　林　英男

発行所　株式会社　吉川弘文館
郵便番号一一三―〇〇三三
東京都文京区本郷七丁目二番八号
電話〇三―三八一三―九一五一〈代〉
振替口座〇〇一〇〇―五―二四四

印刷＝藤原印刷・製本＝誠製本
（装幀＝山崎　登）

© Kiyomi Morioka 2002. Printed in Japan

索　　　引

I 事項のうち、所在地名の記載が必要なものについては、括弧内に市名を掲げ、町の場合は府県名を、東京区部には区名を併記した。
II 人名・家名のうち、公卿華族については家格を、大名華族については藩名を、僧家華族については寺号を、括弧内に付記した。

I　事　　項

あ　行

か　行

さ　行

た　行

な　行

は　行

ま　行

や　行

ら　行

II　人　名・家　名

あ　行

か 行

さ 行

た　行

な 行

は 行

ま　行

や　行

ら　行

わ　行